KB217688

예수와 문화

예수와 문화

초판 1쇄 찍은 날 · 2006년 12월 5일 | 초판 1쇄 펴낸 날 · 2006년 12월 8일

지은이 · 최인식 | 펴낸이 · 김승태

편집장 · 김은주 | 편집 · 이덕희, 최선혜, 방현주 | 디자인 · 이훈혜, 이은희, 정혜정 | 제작 · 조석행
영업 · 변미영, 장완철, 김성환 | 물류 · 조용환, 엄인휘 | 드림빌더스 · 고종원

등록번호 · 제2-1349호(1992. 3. 31.) | 펴낸 곳 · 예영커뮤니케이션
주소 · (110-616) 서울 광화문우체국 사서함 1661호 | 홈페이지 www.jeyoung.com
출판사업부 · T. (02)766-8931 F. (02)766-8934 e-mail: jeyoungedit@chol.com
출판유통사업부 · T. (02)766-7912 F. (02)766-8934 e-mail: jeyoung@chol.com

ISBN 89-8350-417-X (03230)

값 16,000원

■ 이 책은 2004년도 서울신학대학교의 학술연구비 지원에 의한 저서입니다.

예수와 문화

최인식 지음

예영커뮤니케이션

아들의 길을 몸과 맘으로 늘 동행하시는
부모님 최웅순 장로님과 김영봉 권사님께
이 책을 바칩니다.

인사말

이 책은 서울신학대학교 학부와 신학대학원에서 2002년부터 2006년도 1학기까지 거의 매년 개설했던 '문화신학' 강의에 기초한 것이다. 강의에 참여했던 학생들 대부분은 나의 강의를 통해서 보다 실제적인 기독교 문화와 선교적 주제들에 대한 이해, 예를 들면, CCM(Contemporary Christian Music)이나 뉴에이지 음악(New Age Music)에 대한 기독교적 입장을 정리한다거나, 멀티미디어(Multimedia)의 활용 방법을 배우려거나, 혹은 영화를 통해 기독교를 보다 시각적으로 접근하려는 다양한 동기들을 가지고 있었다. 그러나 강의는 전적으로 이론적 문화신학을 전개해 나가는 것이었다. 나로서는 문화현상을 주제로 해서 각론을 다루기 전에 먼저 문화신학을 구성적으로 체계화하는 일이 우선적 관심사였기 때문이다. 그렇기에 나의 강의는, 기독교 신학의 한 범주로서 '문화신학'을 위한 신학 방법론적 입문서가 부재한 가운데 형성 중이었던 나의 거친 강의본만을 의존해야 했던 학생들에게는 매우 힘들고 고된 훈련이 아닐 수 없었을 것이다. 문화신학의 이론 훈련에 끝까지 참여함으로써 간접적으로 교수의 연구 동반자가 되어준 제자들에게 먼저 고마운 맘을 전한다.

문화신학을 이론적으로 체계화해 보겠다는 생각 자체가 실은 불가능에 대한 도전일 수밖에 없다. 그러나 이 도전을 감히 시도하게 된 것은 이것이 결코 혼자만의 과제가 아니라 목회자들과 신학자들, 더 나아가 문화신학적 마인드를 가지고 있는 자들이면 누구든지 함께 해야 할 일이라고 믿었기 때문이다. 그리고 이 일이 백지상태에서 시작된 것이 아니라 이미 한국문화신학회의 이계준 회장님, 유동식 선생님, 김경재 선생님, 김광식 선생님 등 한국에서의 문화신학을 개척하신 원로들의 학문적 성취들이 존재하고, 문화신학회의 탁월한 동료들이 신학적 역량을 모으고 있기 때문에 문화신학이론의 체계화를 위한 불가능한 도전을 시도하게 된 것이다. 이 자리를 빌어 한국문화신학 공동체 동지들에게 깊이 감사한다.

문화신학적 사유를 전개할 때 개인적으로 늘 부족하게 느끼는 것이 있었는데, 그것은 성서신학적 통찰력이었다. 기독교 신학은 그것이 어떠한 형태의 분야든지 간에 성서에 근간을 두고, 더 구체적으로는 예수 그리스도의 인격과 사역 그리고 그의 사상에 뿌리를 내릴 때 비로소 자신의 정체성을 견지할 뿐만 아니라, 새 시대를 위한 새로운 문화 창조에 과감히 참여할 수 있다고 믿는다. 나는 이러한 성서신학적 필요를 위해 서울신학대학교의 권혁승 교수(Hebrew Univ.), 김희성 교수(Heidelberg Univ.), 윤철원 교수(Sheffield Univ.)와 틈날 때마다 학문적 대화를 나눌 수 있는 특권을 누렸다. 아울러 최근의 성서신학 동향에 대한 정보와 연구 자료를 구할 수 있도록 늘 도움을 준 Claremont Graduate Union(CGU) 라일리(Gregory J. Riley) 교수의 문하생인 문우일 전도사에게 감사의 마음을 표한다.

무엇보다도 2005년도에 버클리에 소재한 Graduate Theological Union(GTU)에서 유다이즘을 연구할 수 있도록 연구교수로 초청해 준 Pacific School of Religion(PSR)의 학장 맥키니(William McKinney) 박사에게 깊이 감사하며, 교무처장이었던 브라운(Delwin Brown) 박사와 GTU 총장 도나휴(James A. Donahue) 박사의 친절한 도움을 기억한다. 이 기간 동안 나를 도와준 신광수, 이희철, 김은영 외 여러 제자들에게도 사랑의 마음을 전한다. 이때의 연구를 기초하여 발표된 논문의 핵심은 예수 하가다(Jesus-Haggadah) 신학이었으며, 이것은 곧바로 내가 최종적으로 구성하고자 한 창조적 문화신학의 성서신학적 근간이 되었다. 유다이즘과 기독교 신학에 관한 나의 첫 연구 논문을 미국 듀북대학교의 정승훈 교수와 성결대학교의 박정수 교수께서 꼼꼼하게 읽어주시고 코멘트 해 주심을 감사드리며, 본문을 읽고 독자의 입장에서 의견을 제시해 주시고 교정을 도와 준 장혜선 박사님에게도 감사드린다.

　　아울러 출판 전에 본서를 전체적으로 읽고 격려의 차원에서 논평해 주신, 이 분야의 전문가들께 깊이 감사드린다. 한국신학계에 문화신학의 길을 개척해 오신 한신대 명예교수 김경재 선생님, 장신대 신약학 교수로 재직하시다 한국의 대표적인 교회 중 하나인 소망교회를 목회하시면서 '교회와 신학'의 바른 관계를 지속적으로 신학자들에게 주문하시는 김지철 박사님, 국제적이며 사회적인 이슈들을 신학적 탐구의 주제로 소화함으로써 신학의 사회적 기능을 밝히는 데 기여하시는 한일장신대 조직신학자 구춘서 박사님, 급변하는 현대문화에 기독교의 가치관을 가지고 각론적으로 대응하면서 책임윤리를 정립하시는 장로교신학대학교 기독교윤리학자 임성빈 박사님, 그리고 서울신학대학교 기독교윤리학 교수로 재직하시다 성결교회의 모교회가 되는 중앙교회를 담임하시고 한국기독교윤리학회장으로 '기독교 이야기 윤리'를 전개해 나가고 계신 한기채 박사님께 심심한 감사의 말씀을 올린다.

9

본서는 독자의 입장에 따라 저자의 문화신학 이론 전개가 난해하게 읽힐 수 있을 경우를 고려하여 장별로 서너 개의 삽화(揷畵)를 제공하였다. 이를 위해 펜화가로 저명하신 강창욱 카투니스트(cartoonist)께서 심혈을 기울여 창조적인 그림을 그려주셨다. 먼 길 가는 나그네가 지나온 길을 돌이켜보고, 새로운 길을 떠나기 전 심신을 쉬어가는 넉넉한 쉼터가 될 것을 기대한다. 좋은 삽화를 그려주신 강창욱 선생님께 감사드린다.

무엇보다도 졸고를 예영커뮤니케이션의 신학시리즈로 선정해주시고 아름다운 양장본으로 출판해 주신 김승태 사장님과 이를 편집해 주신 김은주 편집장님께 감사드린다.

본서는 서울신학대학교(총장 목창균)의 교수연구지원 정책의 일환으로 나왔음을 밝히며, 이를 위해 연구비를 지원해 주신 대학 당국에 깊이 감사드린다. 무엇보다 본서를 선택해 주신 독자들과 큰 동지애를 나누고 싶으며, 문화의 21세기에 시대적 사명을 함께 감당해 나가는 동지(同志)가 되기를 희망한다.

부천 성주산 기슭에서
하나님 나라의 문화를 꿈꾸며
2006년 늦은 가을에

최 인 식

차 례

논평과 추천의 말

김경재 박사
(한신대학교 명예교수)

이 책은 한국의 대표적 중견 신학자 중의 한 분인 저자가 문화
신학에 관해 수년간 연구한 연구 결실물로서 한국 기독교계와 신학
계에 제시하는 큰 선물이다. 문화신학은 한국 신학계에서 비교적
최근에 관심이 점증되는 분야이지만, 알고 보면 기독교 교회사와
신앙사 자체가 문화신학의 역사이기도 하다. 저자는 무게 있는 이
책 속에서 본격적으로 문화와 기독교신앙의 상호관계를 조명하고,
바람직한 상호관계의 패러다임을 '창조적 문화신학'이라는 방법론
을 통하여 제시하고 있다.

한국 개신교의 풍토는 문화에 대하여 진지하게 대하지 아니하
거나, 무비판적으로 특정시대의 문화 이념적 가치에 몰입하거나,
문화 현상을 선교방편으로 남용하여 복음의 본질을 훼손시키고 있
다. 기독교계가 문화 일반을 매우 부정적인 것으로 평가하며, 문화
를 복음에 적대적인 것으로 기피하거나 카인의 후예들의 일터라고
경솔하게 심판함으로써 기독교 교리체계를 마성화시킬 위험을 초
래한다. 반대로, 문화이념에 무비판적으로 몰입하거나 남용한다는

말은, 자본주의나 사회주의적 문화가치 이념에 야합하거나, 대중문화에 편승함으로써 신앙의 세속화를 초래할 위험을 노정한다는 의미이다.

문화란 개인이나 공동체가 몸에 걸치고 있는 의복이거나, 음식물을 담는 그릇과 같은 단순한 실재가 아니다. 문화는 몸에 걸치는 옷이면서도 몸을 구성하는 골격이고 살이며 피이기도 한 것이다. 문화는 역동적으로 살아있는 생명의 실재이기 때문에, 복음이라는 몸을 덮고 있는 단순한 피부색 같은 것이 아닌 것이다. 복음이 진정으로 사람을 구원하는 '생명의 떡과 생수'가 되려면, 복음은 선교지역 문화 속에 성육화(incarnation) 해야 할 것이다. 저자가 이 책 서론에서 갈파한대로 "문화는 삶의 실체를 통합적으로 드러내는 장(場)"이기 때문이다.

그러므로 문화신학은 모든 문화가 부분적으로 지니고 있는 종교적 차원 혹은 영적 가치를 드러내면서, 그것의 한계와 문제점을 밝히고, 예수 그리스도의 복음의 빛으로 온전케 하는 과제를 지닌다. 저자는 그런 과제를 바르게 수행하기 위하여 주로 문화신학의 방법론에 초점을 맞추어 세 가지 방법론을 소개한다. 즉, '본질적 문화신학'의 방법, '규범적 문화신학'의 방법, 그리고 '창조적 문화신학'의 방법이라고 저자가 이름붙인 것인 바, 이들의 내용이 각각 이 책의 본론(제2-4장)을 이룬다. 그렇지만, 이 책의 핵심 내용을 압축하여 미리 조금씩 언급하는 제1장 문화신학 프롤로그(서론) 그 자체가 한 권의 책이 될만한 중요한 신학적 주제와 내용을 담고 있다.

책 제목을 『기독교와 문화』가 아니라 『예수와 문화』라고 표기

한 데는 의미가 있다. 저자는 역사적 종교로서 일정한 형태를 이루고 있는 기독교 그 자체가 문화신학의 준거(準據) 틀이 될 수 없음을 은연 중 나타낸다. 저자는 일반 독자들에겐 낯선 히브리어를 차용(借用)하면서까지 갈릴리 예수의 삶과 교훈이 담겨있는 '예수 하가다'(예수 이야기)를 '창조적 문화신학'의 틀과 표준으로서 제시한다. 하나님의 나라를 가르치고 그 나라를 위하여 활동했을 뿐만 아니라, 그 분 자신의 생명이 곧 하나님 나라의 현존이셨던 '예수 이야기'(예수 하가다)만이 문화신학의 궁극적 준거 틀이 된다고 저자는 강조한다.

　이 책은 특히 목회현장에서 수고하는 목회자들과 신학도들을 일차적인 독자로 상정하고 있다. 왜냐하면, 문화가 우리 시대의 중심적 담론이 되어가는 21세기에는 누구보다도 기독교 지도자들이 우선적으로 문화의 본질적 차원을 명확히 이해함으로써 복음과 세상을 동시에 만나게 하는 큰 책임을 지니기 때문이다. 바야흐로 문화선교 시대가 열리고 있다. 문화가 지닌 창조성과 마성(魔性)이 동시에 교회를 유혹하는 21세기에 이 책은 교계와 학계에 큰 공헌을 하는 유익한 역저(力著)라고 믿는다.

하나님 나라의 문화를 창출하는 원동력

논평과 추천의 말

김지철 박사
(소망교회 담임목사)

인간의 몸으로 성육신 하신 예수 그리스도는 하나님께서 계시하신 복음의 내용이면서 동시에 우리를 위한 문화적인 실체이다. 예수는 고대 팔레스틴 지방에 태어나 아람어를 했던 유대인으로서, 유대의 종교와 율법에 익숙한 사람으로 등장하셨다. 다른 한편으로, 예수는 주 예수 그리스도로 고백된 하나님의 아들이시기도 하다. 전자가 복음의 문화적 형식이라면, 후자는 문화적 형식에 담겨진 복음의 실체라고 할 수 있다. 양자의 관계는 떼려야 뗄 수 없는 한 실체의 양면이다.

예수께서 "땅 끝까지 이르러 내 증인이 되리라"(행 1:8)고 말씀하신 지상 명령에 대해서는 누구나 다 잘 알고 있다. 하지만, 하나님께서 하늘과 땅을 만드시고 행하신 첫 번째 명령, 즉 "땅을 정복하라. 바다의 고기와 공중의 새와 가축, 그리고 모든 들짐승과 땅에 움직이는 모든 생물을 다스리라"(창 1:28)는 문화 명령을 기억하고 행하는 그리스도인은 그렇게 많지 않은 것 같다. 지상 명령과 문화 명령은 동일한 내용의 양면이라 할 수 있다. 하나님께서 이 땅에 주인이심을 신학적인 관점에서, 다른 하나는 문화적인 관점에서 접근하는 차이가 있을 뿐이다.

『예수와 문화』의 저자 최인식 교수는 어떤 분인가? 그를 보는 순간 한국적인 문화의 멋과 품위가 느껴진다. 동시에 예수 그리스도에 대한 복음의 열정과 한국 교회를 향한 사랑이 우리의 가슴을 따뜻하게 한다. 이분을 통해서 하나님 나라를 향한 문화신학의 책이 나온 것을 경하(慶賀)한다.

지금까지 한국교회는 구원신학에 대한 관심을 갖고 복음을 선포했다. 이제 이 책을 통해서 문화신학적인 접근에 새로운 장이 열리게 된 것을 기쁘게 생각한다. 한국교회가 현재 처해있는 문화를 바르게 이해할 뿐만 아니라, 이 땅에 하나님 나라의 문화를 창출하는 원동력으로서의 문화신학을 세우는 소중한 자료가 되기를 기원한다.

'복음과 문화'를 잇는 예수 하가다 신학

논평과 추천의 말

구춘서 박사
(한일장신대학교 교수)

　　최인식 박사의 『예수와 문화』를 감명 깊게 읽었다. 저자의 본
격적인 문화신학에 대한 입문서인 이 책을 접함으로써 이 분야에
적절한 교과서가 없어 신학교에서 가르치면서 언제나 애를 먹어 온
본인은 참 소중한 선물을 받은 셈이다. 저자는 이 주제에 대한 광범
위한 자료를 섭렵하고, 또한 본인이 직접 오랫동안 신학교에서 가
르친 강의안을 근거로 이 책을 저술하였기에, 이 책이 갖고 있는 무
게가 결코 가볍지 않다는 것을 느낄 수 있었다.

　　무엇보다 이 책의 가장 큰 덕목은 신학적인 관점에서 '복음과
문화'의 관계를 체계적이고 조직적으로 해명한 점이라 하겠다. 저
자는 문화 자체가 갖고 있는 신학적인 면을 드러내고자 '본질적 문
화신학'을 전개하였고, 그리스도교적인 규범에 근거하여 문화를
윤리적으로 해명하려는 '규범적 문화신학'을 전개한 후, 이를 바탕
으로 하여 '창조적 문화신학'을 예수 그리스도의 예수 하가다 신학
의 틀 안에서 전개하고 있다.

　　저자의 이러한 시도는 그가 책 모두에서 밝힌 대로 CCM이나

멀티미디어의 활용법 등, 목회에 실제적으로 사용될 수 있는 것을 '문화신학'이란 이름으로 포장하고 교회성장이나 선교적인 방편으로 문화를 사용하려는 한국교회의 일반적인 흐름에 심각한 우려를 표명함과 동시에, 보다 근원적으로 복음과 문화 사이의 관계를 해명하는 것이 더 시급한 시대적 요청인 점을 반영한 것이어서 환영할 만한 시도가 아닐 수 없다.

이러한 저자의 시도는 오늘날 우리나라 사회는 물론 교계에도 지나치게 미국식의 실용과 효율성을 강조하는 경향이 그 영향력을 급속하게 확대되고 있는 시점에 나온 것이어서 더욱 의미가 있다고 하겠다. 한국교회에서 지금 필요한 것은 복음 전파에 있어 '문화를 어떻게 활용할 것인가?'라는 실용적인 면보다는 '문화가 복음과 상호 관련되는가?' 하는 더 깊은 본질적인 관계에 대한 분석일 것이다. 그리고 이런 본질적인 이해에 근거하여 앞으로 복음과 문화가 관련될 방향을 점검하고 그 방향의 정당성을 성찰하는 규범적인 신학이 요청된다고 할 수 있다. 저자는 이러한 자신의 의도를 제1장 문화신학 프롤로그에서 잘 밝히고 있다. 이 장에서 저자는 문화신학에 대한 분명한 자리매김을 시도하면서, 문화신학적 성찰에 필요한 방법론뿐만 아니라 그 기본 원리와 목적을, 교회사와 교의학 등 이론적인 신학과 견주어 토론하고 있다. 계속해서 그는 문화신학을 성서신학은 물론 복음 자체와 관련시켜 논하고 있다. 이 프롤로그 자체가 상당한 고심의 산물로서 체계적이며 조직적으로 문화신학을 전개하려는 저자의 시도를 잘 드러내 보여주고 있다.

프롤로그 후, 저자는 본격적으로 본질적 문화신학을 전개한다. 그는 본질적 문화신학을 주로 계몽주의 이후의 사상사 맥락에서 살펴본 후, 본질적 문화신학을 해석학적인 구조와 원리로 해명하려 한다. 즉, 종교와 문화, 성과 속, 계시와 상징, 실체와 형식, 그리고 틸리히 신학의 주제였던 신율, 자율, 마성화, 세속화, 종교와 예술, 종교와 과학 등의 내용을 깊이 있게 탐구한다. 또한, 독일의 본질적 문화신학에 대한 소개도 곁들이고 있다. 이렇게 그는 본질적인 문화신학의 방법론을 해석학적인 관점에서 제시하고 있다.

규범적 문화신학이란 장은 보다 실제적인 면을 다룬다. 즉, 반(反)기독교적 문화, 악의 세력, 문화의 다양성, 상업 문화, 대중문화, 매스컴 등 다양한 주제를 다루면서, 규범적 문화신학의 필요성, 의의(意義), 그리고 원리를 제시하고 있는 것이다. 이러한 주제들 자체가 한권의 저술로 작성되어도 좋을 만큼 방대한 주제이긴 하지만, 저자는 특유의 조직적인 사고로 이 방대한 주제를 일관성 있게 서술하는 솜씨를 마음껏 구사하고 있다.

마지막 장에서 다루는 창조적 문화신학은 저자의 독창성을 가장 잘 드러내고 있는 분야라고 하겠다. 그는 오늘날의 상황을 창조적 문화신학을 요청하고 있는 시대라고 보면서, '예수 하가다 신학'을 본격적으로 검토함으로 이런 시대적 요청에 부응하는 문화신학의 원리를 제시하려는 거대한 프로젝트를 실시하고 있는 것이다. 이를 위해 그는 많은 연구를 했고, 이를 위해 많은 사람들의 도움을 받은 것으로 밝히고 있다. 앞으로 더욱 이 방향에 대한 연구를 계속할 것이라고 하니, 이 분야는 아직 완성된 것이 아닌 진행형의 내용이라고 하겠다. 그렇다고 이 책에서 선보이는 내용이 그 완성도를 결여하고 있다는 것은 결코 아니다. 도리어 이 장은 보다 심도 있게 논의되어 앞으로 한국적인 그리스도교 문화신학의 가능성을 모색하는 데 중요한 기여가 될 것으로 보인다.

　이렇게 볼 때 저자는 이 책을 통해 앞으로 우리 한국교회가 이 땅에 복음을 전파하면서 불가피하게 접촉하게 될 한국적 문화 상황에 대응할 신학적 도구를 잘 준비한 셈이 된다. 이 책에서 논의되고 있는 내용을 깊이 있게 소화해 내면, 한국교회는 보다 올바르고 의미 있게, 주어진 시대적 사명을 감당할 수 있을 것으로 보인다. 최인식 박사의 이 책은 홍수처럼 쏟아져 나오는 각종 문화행사와 매스컴, 대중문화, 광고, 등 우리를 감싸고 있는 문화 속에서 우리는 어떤 시각으로 이들을 대해야 할 지, 신학적 사고를 심각하게 여기는 모든 그리스도인들의 책상 위에 반드시 올려놓아야 할 좋은 선물이 될 것으로 확신한다.

논평과 추천의 말

임성빈 박사

(장로회신학대학교 교수, 문화선교연구원 원장)

21세기 한국 교회가 감당해야 할 우선적인 과제는 문화신학의 정립이다. 그것은 이 땅과 이 민족의 종교로서 기독교가 온전히 뿌리내리기 위함이다. 또한, 영원한 하나님의 말씀이 오늘의 문화 안에서도 올바로 선포되고 적용될 수 있어야 하기 때문이다. 이러한 시대적 정황을 고려할 때 최인식 교수의 『예수와 문화』는 문화신학의 입문서로서 한국 교회와 신학계에 적절한 공헌을 할 수 있을 것으로 기대된다.

저자에 따르면 '문화신학(Theology of Culture)' 이란 '문화' 를 통해서 하나님의 말씀을 듣고, 문화를 통해서 하나님의 말씀을 전하는 것이다. 동시에 문화신학은 '문화' 를 신학의 기본 주제인 '복음' 과 상관시켜 거기에서 발생하는 제 문제를 체계적으로 탐구한다는 의미에서 독창적인 성격을 가진다. 물론 문화신학이란 분야가 우리에게 전혀 새로운 주제는 아니다. 저자의 분석에 의하면, 보수적 교회 - 현대의 상황보다 전통적으로 보존해 오고 있는 성서적 교리에 우선성을 두는 교회 - 는 현대의 문화현상을 분석하여 성서적 관점으로 평가함으로써 소위 '문화선교'의 신학적 근거를 마련하는 학문적 노력을 기울여 왔다. 반면에, 진보적 교회 - 전통적 교리에 대하여 현대적 문제와 상황으로부터 과감히 재해석을 시도하는 교회 - 는 전통 종교문화를 연구하여 기독교의 복음을 전통문화와 대화하게 하는 학문적 방향으로의 문화신학을 지속적으로 모색하여 왔다.

다소의 환원주의적 위험성이 있는 유형론적 분석이지만 위와 같은 분석은 논지에 대한 이해와 한국 교회의 문화신학에 대한 상황이해를 위하여서는 도움이 된다. 우리는 이러한 관찰로부터 한국 교회와 신학계의 아이러니를 확인할 수 있다. 이른바 진보적 교회는 과거의 문화에 관심을 집중하고 있으며, 보수적 교회는 오늘의 문화에 관심을 두고 있는 현실이다. 그러므로 우리에게 필요한 것은 전통과 현대문화와 복음 사이의 창조적 만남이다.

보수적 신학은 복음의 정체성을 지키기 위하여 교회의 규범이라는 잣대를 가지고 문화의 자율성을 억압하여 문화의 현실에 무력감을 표출함으로써 마성화의 위험에 직면하여 있음을 저자는 지적하였다. 반면에, 진보적 신학은 문화 자체의 본질과 그에 따른 자율성을 강조함으로써 복음의 정체성이 도전받는 위기, 즉 세속화의 위험에 놓여 있다는 것이다.

그러므로 이제 문화신학의 과제는 문화의 마성화와 세속화를 동시에 극복하는 것이다. 최 교수는 창조적 문화신학을 주창함으로써 그 극복 방향을 제시한다. 그는 하나님의 하나님 되심, 즉 하나님의 자기계시와 동시에 성서해석의 모판으로서의 문화를 담보하는 것이 문화신학의 최우선 과제임을 주창한다. 그는 이러한 문화신학의 과제수행의 가능성과 기초를 예수 이야기, 곧 예수 하가다(Jesus-Haggada)에서 찾는다. 예수 하가다는 아직 그리스도 신앙고백 이전 예수 사건의 핵심을 일컫는 말이다. 예수 하가다는 하나의 사실이지만, 이에 대한 그리스도 신앙 고백은 다양할 수 있다. 결론적으로, 최 교수는 이른바 내러티브 신학과 윤리를 연상시키는 예수 하가다 신학에 기초하여 문화 창조의 청지기적 참여를 주장함으로써 마성화와 세속화로 치달을 수 있는 문화신학의 위기를 극복하자고 제안한다.

저자의 관찰과 주장대로 문화신학은 복음과 문화, 전통과 현대 사이의 긴장을 잇는 강력한 신학적 토대를 요청한다. 최 교수는 그것을 예수 하가다로부터 모색한다. 이것은 계시성과 문화성을 동시에 담보할 수 있는 통찰력 있는 착상이라고 평가할 수 있다. 또한, 지금까지의 문화신학에 대한 논의들은 주로 토착화 논쟁과 화란개혁신학 혹은 리처드 니버(R. Niebuhr)로 대표되는 미국신학의 영향권 아래에서 논의되어 왔다. 그에 비하여 최 교수의 저서는 독일 신학에 대한 역사적 통찰을 통하여 교회와 문화, 하나님 나라와 문화에 대한 신학적 논의를 정리하여 일목요연하게 제시함으로써 문화신학에 대한 신학적 통찰의 넓이와 깊이에 있어서 확연한 진전을 이루었다는 점에서 역사적 평가를 받을 수 있을 것이다.

현장 목회를 위한 '창조적 문화신학' 제시
논평과 추천의 말

한기채 박사
(중앙성결교회 담임목사, 한국기독교윤리학회 회장)

프랑스의 도미니칸 신부 체누(M. D. Chenu)는 "지난 3세기 동안 신학에 있어서 가장 큰 비극은 신학자들이 과거로부터 단절되고, 춤꾼들과 음악가들과 화가들과 연극인들과 배우들과 영화 만드는 자들과 단절된 것이다."*라고 하였다.

종교와 문화는 원시적인 표현에 있어서부터 불가분의 관계였을 뿐 아니라 서로의 온전한 발전을 위해서도 실제적으로 서로가 서로를 필요로 했다. 틸리히(P. Tillich)는 종교와 문화가 서로 잘 짜여 있어서 그것들은 분리시킬 수 없다고 하였다. "종교는 문화의 재료요, 문화는 종교의 형태이다."**

피어스도 "문화는 종교의 다양한 표현"***이라고 했다.

---

* Matthew Fox, Original Blessing (Santa Fe, New Mexico: Bear & Company, Inc. 1983), 180.
** Paul Tillich, On Art and Architecture, eds. John Dillenberger and Jane Dillenberger (New York: The Crossroad Company, 1989), xii; Theology of Culture (Oxford: Oxford University Press, 1968), 42.
*** Aloysius Pieris, An Asian Theology of Liberation (Maryknoll, New York: Orbis Books, 1988), 97.

문화는 본질적인 의미를 간접적인 내용과 형태로 표현하는 반면, 종교는 문화적인 형태와 내용 속에 내재되어 있는 본질적인 의미를 표현하는 것이다. 종교와 문화는 서로를 보충해 주고 있는데, 종교는 의미에 있어서, 문화는 형태와 내용에 있어서 더욱 그렇다.****

그런데 최근의 기독교와 문화는 각자의 길을 걷고 있고, 더구나 한국의 기독교는 전통 문화와의 관계도 그렇지만, 기독교적 문화를 만들어 내는 데에도 실패하고 있다. 차제에 저자 최인식 교수는, 기독교는 문화를 신학적으로 읽어내어야 할 뿐 아니라, 적극적으로 하나님 나라의 문화를 창조해 나가는 일을 해야 한다는 과제를 일깨워주고 있다. 문화 청지기의 역할을 자임하고 나선 것이다.

일반적인 이해에 따르면, 기독교인이 문화를 보는 태도에는 크게 배타주의, 상대주의, 변혁주의가 있는데, 이 세 입장은 상호 관련되어 있다. 그것은 서로 상대방을 변화시키려고 한다는 것이다. 배타주의는 변혁주의보다 더 과격하게 자기편으로 편입하려 하고, 상대주의는 결국 하나에 도달하려고 하는 점진적 과정이다. 배타주의는 자기 고유의 문화 속에 내재되어 있는 긍정적인 면을 보지 못하고 부정적인 방법으로 변화를 시도하는 반면에, 상대주의는 모든 문화 속에 동일한 하나님이 나타나 있다고 너무 낙관적으로 말하는 경향이 있다. 초기 한국 선교사들의 신학, 전통 보수 신학, 신정통주의 신학은 배타주의적 경향을 보이는 반면에, 정도의 차이는 있지만 토착화 신학, 민중신학, 자유주의 신학, 포스트모던 신학

****한기채, 『기독교이야기윤리』(서울: 예영커뮤니케이션, 2006, 101.)

은 상대주의적 경향을 보이고 있다. 배타주의나 상대주의 이 양극단의 입장은 일방통행식의 독백이 되거나 양자택일식의 강요가 되기 쉽다. 여기에 대한 대안으로 저자는 '창조적 문화신학'의 길을 모색한다. 이것은 문화에 있어서 하나님과 인간, 종교적 차원과 인간적 차원 모두를 통합한 모델로서 진일보된 시각이다. 그는 리차드 니버(Richard Niebuhr)의 '변혁주의'도 문화를 비관적으로 보는 전제가 있는 것으로 보고 거리를 둔다.

저자는 현장목회와 관련하여 문화에 대한 교회의 태도가 반신학적이거나 반문화적이 되는 경향을 우려하고 있다. 반문화적인 것은 교회가 전통신학에 집착하여 문화에 대하여 교리적인 접근만을 고집하는 경우에 나타나는데, 그렇게 되면 교회는 문화를 제대로 이해하지 못하는 전근대적인 집단으로 취급당하기 쉽다. 반면에, 문화에 대해 반신학적이 될 경우 교회는 문화를 무비판적으로 수용하게 됨으로써 자신의 정체성을 잃고 세속화되는 위험에 노출된다. 그가 말하는 창조적 문화신학은 "문화 속에 존재하며, 동시에 문화를 초월"하는 것이다. 저자는 "종교의 마성화와 문화의 세속화를 폭로함으로 하나님 나라의 실재"를 드러내고자 노력하고 있다.

저자 최 교수는 예수를 하나님 나라의 문화를 창조하신 분으로 보고 그것을 예수의 '하가다'에서 찾았다. 이것은 최근에 학계에서 주목을 받고 있는 "이야기 신학"과 밀접한 관계가 있는 작업이다.

우리가 현장에서 문제가 되는 것은 이 외에도 '반기독교적인 문화에 어떻게 적절하게 대응할 것인가'이다. 지금까지 내려오는 우리의 비기독교적인 전통 문화와 오늘날 홍수처럼 밀려오는 반기독교적 세속 문화에 대하여 하나님 나라의 문화 창조를 위해 주창한 최 교수의 '창조적 문화신학'이 힘을 발휘할 수 있도록 응원한다. 현장에서 목회하는 한 사람으로서 최 교수의 작업이 '문화의 세기'를 맞이한 현대에 하나님의 나라를 건설하는 효과적인 도구가 될 것이라 믿는다. 지금 우리에게 가장 필요한 문제들을 새로운 관점에서 논의할 수 있도록 장을 마련해 주신 저자의 노고에 감사한다.

최 교수 신학의 특징은 늘 열려 있는 자세로 학문적인 대화를 폭넓게 진행시키면서도 정연한 복음주의적 입장을 명쾌하게 세운다는 데 있다. 또한, 조직신학자이면서도 항상 세속의 첨단 이슈들에 대해 응답하려는 소명감을 가지고 있다. 그는 현장을 알고 목회를 위한 신학을 하기 때문에, 그의 저술은 신학을 공부하는 사람뿐 아니라 목회자들과 평신도들에게 대단한 설득력이 있다. 이 책도 그러한 내용들을 담고 있어서 필히 읽어야 할 책으로 기쁘게 권하는 바이다.

들어가는 말

오늘날 신학을 전공하고 교회 현장에서 목회하고 있는 교회 지도자들 대부분은 신학대학에서 교회의 전통적인 신학과 교리를 배운 자들이다. 물론 현대 신학의 흐름도 놓치지 않고 섭렵했다. 그러나 그들이 배운 신학과 정통 교리가 목회 현장에서 얼마나 실제적으로 역할을 하는지는 거의 확인되지 않고 있다. 오히려 목회자들은 교회 개척과 목회의 현실에서 반(反)신학적이 되는 경우가 많다. 그 이유는 무엇인가? 교회의 지도자들이 배운 전통적인 신학 이론이나 교리가 삶의 현실에서 유용하게 힘을 발휘하지 못하는 데는 신학 훈련 과정에서 필요한 무엇인가가 빠져있기 때문이다. 그동안 우리가 신학 훈련 가운데 빠뜨린 것이 있다면 그것은 다름 아닌 문화를 신학의 관점에서, 신학을 문화의 관점에서 이해하는 문화신학적인 통찰력을 키우는 문화신학 과정이다.

교회 지도자들이 목회 현장에서 우선적으로 감당해야 할 일은 하나님의 백성들을 이해하는 것이다. 이를 위해서 하나님의 백성들이 가치 있게 생각하는 것, 힘들어하거나 터부시하는 것, 염려하는 것, 하고 싶어 하는 것들이 무엇인지를 알뿐만 아니라, 한 걸음 더 나아가서 그들의 문화에 직접 참여하여 그들과 같이 문화를 호흡하는 것이 필요하다. 이러한 일을 위해서 지도자들은 그들이 몸담고 있는 '문화'를 신학적으로 읽어낼 수 있어야 한다. 문화의 윤리적 · 본질적 차원을 파악할 뿐만 아니라, 보다 적극적으로는 하나님의 나라의 문화를 창조해 나가는 일에 참여할 때, 그들을 통해 교회의 본래적 사명이 완성될 것이다.

우리가 호흡하고 있는 오늘의 사회에는 전통 문화와 현대 문화가 긴장 가운데 서로 혼재해 있다. 그 때문에 문화 자체를 유형화하여 분류할 수 없는 경우가 대부분이다. 따라서 제 문화에 대하여 일정한 규범적 태도를 분명히 하는 것이 오히려 문제가 될 때가 많게 된다. 심지어 특수한 지역사회에 특수한 형태로 출발한 교회라고 하더라도, 그 안에 속해 있는 신자들은 각기 다양한 문화적 배경을 가지고 있으므로, 그들에게 접근하는 일에 일정한 방법이 따로 있는 것도 아니다. 그러므로 교회 지도자들에게는 무엇보다도 목회 현장의 '문화 읽기'에 대한 능력과 통전적으로 독해할 수 있는 유연성이 요청되는 것이다.

문화를 읽고, 분석하여, 그에 대한 정당한 신학적 태도를 취하지 못할 때, 복음의 바른 선포와 바른 교육, 바른 봉사와 바른 교제는 기대하기 어렵게 된다. 또한, 문화는 삶의 실체를 통합적으로 드러내는 장이기 때문에, 겉으로 드러난 어떤 몇 가지 현상을 경험한 것만 가지고서는 의미 있는 문화 읽기를 할 수 없는 한계에 부딪힌다. 따라서 교회는 문화를 본질적으로, 규범적으로, 그리고 창조적으로 이해하는 틀로서의 "문화신학"을 요청하는 것이다.

교회는 문화신학을 통해서 교회가 처해 있는 문화를 이해하며, 나아가 신학적으로 타당한 행동을 할 수 있는 원리를 체득할 필요가 있다. 문화신학적 접근이 없이 만일 교회가 전통신학에 따른 교리적 접근만을 고집하게 될 때, 교회는 사람들에 의해 전혀 이해되지 못하는 집단으로 남게 될 것이다. 혹은 그 반대로 교회가 바른 문화신학적 이해 없이 상황에 따른 문화적 접근만 하게 될 때, 교회는 정체성을 잃고 세속화되는 위험에 처하게 될 것이다.

일반적으로 교회 지도자들이 범할 수 있는 오류 중의 하나는 신자들의 문화를 구체적으로 파악하기도 전에 교의적인 대답을 일률적으로 주고자 한다는 것이다. 그래서 교회에 출석하고 세례를 받은 후에도 그들의 문화는 한 번도 신학적으로 점검 받지 않은 채 교회의 문화와 섞여지고 있다. 급성장한 교회일수록 그 현상은 훨씬 더 가시적이다. 오늘날 교회가 직면하고 있으나 문화신학적인 대처를 못하고 있는 것들이 너무도 많다. 예를 들어, 자본주의 · 다원주의 · 샤머니즘 · 대중음악 · 포스트모더니즘 · 뉴에이지 · 조상숭배와 같이 귀에 익숙한 종교문화 · 정신문화 · 대중문화들이 다 이에 속한다. 신자들이 성서를 통해서 하나님의 뜻을 깨닫고, 교회생활을 통해서 은혜로운 체험을 하고, 또는 개인의 경건생활을 통해서 성령의 충만함을 받았다고 할지라도 그들의 삶에 분명한 변화의 흔적을 찾아보기 힘든 것은 그들의 삶의 내용을 지배하는 형식으로서의 문화가 실체인 복음보다 여전히 압도적이기 때문이다. 달리 말해서, 문화를 통해 들려오는 하나님의 말씀을 듣지 못함으로 인하여, 분별력 없이 문화에 동화되는 것이고, 그로 인해 문화생활 가운데서 신앙생활의 역동성을 유지하지 못하고 오히려 신앙의 세속화 현상에 직면하고 있는 것이다.

심령적 결단에 따른 회심은 문화적 결단으로 곧바로 연결되어야 한다. 그래야 그리스도 체험 이전에 견지했던 문화를 그리스도와 더불어 새로운 관점에서 보고, 그리고 삶의 문화적 양식에 대한 새로운 태도를 결단할 수 있다. 그 때 비로소 그리스도인은 자신이 속한 문화 한 가운데서 그리스도인의 정체성을 가지고 문화와의 바른 관계를 형성하게 된다. 그리스도인의 이러한 결단을 위해서 문화신학적인 훈련과 통찰력이 교회의 지도자들에게 요구되는 것이다.

우리는 교회의 이러한 현실적인 요청에 부응하기 위하여 문화신학의 길라잡이로 방법론적 강의를 구상하게 되었다. 기독교 내에 문화와 관련된 많은 담론들이 나와 있지만 신학적 지평에서 이론적 체계화를 시도한 문화신학 강의는 미흡한 상태임을 안타까워하는 가운데 미력하나마 첫 걸음을 내딛게 된 것이다. 우리의 시도는 극히 초보적인 수준임에 틀림없겠으나, 천리 길도 한 걸음부터 시작한다는 심정으로 진행하려고 한다. 이를 계기로 신학계뿐만 아니라 목회 현장 안에서도 보다 활발한 작업들이 이론과 실천 모든 면에서 나오기를 기대해마지 않는다.

C. I. S.

제1장

문화신학 프롤로그

모든 신학은 부름 받은 하나님의 백성들로 이루어진 공동체가 하나님 앞에 서서 세상을 향해 바른 삶을 살도록 결단력을 줄 수 있을 때 비로소 그 존재 의의와 가치가 확인된다. 전통적으로 신학은 하나님이 계시하는 내용이 무엇인지를 파악하고 진술하는 데 관심을 보여 왔다. 그래서 성서에 입각한 바른 교의(敎義)를 수립하여 교회에 가르치는 것이 신학의 주된 과제였다. 그러나 현대 교회는 교의학적 관점으로써 교회에 위임된 과제들을 풀어내는 데는 근본적인 한계에 직면하고 있다. 정통주의 신학이 풍미한 종교개혁 이후 한 두 세기까지는 기독교의 교의를 성서 위에 바르게 세우는 일이야말로 가장 우선적인 일이었다. 그러나 18세기 후반부터는 그 이전에 가졌던 교의학적 성서 이해와는 상이한 역사학적 성서 이해가 새롭게 영향력을 미침으로써 신학 함에 커다란 변화가 일어나기 시작했다. 인류의 문화 역시 과학 문명의 발달로 인하여 근본적인 체질 변화를 겪어야 하는 상황 속에서 새로운 문화에 직면하고 있는 교회를 위해 감당해야 할 새로운 많은 신학적 과제들이 주어졌다.

과거에는 성서를 연구하여 올바른 교의의 체계를 잘 세우면 그것으로 신학이 할 일을 했다고 보았지만, 이제는 성서의 가르침이 오늘의 현실, 곧 오늘의 '문화'와 어떠한 상관관계가 있는지를 납득할 수 있도록 밝혀 주는 일까지 해야 하는 것이다. 엄격히 말하여, 어느 시대의 신학치고 당대의 문화에 반응하지 않은 신학은 없다. 단지 그것이 얼마나 문화에 대하여 신학적으로 정당한 입장을 견지해 왔는지가 문제일 뿐이다. 새 시대란 언제나 새 문화를 전제하는 것이며, 신학은 바로 그 시대를 지배하고 있는 문화에 대해 교회가 신학적으로 정당한 태도를 취하도록 돕는 데에 그 중요한 사명이 있다. 이미 교회 안에 들어와 교회의 문화가 되어 버린 것들 가운데 무비판적으로 인정되고 있는 것들에 대해서는 비판적인 행동을 취하도록 도와야 할 것이며, 복음의 정신을 훼손할 수 있는 반문화적 요소들이 지배적인 문화가 주류를 이루고 있는 시대정신에 대해서는 복음을 새로운 언어로 변증해야 한다. 예를 들어, 오늘날 '교회당' 중심의 교회 문화로 인하여 교회의 본질에 대한 바른 이해가 매우 심각하게 훼손되고 있는데, 과연 신학은 교회당 문화를 구약성서 시대의 이방종교가 가지고 있었던 산당(山堂) 문화처럼 보아야 할 것인지 대답해 주어야 한다. 뿐만 아니라, 구약성서 시대의 성전(聖殿) 개념이 현대의 교회당에 적용되고 있는데, 과연 이러한 이해가 신학적으로 정당한 것인지를 밝혀주어야 할 사명이 있다. 그리고 일반 사회에서의 윤리적 문제로 공방(攻防)이 있는 안락사(安樂死) 문제에 대해서 기독교는 어떻게 가르쳐야 하는가? 그리고 민족의 절기마다, 그리고 가정마다 전통 종교에 따르는 조상제사 문제를 그리스도인들은 어떠한 태도로 접근해야 하는가? 추도예배로 그 대안을 삼는데, 과연 그에 대한 신학적인 근거가 무엇인가? 그것이 전통 문화가 되었든, 새로이 나타나고 있는 현대 문화가 되었든, 교회는 문화적 현실에 대하여 신학적으로 책임 있는 지침과 방향을 제시하지 않으면 안 되는 것이다.

이러한 일련의 예들을 보아서도 알 수 있지만, 신학은 성서를 통해서 하나님의 말씀을 밝히 드러내야 하면서, 동시에 하나님의 말씀이 현대의 문화에 올바로 선포되고 적용될 수 있도록 하는 과제를 지니는 것이다. 이러한 일은 '문화'에 대한 신학적 태도를 묻는 것과 직접적으로 연관이 되기 때문에 자연스럽게 '문화신학'이라 부를 수 있다. 앞으로 전개하게 될 문화신학은 계시로서의 하나님 말씀만도 아니고, 문화 자체만도 아닌, 하나님의 말씀과 문화의 관계에서 발생할 수 있는 모든 가능한 주제들을 다루게 될 것이다. 이미 리차드 니버(H. Richard Niebuhr)가 적절히 표현했듯이, 기독교는 자신을 교회로, 신조로, 윤리로, 혹은 사상의 운동으로 정의하든 간에 그리스도와 문화라는 두 축 사이에서 움직이는 것이며, 계시와 이성의 문제를 말할 때에도 결국은 그리스도 안의 계시와, 문화안의 이성 간의 관계를 묻는 과제를 지닌다.[1] 이러한 맥락에서 그래엄 워드(Graham Ward)도 니버와 같은 제목의 『그리스도와 문화』란 책에서 그의 그리스도론을 문화적으로 접근하고 있는데,[2] 실제로이와 같은 시도는 결코 새로운 신학 방법이라 할 수는 없다. 왜냐하면 앞으로 우리가 근대 개신교 신학의 흐름을 요약적으로 분석하겠지만, 신학의 역사를 돌이켜 볼 때 문화와 상관이 없는 신학은 근본적으로 존재할 수 없기 때문이다. 이제 우리는 이러한 커다란 신학적 구도 하에서 현대 교회에 요청되고 있는 문화신학을 논하고자한다.

문화신학의 자리

제1절

기독교 역사 2,000년이 지나는 오늘에 와서 문화신학을 이야기하고자 하는 것은 생경하기도 하고, 무엇인가 때늦은 감이 있음을 말하지 않을 수 없다. 문화신학이 신학 내의 학문적 분과들 중에 하나인 것인지, 새로운 신학방법인지, 아니면 그 모두인지, 문화신학을 이야기하기 위해서는 아무튼 그 정체를 먼저 분명히 밝혀야 할 것이다. 전통적으로 신학은 각기 다루는 학문적 대상에 따라 구약학 · 신약학 · 조직신학 · 교회사 · 실천신학 등으로 분류되고 있다. 이 외에도 오늘날 선교학 · 기독교 윤리학 · 기독교 교육학 · 목회 상담학 등 일정한 부분을 일반 학문들과 상호 호환함으로써 신학교육 현장 안에서 독립된 학문을 형성하고 있기도 하다. 또한, 토착화신학, 민중신학, 여성신학, 생태신학, 정치신학, 해방신학 등 특정한 상황적 이슈를 신학적으로 해명하며 발전시킴으로써 독자적인 학문 방법론을 수립하고 있는 경우도 있다.

그렇다면 '문화신학'은 어떠한가? 우선 문화신학은 전통적인 신학 영역으로부터 독립된 학문임을 주장하지는 않지만, '문화'를 신학의 기본 주제인 '복음'과 상관시켜 거기에서 발생하는 제 문제를 체계적으로 탐구하는 차원에서 그 성격이 매우 분명한 독창적 학문 영역으로 발전해 나가고 있다. 특히, 교회가 처해 있는 실존적 상황을 신학적으로 규명해야 하는, 예를 들어, 토착화신학이나 민중신학 등 앞에서 언급한 상황적 이슈를 다루는 것들은 전통문화나 인간의 삶에 따른 다양한 문화를 신학적으로 다루는 것이어야 하기 때문에 문화신학의 원리와 틀 안에서 해명될 수 있다. 물론, 이러한 개념 정의는 문화를 광의적으로 보았을 때 해당되는 것이기 때문에, 여성, 가난한 자, 흑인, 환경오염 등의 특정한 상황을 전제로 신학을 전개하는 차원에서 볼 때, 문화신학의 개념은 지나치게 포괄적이어서 문화에 대한 다양한 경험적 현실들을 보편적으로 담아낼 수 있는 신학적 원리와 방법으로서 구체성을 담지하지 못할 수도 있다. 그러나 앞으로 우리가 전개하려는 '종교와 문화' 라는 큰 해석학적 틀은 각개의 문화적 상황에서 발생하는 제 경험들을 구체적으로 담아낼 수 있다고 주장한다. 왜냐하면 그 현실적 상황을 담아내는 제 문화는 우리가 제시하는 예수 하가다(Jesus Haggadah) 신학의 관점에서 구체적으로 소화될 수 있다고 보기 때문이다.

문화신학에 대한 전이해와 방향

오늘날 문화신학에 대한 정리되지 않은 다양한 정의와 관점들이 있는 것으로 보인다. 보수적 교회에서는 현대의 문화 현상을 분석하여 성서적 관점으로 평가함으로써 소위 '문화선교' 의 신학적 근거를 마련하는 학문적 노력의 일환으로 문화신학을 이해하는 경향이다. 이때 보수적 교회란 현대의 상황보다 전통적으로 보존해오고 있는 성서적 교리에 우선성을 두는 교회를 의미한다. 여기에서 문화신학의 과제는 주로 문화에 대한 윤리적 판단 문제를 다루는 것이 된다. 진보적 교회에서는 주로 전통 종교 문화를 연구하여 기독교의 복음을 전통문화와 대화하게 하는 학문적 방향으로 문화신학을 자리매김 한다. 이때 진보적 교회란 전통적 교리에 대하여 현대적 문제와 상황으로부터 과감히 재해석을 시도하는 교회를 의미한다. 여기에서 문화신학의 과제는 주로 복음의 '토착화' 문제를 다루는 것이 된다.

그러나 우리가 전개하고자 하는 문화신학은 위의 두 흐름에도 무관하지 않지만, 보다 우선적인 관심은 종교와 문화, 복음과 문화, 교회와 문화, 그리스도와 문화 등으로 다양하게 표현되는 바, 양대 축 사이에 존재해야 하는 신학적 역동성을 드러내는 것이다. 이를 위해 불가피하게 새로운 문화신학 방법론을 구축하는 데 초점을 모을 것이다. 단순화해서 말하자면, 진보적 신학 방법과 보수적 신학 방법 모두가 '문화'의 문제를 피해 갈 수 없는데, 양대 신학 방법들이 오늘에 이르기까지 문화에 대해 신학적으로 취해 온 방법들을 비판적으로 고찰하면서 이 양자를 넘어서는 문화신학 방법을 찾고자 하는 것이다.

말씀의 두 영역

신학은 '하나님의 말씀'을 듣고 전하는 신앙적이며 합리적 훈련을 도모하는 학문이다. 이러한 훈련을 통해 "진리"를 알며 "자유"함에 이르는 것을 목적한다(요 8:31-32). 누구든지 진리로서의 하나님 말씀으로만 자유케 된다는 것이 신학의 선언적 명제다. 그러므로 '하나님의 말씀'을 듣는 데로, 즉 하나님의 영적 현존을 경험하는 데로 나가지 못하는 신학은 이미 신학의 기능을 상실한 것이다. 문화신학도 이에서 예외가 아니다. 즉, 문화신학이 신학의 한 학문분야, 혹은 학문방법으로 그 독자적 기능을 다 하기 위해서는 하나님의 말씀을 밝히 드러내는 신학적 사명을 감당해야 한다.

인간은 크게 보면 두 영역에서 하나님의 말씀을 들을 수 있다. 하나는 일반적 영역이요, 다른 하나는 특수한 영역이다. 일반적 영역에는 대표적으로 자연, 역사, 문화가 있다. 인간은 신과 교류할 수 있는 영적 존재다. 그렇기 때문에 우리가 특정 종파에 속해 있는 종교인이든 아니든 간에, 인간이면 누구든지 신적인 것에 대한 감수성을 타고 난다. 이를 달리 말하면, 모든 인간은 공히 이성과 감성을 지니고 있는 것처럼, 또한 영성을 지닌다는 것이다. 그래서 우리 인간은 자연, 역사, 문화에 대하여 이성과 감성적 접근만을 하는 것이 아니라, 영성적으로도 접근한다. 이를 통해서 우리는 신의 존재와 능력에 대한 깨달음과 동시에 그에 대한 영적 경외감을 가질 수 있게 된다. 일반적 영역에서 우리가 인간의 영성을 통해 하나님의 말씀을 들을 수 있는 것 자체가 기독교적인 용어로 말하자면, 하나의 '은총(grace)'이다. 이를 '선행은총(先行恩寵, prevenient grace)'이라 부르기도 한다.

하나님의 말씀을 들을 수 있는 또 다른 영역이 있는데, 이를 우리는 특수한 영역으로 구분한다. 이 영역은 기독교 신학이 규정한 것으로서 교회, 성서, 예수이다. 달리 표현하여, 하나님의 말씀은 특별한 방법으로 이들을 통해 들려진다는 것이다. 즉, 하나님은 교회를 통하여, 성서를 통하여, 그리고 예수를 통하여 말씀하시고 있다는 것을 말한다. 이것은 자연, 역사, 문화를 통해서 하나님의 말씀을 듣는 일반적 접근 방법과는 달리 매우 특수한 것이다. 왜냐하면 인간에게 생래(生來)적으로 주어진 이성, 감성, 영성만을 가지고는 이 특수 영역에서 하나님의 말씀을 들을 수 없기 때문이다. 물론 교회와 성서와 예수를 역사, 문화, 종교라는 일반 영역에 포함시킬 수 있다. 그리고 우리 모두에게 주어진 본성을 통해서 이들에 접근하여 하나님의 말씀을 들을 수도 있다. 그러나 결정적인 부분에서 우리의 본성과 거슬려 대립되는 점들이 나타나기 때문에, 인간의 이성, 감성, 영성이라는 본성을 '넘어서' 다가가지 않으면 특수 영역에서 하나님의 말씀을 듣는다는 것은 어려워진다.

은총 · 믿음

그렇다면 그 인간 본성을 넘어서서 이루어지는 것은 무엇인가? 그것은 인간을 구원하시는 하나님의 '은총'과 이에 대한 인간의 응답으로서의 '믿음'이라는 것이다. 죄와 고난 가운데 있는 인간을 구원하시려는 신적 은총과 이에 대한 신뢰로서의 믿음의 귀와 눈이 없으면, 교회와 성서 그리고 예수의 인격과 삶을 통해서 들리는 하나님의 말씀을 들을 수 없다. 그렇기에 특수한 영역이라 부르는 것이고, 이 영역에 이르러서야 기독교 신학의 고유한 정체성이 드러난다.

이처럼 하나님의 말씀은 일반 영역과 특수 영역에서 들려지지만, 특수한 영역은 일반적 영역 밖에 있는 것이 아니라 그 가운데 있다는 점에 대한 인식이 중요하다. 왜냐하면 이성과 감성 그리고 영성이 배제된 은총과 믿음의 참된 역사는 존재할 수 없기 때문이다. 만일 그러한 것이 존재한다면, 그것은 거짓된 믿음의 역사로서 악마적이거나 광신적 혹은 미신적인 것으로서 거부될 것이다. 그러므로 우리가 특수 영역을 강조할수록 일반 영역에 대한 깊은 이해를 추구하지 않으면 안 된다. 바른 신학, 더 나아가서 모든 존재에 진리와 생명의 힘을 불어넣을 수 있는 신학을 원한다면, 특수 영역과 더불어 일반 영역에서의 하나님 말씀 듣기에 주의와 힘을 기울여야 한다.

자연신학 · 역사신학 · 문화신학

일반 영역 내에는 크게 자연, 역사, 문화, 그리고 종교가 있다. 인간의 이성과 감성 그리고 영성을 통해서 하나님의 말씀을 들을 수 있는 한 분야 중 하나가 '자연'이다. 즉, 하나님의 말씀은 자연의 세계를 통해서 들릴 수 있다. 자연의 신비와 아름다움을 대할 때 어떤 '영감'을 얻게 된다. 이것이 소위 영성신학에서 말하는 창조의 영성이며, 모든 창조물에는 하나님의 속성과 섭리가 들어있다는 의미다. 그래서 자연의 조화와 신비함으로 인해 신적 감동을 받기도 한다. 그래서 자연은 하나님의 말씀을 담고 있는 일종의 텍스트라고 말할 수 있다. 그렇기에 자연 자체가 하나님의 말씀일 수 없다. 말씀의 유일한 근원은 하나님이다. 자연은 그 말씀이 드러나는 한 도구로서 특별한 의미가 있다. 이 자연이라는 텍스트를 통해 하나님의 말씀을 듣고자 하는 것을 우리는 '자연신학(Theology of Nature)'이라고 부른다. 이때 자연신학은 신학방법으로서의 자연신학(Natural Theology; Natürliche Theologie)과는 구분된다.

이와 같은 방식으로 우리는 인간의 삶 가운데 이루어진 행위와 사건의 역사를 통해서도 하나님의 말씀을 들을 수 있다. 역사도 하나님의 말씀을 담고 있는 하나의 텍스트다. 역사 자체를 계시로 보는 것이 아니라 계시의 미디어로 이해하는 것이다. '역사신학(Theology of History)'은 역사를 통해 하시는 하나님의 말씀, 곧 역

사의 '진리'를 듣고 참된 자유를 얻고자 하는 것이다. 역사신학이
나 자연신학의 방법과 같이 '문화'를 통해서 하나님의 말씀을 듣
고, 문화를 통해서 하나님의 말씀을 전하는 것을 '문화신학
(Theology of Culture)'이라 할 수 있다. 문화신학에 대한 이와 같은
정의는 가장 일반적인 것이다. 이에 대한 보다 폭넓은 이해는 이후
에 자세히 다루게 될 것이다. 무엇보다도 우리는 특정한 종교적 문
화 자체를 하나님의 말씀으로 동일시하는 모든 것을 거부한다. 그
것은 궁극 이전의 것을 궁극적인 것과 동일시하는 소위 '우상숭배'
와 다름없기 때문이다.

문화(文化, Kultur, culture)란 무엇인가

우리가 말하는 '문화(culture)'란 인간의 '언어'와 '기술'로 형
성된 모든 관념적 또는 경험적 현실이다. 인간은 언어를 통해 '개
념'을 만들어 내고, 개념을 통해 다양한 정신적 문화들을 창출한다.
그리고 테크놀로지를 통해 '도구'를 만들고, 도구를 통해 다양한
물질적 문화들을 창출한다. 이렇게 형성된 정신문화와 물질문화들
이 대단위로 종합되면서 서양문화, 동양문화, 한자문화, 중세문화,
이슬람문화, 불교문화 등 다양한 거대 문화권을 이루게 되는 것이
다. '역사'에서는 보다 삶의 시간적 지평이 강조된다면, '문화'는
공간성에서 그 특징을 찾을 수 있을 것이다. 이 공간성은 예를 들어
'고전주의'와 같은 관념적 공간성과 '신석기 문화'와 같은 현상적
공간성 모두를 포함한다. 그리고 문화의 공간성에는 특정 시간의
역사성이 녹아 있을 뿐만 아니라, 종교성이 내재해 있음으로 문화
에 대한 단일한 정의는 오히려 문화의 개념 이해를 막을 가능성이

크다. 따라서 우리는 문화란 언어와 기술로 인간의 궁극적 관심을 표현하는 데서 출발하기 때문에, 레슬리 화이트(Leslie White)의 인간의 모든 "상징행위(symboling)"라는 개념으로 문화를 정의한다.

문명(civilization)과 문화(culture)

종교와 문화에 대한 논의에 들어가기에 앞서 먼저 문화와 문명이란 두 개념의 용어를 정리할 필요가 있다. 오늘날 문화와 문명이란 단어는 거의 같은 의미로 혼용되고 있으나, 실은 개념상에 매우 분명한 차이가 있다. 우선 양 개념의 차별성은 독일이 영국과 프랑스가 사용해 왔던 문명과 야만이란 개념에 대해 비판적인 접근을 하는 데서 보다 분명하게 드러난다. '문명'이란 '야만'이나 '미개'와 대립되는 개념으로서 영국이나 프랑스를 중심으로 쓰인 서구인의 자의식(自意識)과 자존심을 드러내는 용어다. 그래서 문명화된다는 것은 일차적으로 야만적 상태에서 벗어나는 것이며, 미개한 상태에서 계몽되는 것이다. 미개(未開)란 개발되지 않아 여전히 자연적인 모습 그대로 남아있는 것으로서 '아직 깨지 않은 상태'에 있는 것을 말한다. 새로운 기술과 도구의 발명을 통해 자연의 상태를 개발하여 보다 높은 수준의 삶을 유지하는 것을 문명(文明)이라 보는 것이다. 따라서 문명은 상대적인 개념이다. 어느 지역이나 나라, 어느 개인의 삶의 수준이 다른 상대와 비교하여 보다 문명한 것이 되고, 혹은 보다 미개한 것이 될 수 있다. 역사상 이와 같은 판단은 제국주의를 표방한 영국과 프랑스에 의해 주도되었고, 그들은 자신들의 수준을 기준으로 문명과 야만을 평가해 왔다.

독일은 이와 같은 상대적 평가에 의해 서구 내에서도 항상 야만적인 나라로 판단 받아 왔다. 이러한 맥락에서 독일어권에서는 특정한 나라의 우월성과 자존심을 드러내는 문명이란 개념에 대해 비판적인 견해를 제시하였다. 즉, 문명이란 인간의 외면으로 보이는 피상성만 나타낼 뿐이지 인간적 삶의 본래적인 면은 무시하고 있기 때문에 문명이라는 관점에서 삶의 현실을 정당히 판단할 수 없다는 것이다. 그래서 보다 더 적절한 개념의 도입이 요구되었던 바, 곧 문화(Kultur)라는 것이다. 이 때 문화란 항상 앞을 향해 나가는 문명과 달리, 시대나 지역의 고유한 특성 내지는 정체성을 반영하는 종교, 예술, 철학 등의 총칭이 된다. 문명이 보편적 기준을 마련하여 그에 비추어 문명화의 정도를 평가하려는 경향이 강하다면, 문화는 오히려 보편성과 관계없이 특정 지역이나 시대의 고유한 특성을 그대로 유의미(有意味)하게 드러내려는 입장을 견지한다. 그러므로 모든 민족이나 나라는 그들 고유의 문화를 절대적인 가치로 내세울 수 있는 것이며, 그에 따라 민족이나 특정 공동체나 개인 간의 문화적 차이가 정당히 이야기될 수 있고, 특정 문화의 정체성이 상대적으로 폄하되거나 역으로 우월한 것으로 주장될 수 없다. 이와 같은 맥락에서 볼 때, 영국인이나 프랑스인은 무엇이 영국적이며, 무엇이 프랑스적인지를 묻지 않았지만, 독일인은 무엇이 독일적인 것인지를 끊임없이 물어왔다.[3]

18세기 서구에서 지속되어 왔던 문명에 대한 문화의 비판적 논란은 외적인 격식에 대한 내적인 교양의 대립이라는 구조를 가지고 있다. 그에 따라 문화를 문명보다 오히려 우월하게 생각하는 경향이 형성되었는데, 이는 "덕망과 교양을 갖춘 중산층의 자기 정당화"[4]로 볼 수 있다. 이는 동시에 문명이 인문적 가치를 경시하고 기술적인 가치에 비중을 두는 것에 대한 비판적 접근인 것이다. 이러한 관점이 보다 극단적으로 이해되어, 문명의 개념을 기술적인 것, 유용한 것, 상업적 가치가 있는 것을 지향하는 것으로 한정하고, 반면에 문화를 고상한 것, 영원한 가치가 있는 것, 내적인 도야(陶冶), 영혼의 깊이에 가치를 두는 것으로, 그리고 더 나아가 문명은 가치의 외면적 껍데기를, 문화는 가치의 내면적 알맹이를 말하는 것이라는 데까지 나갔다. 그러나 문명을 물질적인 것이나 형식적인 것으로, 문화를 정신적인 것이나 내용적인 것으로 나누는 것은 오히려 양 개념의 혼동을 더욱 가중화할 수 있는 소지가 크다.

현대는 개별적이며 특수한 문화들이 서로 자유롭게 시공간을 넘나들면서 교차하는 시대적 상황에서 과거처럼 문명이란 이름으로 상대적 우열을 논하는 가치의 기준을 세우기도 불가능해졌고, 또한 문화적 특수성의 유지도 어려워지고 있다. 이러한 맥락에서 문명의 개념은 제국주의적 혐의를 완전히 벗어버리지 못하고 있고, 여전히 근대성(近代性)을 탈피하지 못한 것으로 보이기 때문에, 서구 중심의 식민주의적, 제국주의적 관점에서 지역과 민족들의 고유한 삶을 야만과 문명으로 재단하는 데 쓰였던 문명의 개념은 현대에 더 이상 통용되기 어렵다. 그러므로 문명이란 용어는 과거의 문명사를 이해하는 데 한정해야 할 것이다. 그런 의미로 보았을 때, 오늘날에는 더 이상 문명인이나 야만인은 없다. 모든 각개의 집단은 자신들의 고유한 문화를 지닐 뿐이다.

따라서 문화는 정신적 차원만을 다루는 개념으로 이해될 수 없다. 문화는 오히려 가치의 시간성과 장소성, 외면성과 내면성, 물질성과 정신성, 일시성과 지속성을 모두 아우르는 개념으로 이해되어야 한다. 그리고 문화의 개념이 제국주의적 문명 개념을 비판하면서 각 민족과 지역 공동체의 특수성과 고유성을 지키기 위해 나온 것이기 때문에, 이 용어는 문화신학(Theology of Culture)에 있어서도 매우 중요한 신학적 의의를 지니게 된다.

문화신학의 목적과 방법

제2절

문화의 마성화와 세속화 극복

우리가 전개하고자 하는 문화신학은 '종교와 문화'의 관련성에서 소위 보수적 신학과 진보적 신학이 지니는 신학적 한계를 극복하고자 하는 새로운 신학 방법론적 시도이다. 기존의 신학들이 부딪혀온 가장 어려운 신학적 딜레마 중의 하나는 '문화' 였다. 신학이란 결국 교회의 삶을 통해서 문화에 대한 태도를 정함으로써 자신의 정체를 드러내는 것이다. 진보적 신학은 문화 자체의 본질과 그에 따른 자율성을 강조함으로써 복음의 정체성이 도전받는 위기를 경험해왔다. 반면, 보수적 신학은 복음의 정체성을 지키기 위하여 교회의 규범이라는 잣대를 가지고 문화의 자율성을 억압함으로써 문화의 현실에 무력함을 보여 왔다. 여전히 보수적 신학은 문화의 자율성을 수용하지 않음으로써 교회로 하여금 독선적 마성화의 길로 빠지게 하고, 진보적 신학은 문화

의 자율성에 제한을 두지 않음으로써 교회로 하여금 세속화의 길로
빠지게 하고 있다. 이때 '마성화'란 종교적 대상에 대한 표현을 절
대화하여 우상숭배로 빠지는 것이며, '세속화'란 종교적 대상을 상
대화하여 신앙 대상의 고유한 종교적 상징성을 상실해 버리는 것을
뜻한다.

　우리는 이러한 기존 신학의 현실을 분석하고, 나아가 위와 같
은 신학적 딜레마를 극복할 수 있는 대안을 모색한다. 이름 하여 창
조적 문화신학이다. 이 대안은 1세기 팔레스틴 유다이즘(Judaism)의
전통문화와 헬레니즘(Hellenism)이라는 외래문화 가운데서 "보내신
자"인 아버지 하나님의 사명에 따라 자신의 길을 걸어간 예수 그리
스도의 삶과 사상을 문화라는 관점에서 고찰함으로써 얻게 된다.
나사렛 예수 그리스도는 어떻게 당시의 진보주의와 보수주의의 장
벽을 넘어설 수 있었는가? 창조적 문화신학은 결국 예수신학으로
들어가는 마중물이 될 것이다. 이때 예수신학은 모든 기독교 신학
의 근원에 대한 물음이며, 동시에 상징적 대답을 의미하며, 라일리
(Riley)가 적절히 표현한 대로, 예수는 다양한 문화가 흘러들어와 모
였다가 다시 새로운 모습으로 흘러가는 한 점 "델타 포인트(Delta
Point)"이다.[5] 모든 것이 예수로 흘러들어오고, 예수로부터 다양한
신학이 시작된다는 뜻이다. 우리는 이 델타 포인트 예수신학의 모
습을 방법론적으로 창조적 문화신학이라는 관점으로 밝히는 데까
지만 논의하게 될 것이다.

　문화신학의 기본 원리들과 문화신학의 정의
　우리가 첫 번째 단계에서 집중하고자 하는 것은 문화신학의

기본이 되는 두 원리, 즉 본질적 원리와 규범적 원리에 대한 이해를 정리하는 것이다. 이를 먼저 요약하여 소개하면 다음과 같다:

첫째는 **본질적 문화신학의 원리**다. 이는 모든 문화란 각각 고유의 본질적 가치와 존재의 이유를 가짐으로써 형성된 바, 그 가치와 이유에 따라 문화의 실재(reality)를 드러내고자 하는 것이다. 그리고 문화의 관점에서 복음을 이해하는 방법을 다루는 것이 본질적 문화신학이 지니는 과제다. 예를 들면, 현대인은 대부분 사이버 문화를 떠나 살 수 없을 만큼 사이버 문화는 현대적 삶의 환경이 되었는데, 본질적 문화신학은 우선 사이버 문화의 실재가 무엇인지를 드러낸다. 그리고 사이버 문화의 실재로부터 전통적으로 이해한 복음을 재해석함으로써 사이버 문화 가운데 사는 현대인들에게 복음의 의미를 사이버 문화적으로 밝히는 것이다.[6]

둘째는 **규범적 문화신학의 원리**다. 이는 본질적 문화신학의 접근과는 정반대로, 문화가 실존하는 현실의 상황으로부터 특정 문화가 발휘하는 힘과 영향을 보는 것이다. 이러한 접근은, 모든 문화는 고유의 가치와 그로 인한 존재 이유를 가지고 있지만, 삶의 현실에서 그 모든 문화의 본질적 가치가 긍정적인 것으로 받아들여지는 것이 아니기 때문에 요청되는 것이다. 그래서 문화에 대한 바른 판단이 필요하며, 이를 위해 모든 개별 단위의 사회적 공동체는 자신의 정체성을 규정하는 규범(規範)에 따라 특정한 문화에 대한 태도를 정하게 된다. 그리고 그 규범에 따라 문화의 수용 여부를 결정한다. 규범적 문화신학의 원리란 이때 문화에 대한 가치 판단의 척도로 적용되는 규범 자체가 지니는 의의(意義)를 밝히는 것을 말한다. 무엇보다도 규범적 문화신학은 복음 또는 성서의 관점에서 문화의 가치를 판단한다고 했을 때 그 판단의 정당성에 대해 묻는다.

　　문화신학의 이러한 두 가지 기본 원리는 문화적 실재의 본질적 차원과 현실적 차원의 양면에서 요구되는 것이다. 이로써 한 편에서는 문화 고유의 가치를 드러내며, 다른 한 편에서는 문화에 대한 판단 가치를 드러낸다. 이러한 양대 관점에 대한 균형 있는 문화 이해를 정당히 갖는 것이야말로 문화신학의 기본이 되는 단계이다. 그러나 문화에 대한 기존의 신학적 이해는 본질적 입장과 규범적 입장 간에 극한의 대립적 태도로 일관되어 온 것임을 알 수 있다. 본질적 입장을 견지하는 쪽은 보다 더 문화에 대한 개방적 입장을, 규범적 입장에서는 보다 더 배타적인 태도를 취함으로써 한 가지 특정한 문화를 논함에 있어서 서로 다른 판단을 해 오고 있는 것이다. 이러한 결과는 문화에 대한 본질적 접근과 규범적 접근이 각기 그들 나름대로의 고유한 역할을 가지고 있다는 사실을 인정하지 않은 데서 기인한다.

　　따라서 바른 문화신학의 가능성은 문화에 대한 본질적 태도와 규범적 입장을 통전적으로 수렴하는 길을 찾음으로써 종교와 문화 간의 신학적 역동성을 드러내는 데 있다. 우리는 이를 새의 양 날개로 비유해 볼 수 있다. 새는 두 날개가 있어야 날 수 있다. 만일 오른쪽 날개만 있거나 혹은 왼쪽 날개만 있으면, 그 새는 결코 날지 못한다. 결과적으로 남아 있는 한 쪽의 날개도 무용지물이 되고 만다. 새가 하늘을 향해 날기 위해서는 서로 다른 위치에 있는 좌·우의 날개가 필요한 것이다. 비상한 후에 오른쪽으로 방향을 잡기 위해서는 왼쪽 날개의 힘이 필요하고, 왼쪽으로 날아가기 위해서는 오른쪽 날개짓이 필요한 것이다.

그러나 이러한 이론적 통찰만으로써 문화에 대한 창조적 태도가 곧바로 형성되지 않는다. 왜냐하면 삶의 현실에서 경험하는 문화는 두 원리에 입각하여 명확하게 나뉘거나 명확히 이해되지 않기 때문이다. 오히려 두 원리가 상호 조화하는 접근보다는 상호 충돌 대립하는 모습이 더욱 두드러지는 것이 문화 현실이다. 문화에 대한 본질적인 접근 자체에서도 바른 본질이 드러나기 보다는 왜곡되거나 부분적인 이해에 머무르는 경우가 많고, 규범적인 접근에서도 규범 자체가 모순을 띠며 삶을 억압하는 기재로 작용하는 때가 일반적이다. 그러므로 문화신학은 문화의 본질적 이해와 규범적 이해에 있어서 이미 규명된 '본질' 과 '규범' 을 새로이 비판적으로 고찰하지 않으면 안 된다.

이처럼 문화의 본질적 원리와 규범적 원리를 파악한 그 자체만 가지고 문화에 대한 바른 태도를 취하기가 어렵다. 그리고 대부분 두 원리 가운데 한 면만을 완고하게 주장하려는 문화적 성향이 우리 가운데 있기 때문에 이 두 원리를 창조적으로 적용하는 지혜와 이를 현실화하는 힘과 용기가 요청된다. 이러한 창조적이며 역동적인 원리가 모색될 때 문화신학은 본래의 목적을 이루게 된다. 우리는 문화신학의 양대 원리를 문화 이해와 문화 창조에 적용코자 하는 것을 창조적 문화신학이라 부르기로 한다. 특정한 문화의 현실에 대한 바른 입장을 가지고자 할 때 최종적으로는 이와 같은 창조적 문화신학의 원리가 요청된다. 우리의 문화신학은 바로 이 창조적 문화신학의 원리와 모델을 예수 그리스도의 삶과 사상에서 찾고자 하며, 그 기본 패러다임을 예수 하가다 신학으로 설정할 것이다. 달리 말하여, 우리의 문화신학은 '예수와 문화' 의 관계에서 발생했던 문제를 창조적 문화신학의 관점으로 해명하기 위해 예수 하가다 신학에 기초를 두게 될 것이다.

예수 하가다 신학에 대해서는 본질적, 규범적 그리고 창조적 문화신학의 방법을 소개한 후 이어서 약술하고, 제4장 창조적 문화신학에서 상세히 논하게 된다. 마지막으로 우리가 전개하고자 하는 문화신학의 목적을 한 마디로 다시 정의한다면, 문화신학이란 문화의 본질과 그에 대한 규범을 드러냄으로써 종교와 문화 간의 창조적이며 역동적인 신학적 입장을 세우기 위한 학문적 탐구이며, 이를 위해 예수 그리스도의 삶과 사상에서 드러난 예수 하가다의 틀을 통해 교회가 경험하고 있는 다양한 문화에 대해 본질적, 규범적 태도를 제시함으로써 예수가 이루고자 했던 하나님 나라의 문화를 오늘의 문화 한 가운데서 창조하는 신학적이며 실천적인 학문이다.

기독교와 문화의 상관성

서구문화는 기독교에 의해서 형성되었다고 생각하는 것이 일반적인 경향이다. 기독교와 서구문화 둘의 관계를 볼 때 이를 인정치 않을 수 없을 것이다. 그러나 그 역으로, 서구문화가 오늘의 서구 기독교를 만들었다고 볼 수 있는 가능성도 얼마든지 있다. 만일 예수가 인도에서 태어났고, 바울이 중국인이었다면 오늘날의 기독교와는 적어도 그 '현상'에 있어서 전혀 다른 기독교의 모습으로 나타날 수도 있었을 것이다. 즉, 종교학적 관점으로만 본다면 서구문화에 의해 오늘의 서구 기독교(Christian religion)라는 형태로 이루어졌다고 무리 없이 주장될 수도 있다.

서구의 신학자들에게 서구문화는 이미 공통된 경험으로 전제되어 있는 것이기 때문에, 신학과 문화의 관계를 명시적으로 논할 필요까지 없었다. 그러나 교회와 신학의 역사를 돌이켜 보면, 그리스도에 대한 이해와 신학의 전개 및 강조점들이 지역마다, 시대마다 달랐던 것을 알 수 있다. 한정된 시공간 내에서는 문화를 의식하지 못하지만, 거리를 두고 보면 모든 신학적 결과물 뒤에는 그리스도를 각 문화권마다 그들 나름대로 고유한 방식으로 이해할 수밖에 없는 특수한 경험과 인식의 틀이 있었던 것이다.

오늘날까지 신학의 학문적 전통 안에서는 교의(敎義, dogma)의 수직적 전달과 이해가 강조되어 왔다. 반면에, 문화와 관련하여 진술되는 교의의 문화적 함의(含意)와, 문화가 교의에 대하여 갖는 신학적 중요성에 대해서는 깊이 고려되지 않았다. 오히려 그러한 고려는 세속주의의 산물로 혹은 자유주의 신학이라고 쉽게 의심받아 온 것이 현실이었다. 거기에는 그럴만한 시대사적 이유가 있었지만, 보다 근본적인 것은 문화신학의 필요성과 그 방법에 대한 충분한 이해가 부족했기 때문이라 보아야 할 것이다.

교회사 · 교의학 · 문화신학

문화신학은 바로 이러한 점들을 중시하여, 역사적으로 다양하게 전개되었던 기존의 신학들을 그들의 문화적 맥락에서 재조명해 보려는 비판적 학문의 성격을 띤다. 이를 바꾸어 말하면, 서구교회가 형성해 놓은 신조들이나 고백문들, 또는 신앙생활에 따르는 예식과 전통을 축자적으로 받아들여 우리와는 전혀 다른 문화적 현실에 그대로 적용해보고자 했던 지금까지의 노력을 반성하는 행위다. 방법론적 차원에서, '문화신학' 은 여러 문화들 가운데서 하나님의 말씀이 다양하게 표현되게 하면서도 통일된 메시지로 들려지도록 하는 신학의 한 방법이다. 교회사가 교회 활동의 배경이 되었던 문화적 상황의 역사적 측면을 주로 연구한다면, 교의학은 교회가 가르치고 전수하려 했던 메시지의 논리적 측면을 강조한다. 이에 비하여, 문화신학은 교의들의 신학적 의미를 현대 교회가 처해 있는 문화적 지평에서 밝혀내어 현대의 문제에 적용하여 전통적 교의와 현대 문화의 상관적 측면에 집중한다.

역사상 문화와 관련을 갖지 않은 신학은 존재할 수 없기에, 문화신학을 한다는 것이 무엇을 의미하는 것인지를 좀 더 깊이 이해할 필요가 있다. 피상적으로 잘못 이해하면, 모든 신학적 노력이 다 문화신학이 될 수도 있기 때문이다. 그러므로 이와 같은 문화신학을 이야기하지 않으면 안 되는 당위성이 선명히 제시될 필요가 있다. 이를 위해 그 이전에 먼저 종래의 전통 신학이 문화를 얼마나 타율적으로 다루어왔는지를 살펴보는 것이 도움이 될 것이다.

규범적 문화신학의 방법

오늘날까지 전통적인 신학은 한 마디로 고정된 교의를 기준으로 하여 문화를 평가함으로써 문화의 자율성을 드러내기 보다는 윤리적으로 제한하는 규범적 차원이 우세하였다. 즉, 성서적 규범을 가지고 모든 문화와 이웃 종교의 가치를 평가해왔다. 기독교적 규범의 핵심은 교회에 의해서 합의된 예수 해석에 의해서 파생된다. 그것이 곧 교회의 권위로 결정된 교의(敎義)다. 따라서 교의는 그리스도인 개개인의 다양한 신앙 체험을 판단하는 기준이 된다. 이러한 상황에서는 개인의 그리스도 체험은 교의를 넘어설 수 없다. 그리스도인의 모든 문화 이해와 문화 참여 역시 교회 교의의 지침과 교회의 헌법과 시행세칙에 준해야 한다. 다시 말해서, 교회의 전통과 교의가 허락하는 범위 안에서만 개인의 신앙과 문화 활동은 신학적으로 정당하다는 것이다. 이러한 상태에서 개개인의 문화적 자율성은 이미 교의에 의하여 극히 제한적인 상태가 된다. 이때의 문화는 교회의 타율에 의하여 억압된 문화라 할 수 있다. 전통적으로 내려오고 있는 기독교 이해로부터 왜 기독교가 문화에 대해서 타율적이 되었는지 그 이유를 찾을 수 있다.

　　교회에 의한 기독교의 메시지는 오늘날까지 인간의 타락과 죄의 현실을 강조함으로써 구원의 긴급성을 부각시켜왔다. 즉, 인간 존재의 모든 면은 죄로 물들어 있기 때문에, 인간은 죄로부터 자유롭지 못하다는 비관적 인간 이해가 형성되었고, 죄로부터의 구원이 필요하다는 사실이 강조되었다. 그리스도의 오심은 죄의 노예가 되어 있는 인간을 죄로부터 해방시키는 것이며, 더 나아가 죄로 물든 이 세상으로부터 영원히 자유로운 생명을 얻게 하는 것이었다. 이러한 세계관 하에서 인간은 비참한 존재로 이해된다. 그에 따라 자동적으로 인간의 문화라는 것도 부패한 것으로 평가된다. 즉, 인간의 문화는 한 마디로 '속된 것'으로 해석되는 것이다. 이에 비해 그리스도에 의해 구원받은 교회의 문화는 '거룩한 것'으로 구별된다. 이로써 문화는 철저히 '성'과 '속'으로 나뉜다. 여기에서 기독교 선교의 궁극적 목표는 영혼 구원과 속된 문화를 거룩한 문화로 변혁시키는 일이 된다. 이를 위해서 먼저 복음을 전파하여 믿는 자들을 교회로 불러 모으는 전도(傳道)가 필수적이다. 그리하여 땅 끝까지 복음을 전하고 교회를 세우는 일을 그리스도가 오시기까지 수행한다. 이것이 기독교에 대한 전통적인 이해다.

　이와 같은 기독교 이해는 복음의 절대성과 문화의 타락성을 극대화함으로써 가능해질 뿐만 아니라, 그리스도의 궁극성과 무한정성을 강조하려는 경우에 매우 효과적이다. 이러한 기독교 이해에 기초할 때, 그리스도는 문화에 대하여 절대적인 규범이 되고, 그에 따라 타락한 문화에 대한 모든 판단은 주로 '윤리적' 차원에서 이루어지게 된다. 전통적으로 대부분의 교회들은 이러한 관점으로 문화를 대해 왔다. 이러한 교회 신학의 전통은 오늘날까지도 여전히 그 틀을 유지하고 있다. 여기에서 '문화'는 그리스도인의 삶에 적극적인 의미를 갖지 못하기 때문에 신학적 관심의 대상으로 떠오르기 힘들다. 문화에 대한 '규범적' 진술만이 중요할 뿐이다. 그럼에도 불구하고 이러한 전통적인 이해도 문화에 대한 하나의 신학적 접근 방법이기 때문에, 이를 문화신학의 커다란 한 흐름으로 인정할 필요가 있다. 이때 문화신학의 주요과제는 문화에 대하여 윤리적 가치를 평가하는 제 규범들이 지니는 신학적 의의(意義) 내지는 그 정당성 여부를 밝히는 것이다. 이처럼 문화에 대하여 특정 규범을 가지고 가치판단을 내리는 제 신학적 행위를 분석함으로써 규범과 문화의 관계가 얼마나 정당한 지를 고찰하는 것이 문화신학의 과제 중 하나다. 우리는 이를 **규범적 문화신학**이라 부른다.

　규범적 문화신학은 교의에 기초한 교회의 문화적 규범이란 그 규범이 태어날 때의 문화 현실에 대한 신학적 대답이었다는 전제하에서, 교회의 전통 가운데 지속적으로 생명력을 가지고 있는 규범들은 존중되어야 할 것을 강조한다. 그러나 교회가 문화 일반에 대하여 적용하는 규범이 모두 정당성(relevancy)을 지닌다고는 할 수 없기 때문에, 규범적 문화신학은 교회가 교회 안팎으로 적용하고 있는 규범적 행위와 입장을 비판적으로 고찰해야 한다. 예를 들면, 기독교 선교 초창기에 한국교회는 대부분 교인들이 영화관에 가는 것을 죄악시했는데, 이와 같은 규범적 판단에 대한 의의와 한계가 무엇인지를 바로 평가해 줄 수 있어야 한다는 것이다. 기독교인의 삶과 그 윤리는 결국 교회의 전통이 견지하고 있는 규범에 의해서 실천되는 것이기 때문에, 교회의 규범과 이의 문화적 적용의 타당성 여부를 묻는 것은 긴급한 문화신학적 과제이다.

본질적 문화신학의 방법

한편 문화에 대한 규범적인 접근에서 간과해서 안 될 것은, 인간의 죄 문제와 그리스도의 구원 문제에는 규범적이며 윤리적인 차원으로만 이해될 수 없는 보다 초규범적 차원이 있다는 점이다. 즉, 죄와 구원에 대한 존재론적 차원이다. 죄와 구원은 모든 문화의 경계선을 넘어 있는 보편적인 실재다. 죄는 인류의 보편적인 현실이고, 구원은 그리스도에 의해 주어지는 보편적인 현실이다. 이러한 죄와 구원의 보편적인 현실들은 문화 안에서 다양한 모습으로 양자가 동시에 구체적으로 경험되고 있다. 그러므로 인간의 문화를 단지 죄의 현실로만, 혹은 구원의 현실로만 이해할 수 없는 것이다. 왜냐하면 인간의 모든 문화가 지니는 이중적 본질 때문이다. 따라서 특정한 규범에 입각해서 특정한 문화에 대하여 윤리적 판단을 단정적으로 내리는 것에는 근본적인 한계가 있게 마련인데, 그 이유는 죄와 구원의 보편적 현실 모두에 문화가 관계되어 있기 때문이다. 따라서 인간의 죄와 그리스도의 구원이 문화에 어떻게 보편적으로 관계되어 있는지 문화의 본질을 신학적으로 규명하는 일이 요구된다. 이렇게 접근하는 것이 '본질적 문화신학'의 길이다.

이처럼 본질적 문화신학의 방법에서 중요하게 다루어질 부분은 문화의 본질이다. 그리고 문화의 본질 자체를 깊이 이해하게 되면, 거기에 종교적 차원이 있음을 알게 된다. 그렇다면 하나님의 말씀이 문화의 종교적 차원과 어떠한 관련성이 있는지, 또한 문화의 그 종교적 차원을 통해서 하나님의 말씀이 얼마나 들려질 수 있는지 밝히는 일이 필요하다. 규범적 문화신학이 기존의 문화에 대하여 복음이 어떠한 상관관계를 가져야 할 것인지를 묻는 '윤리적' 차원에 초점을 맞춘다면, 본질적 문화신학은 문화의 '종교적' 차원을 밝히고자 접근하는 방법이다.

창조적 문화신학의 방법

본질적 문화신학과 규범적 문화신학의 방법을 역동적으로 아우르면서 하나님의 나라 문화 창조의 비전을 실현코자 하는 '창조적 문화신학'의 방법은 하나님의 문화 창조 명령에 입각하여 나사렛 예수 그리스도에 의하여 알려진 바 있는 하나님 나라의 문화의 본질을 규명하며, 그에 따라 하나님 나라의 문화를 창조하는 것과 관계한다. 소위 세상 문화에 대한 가치 판단과 그에 따른 수용 여부에 관심을 갖기 전에 기존의 세상 문화 한 가운데서 하나님의 문화를 실현하려는 내용 자체에 집중한다. 이 땅 위에서 이루어져야 할 하나님의 나라는 추상적인 관념에만 머무는 것이 아니라, 구체적으로 인간의 문화 한 가운데서 이루어지는 것인데, 창조적 문화신학은 바로 이 땅 위에 이루어져야 할 '하나님 나라'에 집중한다.

이처럼 크게 규범적 문화신학, 본질적 문화신학 및 창조적 문화신학 세 가지의 방법론적 통찰을 통해서 문화신학을 이론적으로 체계화시키고자 하는 것이 우리가 수립하고자 하는 문화신학의 궁극적 의도다. 그 동안 '복음과 문화'의 관계를 규명할 때 규범적으로, 본질적으로, 혹은 창조적 문화신학의 방법으로 여러 방면에서 이야기해 온 것이 적지 않다.[7] 그러나 이를 보다 통전적으로 체계화하여 하나의 학문적 방법으로 제시된 것은 아니었다. 이에 우리의 과제는 문화신학을 통일성이 있는 하나의 학문적 체계로 제시하는 것이다.

예수 하가다 신학

우리가 문화신학을 하나의 학문적 체계로 완성하고자 할 때, 문화의 본질, 문화의 규범, 그리고 문화의 창조를 '복음서가 증언하고 있는 예수'에게서 그 원리를 찾고자 한다. 사복음서 저자들이 묘사하고 있는 예수는 오랫동안 연구되어 온 '역사적 예수(Historical Jesus)'만도 아니오, '선포된 그리스도(Kerygmatic Jesus)'만도 아닌, 역사와 신앙 안에서 체험되어 복음서 자체가 증언하는 그리스도로서의 나사렛 예수다. 이를 굳이 개념화 하자면 '복음적 예수(Evangelical Jesus)'라 부를 수 있을 것이다. 복음서가 증언하는 이 복음적 예수는 그의 실존적 삶의 역사 가운데 당시를 지배하고 있던 문화 안에서 '하나님의 나라'를 선포하셨고, 하나님의 통치를 구현함으로써 이 땅 위에 하나님 나라의 문화를 창조하셨다. 우리는 복음적 예수가 이룩한 하나님 나라 문화 창조의 신학을 '창조적 문화신학'이라 부를 것이며, 또 다른 이름으로는 '예수 하가다 신학(Jesus-Haggadah)' 이라 할 것이다.

문화의 본질 이해를 위해서는 '본질적 문화신학' 이 요청되고, 문화에 대한 윤리적 규범 제시를 위해서는 '규범적 문화신학' 이, 그리고 문화 창조를 위해서는 '창조적 문화신학' 이 필요하지만, 이 각각의 모든 것은 대립이 아니라 서로 상관적(interactive)일 때 비로소 그 본연의 신학적 정당성을 확보하게 된다. 우리는 그 모델과 통합적 원리를 복음적 예수의 삶과 가르침에서 발견하고자 하는데, 그것이 우리가 창조적 문화신학에서 중요하게 전개코자 하는 예수 하가다 신학이다.

예수 하가다 신학에 대한 본격적인 이해는 '창조적 문화신학' 을 전개할 때 다루게 될 것이다. 여기에서는 그 기본 개념만을 제시한다. 예수께서 그의 삶을 통해 이루신 문화 창조적 사건들은 당시의 율법주의 문화 가운데서 이루어졌다. 하나님의 말씀으로 이 땅에 오신 자로서 그는 당시의 유다이즘이 형성하고 있던 문화의 핵심이 토라(Torah)인 것을 보았다. 창조적 문화신학의 관점에서 볼 때, 당시의 종교와 문화 간의 관계를 규정하는 기준은 토라 해석이었다. 토라를 어떠한 맥락에서 해석하느냐에 따라 이스라엘 가운데 사는 사람들의 종교적 삶과 문화적 삶의 모습과 질이 결정되었다.

기원 1세기의 팔레스틴 유대 땅에서 토라의 해석을 주도하고 있던 자들은 바리새파인들이었다. 토라에 대한 그들의 주된 관심은 토라의 할라카(halachah) 실천에 있었다. 할라카는 토라 안에 있는 규례와 법들로서 지금까지도 유대교의 일상적 삶을 강력하게 규정하는 준칙(準則)이다. 종교 지도자들의 최대 관심은 모세로부터 전해져 오는 토라의 할라카를 새로운 시대에 변질되지 않게 그대로

할라카적 유대교의 촛대

할라카(율법)에서 할라카로 빈틈없는
율법주의 왕국을 향하는데...

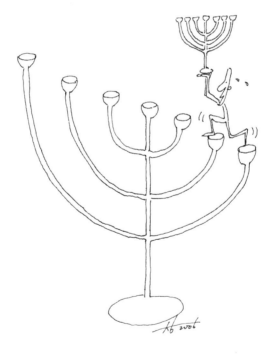

지키는 것이었다. 그래서 그들에게 의인이란 할라카대로 사는 자들이었고, 죄인이란 할라카대로 살지 못하는 자들이었다.

예수께서는 당시 유대인들이 지키는 대부분의 할라카적 삶이 '구원'을 위한 하나님의 의지와는 관계없이 이루어지고 있던 것을 보았다. 즉, 예수의 동시대인들은 오직 할라카 그 자체만을 지키는 것을 종교적 삶의 목적으로 여겼다. 이에 대하여 예수는 토라 해석과 실천에 새로운 전회(轉回)를 시도하였다. 즉, 토라에 대한 아가다적 해석을 우선시하는 것이었다. 할라카적 토라 이해로부터 이스라엘의 종교와 문화를 이해하고 있던 바리새파인들과는 달리, 예수는 토라의 아가다(aggadah)에 우선적인 관심을 두었다. 아가다는 토라에 있는 할라카 외의 모든 것이다. 그 핵심은 규례와 법 이전에 있었던 하나님의 인간 구원에 대한 이야기들이다. 가장 대표적인 것이 유월절 출애굽 이야기다. 이것은 토라에 나타난 모든 아가다의 원형이다. 그래서 유대인들은 이를 가리켜 '유월절 하가다(The Passover Ha-aggadah)'라 부른다. 유월절 사건 이후 자자손손 모든 유대인들은 하나님이 그들의 선조들을 애굽으로부터 어떻게 구원해 내었는지를 기억하도록 제정한 유월절 할라카를 지키면서 살게 되었다.

예수의 가르침과 실천의 대부분은 할라카 실천의 문제를 다룬 것이 아니라, 하나님의 나라에 대한 아가다(이야기)를 들려주는 것이었다. 이를 통해 예수는 구원을 기다리는 모든 자들에게 구원을 베푸시는 하나님의 은총이 지금 그들에게 임하였다는 '복음(euangelion)'을 선포하시고, 하나님의 구원 아가다를 가르치시면서 구원의 사역을 이루셨다. 제자들과 복음서의 기자들은 바로 이 예수의 삶 전체에서 유월절 하가다의 본래적 실체(實體, Gehalt)를 보게 되었다. 그래서 그들은 예수 사건—성육신과 십자가와 부활—이야말로 하나님이 유대인과 헬라인, 온 인류를 위한 구원의 이야기, 곧 하나님의 하가다(Ha-aggadah, The story)라는 사실을 전하지 않으면 안 되는 사명자들이 된 것이다. 우리는 이를 '예수 하가다'라고 부르는 것이다. 이러한 예수 하가다 신학의 빛에서 제 문화신학의 고유한 원리들, 즉 본질적 원리와 규범적 원리가 상생(相生)적으로 발휘될 것이며, 그로써 무차별적인 문화 수용과 거부 현상을 막을 수 있을 것이며, 또한 그와 더불어 문화에 대한 윤리적 판단이 보다 더 정당하게 이루어질 수 있을 것이며, 나아가 문화 행위의 궁극적인 목표이어야 할 하나님 나라의 실현을 보다 구체적으로 이야기할 수 있을 것이다.

하나님의 말씀과 문화신학

제3절

성서와 문화신학

문화신학은 복음과 문화를 다루되, 문화 가운데 복음의 '전달', 즉 커뮤니케이션의 방법에 초점을 두는 것이 아니라, 양자의 신학적 관계성에 집중한다. 그렇기 때문에 복음으로서의 하나님의 말씀은 예수 하가다의 틀에서 문화신학의 핵심적 주제다. 기독교는 이 하나님의 말씀을 성서라는 교회의 문헌을 통해서 가르치고, 따르고, 전파한다. 우리는 그 핵심을 예수 하가다에서 본다. 왜냐하면 예수 하가다는 곧 하나님의 말씀을 드러내는 하나님의 계시 행위이기 때문이다.

성서는 모든 신학이 기초하는 계시의 원천이다. 이는 문화신학에도 동일하게 적용된다. 성서가 계시하는 바와 같이 하나님의 말씀에 대한 깨달음과 믿음 없이 문화신학은 불가능하다. 엄밀히 말해서 문화신학은 문화의 신학이기 이전에 계시의 신학이기 때문에, 그 근원적인 주제는 문화가 아니라, 계시로서의 하나님 말씀 자체다. 다만 '문화' 의 신학인 이유는 하나님의 말씀이 문화와 상관적일 수밖에 없는 중요성이 전통신학에서 간과되어왔던 점을 비판하면서 계시의 문화적 차원과 문화의 종교적 차원을 밝히고자 하기 때문이다. 그러한 면에서 하나님 말씀으로서의 성서에 대한 이해는 문화와 더불어 문화신학의 기본적 출발점이 된다.

과학적으로 성서 읽기와 신학적으로 성서 읽기

한편, 문화신학은 다양한 과학적 방법으로 성서를 연구하여 도출해 낸 결과를 중시한다. 거기에는 성서 이해의 문화 과학적 접근이 포함되기 때문이다. 그러나 성서에는 일반 문헌과 구별된 특별 계시의 차원, 즉 하나님의 은혜로 말미암아 믿음 위에 서지 않고서는 깨달을 수도 행할 수도 없는 차원이 있기 때문에, 문화신학의 성서 이해는 '과학적' 방법에만 머물지 않고, '신학적' 으로까지 접근해야 한다. 이 점이 문화신학 역시 신학으로서 일반 학문과 그 토대를 달리하는 내용이다. 그러므로 문화신학은 일반 과학을 거부하는 것이 아니라 오히려 적극적으로 받아들이지만, 과학에 신학적 차원까지 설명하도록 도에 넘치는 과제를 부여하지는 않는다. 이러한 맥락에서 성서에 대한 문화신학의 태도는 다양한 방법들을 수렴하는 방법적인 통전성을 유지하는 것이다. 이를 위하여 역사-비평적 방법의 한계를 넘어서고자 하는 제반 역사-과학적 성서 읽기와 더불어 신학적 성서 읽기는 복음과 문화의 신학적 관계성을 규명하며 문화 창조의 이론을 제시하고자 하는 문화신학에 가장 기초에 해당하는 일이 된다.

테오-로기(Theo-logie)와 하나님의 말씀

복음서를 읽을 때 하나님의 말씀에 대한 '믿음'과 '깨달음' 양자를 모두 강조하는 예수의 모습을 발견하게 된다. 예수는 복음서 여러 곳에서 "네가 믿느냐?" 혹은 "네가 깨닫느냐?"는 식의 질문을 많이 던진다. 우리가 만일 이러한 물음들에 대하여 그 때 그 때마다 "예, 그렇습니다."라고 대답할 수 있다면, 이 보다 더 큰 축복의 자리는 없을 것이다. 깊고 넓은 신앙생활의 출발이 되기 때문이다. 하지만 신학을 하는 자들은 믿음이나 깨달음에만 머무를 수 없다. 신학은 하나님의 말씀에 대한 신앙과 깨달음을 단순히 마음으로만 간직하는 것이 아니라, 삶 속에서 하나님의 말씀에 따라 행동하고, 표현하고, 변증하고, 전달하는 자리까지 나가야하는 과제를 지니기 때문이다. 신학은 무엇인가를 진술해야 한다. 믿은 바, 깨달은 바 된 하나님의 말씀을 말해야 한다. 이것은 신학을 전공하는 자들만이 아니라 그리스도인이라면 누구에게든지 해당되는 이야기다. 왜냐하면, 모든 그리스도인들은 믿고 깨달은 바 무엇인가 '할 말' 곧 하나님의 말씀을 가지고 있는 자들이기 때문이다. 그 '할 말'의 주체는 하나님 자신이다. 서구 그리스도인들은 오랜 역사 동안 하나님에 대하여 말하고자 하는 것들을 "테오-로기(Theo-Logie)", 곧 신학이라는 학문을 통하여 체계적으로 진술해 오고 있다.

그러나 하나님이 인간의 언어로 이야기되기 시작하면서 하나님의 '하나님 되심'은 본질적으로 불가피하게 제약받는다는 문제가 발생한다. 여기에서 더욱 심각한 문제는 그렇게 불완전하게 이야기된 것들을 완전하며 절대적인 것이라 주장하여, 모두가 자신의 '테오로기'에 따라야 할 것을 요구하는 현실이다. 이제는 더 이상 그러한 요구에 굴복할 자들이 없어야겠지만, 신앙생활의 현실은 안타깝게도 오히려 자기 교리의 절대성을 주장하고 거기에 헌신하는 자들을 훌륭한 신앙인이라 평가하고 있다는 것이다.

문화신학의 최우선적 과제는 일단 무엇보다도 하나님의 하나님 되심, 곧 하나님의 자기 계시로서의 하나님의 말씀을 얼마나 정당히 이야기할 수 있느냐는 것이다. 이러한 과제를 더욱 분명히 하기 위해서 "하나님 자신에 대하여 말하는 것이 가능한 일인가?"라는 근본적인 물음을 던져야 한다. 이에 대한 우리의 원론적인 대답은 사실상 "불가능하다"일 수밖에 없다. 그렇다면, 오늘날까지 회자(回刺)되고 있는 그 많은 하나님에 대한 이야기는 무엇인가? 그것은 꾸며낸 신화론(Mythologie)에 불과한가? 여기서 한 가지 분명한 것은 시대와 장소를 막론하고 하나님에 대한 이야기의 전달 주체는 인간이며, 그 인간은 자신의 신(神) 체험을 통하여 신적으로가 아니라, 신적인 것을 인간적으로, 즉 '간접적으로' 말해오고 있다는 것이다. 이는 마치 흔들리는 나무가 자신의 흔들림을 통하여 바람의 존재와 움직임을 이야기하는 것과 같다. 그러므로 하나님의 말씀은 가려져 있고, 인간적 삶과 그 움직임의 이야기로만 들린다고 할 수 있다. 뿐만 아니라, 하나님의 말씀을 바람으로 비유할 때, 그것은 풍차 이야기, 혹은 연 날리는 이야기로 들려질 수 있다. 이처럼, 하나님의 말씀에 대하여 이야기한다는 것은 하나님을 경험한 자들의 다양한 신앙 체험과 고백을 통해서, 또한 그들의 변화된 삶을 가지고 하는 것일 수밖에 없다. 또한, 하나님의 말씀은 우주와 각양 민족들의 역사적 변화의 흐름을 이야기함으로써도 가능한 일이다.

성서의 계시적 차원과 문화적 차원

그리스도인들은 특별히 성서를 통하여 하나님의 이야기를 듣는다. 성서는 이스라엘 백성들과 나사렛 예수, 그리고 그의 제자들의 삶을 통해 전해지고 있는 살아 계신 하나님의 이야기들이다. 유대인들은 구약성서만이 하나님의 말씀이라 하고, 정통주의 그리스도인들은 신구약성서 66권이 하나님의 말씀이라고 인정하며, 로마가톨릭 교회는 66권 이외의 다른 교회전통으로 내려오는 이야기나 외경들도 권위 있는 하나님의 말씀으로 받아들이고 있다. 그리고 보다 개방적인 그리스도인들은 성서 이외의 자민족(自民族)의 다양한 역사적 사건들을 통해서도 하나님의 말씀을 얼마든지 들을 수 있다고 고백한다.

성서의 범위와 그 권위에 대한 이해 차이가 적지 않으나, 적어도 예수 그리스도에 대한 신앙을 가지고 있는 자들은 대체로 하나님 말씀의 최종적 권위를 성서에 두는 것에는 이견(異見)이 없다. 성서는 이스라엘의 역사와 실존적 삶의 현장 한 가운데서 이루어진 거룩한 사건들이 찬양시·고백·선포·예언·지혜·심판 등의 형식으로 하나님이 말하고자 하는 이야기들이다. 그 말씀의 모습은 바람에 대한 나무의 흔들림이나 연날리기의 이야기처럼, 인간과 자연과 우주 역사의 이야기로 말해지고 있는 것이다. 물론 하나님 자신이 말한 것으로 직접 인용이 된 이야기도 많으나, 그것 역시 인간 역사의 현실을 떠나서 된 것이 아니다. 다시 말해서, 하나님의 말씀이 인간의 다양한 이야기로 전개되고 있는 것이다. 하나님의 계시는 인간의 문화를 매개로 '이야기' 되고 있다. 바람이 소리를 내려면 나뭇가지 사이를 지나가야 하는 것처럼, 인간이 하나님을 믿고 또한 깨달으려면 하나님의 계시는 인간의 역사와 삶의 실존 한 가운데를 통과해야 한다. 이로써 하나님의 계시는 '인간적으로' 체험이 가능하게 된다.

만일 성서가 인간의 역사와 실존적 삶의 떨림판을 울려서 나온 '소리'가 아니라 초자연적 환상을 통해서 주어진 것일 때라도, 그것이 '나를 위한' 말씀이 될 때에는 문화라는 매개를 통과함으로다. 이처럼 하나님의 '말씀'은 인간 문화라는 떨림판이 울림으로써 이해 가능한 것이므로 어떠한 형태로든지 문화적 형태를 지니지 않고서는 '말씀'으로 들려질 수 없다는 것이다. 문화 안에서 그리고 문화를 통해서 들려오는 하나님의 말씀을 듣고자 하는 것이 문화신학의 핵심적 과제다.

하나님의 자기 계시와 성서해석

하나님이 인간에게 할 말이 있는데, 인간에게 하자니 결국 인간의 이야기가 되는 것을 피할 수 없다. 그러므로 성서해석의 바른 의미, 즉 인간의 이야기들 속에서 하나님의 말씀을 듣는 것은 인간에게 주어진 선물이자 동시에 과제다. 하나님은 자신을 감추고 싶어서 인간에게 그 모습을 드러내지 않는 것이 아니다. 인간에게 하나님은 '숨어 계신 하나님(Deus absconditus)'일 수밖에 없다. 왜냐하면 하나님은 모든 비존재와 존재의 원천이기 때문이다. 이러한 하나님이 하시는 말씀을 성서에 기록된 이야기를 통해서 바로 듣도록 돕는 것이 성서해석이다. 어떠한 노력을 통해서라도 하나님이 성서에 기록된 인간의 이야기들을 통해서 정말 하시고 싶었던 말씀이 무엇이었는지를 깨달아 아는 일 없이는 바른 믿음과 바른 신앙생활은 불가능하다. 그러므로 이 일은 매우 중대한 일이 아닐 수 없다. 신학을 말할 때 자주 들을 수 있는 "계시인식" 혹은 "계시경험"이라는 것은 결국 하나님이 지금 우리에게 하시고자 하는 말씀을 어떤 모양으로든지 우리가 알아듣고 또한 체험하는 것을 말하는 것이다.

이스라엘 백성들이 홍해를 건넌 사건을 예로 들어보자. 애굽 탈출의 막바지에 이루어진 이 역사적 사건 자체를 이해하지 못할 사람은 없다. 기원전 15세기경에 일어났다고 하는 출애굽 사건이 과연 역사적 사실인지 그렇지 않은지에 대한 여부는 또 다른 차원의 문제다. 이야기를 듣는 자는 우선 그 이야기의 사실성과 역사성을 인정하고 들어가야 한다. 그렇지 않고서는 성서의 이야기를 들음으로써 하나님의 이야기를 들을 수 있는 길은 없기 때문이다. 그것은 비단 성서에만 국한된 것이 아니다. 일상의 모든 의사소통 행위에서 상대가 전하는 이야기에 대한 믿음을 전제로 하지 않고서는 의사소통은 불가능한 것이다.

이스라엘의 출애굽 사건에 대한 이야기를 듣는 우리는 단지 역사적인 정보만을 얻게 되는 것이 아니다. 왜냐하면 그 사건에 시종일관하여 야훼 하나님이 이야기의 핵심으로 드러나 있기 때문이다. 그러므로 이 사건은 일반적인 이야기와 구별이 된다. 출애굽 이야기를 전하는 사람은 적어도 이 사건을 통해서 이스라엘을 향해 알려주려 한 하나님의 자기계시를 전달하고자 노력했을 것이다. 하지만 우리에게 그 뜻이 깨달아질 때까지 하나님의 계시는 아직 감추어진 것이다. 여기서 강조되어야 할 것은 '감추어진 것'일 뿐이지, 우리의 깨달음이 없으면 계시도 없다고 말할 수 없다는 것이다. 아버지가 아들에게 하는 많은 일들에 대한 뜻을 아들이 일일이 다 깨닫지 못하지만, 때가 되면 언젠가는 알게 되는 순간이 올 수 있듯이 감추어진 뜻은 반드시 드러나고야 말 것이다. 이러한 아버지의 뜻을 온전히 알 때, 하나님께 대한 전적인 믿음과 순종이 따르는 법이다. 하나님에 대한 바른 믿음이 세워지지 않을 때 불순종으로 떨어지게 마련이다. 이스라엘 백성들의 광야 생활 40년이 어떠했는지를 보아서도 분명히 알 수 있다.

예수 해석 · 예수 체험

나사렛 예수가 주후 27년경 골고다에서 처형당한 사건과 사흘 후의 부활 사건을 복음서의 기록을 통해서 전해 듣게 된다. 적어도 자신을 그리스도인이라 고백할 수 있는 자라면, 하나님이 그 '예수 이야기'를 통해서 '하고 싶어 하는 말씀'이 무엇인지를 듣고 깨달아 그 말씀을 믿은 사람일 것이다. 예를 들어, 마태가 전하는 예수 이야기에서 "이것은 죄 사함을 얻게 하려고 많은 사람을 위하여 흘

75
제3장 문화신학프롤로그

리는 바 나의 피 곧 언약의 피니라"(마 26:28)고 하신 예수 자신의 이야기를 듣는다. 여기에서도 이 말씀이 예수의 입에서 나온 말이지, 마태가 추가한 그 자신의 신학적 해석일 것이라 생각하면서 듣는 것은 아니다. 그 사실 여부는 매우 중요하다. 그러나 여기에서 본질적으로 중요한 것은 그 말의 역사성 여부 이전에, 적어도 이 이야기는 마태복음서 저자나 마태복음서를 신앙의 텍스트로 삼은 공동체의 중요한 고백이었다는 사실이다. 그리고 더욱 중요한 것은 어떤 감동에 의하여 그 이야기가 바로 지금 우리를 위해서도 궁극적인 어떤 말씀으로 다가오고 있다는 것이다. 즉, 예수의 피는 우리의 죄 사함을 얻게 하려고 우리를 위하여 흘린 피, 곧 언약의 피라는 믿음과 깨달음이 주어졌다는 사실이다.

어쨌든 하나님의 말씀은 아브라함의 이야기, 모세의 출애굽 이야기, 요한의 이야기 등, 인간의 이야기 가운데 감추어져 말해지고 있다. 그것이 이제 예수 하가다에서 그 절정을 보인다. 성서는 예수의 등장 전후의 이야기들을 통해서 하나님의 말씀을 들려주고자 나온 교회의 문헌이다. 그러므로 성서 해석은 인간의 이야기를 통해 들리는 하나님의 말씀을 듣고자 함이다. 그 핵심은 예수 해석, 그리고 예수 체험이다. 교회는 예수 이야기, 곧 예수 하가다(Jesus-Haggada)를 전하면서, 하나님의 말씀을 들려주고자 했던 바로 그 예수가 "하나님의 아들"이요, "그리스도"요, "하나님"이라고 해석할 뿐만 아니라 신(神) 체험을 증언한다. 신약성서는 그러한 해석의 지평에서 이루어진 예수 하가다로 된 하나님의 말씀인 것이다.

하나의 말씀, 그러나 다양한 말씀 체험

성서 이야기 안에 숨겨진 하나님의 말씀을 깨닫는 길은 다양하게 열려져 있다. 그 이유는 성서를 읽는 자들이 각각 처해 있는 문화가 서로 다르기 때문이다. 종종 설교자들이 같은 본문을 가지고도 서로 다르게 이야기한다는 말을 듣게 된다. 이들의 설교가 성서를 주석적으로 정당하게 파악한 후의 이야기라면, 메시지의 다양함은 오히려 풍성함과 깊음으로 이해될 수 있다. 만일 모든 설교자가 같은 본문을 두고 천편일률적으로 같은 메시지를 전한다고 가정해 보라. 아마 그것은 더욱 견디기 어려운 일일 것이다. 자기계시로서의 하나님 말씀은 특정한 성서의 이야기를 가지고서라도 얼마든지 다양하게 그러나 근본에서는 통일성 있게 깨달을 수 있게 되어있다.

기독교 선교 초기 교부시대만 해도 알렉산드리아 사람들과 안디옥 사람들 사이에는 성서를 이해하는 방법에 매우 차이가 났던 것을 볼 수 있다. 알렉산드리아에서는 성서를 보다 비유적으로 우화적으로 보았던 반면에, 안디옥에서는 보다 문법적으로 성서를 해석하려는 경향이 짙었다. 또한 이레네우스(Irenaeus von Lyon, ca. 140-200)를 대표로 하는 소아시아 지역은 보다 목회적 차원이 강조되었고, 오리게네스(Origenes, ca. 185-254)를 중심으로 하는 헬라지역에서는 성서에 대한 이해가 보다 철학적이었으며, 터툴리아누스(Tertullinanus, +257)가 활동했던 라틴 문화권에서는 성서를 보다 윤리적이며, 규범적으로 이해했다. 이는 결국 하나의 성서를 가지고도 그것을 대하는 자들의 문화적 특성에 따라 다양한 이해가 가능하다는 사실을 말해 주는 것이기도 하다.

문화는 성서해석의 모체

그러므로 기존의 특정한 신학을 바르게 이해하기 위해서는 그 신학의 배경이 된 문화의 특성을 깊이 파악하는 것이 일차적 과제인 것을 알 수 있다. 특히 서구의 신학을 접할 때, 그것은 어디까지나 서양 문화권에서 형성된 산물이라는 것을 잊어서는 안 된다. 서구 신학을 우리의 문화 안에서 이야기할 때에는 반드시 그들의 문화 필터를 통해서 보고 듣고 이해하도록 해야 한다. 그런 후, 우리의 문화로써 새로이 이야기해야 바른 만남과 바른 이해가 가능하게 된다. 이러한 일련의 과정 없이 우리의 문화권에 서구교회의 신학을 바로 적용하는 것은 무리한 일이다.

이처럼 성서해석의 핵심에는 예수가 있고, 예수에 대한 해석 뒤에는 해석자의 문화가 있다. 따라서 문화의 다양성은 성서해석이 다양하게 되는 원인이다. 종전의 서구인들이 펼쳐왔던 문화 우월적 맥락에서 이루어진 예수 해석은 오늘날도 계속 영향력을 미치고 있어서 다양한 예수 해석을 어렵게 하는 요인으로 작용하고 있다. 해석자의 문화적 차원이 존중되지 않은 예수 해석은 결국 신학적 획일주의로 떨어질 수밖에 없다. 문화는 성서 해석의 모체(matrix)다. 문화를 존중하지 않는 태도로 성서를 읽거나 서구의 신학을 끌어들이는 것은 그릇 없이 물을 모으려는 것과 다를 바 없다. 문화를 알면 신학의 출발이 보이고, 신학이 열리면 하나님의 말씀이 바로 들린다.

하나의 복음과 다양한 문화적 응답

예수 하가다는 모든 세대, 모든 민족에게 보편적인 진리요, 상대화될 수 없는 궁극적 실재다. 이 예수 하가다를 전달하고 가르치고 적용하고 삶 속에 뿌리를 내리는 데는 여러 가지 문화적 요인들이 상관되며, 그래서 복음이 들려지는 시공간의 문화에 따라 얼마든지 여러 형태의 교의(教義)로 나타날 수 있다. 달리 말하여, 예수 하가다 복음은 하나지만 복음에 대한 문화적 응답으로서의 형식은 다양할 수 있다는 것이다. 이 문화적 응답의 다양성이 복음의 유일성 · 거룩성 · 보편성 · 사도성을 상실하지 않도록 하면서 그 꽃을 피우게 하고 열매를 맺게 하는 것에 문화신학의 고유한 과제가 있다. 이와 같은 관점에서 볼 때, 서구 기독교가 형성해 온 특정한 문화적 실재들, 예를 들어 루터의 『로마서 주석』이나, 칼빈의 『기독교강요』, 웨슬리의 『표준설교집』 등과 같은 종교적 문화유산에 복음과 동일한 권위를 부여하거나, 그 자체를 절대화하여 다른 문화 창조적 시도를 막는 것은 분명한 잘못이다.

　　서구교회가 오랜 전통 가운데 형성해 온 기독교적 문화유산들이 있다. 이런 것들은 교회당 양식 · 예배형식 · 저술 · 기독교인의 생활양식 · 건축 · 음악 · 예술 · 다양한 에티켓 등에 표현되어 있다. 물론 이러한 신앙적 문화유산들은 소중한 것들이기 때문에, 다른 문화권에서도 존중히 여길 만한 가치들이 있다. 그러나 그것들은 절대적인 것이 아니므로, 수용하는 자들의 상황에 따라 얼마든지 새로운 형식으로 발전시킬 수 있다. 그럼에도 불구하고, 예를 들어 자신의 신앙고백을 한국 전래의 전통적 양식으로 바꾸면 이를 불경건한 것으로 거부하는 분위기가 아직도 지배적이라면, 마땅히 고쳐야 할 일이다. 새로운 문화적 응답을 심지어는 혼합주의적인 것으로까지 이해함으로써 신앙의 자율성에 따른 기독교 문화 창조를 억압하는 흐름이 강하다면 큰 문제가 아닐 수 없다. 이것은 기존의 종교적 문화가 고유성과 특수성을 지니고 있어 특정 문화 공동체의 정체성을 유지하는 힘이 된다고 할지라도 복음에 대하여는 상대적인 것임을 분명히 하지 않고 있기 때문에 나타나는 현상이다. 만일 복음에 대한 문화의 상대성을 인정하지 않게 될 경우, 그 문화로 인하여 복음의 진정한 의미가 왜곡될 수 있는 것이다. 왜냐하면, 문화 자체가 절대화됨으로써 복음을 가리는 마성화의 길을 가기 때문이다. 종교사나 문화사의 지평에서 볼 때 유대교나 기독교, 또는 지상의 유일한 교회라 주장해 온 로마 가톨릭까지도 절대적 종교라 주장할 수 있는 종교는 없다. 이것을 복음적 원리 하에서 설명한다면, 계시의 내용 자체인 하나님의 영원한 말씀 이외의 모든 것들은 그것이 종교적 제의 · 체제 · 성직 · 종교 자체든 다 상대적인 것이요, 그 자체를 궁극적인 것으로 여겨서는 안 된다는 것이다. 그렇지 않으면 그것은 분명 우상숭배와 다르다 할 수 없다.

예수 신앙의 본질

여기에 기독교의 교의도 예외가 될 수 없다. 교의(Dogma)라는 것은 대체적으로 교회의 신앙 고백적 내용을 대내외적인 공격으로부터 방어하기 위해 특수한 종교적 · 문화적 · 정치적 상황 가운데서 매우 제한된 논리로써 제정된 것이기 때문이다. 심지어는 하나님의 아들인 나사렛 예수 자신도 그를 따르는 사람들에 의하여 자신이 절대화되는 것을 단호히 거부하였다. 절대적인 것은 그를 통해 계시된 그리스도이지, 그의 몸은 아니었기 때문이다. 실제로 그의 몸은 우리와 전혀 다르지 않았다. 몸으로는 한 유대인으로서 목수의 아들일 뿐이었다.

예수 그리스도의 출생 사건과 죽음 이후의 사건은 일반인의 자연적 현실과 현저히 다르다. 그는 성령에 의한 잉태로 탄생하였고, 죽은 후 사흘 만에 부활하였다. 그는 위로부터 왔고, 우리는 아래로부터 왔다(고전 15:47). 다시 말해서, 그의 본체는 피조물인 우리와 근본적으로 다른 하나님이다. 그의 제자들과 초대교회가 고백하고 있는 것처럼 '하나님이 육신으로 오셨다' 고 말하는 바가 이를 뜻하는 것이다. 문화신학적 관점에서 그 육신이란 인간 다윗의 혈통에 속한 일시적 문화이므로, 신앙의 대상은 그 문화의 실체인 하나님의 말씀이어야 한다. 그렇다면 '예수 신앙' 의 본질은 무엇인가? 즉, 예수는 "참 인간이요, 참 하나님" 이라는 우리의 신앙고백이 의미하는 바가 무엇이냐는 것이다. 그것은 참 하나님이 참 인간 예수의 모습으로 나타났다는 것을, 그래서 '예수의 하나님이심' 을 믿는다는 것이다.[8] 이때 '인간' 나사렛 예수 이해와 '하나님' 으로 고백된 그리스도 예수 신앙은 여기에서 구분되지만 분리될 수 없다. 예수를 '주님' 으로 믿는 것은 무엇보다도 그의 그리스도 되심과 하나님 되심 때문이다. 무엇보다도 예수의 십자가와 부활을 통해 자신을 드러내신 하나님을 믿는 것이 '예수 신앙' 이다. 바로 이 예수 신앙의 사건을 일으키는 것이 예수 하가다이다. 그러므로 기독교의 참된 신앙은 인간을 인간으로, 하나님을 하나님으로 바르게 대하도록 한다. 이는 달리 말하여, 문화를 문화로 그리고 복음을 복음으로 봄으로써 복음과 문화를 확실히 구별하면서도 복음과 문화의 유기적 관계를 창조적으로 유지하는 것을 의미한다.

복음과 문화의 구별

문화신학의 주요 관점은, 복음과 문화는 분리될 수 없지만 구별되어야 한다는 것이다. 여기에 혼선이 생길 때, 복음의 바른 선포와 역사(役事)가 왜곡되기 시작한다. 이미 앞에서 말했듯이, 기독교의 오랜 역사 가운데 형성되어 오늘의 교회에서 가르침의 근간을 이루고 있는 교의에도 문화적 요인이 있다는 사실을 한 번 더 상기할 필요가 있다. 즉, 교의는 절대적인 것으로 선포될 내용이 아니라, 해석되어야 할 대상이라는 뜻이다. 무조건적으로 선포될 것은 오직 하나님의 말씀인 복음으로서의 예수 하가다 뿐이다. 그러한 차원에서는 성서 자체도 문자대로 무조건 선포될 수 없다. 하나님 말씀으로서의 복음과 이스라엘의 역사적 · 문화적 요소를 구별할 수 있어야 한다.

만일 우리가 서구교회의 교의를 의존해야 되는 경우가 있다면, 서구 교회가 설교와 선교를 위해서 하나님의 말씀을 어떻게 이해하였고, 어떠한 문화적 매체들로써 전달했는지를 먼저 파악하는 일이 중요하다. 즉, 교의 가운데 하나님 말씀의 영역과 문화적 차원을 구별해야 한다는 말이다. 이 같은 맥락에서 트뢸취(E. Troeltch)는 모든 교의란 사회학적 배경을 가지고 있으므로 그러한 배경에 대한 이해를 통해서 교의에 대한 바른 이해가 가능하다고 주장한 바가 있다. 이것은 지극히 난해한 작업이 아닐 수 없지만 신학자들이 감당해야 할 과제로서 결코 포기되어서는 안 될 것이다. 문화신학은 보다 구체적으로 복음과 문화를 분명히 구별함으로써 상대적인 문화의 차원을 절대화하는 종교적 왜곡 현상을 철저히 규명하고자 한다. 상대적인 것을 상대적으로 전하지 않고 절대적인 것처럼 전하는 것은 결국 우상 숭배를 강요하는 것이다. 기독교의 교의들을 절대적인 것으로 전하여 그것을 신앙의 내용으로 가르치는 것은 기독교가 견지하는 진리에 근원적으로 위배된다.

교의의 문화적 해석 기준

교의는 해석되어야 하고, 특히 새로운 문화권에서는 다시 한 번 더 그 문화적 차원에서 재해석되어야 한다. 그러나 여기에서 정말 유의하지 않으면 안 될 점은, 기독교가 무엇보다도 종교적 문화 현상으로 머물러 버리는 것이다. 새로운 문화의 틀로 시도되는 교의의 재해석은 문화신학에 있어서 중요한 과제이만, 이것은 동시에 재해석 된 복음이 더 이상 복음의 참된 능력을 드러내지 못하게 하는 최대의 위기가 될 수 있다. 이 지점이야말로 교의의 해석학적 관심과 노력이 집중되어야 할 부분이다. 곧, 새로운 문화적 요인들을 수용하는 기준에 대한 문제다. 기준이란 상대적이어서는 안 된다. 그러므로 교의 전달 과정의 제반 문제에 대한 궁극적 기준은 예수 하가다 복음이어야 한다. 즉, 하나님의 말씀이다. 성서가 증언하는 하나님의 말씀이란 하나님은 살아계신 분이며, 하나님 외의 어떠한 다른 신을 섬기는 우상 숭배는 가장 근원적인 죄이며, 하나님은 말씀에 순종하는 자를 구원하시며, 그들을 통하여 사랑과 공의와 평화로써 이루어지는 하나님 나라의 문화를 창조하시는 분이라는 메시지다. 또한 이와 같은 그의 뜻과 상반된 길을 걷는 자들이 만일 돌이키면 용서받지만, 회개치 않으면 심판 받는다는 것이다. 우리는 이러한 하나님의 말씀을 예수 하가다(Jesus-Haggadah)에서 발견한다.

그러므로 하나님의 말씀이 어떠한 문화와 만난다는 것은 곧 그 문화에 대한 구원과 심판에 관한 문제일 수밖에 없다. 문화의 핵심은 문화 창조를 이행하는 '사람'에게 있다. 그리고 사람의 문화적 활동은 궁극적 존재와 가치에 대한 신앙의 표현으로서의 종교적 삶에서 가장 분명히 드러난다. 따라서 하나님의 말씀은 무엇보다 삶의 종교적 차원을 겨냥하게 되어 있다. 그리고 묻는다. 과연 그 사람 혹은 그 민족의 종교적 차원은 참 하나님을 경배하는 것이며, 헛된 우상 숭배는 아닌지, 또한 그 종교적 삶은 사랑과 공의와 평화를 추구하는 것인지를 묻는 것이다. 유대교든, 바알 종교든, 기독교든, 가톨릭이든, 불교든, 무교(巫敎)든 이와 같은 복음적 질문에 피해 갈 수 있는 종교는 있을 수 없다.

명시적으로 야훼 하나님을 믿는다는 유대교인들도 이 질문에 대답해야 했다. 모든 종교, 모든 문화 양식은 하나같이 하나님의 심판 아래에 있다는 것이 성서의 확신이다. 성서에 따르면, 하나님은 나사렛 예수를 최종적 용서와 구원의 그리스도로 보내셨다. 기독교는 이 그리스도이신 예수가 전하는 메시지를 듣고 회개해야 구원에 이른다는 소식을 전한다. 그러나 이로써 기독교에 심판과 구원에 대한 물음이 더 이상 필요 없게 된 것은 결코 아니다. 즉, 기독교는 하나님의 심판의 대상에서 제외되는 절대적인 종교가 된 것이 아니다. 로마 가톨릭은 아직도 이와 같은 신학적 오류에 빠져 있는 듯이 보인다. 기독교도 교세가 확장되고 점점 배타적이 되어가면서 가톨릭과 유사한 길을 걸어가는 많은 모습들이 나타난다. 기독교도 유대교와 마찬가지로 예수의 메시지에 따라 회개치 않으면 심판의 대상이 되는 것은 결국 모든 종교와 마찬가지인 것이다. 오히려 하나님의 심판은 기독교에 제일 먼저 임한다고 보아야 한다.

　서구 교회가 오랜 전통 가운데 견지해 온 교의들이 비록 서구인들의 문화적 배경을 전제로 한 것이기는 하지만, 문화 절대주의에 빠지지 않는 한 얼마든지 아시아 문화권, 특히 한국이라는 삶의 환경 가운데서도 정당한 커뮤니케이션이 가능하다고 본다. 그러므로 서구에서 형성된 교의를 비서구 지역의 교회와 신학에서 말한다는 것은 선언적이며 동시에 해석학적인 양면을 지니게 되는 것이다. 교의의 복음적 측면에서는 새로운 문화와 종교에 대해서 선언적이며, 교의의 문화적 측면에서는 해석학적이다. 즉, 교의를 통해서 제시된 하나님의 말씀은 이웃 문화·이웃 종교를 향한 궁극적 기준으로서 그들 가운데 우상 숭배와 불의를 지적한다. 그러나 해석학적 차원에서는 서구 문화나 서구 종교와는 상대적으로 다른 한국 문화와 한국 종교가 지닌 고유한 이해의 틀을 밝혀낸다.

복음과 문화

제4절

현대 교회의 과제

　'복음과 문화'는 문화신학이 신학적으로 다루어야 할 가장 포괄적인 주제에 속한다. 지금까지 양자의 관계성은 극한의 대립이나 동일화 혹은 혼합의 차원에서 다양하게 이해되고 있다. 오늘날 세계를 향한 교회의 선교가 분명한 방향을 잡지 못하고 있는 것도 복음과 문화에 대한 정당한 이해의 결핍과 무관하지 않다. 이로 인하여 세계 교회의 내적 연합이 어려워지는 것은 물론이고, 복음과 문화 각자가 지닌 고유한 역할마저도 모호해 짐으로써 교회 본래의 정체성 상실까지도 초래할 위기에 직면하고 있다.

교회는 시대마다 정립하고 넘어가야 할 신학적 문제들을 가지고 씨름해왔다. 초대교회는 '복음과 율법'의 문제로, 중세교회는 '계시와 이성', 근대교회는 '창조와 진화'라는 문제를 중요한 신학적 과제로 다루어야했다면, 현대교회가 직면하고 있는 신학적 과제는 '복음과 문화'의 문제다. 즉, 하나님 나라의 '복음'을 선포하는 것과, 온 인류로 하여금 그리스도 신앙을 통하여 각자의 '문화' 속에서 하나님 나라에 참여케 하는 양자의 조화를 추구하는 일이다. 이를 위해서 예수 하가다로서의 '복음'에 대한 바른 이해와 더불어, 인류 '문화'에 대한 바른 인식에 기초하여 복음과 문화의 관계를 신학적으로 정당히 정립하는 것이 시급히 요청된다. 이와 같은 시대적 요청에 문화신학이 부응할 수 있어야 할 것이다.

문화와 반(反)문화

자연이란 무생물과 생명체를 포함한 무기적, 유기적, 및 정신적 생명의 총체다. 모든 생명의 근원은 하나님이므로 자연의 모든 생명 활동은 하나님 안에서, 그리고 하나님에 의해서 이루어진다 (골 1:16). 특히 자연의 정신적 차원에 속하는 생명체인 인간에게는 다른 차원의 생명과는 달리 '언어'와 '기술'이 주어졌다. 언어는

문화 그루터기, 예수 하가다 복음

예수 하가다(Jesus Haggadah)는
문화창조의 보금자리이다.

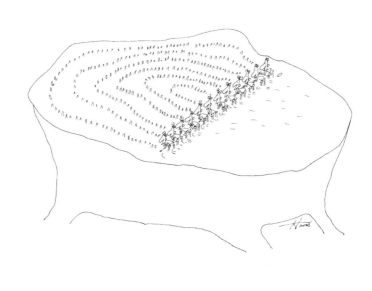

모든 자연과 초자연의 제 현실들을 개념화하며, 기술은 언어로 개념화된 정신을 현실로 구체화한다. 여기에서 문화가 태어난다. 따라서 문화란 언어와 기술로 자연의 질서와 현상을 설명하고 그 질서에 따라 자연을 재구성하는 인간 본성(nature)의 행위다. 인간 외의 생물은 주어진 자연 상태를 벗어나지 못하지만, 인간만은 정신의 활동을 통해 자연을 변형한다. 이러한 의미에서 인류사는 문화의 역사다. 그 방향은 인간 정신의 흐름에 의하여 결정된다. 이 때 정신 활동이 자연의 질서를 거스르는 경우가 나타나기도 하는데, 우리는 그것을 '반문화(反文化)' 행위라 한다. 그래서 인류 문화사(文化史)는 문화와 반문화의 역사가 된다.

자연의 질서를 발견하고, 그에 따라 응용하고 발전시키려는 모든 노력은 정신적 생명에게 주어진 특권이요, 동시에 의무다. 인간의 정신적 행위가 문화적인가, 반문화적인가 하는 문제는 그 결과가 얼마나 자연과 적극적인 조화의 관계를 갖는 지의 여부에 달려있다. 이러한 점은 자연 현상을 직접 파악하려는 과학 기술에만이 아니라, 예술 · 정치 · 경제 · 교육 · 종교 등 가치 창조와 관련된 모든 문화에 적용된다. 이들이 '문화적' 이기 위해서는 자연과 조화를 이룰 뿐만 아니라, 자연의 생태를 창조의 로고스에 따라 유지 보존할 수 있어야 한다. 그렇지 않으면 '반문화적' 이 된다.

문화에 대한 이러한 이해에 근거하여 복음과 문화의 관계를 신학적으로 바로 인식하기 위해서는 인류의 역사란 인간에 의한 문화와 반문화의 대립 과정임이 성서의 관점에서도 긍정되어야 한다. 성서에 따르면, 반문화는 하나님이 기초해 놓은 생명의 법을 인간이 범함으로써 시작된다. 그것을 '죄' 라 하며(요일 3:4), 그 결과는 생명으로부터의 단절이다. 자연과의 부조화를 만들어 내는 반문화는 결국 죽음의 문화다. 인류가 역사 이래로 겪고 있는 기아·질병·전쟁·차별·억압·폭력 등에 의한 고통은 대부분 반문화의 산물이다. 즉, 자연의 질서에 거슬리는 인간의 정신활동이 강화됨으로써 빚어진 반문화의 유산이다. 이처럼 인간의 반문화적 행위로 인하여 자연의 모든 피조물은 깊은 "신음" 가운데 있으며, 반문화의 억압적 체계로부터의 "해방"과 "자유"의 소식을 기다리고 있다(롬 8:20, 8:22). 이것이 복음과 문화의 관계가 이야기되어야 할 상황이다. 여기에서 복음은 문화뿐만 아니라 인류의 반문화에도 주목하고 있음을 알게 된다.

복음

그렇다면 복음이란 무엇인가? 복음은 반생명·반자연·반문화의 모든 힘에 대항하여, 죽음의 모든 세력들에 눌려있는 생명과 자연과 문화를 해방하는 하나님의 말씀이요 능력이다(롬 1:16). 유대인에게는 유월절 하가다를 통해서, 그리고 유대인이나 헬라인 그리고 온 인류에게는 예수 하가다를 통해서 복음은 들려진다. 성서는 이 복음이 성육신·십자가의 죽음·부활 안에 나타난 나사렛 예수의 말씀과 삶을 통해서 인격적으로 드러난 예수 하가다임을 증언한다. 예수 안에서 구원의 힘과 희망을 경험한 교회는 예수를 인류의 '그리스도'로 선포한다. 이 소식은 구원을 기다리는 모든 자들에게 복음이 되며, 또한 그 믿음은 능력을 나타낸다. 예수 그리스도에게로 돌아감은 죽음으로 이끄는 모든 운명의 사슬로부터의 단절이요, 범법 이전의 순간으로 거듭남이요, 조건 없이 새롭게 출발하는 삶의 시작이기 때문이다.

특히, 그리스도의 십자가 사건은 예수가 자신의 절대성에 대한 자기주장을 포기하고, 하나님의 절대적 승인을 기다리는 철저한 자기 부정의 표현이기도 하다. 이것은 스스로를 절대화하는 모든 종교와 문화의 자기 긍정의 거짓됨에 대한 폭로요 심판이다. 그러므로 자기부정을 통해 죽음을 이겨낸 그리스도의 부활은 복음의 절대적 능력과 진실함에 대한 하나님 자신의 증거가 된다.

교회는 이러한 복음을 크게 두 방향으로 이해해 오고 있다. 하나는, 복음이란 '초자연적인 실체'로서 현실 너머에서부터 신비적으로 다가오는 힘이라는 것이다. 이 복음은 그리스도의 신적 실재에 기초하고 있으며, 교회는 이를 객관적으로 선포해야 한다. 복음의 의의는 죄인 된 개별 영혼들이 회심을 통하여 구원의 확신에 이르게 하는 데 있다. 이때 복음은 죄로 인한 개인의 실존적 한계를 극복할 수 있는 가능성을 열어 준다. 다른 하나는, 복음이란 '자연적인 실체'로서 현실 안에서 윤리적 결단을 일으키는 힘이라는 것이다. 이 복음은 그리스도의 인격적 실재에 기초하고 있으며, 교회는 이를 모범으로 하여 제자도를 실천해야 한다. 복음의 의의는 공동체의 정치적 결단을 통하여 하나님의 공의와 사랑을 역사의 현장에 구현하는 데 있다. 이때 복음은 공동체의 윤리적 실천을 위한 힘을 제공해 준다.

현대교회는 이러한 복음 이해의 서로 다른 전통을 복음 자체에 대한 대립적 인식의 결과로 보기보다는, 오히려 다양한 문화 또는 반문화에 대한 복음의 깊이와 역동성으로 이해한다. 복음에 대한 교회의 이러한 '이해'는 상황과 밀접한 관계를 가지고 있기 때문에, 자신의 단면적인 복음 이해만을 절대화하는 것을 경계해야 한다. 그렇지 않으면, 절대화 자체가 우주적인 복음을 특정한 경험으로 제한해버리는 '반문화적' 행위가 될 것이다.

문화에 대한 교회의 부적절한 태도

교회는 이와 같은 예수 그리스도의 복음을 전파하며, 그 능력으로 살도록 세상에 보냄 받은 공동체다. 오늘날 인류는 반생명 · 반자연 · 반문화의 급류에 휩쓸려 돌이킬 수 없는 파멸의 위협 하에 있는데, 이러한 지구적 위기에 대한 최후의 희망은 '복음'이라는 것이 모든 교회의 일관된 확신이다. 그러나 교회는 '반문화'에 도전받고 있는 인류 '문화' 가운데 해방과 희망의 복음을 얼마나 바로 선포하고 있는가? 만일 그렇지 못하다면 그 이유는 어디에 있는가? 우리는 교회가 문화에 대하여 바른 태도를 지니지 못하고 있는 것이 그 중요한 원인의 하나라고 본다. 그것을 네 가지로 분석해 본다.

첫째, 교회는 자신의 신학적 문화론을 합당하게 형성하지 못하고, 이원론적 세계관에 근거한 문화 이해에 편승하고 있다. 이로 인하여 교회와 세상은 존재론적으로 다른 두 세계로 오해되고 있다. 이에 비약하여 교회는 복음이 지배하는 곳이며, 세상은 문화가 지배하는 곳으로 설정함으로써 실제로 중요한 '문화'와 '반문화'의 구별은 근본적으로 문제시되지 않고 있다.

둘째, 교회는 인류학의 전근대적 문화론(문화 진화론과 문화 전파주의 등)을 무비판적으로 수용하고 있다. 이로 인하여 교회는 서구 중심적 문화관으로 무장하여 비서구권의 다양한 문화들을 야만시하고 서구화하는 오류를 범하고 있다. 이에 비약하여 서구적인 것은 복음과 친화적이며, 비서구적인 문화는 복음과 적대적인 것으로 왜곡하고 있다.

셋째, 교회는 문화에 대한 복음의 비판적이며 창조적인 힘을 통전적으로 이해하지 못하고 있다. 이로 인하여 군국주의와 맘몬(자본)주의와 같은 반문화적 힘들을 비호함으로써 복음의 능력에 기초하여 반문화적 세력들과 싸워야 할 당위성과 힘을 잃고 있다.

넷째, 교회는 신학적 문화 원리주의를 벗어나지 못하고 있다. 이로 인하여 새로운 경험까지도 옛 형식으로 표현할 것을 강요받고 있다. 옛 형식 자체를 절대화한 문화 형식주의의 늪에서 문화적 창조성이 억압당하고 있다.

복음과 문화 : 신학적 원리

문화신학은 이러한 잘못된 태도를 바로 잡기 위해서 복음과 문화의 상관관계를 바르게 제시하는 신학적 모델을 찾아야 한다. 여기에서 우리는 '본성과 은총(Natur und Gnade)'의 관계성에 대한 종교개혁자들의 신학적 태도로부터 우리가 세우고자 하는 신학적 원리를 발전시킬 수 있는 가능성을 발견한다. 이것은 '인간의 본성과 하나님의 은총'에 대한 중세교회와 근세교회의 태도를 지양(止揚)하는 것이다. 먼저, 우리는 본성과 은총이란 완전히 구분되어 있어 서로에게 어떠한 영향력도 행사하지 않기에 양자간의 갈등이 없다는 가톨릭적 원리를 거부한다. 이와 반면에 본성과 은총의 구분을 완전히 폐하여, 본성 자체가 계시가 됨으로써 신학 전반을 이성이 지배하는 근대적 신학원리도 거부한다. 이러한 원리들에 반하여, 우리는 종교개혁적 전통에 따라 이성을 통한 인간의 신인식(神認識)의

가능성을 존중하지만, 그것은 모호한 것이기 때문에, 그리스도 계시의 빛에 의해서 비로소 완전해질 수 있다는 종교개혁적 신학원리를 취한다. 이를 우리의 관점에서 달리 표현하면, 하나님의 구원 행위가 예수 하가다를 통하여 인간 역사 한 가운데서 이루어졌다는 예수 하가다의 신학적 틀로 이해될 수 있는 것이다.

이러한 종교개혁적 신학 원리는 복음과 문화의 관계에도 중요한 방향을 제시한다. 본성(Natur)이 하나님에 의해 창조된 것처럼 문화 창조의 주체 역시 하나님이지만, 문화는 인간 본성의 활동과 관계하며, 예수 하가다 복음은 하나님의 은총에 의해 주어지는 것이기 때문이다. 따라서 문화는 복음으로부터 독립적인 자율성을 갖지만, 인간의 본성과 마찬가지로 모호성을 지니므로 예수 하가다의 빛에 의해서 조명될 때 문화는 온전한 생명력을 지닐 수 있다는 것이다. 그렇기 때문에 은총의 신율만을 주장하고 자율을 허용하지 않음으로써 타율화 된 신율이 지배하게 된 "교회왕국(Kirchentum)"이나, 문화적 자율성만이 지배하는 "문화국가(Kulturstaat)"와 같은 이상(理想)은 예수 하가다 신학과 종교개혁 정신에 뿌리를 둔 것으로 보기 어렵다.

문화에 대한 예수 하가다 복음의 역할

그렇다면 복음은 문화에 대하여 어떠한 관계에 있는 것이 정당한 것인가?

첫째, 예수 하가다 복음은 속성상 자연(無)과 인위(有)간의 대립과 투쟁의 관계 하에 있는 문화의 이중성을 드러내며, 극복한다. 복음은 모든 대립을 무력화하는 힘이기 때문이다. 한편, 문화의 모호성은 자연을 대하는 인간 본성의 양면성에 기인한다. 왜냐하면 문화를 창조하는 인간의 실존이 자연적 '본질'과, 이를 거부하는 인위적 '비본질'의 양 요소들이 공존하는 상태에 있기 때문이다(롬 7:15-25). 그러므로 특정한 문화에 대한 가치 부여는 언제나 가변적이다. 이러한 문화를 절대의 이름으로 성역화하는 것은 문화를 거슬러 반문화를 촉진하는 것이며, 그것은 결국 문화 자체를 파괴하는 것이다. 복음은 교회로 하여금 이러한 반문화에 대항하게 하며, 문화의 모호성을 노출시킨다.

둘째, 예수 하가다 복음은 반문화로 이끄는 비본질을 폭로하며, 인간에게 문화 창조의 힘을 부여한다. 복음에는 하나님의 의(義)가 나타나기 때문에, 복음을 듣는 인간은 자신의 반문화적 불의를 고백하고 회개에 이르든지, 아니면 복음을 거부하게 된다. 복음을 듣고 회개한 개인과 공동체는 자신의 자유와 책임 하에 이루어 놓은 문화와, 전통적으로 수용했던 문화내의 비본질적 요소에 대하여 비판적으로 성찰한다. 그러나 복음을 거부하는 자는 자신에게 속해 있는 문화를 보다 철저하게 수호하려 한다. 복음은 특히 '종교문화'의 절대화를 거부하는 모든 자들에게 창조적 힘을 제공한다. 복음은 모든 종교의 우상 숭배적 자기주장의 허위를 드러내며 비판한다. 따라서 우상숭배를 거부하는 제 종교문화들 사이의 창조적 만남은 언제나 열려있다. 오직 우상숭배자들에게만 그 만남이 거부될 뿐이다. 복음은 우상숭배를 거절하는 모든 문화와 교회가 서로 조화를 이루도록 한다.

셋째, 예수 하가다 복음은 문화가 기초하고 있는 자연법과 도덕법을 긍정하며, 이의 완성을 지향한다. 복음은 창조에 근거한 자연법과 인간의 양심에 근거한 도덕법을 존중하며, 이에 따른 인류의 보편적 문화를 긍정한다. 그리고 이러한 기본법들을 이탈하면서 문화의 특수성이란 미명하에 창조 질서의 보편성을 위협하는 반문화와 대결함으로써 인류 문화의 완성을 추구한다. 복음은 문화의 비본질적인 요소에 대하여 본질적인 것이 지배하도록 창조적 힘을 부여한다. 복음의 능력에 따라 문화의 본질적인 것이 실현되는 것은 성령의 현존과 더불어 가능하다. 이것은 그리스도가 다시 오실 때(parousia) 완전히 성취될 것이다.

교회는 복음이 지니는 생명을 살리는 능력과 자유케 하는 힘을 억압하는 파당적인 신학의 고립주의를 경계해야 한다. 왜냐하면 그러한 파당적 신학은 절대의 이름으로 복음을 사유화(私有化)하는 것으로서, 복음이 대항해야 하는 반문화적 태도이기 때문이다. 우리는 현대 교회가 문화신학적 성찰 가운데서 다음과 같이 자기 선언을 할 수 있어야 한다고 믿는다: 첫째, 교회는 먼저 자기 자신 안에 있는 모든 반문화적 틀로부터 복음을 해방한다. 둘째, 교회는 복음이 새로운 문화 창조의 원동력이 되게 한다. 셋째, 교회는 복음이 전통문화를 적극적으로 만나게 한다. 넷째, 교회는 복음이 반생명·반자연·반문화에 항거케 한다. 다섯째, 교회는 복음을 반문화 아래에서 신음하고 있는 모든 피조물이 듣게 한다.

주

1) H. Richard Niebuhr, *Christ and Culture*(New York: Harper & Row, 1951), 11.

2) Graham Ward, *Christ and Culture*(Oxford: Blackwell, 2005), 18ff.

3) Nobert Elias, *Über den Prozess der Zivilisation: Soziogenetische und psychogenetische Untersuchengen*(Frankfurt am Main: Suhrkamp, 1997), 1ff. 유헌식, "함석헌의 문명비판과 초월적 자연주의", 함석헌 선생 탄신 104주년 기념 학술심포지엄 〈역사와 문명〉, 2005. 3. 12. 자료집, 34.

4) N. Elias, ibid., 10.

5) G. J. Riley, *The River of God: A New History of Christian Origins*(San Francisco: Harper, 2001), 10.

6) 최인식, 『예수 그리고 사이버 세계』(서울: 대한기독교서회, 2001)에서 필자는 사이버 문화의 본질적 차원과 규범적 차원을 구체적으로 다루고 있다.

7) 김경재, 『문화신학담론』(서울: 대한기독교서회, 1997). 김영한, 『한국기독교문화신학』(서울: 성광문화사, 1992). 이정배, 『한국적 생명신학』(서울: 감신, 1996). 한국기독교학회편, 『복음과 문화』신앙과 신학 제8집(서울: 대한기독교서회, 1991). 한국문화신학회편, 『종교문화와 그리스도』제1집(서울: 한들문화사, 1996).

8) Richard E. Rubenstein, *When Jesus Became God*(New York: Harcourt Brace & Co., 1999) 한인철 역, 『예수는 어떻게 하나님이 되셨는가: 로마제국 말기의 참된 기독교를 정의하기 위한 투쟁』(서울: 한국기독교연구소, 2004)을 참고하라.

제2장
본질적 문화신학

우리는 지금까지 본서를 구성해 나갈 개념들, 즉 하나님의 말씀, 성서, 문화, 종교, 교회, 예수 하가다, 복음, 계시, 자연, 역사, 교의, 성서해석 등이 서로 어떠한 신학적 연관성 가운데 이해될 수 있는 지를 서론적으로 고찰하였다. 이제부터 우리는 이러한 전이해를 가지고 본질적 문화신학부터 차례로 다루려고 한다.

본질적 문화신학이란 '종교와 문화'라는 해석학적 틀을 가지고 문화적 현실을 파악하는 하나의 신학방법론으로서, '종교-문화'라는 문법을 가지고 문화를 해석함으로써 문화의 종교적 실체를 드러내려는 것이다. 이를 위한 우리의 일차적 과제는 '종교-문화'의 문법과 이 문법으로 문화를 해석해 나가는 원리로서의 '성(聖)과 속(俗)'의 관계를 규명하는 것이다. 본질적 문화신학은 이러한 해석학적 틀과 해석의 원리를 가지고 문화의 본질을 밝히고자 한다. 본질적 문화신학의 원리에 입각하여 문화 현실을 분석 혹은 해석함으로써 그 문화가 마성화되었는지, 혹은 세속화되었는지를 알 수 있게 되고, 그에 따라 정당한 규범적 판단이 가능한 길이 열린다.

여기에서 전개할 본질적 문화신학은 신학사(神學史)에서 볼 때 유럽의 계몽주의 이후 특히 로망주의(Romanticism)적 신학이 견지해 온 학문적 원리였음을 확인하게 될 것이다. 그러므로 계몽주의와 로망주의에 대한 전이해가 요청된다. 이어서 제3장에서 전개하게 될 규범적 문화신학은 로망주의적 신학의 흐름에 저항하면서 교회가 지켜 온 정통적 규범을 계속 유지하기 위해 문화에 대한 신학적 입장을 표명한 원리이며, 이것은 오늘날 대부분의 보수주의 신학 진영에서 취하고 있는 문화신학적 원리인 것이 드러나게 될 것이다. 따라서 보수주의 신학의 전통에 뿌리를 두고 신학을 하는 자들에게 있어서 본질적 문화신학의 원리는 생소하게 느껴질 수도 있고, 심지어는 상당한 거부 반응을 나타낼 수도 있다. 그러나 본질적 문화신학은 오히려 규범의 올바른 적용을 위해 반드시 요청되는 신학방법인 것을 알게 될 것이다.

본질적 문화신학은 '종교'와 더불어 '문화'가 신학의 장에서 얼마나 중요한 역할을 하는지 알게 해주는 계기와 관점을 제공한다. 따라서 본질적 문화신학이 등장한 역사적 배경과 그 신학적 제 원리들을 정당히 파악하게 될 때, 우리가 어떤 전통 위에서 신학을 하든지 간에 보다 통전적으로 사유하고, 그에 따른 신학적 실천이 가능하게 될 것이다.

우선 본장의 제1절에서는 본질적 문화신학의 원리가 실제적으로 현실화되었던 독일 신학의 한 단면을 역사적 맥락에 따라 살펴본다. 특히 독일 신학을 선택한 이유는, 개신교신학의 발원(發源)인 종교개혁 이후 우리가 탐구하고자 하는 본질적 문화신학과 규범적 문화신학이 역사상 독일 신학계에서와 같이 그처럼 철저하게 시도된 경우가 없었기 때문이다. 그중에 계몽주의와 낭만주의를 배경으로 전개된 문화개신교주의는 본질적 문화신학이라는 방법론적 관점에서 그 신학적 특징이 잘 드러나게 됨을 확인하게 될 것이다. 제2절은 본질적 문화신학의 해석학적 구조인 '종교-문화'와 그 원리인 '성과 속'의 문제를 다룬다. 이와 같은 논의를 따를 때, 본질적 문화신학이란 한 마디로 '종교와 문화'라는 해석학적 구조를 '성속' 동일성의 원리에 입각해서 이해함으로써 종교와 문화라는 해석학적 틀 속에 들어오는 모든 이항(二項) 대립적 현실들, 예를 들면, 교회와 사회, 계시와 상징, 신율과 자율 등의 관계를 총체적으

로 볼 수 있도록 하는 문화신학 방법론으로 이해할 수 있다. 제3절
은 본질적 문화신학의 방법론으로써 문화의 종교적 실체를 분석해
보는 몇 가지 경우를 제시하였고, 제4절은 본장의 주요 내용을 요약
정리하였다.

본질적 문화신학의 역사적 경험
제1절

　　　　　　　　　　　　　　　지난 2세기 간 유럽 신학
의 역사, 특히 독일 신학의 흐름을 문화신학적 관점에서 돌이켜 볼
때, 크게 본질적 문화신학과 규범적 문화신학이 서로 긴장 관계를
유지하면서 자신의 신학을 치열하게 전개해온 시기였던 것을 알 수
있다. 그러나 이런 현실은 당시뿐만 아니라, 현대 신학계에도 여전
히 존재하는 일반적 현상이라 보아야 할 것이다. 특히 18세기 후반
부터 독일을 중심으로 일어난 일련의 신학 운동들이 그것이다. 비
록 그들이 일정한 체계를 이루는 데까지는 이르지 못했어도, 적어
도 '문화' 를 신학의 범주에서 명시적으로 깊이 있게 다룸으로써 후
대에 문화신학을 신학사적 차원에서 반성할 수 있는 중요한 계기를
제공해주었다. 그들이 표방했던 신학은 계속 이어지는 신학적 반성
과 비판을 거치면서 유럽 신학의 정체를 결정해주는 역할을 하였
다.

무엇보다도 독일 신학계에 크게 영향을 미친 소위 문화개신교주의(Kulturprotestantismus)를 본질적 문화신학이라는 해석학적 방법론의 관점에서 밝힐 때, 그 신학의 특징들이 보다 정확하게 이해될 수 있는 것으로 보인다. 문화개신교주의는 정통주의를 표방하는 당시의 유럽 교회가 안고 있는 신학적 딜레마를 풀어가기 위해 종교를 문화의 관점에서 해명하고자 했던 적극적인 대안(代案) 신학이었다. 그러나 그 신학이 가지고 있는 방법론상의 무제약적인 개방성 때문에 기독교 신학의 정체성 위기를 초래하는 신학적 한계점들이 불가피하게 드러나게 되었다. 즉, 문화개신교주의는 종교가 문화로 해소되는 '문화적' 신학(Cultural theology)으로 전개된 것이다. 이러한 결과는 새로운 신학방법의 출현을 준비하였고, 문화개신교주의의 본질적 문화신학을 극복하는 과정에서 독일의 개신교 신학은 보다 견실한 신학으로 발전할 수 있게 되었다.

한국 신학계는 아직까지도 독일의 문화개신교주의와 관련된 여러 신학적 담론을 깊이 있게 총체적으로 고찰하기에는 그에 대한 비판적 선입견이 지나치게 작용하여 학문적 진전을 이루지 못하고 있는 것으로 보인다. 오히려 거기에는 당시의 신학 사조에 '자유주의 신학'이란 이름의 홍패를 붙여 원리주의적이며 파당적인 이데올로기 비판이 앞서 있는 면도 있고, 다른 한편 문화를 부정적으로 판단하는 규범적 신학 경향이 강하게 작용하고 있기 때문이기도 하다. 우리는 이러한 반학문적이며 열광주의적 태도를 비판하면서 보다 공정하게 문화개신교주의의 옥석(玉石)을 신학적 지평에서 가려낼 필요가 있다고 본다. 왜냐하면 문화개신교주의는 신학사를 통해 본질적 문화신학이라는 신학적 방법론을 철저하게 적용했던 유래 없는 신학 운동으로 평가될 수 있기 때문이다.

그러므로 문화개신교주의의 역사적 및 신학적 의의를 바로 찾아내기 위해서는 그들이 구축하고자 했던 본질적 문화신학이라는 신학적 해석학의 틀을 가지고 접근하는 것이 요청된다. 그때 비로소 그 신학이 지니는 가치와 한계를 제대로 밝힐 수 있게 될 것이다. 우리는 여기에서 소위 문화개신교주의가 표방한 신학의 내용을 세부적으로까지 다룰 수 없지만, 문화개신교주의가 형성되는 과정에서 신학적 계기(契機)가 된 점들을 역사적 흐름에 입각하여 부각시키고자 한다.

계몽주의 · 문화 · 교회

문화 개념은 후기 계몽주의 이후, 프로테스탄트와 가톨릭 신학에서 매우 중요한 역할을 지니게 되었다. 왜냐하면 '문화(Kultur)'라는 말을 사용할 때, 그것은 곧바로 '인간의 자유'와 관계되었기 때문이다. 자유를 전제하지 않고 문화를 이야기한다는 것은 불가능하였던 것이다. 르네상스와 종교개혁 이후, 인간의 자유와 창조적 능력에 대한 학문적 성찰을 위한 작업이 활발하게 되었다. 이에 따라 '자아'와 '세계'에 대하여 경험한 바를 서술하기 위한 새로운 학문적 어의학(Semantik, Sprachwissenschaft)이 요청되었다. 새로운 어의학의 등장은 18세기 초에 형이상학이 지켜오던 존재론적 개념들을 해체하였다. 정적이고 초시간적인 존재 구조에 중심을 두고 있던 현실 이해는 역사적이며 동적인 방향으로 바뀌기 시작했다. 이러한 변화는 문화의 개념에도 영향을 미쳤는데, 곧 문화도 정적인 관념의 현실에서 인간과 세계의 도덕적 자기완성 과정이면서,

동시에 퇴락(頹落)할 수 있는 동적인 개념으로 이해되었다.

　계몽주의 시대에는 세계가 이전과는 현저히 다르게 이해되었다. 과학은 고유한 방법론을 가지고 신학으로부터 독립하였다. 정치 기구들은 교파 교회의 규범들로부터 해방되어 나갔다. 이런 변화를 통해서 시민사회의 공공성이 형성되기 시작했다. 또한, 국가와 이익 단체간의 근대적인 구별이 나타났다. 이런 차별화 과정으로 인하여 종교적 의식(儀式)이나 가치는 사회에서 더 이상 보편적인 것이 아니라, 특수한 차원에서 제한된 의미만을 갖게 되었다. 이것은 결국 사회에 대한 교회의 영향력이 감소되는 것으로 이어졌다. 계몽주의 시대의 이러한 세계 이해의 변화는 마침내 신학에도 깊이 영향을 미쳤다.

　계몽주의 시대를 상징하는 부르주아(bourgois), 곧 이성을 통해 타율을 배격하고 자율을 확보하여 주체성을 지니게 된 계몽주의 시대의 사람들은 교회나 국가의 문제와 같은 보다 실제적인 것들을 해결하고자 했다. 이를 위해 모든 것을 논리적으로 소급해 올라가는 방식을 추구함으로써 사물의 근본적인 원리에 도달하고자 했다. 예를 들어, 데카르트(Rene Descartes, 1596-1650)는 모든 사고의 제1원리를 세우고자 했고, 존 로크(John Locke, 1632-1704)는 인간의 마음을 하나의 "흰 종이(tabula rosa)"라고 부름으로써 인식의 선천적 원리를 설명하고자 했다. 허버트(Edward Herbert of Cherbury, 1582-1648)는 인간이 가진 원초적 성향으로서의 "자연적 경외심(religio naturalis)"을 인간의 참 신앙이라 보았다. 그리고 그로티우스(Hugo Grotius, 1583-1645)는 자연법 안에서 참다운 법의 원리를 찾고자 했다. 이처럼 계몽주의는 자연과 이성을 강조하였으며, 모든 사건과 사물의 근원을 탐구하고자 하는 정신을 고양시켰다. 무엇보다도 권위와 전통에 의해서 세워진 것과 자유와 이성을 통해 건설된 것의 차이를 분명히 하고자 했다. 이로써 권위와 전통에 근거를 두고 있는 역사를 거부하였으며, 기성 종교를 공격하였고, 진보 사상을 혐오하는 자들과 대립하였다. 계몽주의자들이 자연권 사상, 자유사상, 종교적 관용, 합리적인 기독교, 및 자연 종교 등을 추구했던 것은 이처럼 과거로부터 해방되고자 함이었다. 또한, 미래에 대해서는 아무런 염려도 할 필요성을 느끼지 않았는데, 이는 그들에게 '인간의 이성은 모든 문제를 해결할 수 있다' 는 낙관적 신념으로 가득 차 있었기 때문이었다.

당시 교회는 이러한 계몽주의 시대정신 가운데서 자신의 독자성을 유지하면서 사회에 규범과 가치를 매개하는 역할을 감당할 수 있는 능력을 충분히 갖지 못하였다. 교회 밖은 계몽주의에 의하여 인간의 자유와 자율성, 그리고 진보적 이념이 풍미하기 시작하였지만, 교회 안은 바깥 세계와 통할 수 있는 접촉 매개가 전무한 상태였다. 이에 따라 교회는 신학적 판단을 내려야 했다. 이에 문화개신교주의는 교회 안팎으로 세속의 문화와 보다 더 능동적으로 연대하지 않으면 안 되는 상황으로 판단하고 문화를 교회와 사회의 매개체로 받아들였다. 다시 말해서, 점점 다원화되어 가는 사회 안에 기독교의 위상을 새로이 설정해야 될 때를 맞이해서 신학자들이 취한 대안적 모색이 바로 '문화' 개념을 신학의 작업에 적극적으로 수용하는 것이었다. 적어도 그들이 이렇게 받아들일 수 있었던 것은 교회에 대하여 문을 닫아버린 모든 사회 영역의 문을 여는 열쇠로 문화를 이해하였기 때문이다. 이처럼 문화의 개념을 신학적 범주 안으로 받아들이게 된 것은 교회가 사회와의 내적 통일성을 마련토록 하기 위한 관심에서 비롯되었다.

여기에서 교회의 영역과 사회의 영역 간에 존재하는 긴밀한 상관관계는 종교와 문화라는 해석학적 틀 안에서 본질적 문화신학의 원리와 방법으로 규명될 수 있어야 한다. 이러한 당위적 주장은 종교와 문화 간의 본질적 상관성을 전제할 때 비로소 가능하다. 문화개신교주의는 바로 이러한 전제하에서 교회와 사회 간의 내적 통일성을 현실적으로 드러내고자 했던 본질적 문화신학의 대표적인 역사적 실제라 할 수 있다.

문화개신교주의와 문화국가

문화개신교주의 당시의 문화 이론은 교회와 정치 단체간의 관계까지 규정하였다. 19세기 이후 통합적인 이데올로기가 되었던 국가주의 논쟁도 이 범주에 속하는 것이다. 자유 · 문화 · 진보 · 종교 · 교회 · 국가 · 민족 등과 같은 개념들은 19세기 독일 문화개신교주의가 다룬 문화 이론의 중심 사상이 되었다. 교회나 사회에 새로운 종교적 통합과 문화적 종합에 대한 관심이 주요 동기로 부각되면서, 대학 내의 신학계에서도 본질적 문화신학의 원리와 실천에 대한 관심이 광범위하게 나타났다. 그들은 그리스도의 보편적 정신이야말로 사회의 모든 제도를 관통하는 종교적 실체, 즉 당시의 모든 사람들의 삶의 제 양식을 규정하는 궁극적 기반으로 보았다. 이러한 흐름 속에서 독일 문화개신교주의가 추구한 이상은 그리스도의 보편적 정신에 근거한 '문화국가(Kulturstaat)'를 만들고자 하는 것이었다. 문화국가에 대해서는 잠시 후 살펴본다.

이와 달리, 대부분의 교회는 사회의 문화적 변화와 흐름을 같이 하는 것이란 교회의 전통과 정체성을 위협하는 것으로 여겼다. 따라서 교회는 문화 현실에 대해 거리를 두었으며, 전통적 규범으로써 문화의 가치 여부를 판단하는 윤리적 태도를 보였다. 이렇게 당시의 전통적 교회는 문화에 대한 소극적 입장을 취함으로써 교회 제도의 변화에만 제한적인 관심을 보이면서, 교회의 독립성을 강조하였고, 사회의 문화 일반에 대해서는 개개인의 윤리적 삶을 선도하는 역할에만 집중하였다.

이러한 상황에서 문화개신교주의가 견지한 본질적 문화신학의 입장은 당시 모든 교회에 환영을 받았다고 보기보다는 오히려 문화에 대한 배타적 태도를 취해 온 전통적 교회의 신학과 대립된 긴장 관계 속에서 독자적으로 발전했다고 볼 수 있다. 문화개신교주의와 전통적 교회의 신학에 대한 역사적 평가는 다양하다. 지나간 역사를 돌이켜 볼 때, 문화개신교주의가 표명하고자 했던 신학적 보편성, 즉 기독교 메시지와 그 정신의 문화적 소통 가능성을 제시한 것은 의미 있는 신학적 결실이었다. 그러나 문화국가를 문화개신교주의의 이상(理想)으로 설정함으로써 교회 공동체의 존재 이유를 상대적으로 약화시켰던 결과에 대해서는 비판적일 수밖에 없다. 그럼에도 불구하고 문화개신교주의가 실험했던 본질적 문화신학의 원리는 개신교 신학의 중요한 역사적 유산으로 평가될 수 있을 것이다.

신앙의 완전한 형태를 '문화'에서 찾고자 한 흐름은 18세기 후반부터 역사신학적 차원에서 새롭게 이해되기 시작하였다. 그중에 특히 헤르더(Johann Gottfried Herder, 1744-1803)는 그와 맥락을 같이 하여 문화사(Historie der Kultur) 프로그램을 발전시켰고, 이것은 다시 영국과 프랑스 계몽주의자들의 윤리사와 문명사에 영향을 끼쳤다. 헤르더의 문화사 프로그램은 해외 무역이 활발히 진행되고, 또한 비기독교인이며 비문명화된 소위 '야만인'과의 마찰이 빈번해지면서 더욱 필요하게 되었다. 헤르더의 문화사에는 초자연적인 계시 사건에 대한 교리적 체계와 같은 것은 없다. 기후·땅·지리·인구·부유한 정도 등만이 문화의 역사를 서술하는 데 필요하였기 때문이다. 그럼에도 불구하고 종교는 인간을 단순한 자연 이상으로 끌어올리는 중심적인 실체로 이해되었다. 헤르더가 "도처에 있는 민족들이 문화와 과학을 갖게 된 것은 종교 때문"이었다고 본 것도 그와 같은 맥락이었다.[1]

한편, 공동생활 가운데 나타나는 인간의 파괴적인 측면과, 반항심 및 적대심을 주목하였던 칸트(Immanuel Kant, 1724-1804)는 계몽주의가 내세우는 문화 낙관주의에는 반대하였다. 그는 또한 문화의 발전과 도덕의 진보를 일치시키는 것을 비판하였다.[2] 칸트에게 보다 중요한 것은 문화의 발전과 마찬가지로 "완전한 시민법 제정"이었는데, 이것이야말로 "문화의 최종적 목적"이라고 믿고 있었기 때문이다.[3] "진정으로 완성된 문화"란 종말론적인 상태며, 또한 "지속적인 평화"다. 이러한 문화적 완성에 도달하는 길은 법을 지키는 의무적 삶이라고 칸트는 보았다. 특히 교회는 이성적 종교 제도인 만큼, 인간이 도덕적이고 종교적인 삶을 살아가도록 안내하며 후원해야 할 사명이 있다고 강조하였다.

프랑스 혁명이 전 사회적으로 크게 영향을 미친 후, 19세기 초에 매우 다양한 문화 개념들이 나타났다. 그 가운데서 문화는 무엇보다도 윤리적 사회이론의 중심 개념이 되었다. 이 당시 피히테 (Johann Gottlieb Fichte, 1762-1814)는 "주체이론"을 정립하여, 이를 근거로 프로테스탄트 문화 이론을 전개하였다.[4] 그의 주체 이론은 계몽주의의 목적론적 역사이해(Geschichtsteleologie), 칸트의 철저한 자율성 이해 및 혁명에 대한 열광주의와 같은 시대적 배경으로 더욱 견고히 확립되었다. 피히테에 따르면, 기독교의 자유는 프로테스탄트로 말미암아 그 첫 형태를 갖게 되었으며, 종교개혁은 신앙을 순수한 교회의 형태로부터 해방시켜 철학 · 과학 · 공공윤리 등의 이성적 원리로 표현하는 데 기여하였다는 것이다. 피히테는 종교개혁이 정치의 자율성을 인정함으로써 "문화국가를 향한 총체적 개혁"에 영향을 미쳤다고 보았다.[5] 이로써 기독교는 국가의 법과 제도에 자신의 정신을 부여하는 계기를 확보하게 되었다. 이렇게 해서 프로테스탄트의 이념에 따른 "문화국가"가 현실적으로 이루어질 때, 교회라는 특수 영역에 제한적으로 실현된 기독교는 실제적으로 사회를 향하여 보편적 존재가 될 수 있다는 것이다. 이처럼 피히테는 교회를 문화국가의 이념 안으로 끌어들임으로써 사회의 한 특정 일원이었던 교회의 존재를 해체시켰다고 할 수 있다. 이를 통해 문화국가는 확실하게 신학적 합법성을 부여받게 되었다.[6] 문화국가를 교회의 새로운 문화적 양식으로 이해하였기 때문이다.

이처럼 문화개신교주의는 본질적 문화신학의 해석학적 원리를 적용하는 과정에서 종교와 문화에 대한 매우 설득력 있는 철학적 반성(反省)과 논거를 제공하였다. 한 마디로 말하면, 문화에 대한 인문학적 관점을 교회의 본질 이해에 적용함으로써 교회와 사회를 문화국가라는 이념으로 통합하려고 시도한 신학운동이 바로 독일의 문화개신교주의라 볼 수 있다.

　　문화개신교주의를 떠받치고 있는 본질적 문화신학의 원리와
방법은 한 마디로 모두 문화국가(Kulturstaat)에 모아지고 있다고 해
도 과언이 아니다. 문화국가라는 이념은 문화개신교주의가 실현하
고자 했던 최대의 목표였다. 우선 이 개념에 대한 바른 이해를 위해
서는 당시 '국가'라는 개념은 어떠한 의미를 지니고 있었는지를 먼
저 파악할 필요가 있다. 틸리히(Paul Johannes Tillich, 1886-1965)가 헤
겔(Georg Wilhelm Friedrich Hegel, 1770-1831)의 국가 개념을 정리한
것을 토대로 이해하자면, 국가란 "한 국민 속에서 이루어진 온갖 공
동체적 활동의 종합적 통일"이며, "교육, 예술, 종교, 경제, 방위,
행정, 법률, 그리고 그 밖의 문화 영역에 속한 모든 것을 방향 짓는
중심"이다. 이를 조금 더 확대해서 본다면, 국가란 "지상에 나타난
신적인 것"이며, "시간과 공간의 모든 문화 영역에서 자기를 실현
하는 신의 현존"으로서 결국 "신의 몸"이며, 아예 "국가란 실제로
는 교회"로 이해된다.[7]

　　이러한 차원에서 국가는 오늘날 일반적으로 이해되듯이 국제
질서 가운데서 합헌적으로 구성된 민족 공동체를 넘어서는 일종의
종교적 실체로 파악된다. 여기에 인간의 궁극적 관심사를 표현하는
문화 개념이 추가된 '문화국가'는 앞으로 우리가 좀 더 상세히 고
찰하게 될 '성속(聖俗)'의 동일성이라는 본질적 문화신학의 원리가
실현됨으로써 나타날 이상적 현실이다. 여기에서는 교회와 사회 사
이, 혹은 신율과 자율 사이의 구분보다는 이들 간의 유기적 관계성
이 강조됨으로써 본질적 차원에서의 '화해(Versöhnung)'를 말할 수
있게 된다. 즉, 종교와 문화는 적어도 문화국가라는 개념 안에서는

종교가 되어버린 문화의 자율성

인류는 종교적 이상 현실로서의
문화국가를 꿈꾼다.

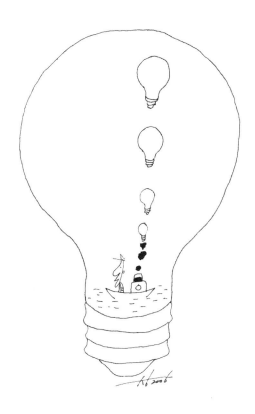

더 이상 둘이 아니라 하나가 된다. 문화개신교주의는 본질적 차원에서의 이러한 이상(理想)을 역사적 현실, 즉 실존의 상황 가운데서 이룩하고자 했던 것이다. 그러나 이와 같은 문화개신교주의의 시도는 지나치게 로망적이어서 바르트(Karl Barth, 1886-1968), 틸리히 등 변증법적 신학자들에 의해 강한 반발을 받게 되었다.

참고적으로 독일의 문화개신교주의가 실현코자 했던 문화국가 개념은 백범 김구(白凡 金九, 1876-1949) 선생이 주창한 그러한 문화국가의 개념과 그 출발점에 있어서는 근본적으로 다르지만, 그 정신은 상당히 유사한 점이 있다. 백범은 "나의 소원"에서 다음과 같이 말한 바 있다.

"인류가 현재에 불행한 근본 이유는 인의(仁義)가 부족하고 사랑이 부족한 때문이다. 이 마음만 발달이 되면 현재의 물질력으로 20억이 다 편안히 살아갈 수 있을 것이다. 인류의 이 정신을 배양하는 것은 오직 문화이다. 나는 우리나라가 남의 것을 모방하는 나라가 되지 말고, 이러한 높고 새로운 문화의 근원이 되고 모범이 되기를 원한다. 그래서 진정한 세계의 평화가 우리나라에서, 우리나라로 말미암아서 세계에 실현되기를 원한다."

백범은 대한민국이 단순히 부강한 나라가 되었으면 좋겠다는 염원에 따라 문화국가를 주창한 것이 아니라, 오히려 자연적 민족 공동체의 수준을 넘어 '세계의 평화'를 짊어지고 나가기 위해 '인의'와 '사랑'을 드러내는 '문화의 근원'이요 '모범'이 되는 국가를 꿈꾸고 있었던 것이다. 이것은 달리 표현하여, 국가 곧 '우리나라'

는 이 역사 위에서 인의와 사랑의 현실인 하나님의 나라를 실현하는 일을 통해서 그 사명을 다할 수 있다고 이해할 때, 문화개신교주의의 문화국가 이념과 어느 정도 맥락을 같이 할 수 있는 것으로 보인다.

그러나 김대중(金大中, 1924~)이 대통령 취임사(1998. 2. 25)에서 문화발전을 위한 대안으로 "창의적 문화국가"를 만들어 내겠다고 약속한 바 있었는데, 이때의 문화국가 개념은 백범과는 다른 경우다. 그것은 단지 전통 문화 속에 담겨있는 높은 "문화적 가치를 계승 · 발전" 시키고 이를 바탕으로 "문화의 세기"를 준비하겠다는 다짐으로 볼 수 있다. 이와 같은 문화국가의 개념은 전략적 차원으로서 자율적 문화창조를 통한 국가의 발전을 지향하는 것이다. 이와 같은 문화국가 개념은 비록 같은 용어를 사용하기는 했어도 문화개신교주의가 추구했던 '종교-문화'의 틀에서 이해했던 것과는 근본적으로 차원이 다르다.

슐라이어마허의 신학적 문화 이해와 비판

계몽주의 후기부터 문화라는 개념은 서구 교회에 커다란 변화를 가져오는 중요한 지렛대였다. 그러나 신학 영역에서의 결정적인 변화는 슐라이어마허(Friedrich Schleiermacher, 1632-1701)에게서 시작되었다. 그는 일반적으로 고전적인 "문화 철학자"로 불리며,[8] 또한 프로테스탄트 문화신학의 창시자요, 문화개신교주의의 창시자로 평가되기도 한다. 각개의 문화 현상들에 대해 그가 행한 학문적 분석의 기본 원리나 그의 철학적 윤리학에 비춰볼 때, 그의 문화신학적 동기는 아리스토텔레스의 도덕론과 계몽주의의 문화적 완전성에 대한 이념에 "세계에 대한 예수의 주권"이라는 기독교 사상을 연결시키고자 한 것이었다.[9] 이러한 그의 문화신학은 다음과 같은 전제들 위에서 이뤄진다: 자연의 정신화를 이루고자 하는 것은 문화적 진보사상의 본질이며, 역사란 본질적으로 문화의 역사며, 문화의 역사란 도덕적 세계의 역사다.[10] 이러한 문화신학적 전제를 가지고 그는 최초로 근대문화를 이론적으로 체계화시키면서, 문화를 크게 법과 국가, 경제와 사교, 과학, 그리고 종교와 예술로 분류하였다. 슐라이어마허는 문화란 이러한 영역들의 총체라 이해함으로써 그의 신학적 관심사는 "문화의 총체적 영역"에까지 이른다.[11]

　　슐라이어마허의 문화신학적 시도에 대한 비판은 한 세기가 지난 후 매우 강하게 일어났다. 그 대표적 인물인 바르트(K. Barth)의 비판적 분석에 따르면, 슐라이어마허 신학은 한 마디로 문화신학인 바, 그 내용은 하나님의 나라와 문화의 발전을 동일시하는 데 있다는 것이다.[12] 이것은 본질적 문화신학이 규범적 문화신학의 견제를 떠나 균형을 잃었을 때 나타나게 되어 있는 본질적 문화신학의 한계인 바, 이를 바르트는 비판적으로 성찰한 것이다. 그러나 슐라이어마허가 세속적 문화 이상(理想)을 아무 문제의식도 없이 단순히 인정하려고 했거나, 또는 철학적 문화 이론을 강화시키려고 의도했다고 일방적으로 이해한다면, 이는 그의 신학 전체를 정당히 평가하는 데 결정적인 오류 또는 걸림돌이 될 수 있다. 이와 반대로, 오히려 슐라이어마허가 문화에 대해 신학적으로 기여한 점들을 놓치지 말아야 한다. 예를 들면, 그는 개인윤리와 같은 개인적 실천의 기본적인 전제들을 기독교적인 의식의 지평에서 주체화시킴으로써 인간의 모든 행위를 기독교적으로 규정하고자 했고, 기독교의 중심사상과 교회의 특수한 과제들에 대한 행동 강령을 마련함으로써 문화에 대한 태도를 신학적으로 분명히 하고자 했고, 또한 인간 행위의 본질적 유한성을 제시함으로써 문화의 근본적 한계를 지적했던 점 등이다. 문화에 대한 이와 같은 그의 신학적 시도들은 문화개신교주의에 대한 통속적인 평가로 인해 그동안 정당히 이해되지 못한 점이 있다. 따라서 문화를 과감하게 신학 내적 작업의 핵심적 개념으로 받아들임으로써 문화를 신학적으로 소화해 내었던 슐라이어마허의 신학적 문화 이해를 재평가할 필요가 있다.

슐라이어마허의 신학적 문화 이해는 다른 한편 "역사의 기독론적 발전 이론"을 지원한다. 그러한 이해의 바탕 위에서 그는 그리스도의 성육신 사건을 "하나님 나라의 자연화 과정"으로 이해할 수 있었다.[13] 그리고 그리스도 신앙과 계몽주의적 도덕론은 서로 간에 이론적인 통합을 이룬다고 보았는데, 그 통합의 중심 테마는 예수에 대한 보편사적 의미를 찾는 것이었다. 또한 그의 철학적 윤리는 기독교적 역사 이론으로 볼 수 있다. 왜냐하면, 그에게서 문화사에 대한 이성적 해설은 역사상에 나타난 기독교 문화를 전제하지 않고서는 불가능하기 때문이다. 하지만 이러한 과정에서 슐라이어마허가 문화의 발전 과정과 하나님 나라의 직접적인 일치성을 주장했다는 비판은 정당하지 않다. 왜냐하면, 하나님의 주권이 모든 역사의 규범적 목적이므로 모든 다양한 문화 형태는 하나님 나라의 최종적 형태로 보아야 한다는 것이 그의 입장이었기 때문이다. 그에 대한 비판과 그의 주장 사이에는 분명한 차이가 있는 것으로 보인다. 그가 당시 기독교 전통과 근대의 교육 문화 사이에 심해져 가는 '분열'의 현실을 비판한 것도 그와 같은 '하나님의 주권'에 대한 이해에 비롯한 것이라 볼 수 있다. 슐라이어마허는 이러한 분열적 현실이 결국 결정적으로 문화의 쇠퇴를 가져오는 것으로 보았으며, 이에 대한 대안으로서 기독교의 정신만이 퇴락하는 문화를 일으켜 세우는 힘임을 적극적으로 제시하고자 했다. 그러므로 한스 비르크너(Hans-Joachim Birkner, 1959-1991)가 지적했던 바와 같이 슐라이어마허에게 기독교란 "인간성의 수호자"였으며,[14] 이러한 확신에 근거한 그의 신학은 19세기의 모든 프로테스탄트 문화신학에 결정적으로 영향을 끼칠 수 있게 되었다.

우리는 슐라이어마허의 이러한 본질적 문화신학의 시도 안에서 기독교 신앙과 계몽주의적 도덕론 사이의 '분열' 현상에 대한 그의 명확한 문제의식을 발견한다. 그는 이 분열을 극복해 보고자 종합을 시도했다. 그런데 과연 그의 노력이 성공적이었는가? 틸리히는 헤겔이나 슐라이어마허가 시도했던 '종합'은 실패했다고 평가한다.[15] 그렇다면 왜 그의 종합이, 즉 그의 본질적 문화신학이 성공적이었던 것으로 평가하기 어려운가? 앞으로 우리가 전개하게 될 창조적 문화신학의 관점에서 볼 때, 종교와 문화의 종합이란 시공간을 떠난 본질적 차원에서 관념적으로는 가능한 시도이나, 실존의 현실 세계에서의 종합이란 이미 불가능한 것일 뿐만 아니라 불필요한 것이다. 왜냐하면, 종합의 과정에서 종교가 세속화 하든지 문화가 마성화 하든지, 아니면 한 쪽이 다른 한 쪽으로 흡수되어 종교와 문화 각각의 본질이 얼마든지 변질될 수 있기 때문이다. 슐라이어마허의 경우에서는, 그의 문화신학적 의도와는 달리 기독교 신앙이 문화 속에 용해됨으로 세속화의 길을 갔다고 볼 수 있다. 이와 같은 역사적 실례를 통해서 우리의 문화신학이 유념해야 할 점이 있다. 즉, 본질적 문화신학은 그 자체로서 홀로 완성을 이룰 수 없다는 점이다. 왜냐하면 문화에 대한 이해가 근본적으로 관념주의의 틀을 벗어나지 못함으로써 현실 문화의 실존성이 개입할 수 있는 여지가 없을 뿐만 아니라, 그로 인하여 현실적 문화에 대한 규범적 평가의 기회 역시 부재하기 때문이다.

근대문화와 문화신학

서구사상의 역사 가운데 지식의 관념주의적 일원성이 유지되고 있었을 때에는 철학과 신학이 학문 가운데서 자신들의 선두적 위상을 확보할 수 있었다. 그러나 그 일원성이 깨어지고 상대화되어, 다양한 개별 학문이 독립되면서부터 철학과 신학의 역할은 학문의 여러 영역 중의 특정한 한 분야로 취급받게 되었다. 실제로 철학과 신학은 19세기 중엽 이후부터 교육받은 지식층에서 그 영향력을 잃어가고 있었다. 새로운 교육의 권위자로 나타난 '역사학' 과 종종 교회의 주장에 대하여 반대의 입장을 서슴없이 전개하는 '자연과학' 으로 인하여 신학과 철학은 심각한 도전을 받기 시작했다. 특히 신학은 이러한 학문적 제한성을 현실로 경험하게 되면서, 이를 극복할 수 있는 길을 모색하지 않으면 안 되었다. 근대의 서구신학들은 바로 이러한 문제의 상황에서 출현하였다. 근대의 신학이 자신에게 직면한 이러한 문제를 해결하고자 했을 때, '문화' 는 사회의 분화 현상, 정치적 당파 현상, 및 인식론의 다원화 현상 등에 맞서서 인간 현실의 총체적 의미를 드러내는 데 기여할 수 있는 가장 적절한 개념으로 받아들여졌다. 이러한 맥락에서 문화가 신학적 탐구의 핵심 개념이 된 것이다. 적어도 신학계는 그렇게 이해하고자 했다.

　그러나 당시 근대문화와 기독교의 관계가 서로 비판적이었다는 사실만을 보아도, 문화에 대한 서로간의 이해가 크게 달랐다는 것을 알 수 있다. 그들은 이렇게 물었다: 18세기 계몽주의 시대에 형성된 '근대문화'란 과연 기독교가 근본적으로 확증하고 있는 것에 대한 합법적이며 논리적인 결과인가, 아니면 참된 기독교의 해체를 의미하는 것인가? 기독교가 이러한 물음을 던지게 된 이유는 무엇보다도 교육받은 시민 단체들과 초기 노동운동 단체들이 기독교를 신랄하게 비판해왔기 때문이다. 근대문화의 입장에서는 참된 문화 발전이란 기독교와의 단절을 통해서만 가능하다는 것이었다. 그들에게 있어서 문화는 오히려 교회에 대항하기 위한 일종의 투쟁 개념일 뿐이었다.

　그럼에도 불구하고 근대문화가 교회에 대하여 가한 비판은, 오히려 근대문화의 성격 형성에 교회가 깊이 관여하게 되는 계기가 되었다. 근대문화론자들이 교회는 반문화적 입장에 있다고 비판하였을지라도 진보적 신학자들은 교회를 위해서 근대의 문화 개념을 신학적 범주 안으로 받아들였다. 왜냐하면 19세기 초 이후로 프로테스탄트에 속한 후기 합리주의자들은 종교개혁과 문화의 진보 사이에는 적극적인 연관성이 있다고 보았기 때문이었다. 즉, 기독교는 근대화를 가능케 했던 원동력이었기 때문에 시민윤리와 정치적 자유를 강화시키는 후원자가 되어야 한다는 것이다. 이에 대표적 인물인 브레트쉬나이더(Karl Gottlieb Bretschneider, 1776-1848)는 이와 같은 기독교 이해를 바탕으로 "교회로 하여금 문화의 진보와 항상 조화를 이루도록 하기 위하여, 교회를 교의와 동시에 문화 안에서 세워가고자" 했다.[16] 여기에서 신앙고백이란 더 이상 순수하게 교의적인 것으로 여길 수 없으며, 그것은 여러 문화의 다양한 차원들 가운데 하나로 이해되는 것이었다. 브레트쉬나이더는 프로테스탄트 정신과 문화 사이의 새로운 종합을 시도한 자로 평가될 수 있다. 이와 같은 맥락에서 당시 프로테스탄트의 중요 과제 중 하나는 근대적 정신인 개인의 자율성과 같은 것들을 양심의 자유에 따라 보호해야 하는 것이었다.

한편, 근대문화를 신학적으로 정당화하려는 시도와 프로테스탄트의 고유한 교리 교육에 대한 요구 이 두 가지는 당시의 교회가 모두 균형 있게 다루어야 할 사항들이었다. 왜냐하면 근대문화를 소화하지 못하는 교회에 불만을 품고 현실에 적응하지 못함으로 교회를 떠나는 크리스천 지식인들이 계속 증가하는 반면, 교회는 전통적 규범을 보수하고자 더욱 강하게 근대문화를 비판하는 데로 가고 있었기 때문이다. 이러한 신학적 · 목회적 혼란기 가운데 로테 (Richard Rothe, 1799-1867)는 교회가 직면한 문제들을 풀기 위해 매우 파격적인 근대적 이론을 제시하였다. 지식층이 교회로부터 자유로워지려는 것은 기독교의 본질에 부합하는 것이며, 바로 그것이 현실화되고 있는 것으로 이해해야 한다는 것이었다. 또한, 기독교가 교회라는 형태에 머무르지 않고, 그것을 벗어버림으로써 교회가 '문화국가'로 지양(止揚)되어 나가는 것을 목표로 삼아야 한다고 주장하였다. 이와 같은 맥락에서 로테는 프로이센의 지도하에 독일의 개별 국가들이 프로테스탄트적인 작은 독일제국으로 되는 통합의 과정을 지원하였다.[17]

근대문화와 전통 기독교간의 상호 비판이 계속되는 가운데 교회는 신자들의 교회 이탈 현상을 좌시할 수 없었다. 그래서 근대문화와 기독교의 교의(敎義)의 종합을 추구하였다. 그러나 종합은 사실상 실패였다. 이 때 로테의 문화국가 신학론이 다시 제기된 것이다. 이것은 종합이 아니라 완전히 새로운 대안이었다. 그 이론의 근거는 종교개혁 사상이란 것이었다. 즉, 교회의 해체를 통한 문화국가의 완성이 기독교의 본질이라는 주장이다.

여기에는 앞으로 고찰하게 될 예수 하가다 신학의 관점에서 볼 때 말씀의 성육신 사건과 같은 매우 폭발력 있는 메시지가 담겨 있다. 그러나 문제는 그리스도 예수의 메시지가 단지 문화와 윤리의 원천으로만 이해된다는 것이다. 이처럼 로테의 문화신학에는 '하나님의 아들'이 직접 개입할 수 있는 영적 차원이 제거되었기 때문에 기독교 신앙은 계시의 종말론적 선언과 그에 대한 개개인의 실존적 응답을 요구할 수 없게 되었다. 결국 신앙은 신과의 인격적 차원을 잃어버리고, 윤리적 삶을 위한 문화의 차원만을 강조하는 문화적 신앙이 되어버린 한계를 노출하였다.

문화투쟁과 리츨 신학
: 프로테스탄트 정신과 문화 진보사상의 통합

"문화투쟁(Kulturkampf)"은 1870년대 독일에서 로마 가톨릭교회의 발흥을 억누르기 위하여 일어난 정치적 운동으로서, 가톨릭의 영향력이 독일 제국의 통일을 위협할까 두려워하고 있던 비스마르크에 의해 주도되었다. 문화개신교주의는 이러한 문화투쟁을 교회의 지배 권력, 로마의 극단적 몬타니즘(Ultramontanismus), 및 가톨리시즘의 초국가성 등과 대항한 싸움으로 보았다. 그 때문에 그들은 문화투쟁을 프로테스탄트 문화국가를 위한 자유로운 운동의 일환으로 해석하였다.[18] 이와 반면에, 프로테스탄트 교회론자들은 대부분 문화투쟁을 거부했는데, 그들에 따르면 문화투쟁으로 인하여 교회의 영적 자율성을 국가가 침해하는 결과가 나타날 것이라고 보았기 때문이다. 그러나 양자는 모두 가톨릭에 맞서서 "프로테스탄트 문화"를 방어하고, 프로테스탄트 정신이 문화를 새롭게 선도해야 한다는 점에서는 일치하였다.

리츨(Albrecht Ritschl, 1822-1899)은 당시 이러한 본질적 문화신학의 흐름을 주도한 대표적인 문화신학자였다. 그의 문화신학적 노력은 매우 광범위하고 포괄적이었다. 그는 "세계를 주도하는 지적 · 기술적 방법을 포함하는 문화"[19]를 정신과 자연이라는 대립관계의 틀에서 이해하였다. 여기에서 중심적 과제는 자연을 정복하는 것이었다. 자연에 치우치는 것과 윤리적 진보란 직접적으로 일치되는 것이 아니라고 보았기 때문이다.[20] 아울러 리츨은 하나님의 나라와 "인간의 문화운동"[21] 사이의 긴밀한 연관성을 제시하였다. 이와 같은 신학적 맥락에서 칸트의 의무윤리를 루터의 직업행동주의(Berufsaktivismus)로 끌어올렸다. 또한, 그는 인간 내의 경험적 주체와 선험적 주체의 차별성을 이야기한 칸트의 주장에 근거하여 개인의 모순성을 지적하였으며, 인간은 단순히 정신적 존재일 뿐만 아니라, 본질적으로 자연적 존재이기 때문에, 하나님 나라의 최고선을 결코 완성할 수 없다고 생각하였다. 당시 사회민주주의자들은 경제의 근대화 추진력을 가지고 있을 뿐만 아니라, 기독교를 적대시하는 물질주의의 진보신앙을 지니고 있었는데, 이에 따라 사회는 비도덕적인 상태로 떨어져 가고 있었다. 리츨은 이러한 현실에 대해 강하게 저항하였다. 진보가 인간에 대한 공동체적이며, 정신적이며, 윤리적인 이해에 근거하지 않을 때, "문화의 고도 발전이란 윤리적인 면에서나 지적인 면에서 단지 반문화로 떨어지게 된다"고 경고하였던 것이다.[22] 특별히 리츨은 로마 가톨릭의 문화 이해에 대하여 강력히 비판함으로써 문화투쟁의 신학자로 두각을 나타냈다. 진보적인 신학자들이 "정치적 가톨리시즘"에 대항하는 문화투쟁에 참여하는 것과 같은 행동, 즉 신학적 관심을 교회의 영역 너머 바깥까지 확장하는 행위의 정당성이 리츨에 의하여 결정적으로 확보되었다.

이러한 리츨의 영향으로 "프로테스탄트의 문화원리", "프로테스탄트의 문화적 힘", "문화 원동력으로서의 프로테스탄트", "프로테스탄트의 문화적 잠재력", 및 "프로테스탄트의 문화" 등과 같은 개념들이 광범위하게 사용되었다. 또한 이러한 말들은 사회민주주의에 대항하는 정치투쟁의 수단이 되기도 하였다. 특히 프로테스탄트 정신과 문화진보 사상을 통합하는 일은[23] 1886년에 설립된 기독교협회(Der Evangelische Bund)로 인하여 더욱 활발히 추진되었다. 이후 구(舊)프로테스탄트의 자유주의와 리츨이 세워놓은 프로테스탄트의 문화적 우월감은 하르낙(Adolf von Harnack, 1851-1930)이나,[24] 헤르만(Wilhelm Herrmann, 1846-1922)[25] 등에 의하여 한 세기가 넘도록 그 영향력을 발휘하였다. 이들이 프로테스탄트를 "선도문화(先導文化; Leitkultur)"라고 말할 때, 그들의 문화적 이상(理想)은 프로테스탄트를 넘어 가톨릭이나 유대교, 그리고 노동운동까지 수용하는 데로 나갈 만큼 매우 넓게 열려져 있었다. 그들이 이처럼 문화 통합적인 자세를 가질 수 있었던 것은, 종교를 '문화 내에서 문화를 초월하는 힘'으로 파악할 수 있었기 때문이었다.

정통주의 기독교의 반(反)문화성

기독교를 비판한 주체는 외부적으로 중산층과 노동운동자들이었다. 쇼펜하우어(Arthur Schopenhauer, 1788-1860)에 따르면, 문화가 진보한다는 것은 역으로 종교가 퇴보함을 의미하는 것이었다.[26] 19세기 중엽 이래로 이와 같은 의식은 기독교 지식층에 일반적인 것이었다. 그들은 기독교 자체 안에 시민의 정치적 자유를 방해하는 결정적 요인이 있음을 보고 비판했다. 헤르만 테고브(Hermann Tegow)는 로테를 비판하면서 기독교란 오히려 "반문화적" 원리라고 주장하였다. 즉, 기독교는 문화를 발전시키는 원리가 아니라, 오히려 문화를 파괴하는 원리라고 보았다. 기독교는 "현재의 유럽 문화의 모태"도 아니고,[27] "근대의 문화발전"과 조화를 이루지도 못했다고 지적하였다. 즉, 근대의 정신문화는 종교에 의하여 결정되지 않았고, 오히려 기술과 자율적 예술 및 과학에 의하여 이루어졌을 뿐이라는 것이다.[28] 당시 가장 영향력 있는 대중 신학자인 슈트라우스(David Friedrich Strauss, 1808-1874) 또한 기독교를 "반문화적 원리"라고 비판하고 나섰다. 왜냐하면, 정통주의 신학이 근대 산업 정신에 필요한 가장 중요한 정신적 전제를 '저 세상'에서 가져 온 것은 인간의 "이익본능"과 "물질추구"의 성향에 근본적으로 대립되기 때문이라는 것이다.[29]

내부적으로 자유주의에 의한 본질적 문화신학은 정통주의 교회가 근거하고 있는 규범적 문화신학에 대하여 비판적이었다. 자유주의 신학이 정통주의 신학에 대한 비판의 핵심주제는 기독교 신앙과 문화 사이의 상관성의 결핍과 부재였다. 프란츠 오버베크(Franz Overbeck, 1837-1905)는 오래된 기독교인일수록 더 세상 도피적이라고 지적하였다.[30] 종교와 문화의 종합이란 종교가 단지 문화 덕택으로 사는 것, 즉 더 이상 진정한 종교로 존재하는 것이 불가능해지는 것임을 의미하였다. 이와 관련하여 오버베크는 "종교가 우리의 문화 안으로 넘어옴으로써 종교로서의 본질은 죽은 것이 되고 문화가 베푸는 생명으로써만 살게 되는 것이다."라고 말했다. 또한 독일에서는 기독교가 "오래 전부터 문화가 되었으나, 정작 문화는 기독교를 떠나기 시작하였다."고 지적하였다.[31]

신칸트학파 · 문화학적 신학

전통적 기독교에 대하여 이처럼 안팎으로 비판의 목소리가 높아진 당시, 유럽 지역 전반에 고도의 산업화가 이루어지면서 독일은 심각한 사회적 분화 현상에 직면하였다. 이때의 가장 커다란 이슈는 사회 전체를 통합하는 힘에 대한 문제였다. 이에 대하여 신칸트학파는 자연과학에 입각한 실증주의적이며, 객관주의적인 도구 개념을 가지고서는 사회 전반의 문제를 충분히 파악할 수 없다고 보았다.[32] 신칸트학파(Neukantianer)는 19세기 말에 이르러 실증주의와 유물론이 지나치게 퍼지는 것에 대항하여 물질에 그대로 환원될 수 없는 정신의 의의를 주장하고자 등장하여 제1차 세계대전까지 큰 반향을 일으켰다. 이를 위해 그들은 칸트의 선험적 비판주의 철학을 더욱 철저화했다. 그 전개 방향은 코헨(Hermann Kohen, 1842-1928)과 나토르프(Paul Natorp, 1854-1924)를 중심으로 순수논리와 순수윤리의 개념을 확립하는 마르부르크학파와,[33] 하이델베르크대학에서의 빈델반트(Wilhelm Windelband, 1848-1915)와 리케르트 (Heinrich Rickert, 1863-1936)를 중심으로 가치와 문화의 문제를 주로 다룬 서남독일학파로 구분된다.[34] 이들이 내용적으로 추구했던 바 는 한편으로는 실증주의나 유물론의 소박한 객관주의에 끌려가지 않으면서, 다른 한편으로는 신비적 사변철학의 주관적 자의(恣意) 에 흐르는 일도 없이 철학을 확고한 학문으로 성립시키는 것이었 다. 이를 위해 신칸트학파는 문화 활동의 일반 대상과 주체를 직접 적인 고찰 대상으로 하지 않고 양쪽에서 떨어진 곳에 시점을 설정 하여 그 활동이 성립하는 경우를 대상화하였다. 이리하여 그 구조 들을 객관적으로 고찰하여 정착시키는 자세를 취했다. 그러나 제1 차 세계대전 이후의 역사적 현실은 인간의 주관성과 대상 구성에 의거하는 방식의 한계를 뚜렷이 밝혔기 때문에 신칸트학파의 영향 력은 점차 사라지게 되었다.

또한 당시 다양한 "문화철학"이 있었지만, 그것도 본연의 기능을 감당하지 못하고 프로그램으로 머물러버리고 말았기 때문에, 신칸트학파는 오히려 문화의 가치에 대한 문제는 "문화학(Kulturwissenschft)"이라는 독립된 학문을 통해서만 평가될 수 있다고 주장하였다. 이와 같은 신칸트학파의 맥락에 입각하여 리츨학파는 신학을 "종교의 문화적 의미를 탐구하는 학문"[35]으로서 문화학의 한 기능으로 이해하고자 했다. 그리고 신칸트학파와의 연계 작업을 통하여 신학을 전개하였다. 당시 개인의 자유는 자본주의의 목적합리성의 자율성으로 인하여 심각히 위협을 받고 있었다. 이러한 상황에서 이루어진 문화비판을 배경으로 문화학으로서의 신학은 우선적으로 "인간성"의 강화에 기여하는 것이어야 했다.[36] 그러나 개인의 주체성과 정신적 문화에 치중하는 것은 결국 자연과 정신, 객체와 주체 사이의 분리를 더욱 심각하게 만들게 되는 것이었다. 이처럼 여기에서는 본질적 문화신학이 기독교 신앙과 문화 사이의 상관성을 회복하기 위해 결국은 종교의 문화적 의미를 묻는 문화학으로 자처함으로써 신학 본연의 정체를 상실하게 된 배경을 보게 되었다. 그것은 신학이 학문적 동반자였던 신칸트학파의 학문적 범주를 넘어서지 못하고 만 결과였다.

예수 하가다에 의한 창조적 문화신학에 대한 요청

지금까지 우리는 독일의 문화개신교주의가 형성되고 발전되었던 그 과정들을 고찰하면서 본질적 문화신학의 문화 통합적 태도의 면면(面面)에 대해서 알 수 있었다. 프로테스탄트 정신에 기초하여 제 문화를 통합하려는 시도에는 기독교의 정체성 상실이라는 위험이 상존해 있었다. 즉, 기독교의 본질이 문화로 표현되면서 해체될 수 있다는 것이었다. 그러나 기독교가 자신의 종교와 문화의 통합을 과감히 시도할 수 있었던 이유가 있었다. 프로테스탄트 정신은 어떠한 문화적 통합 가운데서도 자신을 잃지 않고 자신의 고유한 정체성을 유지하면서 문화를 초월할 수 있는 힘을 지니고 있다고 본질적 문화신학자들은 굳게 믿고 있었기 때문이다.

우리가 비록 종교와 문화의 '종합' 혹은 '통합'에 대해서는 근본적인 의문을 제기하고 있지만, 적어도 종교와 문화 사이의 분열 현실에 대해서는 문제시 하지 않을 수 없다. 문화개신교주의자들과 비교할 때 오늘날의 기독교에는 이를 극복하고자 하는 의지와 열정이 안타깝게도 많이 부족한 것 같다. 프로테스탄트의 문화 선도적 힘을 다시 한 번 회복해야 할 것이다. 이를 위해서는 무엇보다도 복음의 문화 초월적 힘에 대한 확신을 지니지 않으면 안 된다. 이 힘을 상실하는 즉시 기독교는 단순한 종교적 문화 현상으로 떨어지게 되어 있기 때문이다.

그러나 우리가 끝까지 놓쳐서는 안 될 것은 "문화를 초월하는 힘"이란 아무 때나 자동적으로 주어지는 것이 아니라는 것이다. 우리는 예수 하가다로부터 창조적 문화신학의 원리를 찾아서 문화 가운데 존재하면서도 문화를 초월하는 힘의 원천이 무엇인지를 경험함으로써만 본질적 문화신학의 한계를 극복할 수 있다. 복음서에 따르면, 유대인 · 로마인 · 사마리아인 · 죄인들의 문화는 예수 안에서 더 이상 대립적일 수 없었다. 그러한 다양한 인간의 문화들은 예수께서 선포한 하나님 나라의 복음이라는 빛에서 고유한 의미를 확보하였다. 그리고 복음과 문화의 '종합' 혹은 '통합'을 위한 시도를 예수에게서 찾을 수 없다. 앞에서 이미 밝혔듯이, 양자의 종합은 무의미하며 또한 불필요한 것이기 때문이다. 창조적 문화신학의 관점에 본다면, 중요한 것은 종합이 아니라, 오히려 복음이 복음 되게 하는 것과 문화가 문화 되게 하는 것이다. 무엇으로 가능하게 되는가? 우리는 예수 자신이 지닌 문화 초월적 인격과 삶에서 그 가능성을 발견한다. 그 가능성으로부터 창조적 문화신학이 전개될 수 있는 것이다.

복음적 예수는 때때로 바리새파 전통에 서 있기도 했지만, 그 일원으로서 머물지 않고 오히려 바리새파 전통의 근본적 한계를 비판하고 넘어선 것을 상기할 필요가 있다. 본질적 문화신학의 효과적 사용 여부는 그 자체의 논리적 한계 이전에 자신을 다른 학문적 원리와 어떠한 관계 하에서 이해하느냐에 더 달려 있다는 것을 알수 있다.

종교와 문화의 본질을 탐구하는 가운데 나타나는 원리를 통해 신학을 전개하는 본질적 문화신학의 개념적 구성 작업은 문화철학(Kulturphilosophie)이나 문화학(Kulturwissenschaft)의 학문적 범주에 머물러 버리는 한계를 넘지 못할 가능성이 크다. 기독교를 떠나는 문화를 다시 기독교 안으로 끌어들이는 과정에서, 그리고 문화와 등지고 배타적 자세로 문화를 비판하는 기독교를 다시 문화와 소통하는 기독교로 전환시키고자 하는 노력에서 본질적 문화신학의 역할은 분명히 존재한다. 즉, 문화 가운데서 **문화를 초월하는 힘**이 필요하다는 것을 보여주는 것이다. 그러나 그 초월의 힘이 무엇이며, 어디에서 나오는 것인지를 보여주고 경험케 하는 일은 본질적 문화신학의 범주를 넘어서 있는 것으로 보인다. 우리는 그 문화 초월의 힘을 문화 창조적 예수 하가다 신학에서 보게 될 것이다.

본질적 문화신학의 해석학적 구조와 원리

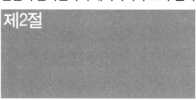

제2절

본질적 문화신학의 방법으로 제 종교적 혹은 문화적 현실을 이해하고자 할 때, 해석학적 구조로서의 '종교와 문화' 와, 그 원리로 나타나는 '성과 속'은 매우 중요한 개념적 틀이다. 우리는 여기에서 먼저 종교의 광의적 및 협의적 개념과 아울러 문화의 개념을 고찰한 후, 성과 속의 관계를 원리적 측면에서 살펴본다. 성과 속의 영역은 계시와 상징, 실체와 형식, 교회와 사회 등의 문제를 다룸에 있어 신학적 원리를 제공하는 중요한 단초가 된다. 우리는 이러한 개념들이 지니는 내적 관련성을 살펴보면서 본질적 문화신학에 주어진 과제의 성격을 규명하고자 한다.

종교와 문화

본질적 문화신학은 '종교와 문화'라는 커다란 해석학적 틀 안에서 문화의 현실을 파악코자 하는 신학방법이다. 이때 본질적 문화신학에서 말하는 종교란 인간에게 절대적인 것으로 다가오는 궁극적 관심사로 정의된다. 종교는 인간이 신적 존재와의 관계 하에서 특정 교리에 따라 행하는 구체적인 제 행위나 그로 인해 나타나는 실제적인 현상으로서의 일반적 개념이 아니다. 달리 말하여, 종교란 기독교 · 불교 · 회교 등을 직접적으로 칭하는 것이 아니라, 사유하고 행동하는 인간이면 누구든지 자신의 삶을 가능케 하는 절대적 기반(基盤)이다. 그러므로 종교적이지 않은 인간은 존재하지 않는다. 반면, 문화는 그 궁극적 관심사를 담아 표현하는 인간행위의 제 양식으로 이해된다. 그러므로 문화를 축으로 하는 신학적 주제들, 즉 '교회와 문화', '그리스도와 문화', '계시와 문화', '복음과 문화' 등과 같은 상대적 개념 구조는 종교와 문화라는 해석학적 틀 안에서 그 관계성이 밝혀질 수 있다. 이때 교회, 계시, 그리스도, 복음과 같은 실재는 종교적 개념들에 해당된다. 왜냐하면 이 개념들은 적어도 기독교 신자들에게는 절대성을 지니는 궁극적 관심사로서 저들의 삶을 지배하는 것들이기 때문이다. 그리고 성결교, 감리교, 장로교, 침례교, 복음주의, 자유주의 등은 문화 개념들로 분류 된다. 왜냐하면 이들은 각 개인이나 공동체가 궁극적 관심에 따라 행한 종교적 결단의 표현 양식들이기 때문이다. 이처럼 '종교와 문화' 라는 구조 안에 들어올 수 있는 여러 신학적 주제들은 비록 그 형태는 다양할 지라도 본질적으로는 '궁극적 관심(종교)과 이를 표현하는 형식(문화)' 인 것이다.

우리가 '본질적' 문화신학이라고 부르는 것은 종교와 문화의 관계를 현상적 차원이 아니라, 본질적 차원에서 살펴보고자 하기 때문이다. 이때에 종교와 문화는 본질적으로 대립의 관계가 아니라 동일성의 원리에 따라 서로를 필요로 하는 관계임을 확인하게 될 것이다. 또한, 우리가 종교와 문화 간의 본질적 관계를 바로 파악하게 될 때, 보다 더 통합적인 전망 하에서 문화에 대한 '규범적' 판단을 내리게 될 것이다.

종교란 인간에게 "무한정적으로 임해오는 무엇" 에 대한 경험이다. 그것은 장소와 시간을 가리지 않고 모든 순간마다 임한다. 이것을 달리 표현한다면, 무한정자(無限定者)에게 붙잡힌 상태로서 "신앙" 이라고 말한다. 이러한 의미로 종교를 이해하게 될 때, 종교는 모든 문화의 근본이 된다. 더 나아가서, 종교는 모든 문화 창조에 깊이와 풍부함, 그리고 궁극적 의미를 부여한다. 따라서 종교란 "모든 문화의 깊이의 차원", 곧 문화의 바탕이다.[37]

문화와의 관계에서 볼 때, 종교는 문화보다 깊은 기초를 가지고 있으며, 문화를 공격하여 변형시키거나 파괴할 수도 있다. 그러나 종교와 문화 모두는 "인간 정신의 기능"이라는 측면을 가지고 있다. 정신으로서의 종교와 문화는 서로 상대편을 예속하며, 근절시키면서 적대 관계가 될 수 있다. 이러한 투쟁적 관계는 동시에 서로 떨어질 수 없는 사이임을 말해주는 것이기도 하다. 종교와 문화가 인간 정신의 기능이라고 했을 때, 정신이란 생명의 보편적인 본질을 형성하는 차원이다. 따라서 종교와 문화는 생명의 모든 차원에 뿌리를 내리고 있다는 것이다. 생명의 제 차원들은 하나로 일치되어 있기 때문에, 종교와 문화는 생명의 지평에서 볼 때 둘이 아니고 하나다.

생명 현상에서 종교적 차원은 문화와 도덕의 차원과 긴밀히 연결되어 있다. 틸리히가 밝힌 것처럼, 생명의 다차원에는 비유기적 생명, 심리적 생명, 및 정신적 생명이 있다. 그리고 생명의 활동은 세 가지 방향으로 진행된다. 첫째는 생명의 자기창조인데, 여기에서 문화가 창조된다. 둘째는 생명의 자기 초월인데, 종교적 차원이 나타난다. 셋째는 생명의 자기통합인데, 여기에서 도덕성을 경험하게 된다. 이 중에서 생명의 자기 초월, 혹은 자기 승화는 모든 차원에서 "숭고한 것"을 향해 나간다. 보다 세련되고, 보다 풍부하고, 보다 강력한 형태로 돌진하는 것이다. 즉, 형상이면서 형상을 초월해 있는 절대적인 힘, 곧 거룩한 것으로 향하는 충동이 자기초월이다. 바로 인간이 거룩한 것을 추구하는 원동력은 거룩한 것에 대한 현전(現前)의 경험으로부터 나오는 것이다.

지금까지 우리는 종교를 보다 광의적 차원에서 이해하였다. 즉, 어떤 실체가 무조건적으로 진지한 사실로서 우리 앞에 다가옴을 경험하는 마음의 상태를 우리는 종교로 파악하였다. 무엇인가 절대적으로 진지한 사실로서 다가오는 모든 실존의 지반이 광의의 종교 개념이라는 것이다. 이와는 달리 좁은 의미로 사용되는 종교 개념이 있다. 사실은 협의의 종교개념이 보다 일반적으로 통용되고 있는 개념이다. 이때 종교는 문화적 현실로 이해될 수 있다. 이처럼 종교가 문화의 영역 안에서 파악될 수 있는, 다양한 문화 현실 중의 하나임을 긍정하고 들어갈 때에는 종교와 문화가 서로 갈등을 일으킬 필요가 없다. 문화의 관점에서 볼 때, 기독교, 불교 등 협의적 의미의 종교 개념은 분명히 특수 문화의 한 표현이며, 주변의 다른 문화와 상호 의존적인 관계 하에 있는 것이다. 그러나 협의의 종교개념이 문화의 일부 이상(以上)임을 주장하고 나설 때, 문화와의 충돌이 발생하게 된다. 로마 · 인도 · 독일 · 일본의 역사에서 보여 왔던 종교와 문화 사이의 충돌과 갈등과 같은 것이 그러한 예가 될 것이다.[38]

그러므로 종교와 문화간의 갈등 때문에 역사상의 모든 협의적 의미의 종교는 다음과 같은 두 가지 물음에 대하여 언제나 심판 아래에 놓여 있다: 이 종교는 과연 궁극적인 것에 대해 묻는 인간에게 바르게 대답해 주고 있는가?[39]

이 종교는 준(準)궁극적인 것, 혹은 유사(類似) 궁극적인 것을 궁극적인 것으로 신앙하고 있지 않은가? 이러한 물음에 정당한 대답을 제시하지 못할 때, 그 종교는 궁극적인 것을 왜곡시키는, 소위 우상숭배가 되는 것이다.

문화는 예술이나 사상과 같은 고차원적인 형식을 통해서 자기를 표현하는 행위, 즉 "정신의 차원에 있어서의 생명의 자기실현(自己實現), 생명의 자기창조"라고 할 수 있다.[40] 문화 활동에서 정신의

종교로 이루어진 문화공동체

종교가 문화로 남는 한, 문화와의 갈등은 없다.

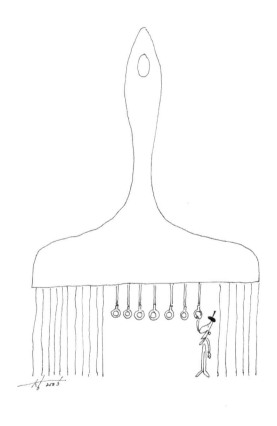

기능은 주어진 소재를 수용하거나 거부함으로써 변화를 창조하는 일이다. 인간에 의한 최초의 본질적 문화 행위는 언어창조다. 언어는 집단의 정신이며, 이 정신이 세계와의 특정한 만남의 결과가 언어다. 언어는 의지를 전달하는 일, 실재를 나타내고 설명하는 일, 실재의 본질을 파악하는 일을 한다. 그러므로 언어는 인생의 의미와 종교성을 나타내며, 특수한 집단에 대한 계시를 가능케 하는 매체다.

언어의 기능은 다시 크게 두 가지로 나눌 수 있다. 첫째는 인식적 기능이다. 진리 판단의 기준이 되는 진리 자체로 이끄는 기능이다. 이를 통해서 과학과 철학이 가능해진다. 그리고 둘째는 미적 기능이다. 궁극적 실재까지도 표현하는 것을 지향해 나간다. 이로 인하여 예술이 가능해지는 것이다. 이러한 언어의 두 기능은 결국 궁극적 실재를 탐구하는 방향으로 나아가고 있음을 알게 된다.

인간의 또 다른 본질적 문화 행위는 기술 창조다. 그래서 인간은 "공작인(homo faber)"이라고 불린다. 창세기에는 동물들에게 이름을 지어주는 언어적 존재일 뿐만 아니라, 동산을 가꾸는 도구적 존재인 인간이 묘사되고 있는데, 이것이 바로 최초 인류의 문화적 모습이었다. 인간이 기술을 창조함으로써 현실도 지배하고 제어하는 존재가 되었다. 더 나아가서, 언어와 기술이 결합됨으로써 실천적 문화, 책임 있는 인간성, 궁극적인 것과 궁극적 정의를 추구하는 사회를 만들어 가는 존재가 된 것이다. 이처럼 언어 창조와 기술 창조라는 문화 행위 가운데 궁극적 실재에 대해 묻는 종교적 차원이 있음을 발견한다.

종교와 문화란 서로 어울려 있어, 나뉠 수 있는 것이 아니다.

이러한 이해야말로 종교와 문화 간의 관계에 대한 가장 기초적인 전제가 된다. 양자가 서로 어울려 있는 상황에서는 경계선이란 존재하지 않는다. 그러나 이러한 이야기는 본질적 이론의 차원이지 실존적 현실의 모습은 아니다. 왜냐하면, 우리의 현실에서는 종교적인 것과 세속적인 것이 엄격히 구별되어 있기 때문이다. 즉, 종교와 문화는 현실적으로 분리되어 있다는 것이다. 기독교적인 관점에서 볼 때, 종교와 문화 간의 본질적 통합은 태초와 종말의 시점에만 설정되어 있다. 그러므로 본질적 문화신학의 해석학적 틀로서의 '종교와 문화'를 이해하는 대전제는 실존적 현실이 아니라, 본질적 관념의 차원에서 수행 가능한 일이다.

성과 속, 그리고 무한정적 의미

성속에 대한 이해는 이를 접근하는 방법에 따라 다양할 수밖에 없다. 사회학적 관점에서 볼 때 성은 사회에 의해 창조되는 것이며(Emil Durkheim), 주관적인 종교 행위(Max Weber)일 수 있다. 어떤 사물이나 현상을 성스럽게 보는 것은 특정 사회 공동체나 특정 인간의 주관에 의해 결정되는 문제이기 때문이다. 인류학의 방법으로 성속을 이해하고자 할 때 성(聖)은 곧 엑스터시 체험, 즉 다른 영과의 접촉을 통해서 경험자 자신이 성스러운 존재가 되는 것이다. 그러나 이러한 설명으로 성속의 본질을 근본적으로 이해하기는 어렵다. 왜냐하면 성과 속이 무엇으로부터 기원되었는지를 밝히는 데까지는 나가지 못하고 있기 때문이다.

지금까지 성속의 기원에 대해서는 세 가지 정도의 이론이 제시되고 있다. 첫째, 성과 속은 처음부터 병존해 있었다는 것이다.

예를 들어, 중기 구석기 시대 이후의 동굴을 관찰할 때 동굴 안과 밖의 세계는 사뭇 다른 점이 발견되는데, 동굴 안쪽은 종교적 유물들이 있고, 밖의 세상은 완전히 다른 세상이라는 점을 생각해 볼 수 있다. 둘째로 속이 성으로 변화하였다는 이론이다. 처음에는 성속이 따로 존재하지 않고 단순한 세속의 물질적인 것 내지는 불순한 것들이었는데, 이들 가운데 특정한 것들이 터부시 되거나 경외감을 갖게 되면서 성과 속의 차원으로 분화되었다는 것이다. 그리고 세 번째는 성속의 구분 없이 처음부터 모든 주어진 창조는 성과 관계를 맺는다는 이론이다. 이 세 번째 지점에서 우리는 엘리아데(Mercia Eliade, 1907-1986)의 고전적인 성속 이론을 만나게 된다.

우리는 엘리아데가 주장한 바, 신들은 "세계와 우주적 현상의 구조 그 자체 안에서 다양한 성의 양태를 현현한다"[41]는 것을 사실로 받아들인다. 즉, 세계는 본래부터 거룩함을 드러내는 **성현**(聖顯, hierophany)의 장이라는 것이다. 이는 세계의 범성성을 가리킨다. 그러나 이는 '세계 자체가 처음부터 성(聖)'이라는 이해와는 전혀 다르다. 이것은 범신론(汎神論)적 세계관이기 때문이다. 신에 의해 창조된 세계에는 신성이 드러난다. 이를 성현이라 하며, 이때 나타난 성스러움은 곧 힘이며, 실재 그 자체를 의미한다. 이 성(聖)에는 존재로 충만하며, 성의 힘은 영원성과 효험을 나타낸다.[42] 이와 반면에, 속(俗)이라는 것은 탈신성화 된 세계를 가리킨다. 따라서 성과 속이라는 두 가지 존재 양식으로 세계를 이해할 수 있다.

'성스러운 면'(聖)과 '세속적인 면'(俗)이라는 두 차원은 문화 현상에도 그대로 적용될 수 있다. 이 양면은 현실적으로는 구분이 안 되나, 관념적으로는 현저한 차이가 드러난다. 어떤 하나의 현상이나 대상이 성스러운 것인지, 속된 것인지를 판단하고자 할 때 인식 행위의 과정에서 성과 속을 구분하는 일은 불가피한 것이다. 그러나 성과 속의 구분이란 이들을 경험의 차원에서 이야기하기 위한 하나의 수단일 뿐이지, 그 양자를 분리하는 일은 가능한 것이 아니다. 이처럼 분리할 수 없는 성과 속의 본질적 관계성은 종교와 문화, 실체와 형식, 교회와 사회의 차원에서 문화신학의 내용을 규정하는 가장 핵심적인 원리다.

과연 이러한 성과 속은 서로 간에 어떠한 관계성을 지니고 있는가? 먼저 성과 속의 본질적 관계를 이해하기 위해서는 이들이 삶의 현실 속에서 "무한정적 의미"와 어떠한 상관성을 갖는지 알아야 한다. 왜냐하면 "의미"를 추구하는 인간 행위는 보다 더 총체적인 것을 희망하기 때문이다. 그것은 한정적이고 단편적인 의미로써는 만족하지 못함을 뜻하는 것이다. 이 의미의 총합은 객관적으로는 "세계" 안에서, 주관적으로는 "문화"라는 현실 안에서 그 본래성을 드러낸다.

성과 속이 종교와 문화 일반에 관계한다면, 이들은 삶의 현실을 떠나서 생각할 수 없다. 삶의 현실에서 인간의 행위는 "의미"와 관련을 갖는다. 그리고 그 의미란 단편적이어서는 안 되고, 총체적인 것이어야 한다. 왜냐하면, 의미란 또 다른 의미와의 연관성을 지님으로써 의미의 총합을 지향하기 때문이다. 이렇게 인간이 관계하고자 하는 의미의 총합은 무한정적 의미를 전제한다. 이를 다시 역으로 이해하자면, 무한정적 의미와 관계하지 않으면서 의미 있을 수 있는 세계와 문화는 없다는 것이다. 이때의 무한정적 의미는 모든 개체가 지니는 "의미의 의미"며, 동시에 "전체의 의미"로서, 모든 인간 행위가 추구하는 의미의 "근거"다. 이 의미의 근거는 개인과 사회의 모든 문화적 행위의 기초다.

그리고 무한정적 의미 자체는 개별자들에 의한 어떠한 의미 행위 가운데서도 파악되지 않는다. 개별적 의미를 초월해 있기 때문이다. 그 초월자가 초월해 있는 그 존재를 인간은 "신"이라 부른다. 이러한 신을 "세계"와 같은 수준에, 그리고 "문화"와 같은 선상에 두는 것은 불가능하다. "신" 혹은 "하나님"이란 이름은 의미의 근거로서의 무한정자를 상징하는 것이다.[43] 우리는 인간에게 다가오는 이 무한정자의 소리를 '하나님의 말씀'이라 부른다. 이 하나님의 말씀이 우리에게 구체적으로 들려질 때, 현실 가운데 명확히 드러나지 않았던 삶의 '의미'가 살아나게 된다.

무한정적 의미는 "존재의 의미"와 "당위의 의미" 안에서만 가능하다. 존재와 당위의 의미를 떠난 무한정자는 주변부로 밀려나고, 결국은 자신의 힘과 내용을 잃어버리게 된다. 그리고 이 무한정적 의미가 현실적으로 드러나는 경우는 언제나 의미가 개별적인 차원에서 파악될 때다. 이때에는 성과 속의 구별이란 존재하지 않는다. 그럼에도 의미행위의 태도는 두 가지로 나타난다. 하나는 세속적이며 비신앙적인 태도다. 이것은 개별적인 의미행위를 지향함으로써 의미의 총합은 추구하지만, 신앙행위의 의식에는 못 미치는 경우다. 다른 한 태도는 반세속적이며 신앙적인 태도다. 이것은 개별적 의미 행위를 도모하지 않지만, 무한정적 의미의 근거를 지향하는 태도다.

이로 볼 때, 본질적 차원에서는 세속적이거나 거룩한 영역이 따로 있는 것이 아님을 알 수 있다. 단지 의식적인 차원에서 각개의 영역이 구분될 뿐이다. 따라서 성을 거부하거나 속을 거부하는 것은 결과적으로 본질적인 것 전체를 거부하는 것이며, 결국 회의와 좌절을 자초하는 일이 된다. 세속적인 행위에서 좌절을 경험하는 이유는 의미의 부재로 말미암는 것이며, 종교적 행위의 좌절은 형식의 부재 때문에 나타난다. 이러한 현상은 교회와 사회의 관계에도 그대로 적용된다.

거룩함은 세속적인 것을 구원할 수 없으며, 또한 거룩한 공동체도 세속의 공동체를 구원할 수 없다. 그렇다고 의미의 전체성을 확보하여 어떤 형식을 창조함으로써 자신을 구원할 수 있는 것도 아니다. 현실화된 성과 속은 모두 동일하게 구원의 대상이다. 왜냐하면 현실성이란 본질로부터 이탈되어 있기 때문이다. 오로지 하나님의 말씀으로서의 신적 행위만이 거룩하다. 하나님의 편에서 볼 때, 종교와 문화, 성과 속, 교회와 사회 모두 다 하나님의 판단 아래 놓여있을 뿐이다. 이들의 구원은 하나님에게 달려있다.

성속의 원리와 하나님 나라의 문화

성과 속의 원리에서 무한정적 의미를 전제한다는 논리적 전개 과정에서 성과 속이 나타내는 것은 의미의 총합이고, 의미의 총합이 뜻하는 것은 무한정적 의미의 근거다. 그리고 무한정적 의미는 모든 인간 행위가 추구하는 의지의 "근거"가 된다. 그렇기 때문에 성과 속에는 무한정적 의미가 들어가 있고, 또한 있어야만 한다. 이러한 논리적 전개에는 성과 속이 실제로도 무한정적 의미를 가지고 있어야만 한다는 숨겨진 전제조건을 가지고 있다. 그리고 이 전제조건은 항상 참되어야만 한다.

그러나 모든 상황 속에서 항상 성과 속이 무한정적 의미를 가지고 있는지 되물어 보아야 한다. 예를 들어, 중세 가톨릭교회가 팔았던 '면죄부'가 무한정적 의미를 가지고 있었는가? 면죄부는 말 그대로 면죄(免罪)를 다루는 종교적 차원에 속하는 것이기 때문에 무한정적 의미를 지닐 수 있는 가능성이 있었다. 그러나 그것을 면죄라는 무한정적 의미와 관계없이 면죄라는 이름으로 돈을 벌기 위한 수단으로 삼았을 때, 이는 성을 속화하는 것이었고, 또한 속을 성으로 만드는 마성화의 길을 간 것이다.

속(俗)은 상징적으로 표현한다면 땅에 속한 것으로서 한정적이다. 그리고 성(聖)은 하늘에 속한 것으로 무한정적이다. 땅에 속한 한정적인 속을 성의 자리로 옮겨 놓고자 하는 것은 마귀에게 속한 행위이며, 하나님의 뜻에 대적하는 일이다. 그러나 속이 성을 드러내기도 하고, 성이 속을 통해 나타나기도 한다. 이때 성과 속의 차별성은 없어지고 성속의 상징적 일치가 이루어진다. 이것을 성속의 초월이라 부를 수 있다. 예를 들어, 나사렛 예수의 성육신 사건을 두고 '말씀이 육신이 되어 인간 가운데 거했다'고 했을 때, 이것은 세속화가 아니라 성이 속을 통해 성스러움을 드러낸 것이다. 세속화란 성이 속으로 나타났을 때 성스러움을 상실한 것을 말하기 때문이다. 속이 그 자체로서 성이 될 길은 없다. 성을 담아내는 그릇, 곧 성스러운 상징이 될 수 있을 뿐이다.

이처럼, 본질적 문화신학은 종교와 문화의 해석학적 구조를 설명해 주는 성과 속의 원리를 통해 삶의 현실 가운데 나타나는 문화의 마성화와 종교의 세속화를 분별해 내는 중요한 기능이 있음을 확인할 수 있다. 이와 관련하여 본질적 문화신학의 또 다른 기능은 모든 유한한 실재가 무한정적 의미와 연관되어 있는지의 여부를 물음으로써, 유한한 속(俗)의 실재가 무한정적 의미의 근거인 신적 계시에 참여토록 하여 생명력 있는 문화를 만들어내게 하는 것이다. 이와 같은 참여가 없을 때, 즉 무한정적 의미를 추구하지 않을 때 의미 창조의 행위는 파괴적 결과로 이어지고 말 것이다. 이러한 맥락에서 본다면, 본질적 문화신학의 궁극적 목적 역시 창조적 문화신학이 추구하는 바와 같이 무한정적 의미의 근거인 하나님을 드러내는 것이며, 하나님 나라의 문화를 창조하는 데로까지 나가는 것이다. 그러나 모든 속의 실재가 무한정적 의미와 연관되어 있다고 하는 무조건적인 전제는 거부되어야 한다. 왜냐하면, 무한정적 의미의 참된 모습이 오히려 속에 의해 가려지는 경우도 얼마든지 있기 때문이다.

계시와 상징

종교와 문화를 본질적 문화신학의 해석학적 틀에서 규정짓는 성속의 원리는 계시와 상징의 신학적 관계성을 밝혀준다. 무한정적 의미가 드러나는 것이 계시다. 그러므로 계시가 있는 곳에서 궁극적 관심사가 지배하는 종교적 실재를 경험한다. 이때의 경험이 바로 성(聖), 곧 거룩함이다. 결국 거룩함에 대한 경험이 궁극적 관심에 사로잡힌 상태를 말하는 것이며, 이러한 경험 가운데 있을 때 비로소 유한한 모든 속(俗)으로부터의 자유를 찾게 된다. 무한정적 의미의 근거에 참여하는 종교가 가능하게 되는 시점이 바로 계시 사건이다.

그러나 성이 드러나는 계시의 장은 시공을 초월한 영역이 아니라, 문화가 만들어지는 자리인 속(俗)이다. 이때 속은 단순한 자연으로서의 속이 아니라 성을 드러내고 지시하는 힘을 지닌 상징으로서의 속이 된다. 그러므로 속을 부정하고서는 계시 사건은 존재하지 않는다. 달리 말하여, 무한정적 의미는 유한자를 통해서 비로소 모든 의미의 의미로 드러날 수 있다. 즉, 유한한 속으로부터의 자유를 경험케 하는 의미로 나타날 수 있으며, 이때 인간은 절대적으로 다가오는 궁극적 관심사에 사로잡히게 되는 종교적 실존임을 알게 된다.

실체와 형식

본질적 문화신학에서 또 한 가지의 중요한 사실은 실체와 형식의 관계다. 계시와 상징의 관계를 실체와 형식의 관계로서도 이해할 수 있기 때문이다. 여기에서 실체라는 용어는 '내용'과 다른 개념으로 사용된다. '내용'이란 이미 단순히 존재하는 대상을 가리킨다. 독일어로는 인할트(Inhalt)라고 한다. 내용은 형식을 통하여 정신문화의 영역으로 진입한다. 그것은 우연적인 대상이다. 그러나 '실체'는 보다 본질적인 대상을 가리킨다. 내용이 내용 되게 하는 것이 곧 실체다. 이를 독일어로는 게할트(Gehalt)라고 불러 인할트와 구분한다. 이에 비해 '형식'은 방법적이며 매개적인 차원이라고 볼 수 있다. 형식은 내용에 적합해야 한다. 그러므로 형식과 내용은 서로 대립적일 수 없고, 오히려 '형식-내용'은 상징의 매개인 속(俗)에 속하는 것으로서, 그리고 '실체'는 상징이 지시하는 계시의 내용으로서 양대 극점을 이룬다. 예를 들면, 예수 그리스도의 죽음이 내용이라면, 십자가는 그 내용을 담아내는 형식이 된다. 여기에서는 아직까지 예수 그리스도의 죽음이나 십자가가 드러내고자 하는 실체는 감추어져 있다. 성서는 예수 그리스도가 십자가상에서 죽은 사건의 궁극적 관심, 곧 계시의 내용은 '하나님의 사랑'임을 보여준다. 즉, 십자가의 형식과 예수 그리스도 죽음이라는 내용이 드러내는 실체는 하나님의 사랑이라는 것이다. 이때 하나님의 사랑이란 실체는 하나님이 인간에게 보여 주고자 하는 계시이며 동시에 하나님의 말씀이기도 하다. 십자가란 형식을 통해서 하나님의 사랑이란 실체가 전달될 때, 그 형식은 하나님의 말씀을 드러내는 상징으로서의 힘을 갖는다.

신율과 자율

신율(神律, theonomy)은 자율(自律, autonomy)에 기초하여 궁극적 관심사를 드러내는 힘이다. 반면에, 타율(他律, heteronomy)은 궁극적 관심사를 드러내고자 할 때 자율을 억압함으로써만 가능한 힘이다. 그리고 자율이란 인간 내면의 이성적 빛을 통해 자연법을 찾아 그 내면의 법을 따라 스스로 움직이는 힘이다. 이 자율은 타율적 힘의 간섭을 거부한다. 무한정적 의미를 드러내려고 할 때 자율이 지니는 이성의 힘을 억압하면 타율이 되지만, 이성의 힘을 긍정할 때 신율이 지배할 수 있다. 타율이 자율을 억압할 때 문화는 마성화되고, 자율이 신율을 거부할 때 문화는 궁극적 관심의 상실, 즉 종교의 상실로 인하여 세속화에 빠지게 된다.

신율과 자율의 관계를 실체와 형식의 차원에서 볼 때, 실체가 강조되는 것은 신율성의 강화를 의미하며, 형식적 측면이 강조되는 것은 자율성의 증강을 뜻한다. 실체와 형식이 상호 충족적인 것처

143
제2장 볼츠먼 문화신학

럼, 신율과 자율의 관계 역시 그렇다. 실체가 형식에 대하여 압도적으로 나타나는 두 가지의 경우가 있는데, 형식이 불충분한 상태에 있을 때와, 실체가 충만한 상태에 이르러 형식을 깨트릴 때다. 그러나 충만이나 파괴도 역시 하나의 형식이라 볼 수 있다. 실체와 형식은 분리될 수 없다. 이 양자의 관계에 타율성이 지배하는 경우는 형식에 관여하지 않고 실체를 포착하려는 때다. 왜냐하면, 그 즉시 새로운 형식이 나와서 자율적 형식을 배척하고, 뿐만 아니라 새로운 자율성으로 그 형식을 제한하기 때문이다.

교회와 사회

계시는 상징이 전달해야 할 실체고, 상징은 계시를 담아내는 형식이다. 이 관계는 어떠한 경우에도 서로 떨어질 수 없다. 서로가 분리되는 순간 타율에 의해 자율이 억압되고, 자율이 억압됨으로써 신율이 드러나지 못하게 된다. 이와 같은 원리는 교회와 사회의 관계에도 적용된다. 신앙인의 가시적 현실 공동체로서의 교회는 직접적으로 무한정적 의미의 근거, 의미의 의미, 즉 성(聖)의 직접적 체험을 문제 삼는 신율적 집단이다. 반면에 사회는 무한정적 의미보다는 유한한 의미를 통해 삶의 현실을 이루는 자율적 집단이다.

교회가 신율적 공동체를 지향한다는 것은 자율적 공동체를 지향하는 사회를 반대하는 것을 의미하지 않는다. 오히려 문화적 공동체에 의미의 실체를 제공하는 것이다. 그리하여 문화적 공동체가 공허한 형식으로 떨어지지 않도록 하나님 나라의 현존을 경험할 것을 요청하는 것이다. 또한, 교회는 자율적 공동체를 보호한다. 이것은 신율적 공동체를 추구하는 교회를 반대함이 아니라, 오히려 교회에 의미의 형식을 제공하는 것이다. 왜냐하면 결국은 그 형식에 교회도 속해있기 때문이다. 이렇게 교회가 마침내 신율적 통합의 상태에 이른다고 하더라도 그것은 하나님 나라의 상징이지, 하나님의 나라 자체는 아니다. 이 양자의 구분이 명확하지 않을 때 가톨릭교회가 범하는 오류에 빠진다. 가톨릭교회는 문화와 사회에 대하여 항상 가치 판단을 내리면서도, 그 선고(宣告)로부터 자신을 제외시키는데, 이는 교회를 하나님 나라의 상징으로 이해하지 못하고 하나님 나라의 실체로 혼돈하고 있기 때문이다. 반면에, 기독교는 교회와 사회 사이에 문화의 형식적 동일성을 본다. 그렇기에 교회와 사회는 동일하게 신율에 의한 판단의 대상이 된다.

그러나 기독교도 사회에 대하여 절대적이며, 타율적인 교회왕국(Kirchentum)으로 변질될 가능성은 언제든지 존재한다. 스스로 절대화한 종교인 가톨릭교회와의 싸움 가운데 절대적인 성서의 종교, 절대적인 그리스도의 종교라는 이름으로 기독교도 가톨릭에 대항할 수 있는 절대적 기반을 만들어 온 역사가 있다. 여기에서 기독교가 "절대적"이란 말을 자신에 대하여 사용하는 것은 자신의 존재가 인간적인 것을 신적인 것으로 대치하는 자들에 대항하여 나온 것임을 잊어버렸음을 자인하는 것이다. 그러므로 절대성 주장으로써 사회에 대립하는 교회는 실제로 가톨릭교회의 약화된 형태에 불과한 것이다.[44]

교회와 사회는 역사적으로 계시에 대하여 스스로를 제한하는 태도를 보여 왔다. 교회에서는 성서와 전통 안에 있는 계시의 말씀만이 들려질 뿐이며, 사회에는 사유와 행동, 그리고 인식의 순수 형식만이 존재한다. 교회의 상징은 현대사회에 무의미한 기호에 불과

하며, "말씀"은 사회의 용어 가운데 더 이상 공명을 불러일으키지 못하고 있다. 사회가 그것을 이해한다는 것은 거의 불가능한 것처럼 여기게 되었다. 그에 따라 사회는 더욱 공허해져가고 있다. 텅 빈 사회의 공간에 반신(反神)적인 힘만이 지배하고 있는 것이다. 사회의 상징들은 신적이기보다는 이제는 마성적으로 변질되어가고 있다. 이러한 배타적 상황에서 교회는 사회에 더 이상 문화적 '의미'와 종교적 '깊이'를 줄 수 없는 상태에 이르렀다. 즉, 성서와 전통 교리의 언어를 상징성 있게 말할 능력을 상실해가고 있다. 이와 마찬가지로 사회 역시 교회에 살아있는 형식을 제공해주지 못하고 있다. 종교와 문화의 관점에서 볼 때, 이러한 현실이야말로 현대의 절망적 상태다.

교회와 사회의 관계는 본질적 문화신학의 원리인 성속의 지평에서 볼 때 실천적인 현실 영역에 속한다. 양자의 현실적인 관계는 문화신학의 해석학적 틀인 종교와 문화가 서로 분리되어 따로따로 존재할 수 없듯이 하나의 유기적인 관계다. 따라서 교회 없는 사회, 사회 없는 교회는 존재론적으로 불가능하다. 그런데 교회와 사회의 이러한 유기적인 관계가 절망적으로 깨져 있다는 것이다.

교회와 사회의 깨어진 유기적 관계가 회복되기 위해서는 성속의 원리, 계시와 상징의 원리, 실체와 형식의 원리, 및 신율과 자율의 원리가 종교와 문화라는 해석학적 구조 안에서 교회와 사회라는 한 덩어리 가운데 제대로 적용되어야 한다. 무엇보다도 우선적인 것은 교회가 자신에게 절대적으로 다가오는 궁극적 관심사에 철저히 사로잡히는 경험이 있어야 한다. 즉, 교회가 하나님의 말씀을 들어야 문제 해결의 길이 열린다. 교회에 하나님의 말씀이 들리지 않을 때, 교회는 스스로에 대해서 그리고 사회에 대해서 타율적이 되어 자율을 억압하고, 그로 인해 신율의 드러남을 막아 버리게 된다.

무한정적 의미의 근거인 하나님의 말씀이 나타나는 곳에서 상징은 태어나고 자란다. 그러므로 교회나 사회 모두가 해야 할 일은 계시의 말씀을 받을 수 있도록 준비하는 것이다. 교회는 계시의 말씀에 따라서 준행되는 심판 아래에 교회 자신과 교회의 모든 형식들을 열어놓아야 한다. 또한, 상징이 될 수 있는 모든 사회적 형식에 대하여 적극적 태도를 가져야한다. 이를 통해서 사회는 교회에 새로운 문화적 자율성을 제시하고, 교회는 사회에 새로운 종교적 신율성을 제시함으로써 교회와 사회의 관계는 자율에 기초한 신율의 유기적 공동체로 회복된다.

본질적 문화신학의 과제

종교와 문화에 대한 분열된 이해가 극복된 후, 남겨진 본질적 문화신학의 일은 첫째로 문화의 내용을 이루고 있는 종교적 실체가 무엇인지를 파악하는 것이다. 이 일은 적어도 두 가지 방향에서 이루어질 수 있다. 교회가 형성해온 전통적인 혹은 현대적인 기독교 문화의 종교적 실체가 무엇인지를 묻는 것이다. 그리고 일반사회가 지켜오고 있는 전통 문화와 현대문화의 종교적 실체를 파악하는 것이다. 예를 들어, 교회의 주일성수, 세례, 예배, 찬양, 추도식, 장례식, CCM(Christian Contemporary Music) 등의 제 행위들은 기독교 문화의 범주에서 다뤄질 수 있으며, 거기에는 반드시 그 문화를 형성케 하는 종교적 실체가 있는 것이다. 본질적 문화신학의 방법을 통해 분석하는 과정에서 그 문화가 얼마나 궁극적 관심사를 드러내는

지, 즉 무한정적 의미의 근거에 뿌리를 내리고 있는지, 혹은 마성화 되거나 세속화 되지는 않았는지 등 문화의 종교적 실체를 확인할 수 있다. 이와 마찬가지로, 교회의 문화 영역을 넘어 불교와 같은 이웃 종교의 문화나 민족적 절기문화, 및 다양한 현대문화들도 문화신학적 분석과 관찰의 대상이 된다. 이러한 과제를 수행해야 하는 이유는 분명하다. 문화의 마성화와 종교의 세속화를 비판하며 경계하고자 함이다.

둘째로, 본질적 문화신학의 방법론으로 신학과 일반 학문이 만나게 할 수 있다. 교회가 본질적 문화신학의 원리로써 문화와 만난다면, 우리는 일반 학문과 신학 사이에 풀리지 않은 많은 문제들을 해결해 나갈 수 있다. 일반 학문이 신학을 신뢰하지 않는다면, 거기에는 크게 두 가지 이유가 있다. 첫째, 신학은 타학문과 다른 독특한 대상을 다룬다는 의미에서 신을 인식하는 학문이라고 보는 것이 그 한 원인이고, 둘째는 신학은 특정하게 제한된 고백을 교회의 권위에 입각하여 서술하는 학문이라고 보기 때문이다. 이러한 신학을 위험시하는 까닭은 비록 신학과 일반학문들이 서로 독립적으로 가는 것 같이 보여도, 신학의 특수한 접근이 일반 학문의 자율성을 위협하거나, 아니면 상대할 어떤 접촉점도 없기 때문이라고 볼 수 있다.

그러나 신학을 규범적 종교학으로 보고, 또한 문화학 안에서 신학의 좌표가 의미하는 바를 분명히 할 때, 위험해 보이는 신학의 태도는 더 이상 문제가 되지 않을 수 있다. 종교와 무관한 것으로 스스로 여기고 있는 타학문을 종교적 지평에서 그들이 지니는 의의를 드러내주는 데 기여할 것이다. 문화의 종교적 차원을 밝히는 문화신학적 노력을 통해서 문화의 숨겨진 또 다른 본질을 규명하는 기회를 갖게 된다. 뿐만 아니라, 문화신학적 원리에 입각하여 신학의 본질을 강조할 때, 문화의 의미에 대한 신학의 분석을 높이 평가하게 될 것이다. 신학은 제 문화 영역 안에서 가장 위대하고 창조적인 과제를 수행하는 역할을 감당하기 때문이다.

개인주의적이고 반문화적인 교회가 주류를 형성하고 있었던 유럽의 자유주의 시대 당시에는 신학부를 대학으로부터 분리시키자는 요구가 높았다. 그때로부터 오늘날까지 신학은 자신의 고유한 학문적 자리를 확보하기 위하여 방어적 자세로 일관해왔다. 그러나 신학이 신율의 기치를 들고 나아가게 될 때, 신학은 문화의 자율성을 위협하고 파괴하는 것이 아니라, 오히려 인류의 마지막 때에 나타나는 문화의 세속화와 소멸화, 그리고 분열 현상에 대항하는 보루가 될 것이다. 왜냐하면 종교란 모든 것의 시작과 끝이 되며, 또한 만물에 생명과 영과 혼을 불어넣어 주는 "중심"으로서의 성(聖), 계시, 신율이 지배함을 의미하기 때문이다.

셋째로, 문화의 모든 영역과 창조 행위 가운데 형식의 자율성과 실체의 신율성이 나타나는 과정을 추적하여 표현해내는 일이다. 이때 그 출발점은 형식이 아니라, 실체여야 한다. 왜냐하면 실체는 문화의 형식 자체에서 생성되는 것이 아니기 때문이다. 형식은 그에 해당하는 문화학의 몫으로서 신학의 직접적 대상은 아니다.[45]

넷째로, 본질적 문화신학은 문화 창조 행위에 대하여 보편타당한 종교적 분석을 수행한다. 이 말은 창조된 문화가 종교적 실체로서의 하나님의 말씀을 드러내는 상징성을 지닌다고 했을 때, 그 상징성의 실체를 파악하는 것이다. 종교철학의 보편적인 개념 형성에 기초하고, 역사철학적 분류를 통하여 하나의 구체적인 종교적 근본사건을, 즉 문화를 통해 들려지는 하나님의 말씀을 체계적으로 서술하는 것이다.[46]

마지막으로, 대표적인 문화현상들을 역사철학적으로, 유형학적으로 분류하여 그로부터 종교적으로 완성된 문화의 이상적 모습을 제시한다. 이는 문화의 종교적 내용을 구체적으로 체계화하는 것을 의미한다. 유형학적이며 역사적-철학적 문화 분석에 따르면, 세 가지의 흐름이 나타난다. 즉, 형식이 주종을 이루는 세속적 문화 창조요, 실체가 주종을 이루는 종교적 문화 창조요, 그리고 형식과 실체가 조화를 이루는 고전적 문화 창조의 흐름이다.

마성화와 세속화

본질적 문화신학의 과제 가운데 우리가 좀 더 집중해야 할 부분이 있다면, 그것은 문화의 마성화와 세속화를 통찰해 내는 것이다. 예를 들어, '기독교'라 칭할 때 우리는 두 가지 차원에서 관찰이 가능하다. 하나는 좁은 의미에서의 '종교'라는 것이고, 다른 하나는 그리스도인들의 궁극적 관심사가 드러나는 형식으로서의 '문화'라는 것이다. 이때 문화로서의 기독교에 대한 구체적인 한 예로 '예배'를 생각해 볼 수 있다. 기독교적 문화인 예배 행위가 마성화될 때가 있다. 예배의 특정한 형식, 곧 특정한 문화만을 절대적인 것으로 알고 다른 어떠한 문화의 수용을 거부할 때 그 특정한 문화는 마성화에 지배될 수 있다. 이와 반대로 예배의 형식적 변화를 위해 새로운 문화를 수용했는데, 그 가운데 기독교의 종교적 실체가 드러나지 않거나 왜곡되어 버릴 때 그 예배 문화는 세속화되어 버리는 것이다.

또 다른 경우를 예로 살펴 볼 수 있다. 기독교가 자신의 존재를 구원의 유일한 통로로 생각하여 기독교 이외의 여러 이웃종교들을 우상숭배라 정죄하고, 자신은 이웃종교들을 판단하는 그 판단의 기준에서 제외시킴으로써 스스로를 절대 종교로 주장할 때, 이미 마성화의 길로 접어든 것으로 보아야 한다. 하나님의 절대적인 말씀이 전달되는 과정 자체부터 문화의 영역에 해당되는 것이라면, 모든 종교적 행위는 절대적 의미의 궁극적 관심사를 드러내는 '하나의' 표현일 뿐이지, '유일한' 표현이라 주장할 수 없다. 그럼에도 불구하고 특정 종교적 행위, 곧 특정 종교문화를 절대화함으로써 다른 문화의 수용을 근본적으로 차단하는 것 자체가 우상 숭배적 마성화에 떨어지는 것이다. 이러한 경우는 비단 종교문화에만 해당되는 것이 아니라, 앞으로 규범적 문화신학에서 살펴보게 될 정신문화와 대중문화 가운데서도 언제든지 발생할 수 있기 때문에, 본질적 문화신학은 이와 같은 특정 문화의 마성화 또는 세속화 현상을 고발해 낼 수 있는 신학적 원리를 제공해 준다.

본질적 문화신학자의 한계와 역할

문화를 이처럼 본질적 문화신학의 방법으로 다루는 자들은 그 작업의 영역에서 여러 가지의 한계에 부딪치게 된다. 그들에게는 종교 문화의 이론 정립에 한계가 있다는 것이다. 그러므로 언제나 종교학과 연계적인 노력이 요청된다. 또한 그들은 문화에 직접적으로 창조적일 수 없는 한계에 직면한다. 문화 창조 행위에 직접 참여하지 않고 있기 때문이다. 이 말은 곧 과학·윤리·법률·예술 등의 분야에서 생산적일 수 없다는 것을 의미한다. 이와 반면에 그들은 특정한 신학적 입장에 서서 자율적 창조행위에 대하여 비판·부정·긍정의 태도를 취할 수 있다. 그들은 실체의 관점에서 모든 문화적 기능을 통합하는 표현을 제공하며, 문화의 통일을 가지고 올 수 있다. 또한 그들은 하나의 문화현상이 다른 문화현상으로 인도되는 관계를 제시할 수 있다.

본질적 문화신학과 문화 분석의 실제

제3절

종교와 문화의 해석학적 틀 안에서 성속의 원리, 계시와 상징의 원리, 실체와 형식의 원리, 그리고 교회와 사회와 같은 본질적 문화신학의 원리들을 적용하여 구체적으로 제 문화가 지니고 있는 종교적 차원을 예시(例示)적으로 밝혀보고자 한다.[47]

종교와 예술

표현주의 예술에 대해서 이야기해 본다. 표현주의가 지니는 큰 특징의 하나는 외적 형식의 파괴를 통해서 새로운 형식을 찾고자 하는 것이다. 여기에서는 형식보다는 실체가 압도적이다. 실체에 의하여 형식이 부정되기도 하고, 긍정되기도 한다. 실체의 표현을 위한 강력한 종교적 열정이 드러난다. 혹은 사랑의 신비주의로써 모든 살아있는 존재의 합일을 달성한다. 이것이 표현주의 예술 가운데 존재하는 종교적 실체의 깊이다.

앞에서 고찰했던 신칸트주의는 어떤가? 이들에게서 지식이 주장할 수 있는 최대의 '자율적 형식'을 본다. 여기에서는 철저히 형식이 지배한다. 그렇기 때문에 자율적이며 세속적인 인식에 의해서 종교적 인식이 거부당하게 된다. 새로운 직관적 방법이 나타나도 과학의 자율적 방법과 경쟁할 수 없다. 이러한 경우에는 오직 실체만이 과학적 방법의 형식을 깨트릴 수 있다. 그리고 나서야 형이상학이 들어올 수 있게 된다. 이때 형이상학이란 모든 형식을 초월한 무조건자에 대한 경험을 형식 속에 담으려는 노력을 의미한다.

개인윤리에 대한 문화신학적 접근은 어디까지 가능한가? 여기에서는 덕의 윤리와 은혜의 윤리 사이에 극심한 갈등이 나타난다. 이때 실체의 나타남으로 인하여 개인의 윤리적 형식이 파괴된다. 바리새인들에 대한 예수의 존재나, 로마 가톨릭교회에 대한 루터의 존재는 기존의 형식에 대한 파괴를 의미하는 것이었다. 니체 (Friedrich Wilhelm Nietzsche, 1844-1900)의 경우도 당시의 개인윤리를 초월함으로써 "반도덕가"라는 비난을 면치 못하였다. 이는 마치 루터(Martin Luther, 1483-1546)가 후대에 "위대한 자유주의자"라는 별명을 갖게 된 것과 같은 맥락이라 할 수 있을 것이다. 실체가 윤리적 규범의 의미를 깨고, 적용된 형식을 파괴하고, 다시 "더 높은 질서"를 제시한다는 역설이 나타난다.

사랑의 새로운 신비주의와 같은 사회윤리는 문화신학적으로 어떻게 이해될 수 있는가? 이것은 칸트의 자율적인 윤리 형식을 넘어선다. 칸트의 윤리는 이성과 인간성에 근거한 형식적인 윤리 체계로서 인간은 선함 자체를 위하여 선을 행해야 한다는 주장이다. 그러나 릴케(Rainer Maria Rilke, 1875-1926)의 시나 산상설교에 대한 톨스토이(Lev Nikolaevich Tolstoy, 1828-1910)의 새로운 해석과 같은 것에서 발견할 수 있는 사랑의 신비주의 윤리는 자율적인 윤리 형식을 타율성으로 침몰시키지 않으면서 신율적으로 극복해나가고 있다. 왜냐하면, 사랑이란 결국 존재에 대한 순수한 경험으로서 진실 된 모든 것을 진실한 것으로 인정하고 포용하는 힘이기 때문이다.

국가는 모든 자율적 형식에 의하여 지배받는다. 이와 반대로 '이상적 무정부주의' 는 종교적 실체에 의하여 지배된다. 그런데, 종교적 실체가 압도적이 될 때, 국가의 형식은 파괴되고 신율적 공동체가 형성된다. 이때의 신율적 공동체는 교회적 특징을 지닌다. 그것은 문화적 공동사회로부터 태어난 또 다른 하나의 국가이며, 여기에는 모든 문화적 기능과 종교적 실체가 존재한다.[48]

종교와 과학

아인슈타인(Albert Einstein, 1879-1955)은 네 가지 이유 때문에 '인격적 하나님' 을 거부한다. 인격적 신 개념은 종교를 이야기함에 있어서 본질적인 것이 아니며, 원시적인 미신의 산물이며, 자기 모순적이며, 그리고 과학적 세계관과 모순된다는 것이다.[49] 이러한 생각은 과학과 종교를 이야기할 때, 가장 먼저 제기되는 물음으로서 이는 문화신학적으로 해명해야 될 중요한 과제다.[50]

인격적인 신 개념이 원시적인 산물인지에 대해서는 역사적 논증으로 밝혀낸 적이 없고, 앞으로도 불가능할 것이다. 비록 신 개념이 미신에 의하여 남용되었더라도, 그 때문에 원시적 산물이라고 하는 것은 부당한 결론이다. 이를 원시 인간들이 만들어낸 상상의 산물이라고 말할 수 없는 이유는 신 개념이 인간의 사상과 행동에 놀라운 충격을 가져왔기 때문이다. 인간이 신화적 상상을 통해서 신들에 대한 이야기는 만들어낼 수 있어도, 신 관념 자체를 창조할 수는 없다. 신 관념은 신화를 구성하는 경험의 모든 요소를 초월하기 때문이다.[51] 그러므로 신 개념은 종교를 말함에 있어서도 결코 비본질적일 수 없는 것이다.

인격적인 신 개념은 자기 모순적이며, 비과학적인가? 이렇게 보는 것은 하나님의 전능성에 대한 불충분한 이해 때문이라고 보아야 한다. 물리적인 인과관계의 틀만을 판단의 기준으로 삼는 과학에 있어서는, 예를 들어 하나님은 악의 창조자라는 신의 자기 모순적 결론을 이끌어낼 수밖에 없을 것이다. 그러나 하나님의 행위는 모든 존재들의 특성에 따라 다양하게 나타난다. 인간에게는 인격적으로, 동식물에게는 유기적으로, 돌과 같은 무생물에게는 무기적으로 자신을 드러낸다. 창조 세계 안에서 신과 피조물과의 관계는 단선적으로 인과(因果) 관계적인 차원만이 있는 것이 아니라, 다차원적 관계를 통해서 특정한 차원을 넘어서 모든 관계를 주도하는 것이다. 또한, 특정한 인과관계로써는 설명될 수 없기 때문에 비과학적이라고 규정할 수 없는 것이다. 그러나 문화신학이 신학적 교리가 비과학적이 아님을 주장하고자 할 때, 과학이 아직 도달하지 못한 영역에 자신을 은폐한다든지, 아니면 과학적임을 밝히고자 할 때, 과학적 결론에 의존하는 것은 좋은 태도가 아니다.

이와 같이 종교의 인격적 신 개념에 대한 과학적 물음이 정리

제2장 본질문화신학

될 수 있다면, 그 다음으로 아인슈타인이 이야기한 다음의 말은 과학의 종교적 차원에 중요한 통찰력을 제공하게 된다. "(참 과학자는) 실존 속에 몸을 이룬 이성의 위풍에 대하여 마음으로 겸허한 태도를 가진다. 이 이성의 가장 깊은 곳에는 인간이 가까이 갈 수 없다."[52] 우리는 이 말에서 물질계와 초인격적 가치 전체 사이에 공통된 근거를 찾아볼 수 있다. 그것은 오늘날까지 신 관념의 가장 근본적인 요소가 되는 것이다. 인간은 누구나 합리적 방법으로써 도달할 수 없는 "이성의 가장 깊은 곳"이라 할 수 있는 "실존 속에 육체를 이룬 이성의 위풍"과의 직관적인 결합을 통해서 "합리성을 넘어선 무엇(numinous)"에 대한 경험을 얻게 된다. 바로 이 경험으로부터 종교가 가능해진다. 즉, 무제약적으로 다가오는 궁극적 관심사에 사로잡히게 되는 것이다. 참 과학은 그러한 종교경험을 부정하지 않는다는 것이다. 왜냐하면 종교란 인간 실존의 신적인 심층을 보존코자 하는 것이며, 이는 합리적 차원에서 객관화되기 어려운 일이기 때문이다. 신적 존재의 깊이는 인격보다 낮은 차원의 영역으로써 상징화될 수 없기 때문에, 종교가 상징적으로 신의 인격을 말할 때, 과학은 그것을 "이성의 가장 깊은 곳"이라고 말하고 있는 것이다.

근대정신과 탈종교적 근대 문화

현대문화는 근대정신이라고 할 수 있는 산업사회의 정신에 대한 용기 있는 반항을 통해서 자리매김해 오고 있다. 근대정신이란 세계에 대한 방법론적 연구와 기술적 진보에 우선적인 가치를 두는 것을 의미한다. 그에 따라 실재에 대한 인간의 만남에서는 심층의 차원을 상실하였다. 즉, 실재의 내적 초월성과 영원에 대한 투명성을 잃게 된 것이다. 우주는 자기만족에 빠지게 되었고, 실재는 인간의 필요와 요구에 따라 계산·지배·개선이 가능하게 되었다. 역사적으로 18세기 초부터 하나님은 주요 관심사에서 제외되어, 근대는 가히 무신(無神)의 시대로 변모되었고, 하나님은 세계를 간섭할 수 없는 주변부의 실재로 처리되고 있다. 대신 인간이 이제 우주를 지배하는 자리에 앉아있다.

이러한 산업사회의 근대정신에서 우리는 인간의 타락 상태가 고려되지 않고 있음을 발견한다. 만일 인간의 타락을 인정하게 될 때, 그들의 창조력은 믿을 수 없는 것이 되기 때문이다. 인간의 창조력에 대한 자기 확신이 없이는 어떠한 창조 행위도 완전을 기할 수 없을 것이다. 따라서 인간에게 있어서 두 차원, 즉 본질적 존재와 실존적 존재간의 투쟁과 소외의 현실이 산업사회의 정신에서는 무시되어왔다. 죄와 죽음에 대한 이해가 사라지기 시작했고, 이러한 주제들은 더 이상 설교에 대두되기 어려운 상황이었다. 왜냐하면, 이들은 인간의 자연에 대한 진보적 정복에 방해가 될 것이었기 때문이다. 인간을 죄인으로가 아니라, 다만 결점이 있는 존재로 봄으로써 인간의 보편적 죄악성을 부인해 왔다.

뿐만 아니라, '악마적 힘'과 같은 것들 역시 부정되고, 개인이나 집단생활이 지니는 '파괴구조'도 무시되고 있다. 다만 인간의 가능성을 진보적으로 성취할 수 있다고 믿을 뿐이다. 특히, 교육이라는 행위를 통해서 생산과 소비 체계에 적응할 수 있는 인간상을 만들어낼 수 있다고 확신한다. 또한 시간과 공간을 과학의 발전과 기술의 끊임없는 개발을 통하여 정복해나가는 것이 인류 재결합의

탈종교적 근대문화의 게

직진하지 못하는 게의 자율에 삶을 맡기는 사회.
그리스도 없는 문화는 비극이다.

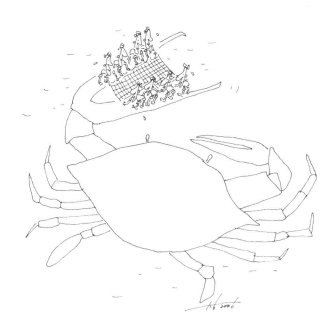

길이라고 보고 있는 것이다.

산업사회의 정신이 지니는 이러한 관점 하에서는 역사의 악마적 구조라든지, 생명 실현의 과정에 나타나는 힘의 투쟁과 같은 비극적이고 불가피한 일들은 적극적으로 다루어질 수 없다. 우주의 중심으로 자각하는 인간이 스스로 그리스도를 대신하는 상황이 의문시되지 않고 전개된다. 하나님 나라에 대한 기대는 역사상의 평화와 정의가 대신한다. 신적인 것이라든지, 악마적인 것과 같은 것들은 더 이상 고려의 대상이 되지 못하는 것이다.

이러한 산업사회의 정신에 대한 교회의 태도는 크게 두 가지로 나누어진다. 첫째로 정통주의의 자세다. 근대정신에 대하여 부분적으로 교리·의식·전통에 도피함으로써 자기를 방어하고자 한다. 그러나 자기방어의 과정에서 산업사회의 정신이 만들어낸 범주를 사용하는 모순을 자초한다. 또한 성서의 상징 언어를 문자 그대로 이해하며, 초자연적인 영역을 설정해 놓음으로써 교회의 타당성을 방어하고자 한다. 그들은 초자연주의조차도 자연주의의 한 쪽임을 인식하지 못한 것이다. 둘째로 자유주의의 자세다. 이들은 교회를 근대문화에 적응시키려고 새로운 상황을 받아들이고, 전통적 상징을 현대적 용어로 재해석한다. 그러나 조정(調整)의 대가로 상징 가운데 보존된 메시지를 상실한다.[53]

현대문화의 출현과 교회의 역할

이와 반면에, 초기 근대문화의 산물인 산업사회의 정신이 만개할 때 파스칼(Blaise Pascal, 1623-1662) 등이 중심이 된 실존주의 운동이 강하게 일어남으로써 근대 산업사회의 정신을 극복하는 현대

문화가 출현하게 되었다. 이들은 산업사회 기구 안에 내재되어 있는 정신에 대하여 항거하였다. 즉, 생산과 소비의 조직 속에 있는 인간에 대한 비판적 생각을 전개한 것이다. 세계와 자기 자신의 주인으로 알고 있던 인간이 실제로는 세계의 한 부품이며, 세계에 적응시켜야 하는 존재에 불과하다는 비판적 자각이 생긴 것이다. 이들은 궁극성이 결여된 목표를 위하여 자신이 하나의 수단으로 떨어져 나가고 있음을 바라보면서, 허무·무의미·비인간화·소외를 경험하였다. 이들에게는 더 이상의 의미 깊은 실재와의 만남은 없게 된 것이다. 실존주의 운동은 이러한 인간의 궁지(窮地)로 말미암은 '불안'과 파괴적 경향들을 다양하게 고발하고 항거함으로써 근대정신을 넘어서는 현대문화의 효시를 이룩했다고 평가할 수 있다.[54]

　우리는 이러한 현대문화의 반항적 요소를 신학적으로 의미 있는 것으로 받아들이게 된다. 그러나 실존주의의 저항정신을 신학적으로 유의미하게 받아들이기 위해서는 자연주의와 이상주의를 거부해야 한다. 이들은 산업사회의 정신이 만들어낸 것들이기 때문이다. 이처럼 현대문화의 실존주의적 정신은 상대성을 피할 수 없기 때문에 신학적 차원에서 무조건 다 수용할 수 없다. 그러한 의미에서 현대문화는 대답을 주는 것이 아니라, 대답의 형식을 결정한다.

　교회는 산업사회의 정신이나 현대문화를 다른 무엇으로도 대치시킬 수 없다. 교회는 완전한 사회 구조를 스케치할 수도, 구체적인 개혁을 암시할 수도 없기 때문이다. 문화적 변혁은 문화 자체의 내적 힘으로 일어날 뿐이기 때문이다. 다만 교회는 그와 같은 문화적 개혁에는 참여할 수 있다. 그러나 교회는 다른 여러 문화 가운데 문화적 힘의 하나가 될 수 있을 뿐이지, 새로운 문화의 대표자가 될 수는 없다. 오히려 교회는 예언자적 역할을 통해서 사회와 교회의 내적 힘의 구조를 밝혀내며, 동시에 교회 밖의 예언자적 소리에도 귀를 기울인다. 교회는 문화와 병행적 관계가 아니라, 문화는 교회 로부터 메시지를, 그리고 교회는 문화로부터 메시지의 형식을 기다 리는 상호의존적 관계다. 하나님의 나라는 이러한 교회와 문화 모 두를 포함하면서 동시에 초월한다. 이것은 교회가 교회 자신과 문 화를 심판함으로써 가능해진다.[55]

본질적 문화신학의 원리 요약

'문화'란 한 가지로 정의되기 어려운 개념이다. 그러나 문화 는 지적, 정신적, 심미적 발전의 일반 과정으로서 인간 본성을 구현 하는 핵심이 된다는 측면에서 서구의 계몽주의와 깊이 연관되어 있 으며, 또한 계몽주의의 완성 역시 문화의 한 과정으로 볼 수 있다. 이때 문화는 야만에서 문명으로 넘어가는 과정으로 인식됨으로써 문명이라는 개념과 연결되거나 혼용되어 왔다. 서구 중심의 진화론 적 관점이 바탕에 깔려 있는 유럽 중심적 문명화가 득세하게 되면 서 유럽 문화만 유일한 문화로 인정하고, 다른 문화를 인정하지 않 는 오리엔탈리즘이 계속되고 있던 현실에서 본질적 문화신학의 원 리가 독일 신학계를 중심으로 철저하게 전개되었다. 고전적인 문화 철학자로 불리는 슐라이어마허에 의해 근대문화가 최초로 이론적 으로 체계화 되면서 19-20세기의 근대신학이 본질적 문화신학의 해 석학적 틀인 종교와 문화의 관점에서 학문적으로 논의될 수 있는 가능성이 열리게 되었다. 그리고 폴 틸리히에 이르러서 본질적 문화신학은 신학적 반성을 거치면서 그 구체적인 모습을 드러내기 시작했다.

그러나 현실적 상황 하에서는 종교와 문화 개념은 본질적 차원보다는 현상적이며 규범적인 차원으로 이해되었기 때문에, 본질적 문화신학은 활발히 전개될 수 없었다. 이 문화신학은 당시 서구 교회가 안고 있는 신학적 딜레마를 풀어가기 위한 적극적 대안이었지만, 문화개신교주의가 가지고 있는 방법론적 개방성 때문에 신학적 한계점들이 불가피하게 드러나게 되었다.

본질적 문화신학은 종교와 문화라는 해석학적 틀 안에서 성과 속, 계시와 상징, 신율과 자율의 원리를 통해 제 문화를 신학적으로 분석하는 방법론이다. 무엇보다도 문화에는 성스러운 면과 세속적인 면이라는 두 차원이 분명히 존재한다는 가정 하에서, 첫째로 성과 속의 본질적 관계성은 종교와 문화, 실체와 형식, 교회와 사회의 차원에서 문화신학의 내용을 규정하는 가장 핵심적인 원리가 된다. 좀 더 구체적으로 생각해보면, 관념적으로 문화에는 성스러운 면과 세속적인 면이 있으며, 이 둘 중 어느 하나도 부정될 수 없으며, 양자는 동일하게 하나님의 계시로 구원받아야 할 대상이라는 것이다. 문화에는 성스런 면과 세속적인 면, 즉 성과 속이 분명히 존재하지만 본질적인 차원에서 세속적이거나 거룩한 영역이 따로 있는 것이 아니라, 단지 의식적인 차원에서 각개의 영역이 구분될 뿐이다. 따라서 성을 거부하거나 속을 거부하는 것은 결과적으로 본질적인 것을 거부하는 것이며, 회의와 좌절을 자초하는 일이 되는 것이다. 그러므로 현실화된 문화의 성과 속은 모두 동일하게 구원의 대상이다. 왜냐하면 현실성이란 본질로부터 이탈되어 있기 때문이며, 오직 하나님의 말씀과 그 행위만이 거룩하기 때문에, 하나님의 편에서 볼 때 성과 속은 하나님의 판단 아래 놓여있을 뿐이라는 것이다. 또한, 성과 속의 관계를 문화 전반에 적용하여 이를 신학적으로 이해하고자 할 때 크게 두 가지의 문화신학적 입장이 존재하였는데, 보수적 교회신학은 종교문화를 성의 영역으로 절대화시키며, 진보적 교회신학은 초자연적 성의 문화를 부정함으로 종교문화를 세속화하였다.

둘째로, 계시와 상징의 원리이다. 중세에 이르러 성과 속의 영역이 본질적 차원에서 다루어짐으로써 교회와 사회는 새로운 일치를 경험하지만, 타율과 자율의 대립과 긴장의 관계는 지속된다. 그러나 종교개혁기에 와서 종교와 문화에 대한 중세적 통합을 거부하는 투쟁이 강력하게 일어나면서 새로운 자율성의 시대가 열렸으며, 중세적 교회는 더 이상 사회적 역할을 수행할 수 없게 되었다. 이런 예에서 보듯이, 신적인 무한정자가 드러나는 곳은 그러한 관계를 넘어설 때에만, 즉 계시가 주어질 때에만 가능하다고 볼 수 있다. 그리고 계시가 주어질 때는 종교의 모습이 아니라 종교가 지양된 모습으로, 또한 종교와 문화의 대립이 극복된 모습으로 나타난다. 이때 비로소 종교와 문화는 각각의 존재의미를 확보할 수 있게 되는 것이다.

그러나 계시라 할지라도 십자가의 말씀의 기준에 맞추어질 때, 그리고 어디에서나 자기부정의 공동체적 모습을 띨 때에만 온전한 계시의 역할을 할 수 있다는 사실이 간과되어서는 안 된다. 만일 십자가의 말씀이 잘못 적용될 경우, 그것은 다시 각각의 이기적인 종교가 되기도 하고 다시 문화가 되기도 한다. 또한, 하나님의 말씀은 교회 강단의 설교를 통해서만 주어지는 것이 아니라, 영향력 있는 상징들 가운데서도 가시적으로 나타나는데, 그동안 기독교는 '말씀은 설교보다 더 크다'는 사실을 소홀히 여기는 측면이 적지 않았다. 이제 삶의 모든 양식을 표현하는 문화는 계시의 말씀을 위한 상징들이 될 수 있음을 인정해야 한다. 사회의 총체적인 삶이란 전 분야에 걸쳐 하나님을 위하여 상징의 힘을 지니고 있기 때문이다.

또한, 문화에 대한 신학적 이해에서 중요한 사실은 실체와 형식의 관계라고 볼 수 있는데, 계시와 상징의 관계를 실체와 형식의 관계로서도 이해할 수 있기 때문이다. 결과적으로 계시는 상징이 전달해야 할 실체이고, 상징은 계시를 담아내는 형식이다. 이 관계는 어떠한 경우에도 서로 분리될 수 없으며, 서로가 분리되는 순간 타율에 의해 자율이 억압되거나, 자율에 의해 신율이 드러나지 못하게 된다.

셋째로, 신율과 자율의 원리이다. 신학이 신율의 기치를 들고 나아가게 될 때 문화의 자율성을 위협하고 파괴하는 것이 아니라, 오히려 문화의 세속화와 소멸화, 그리고 분열 현상에 대항하는 보루가 될 수 있다는 것이다. 이 신율적 영적 공동체는 하나님이 창조하려는 '보이지 않는 공동체'로서 교회와 사회에 대하여 창조적으로 나타난다. 즉, 영적 공동체성이 창조될 때 교회는 사회에 대하여, 사회는 교회에 대하여 독립적이며 자유로워질 수 있는데, 틸리히에 의하면 문화의 제 기능적 자율성이란 형식에 속하는 것으로서 문화 적용의 법칙을 말하고, 신율성이란 실체에 속하는 것으로서 문화 적용의 법칙을 통해서 서술이나 실행으로 이르게 되는 실재를 말한다. 그러므로 형식적 측면이 강조되는 것은 자율성의 증강을 의미하며, 실체가 강조되는 것은 신율성의 강화를 뜻하는 것이다.

그러나 기독교도 사회에 대하여 절대적이며, 타율적인 교회왕 국으로 변질될 가능성은 언제든지 잠재해 있음을 주의해야 하며, 새로운 교회에 대한 의지는 반드시 종교적일 이유가 없으며, 얼마 든지 비종교적일 수도 있다는 가능성을 열어놓아야 한다. 또한, 교회는 계시의 말씀에 따라서 준행되는 심판 아래에 교회 자신과 교회의 모든 형식들을 열어놓아야 하며, 상징이 될 수 있는 모든 형식에 대하여 개방적 태도를 가져야 한다. 이를 통해서 문화를 복종케 하는 말씀의 사역을 위해 교회는 자신을 열어 놓게 되는 것이다. 그렇지 않으면 신율의 이름으로 자율을 억압함으로써 타율이 될 수 있으며, 자율이 신율을 억압할 수 있으므로 세속화가 될 수도 있다. 그러므로 결국 교회는 신율적 공동체와 자율적 공동체를 지향해야 하며, 그렇지 못할 때 교회와 사회는 동일하게 신율에 의한 판단의 대상이 된다고 볼 수 있다.

본질적 문화신학의 강점과 한계

이처럼 성과 속, 계시와 상징, 신율과 자율을 통하여 나타나는 현상적 실체들을 잘 종합하여 한 쪽으로 편중되지 않는 통전적 사고를 가능케 한다는 것이 본질적 문화신학의 탁월성이라 할 수 있을 것이다. 그리고 문화의 종교적 요소들로 하여금 모든 것을 가장 강력히 실어 나르는 문화 원동력이 되게 할 수 있다는 것이다.

그러나 이러한 본질적 문화신학의 원리들의 통전성은 순수 원론적 차원에서나 가능한 일이지, 문화의 실존적 상황에서는 마성화와 세속화의 현실을 피하기가 어렵다. 그것은 문화의 담지자로 있는 인간의 양면적(ambiguous) 본성 때문이다. 문제는 문화가 아니라, 문화와 관계하는 '사람'이다. 본질적 문화신학은 문화에 대한 이론적, 학문적 원리들을 존재론적 구조의 분석을 통해서 잘 해명하고 밝혀 놓았으나, 그것은 여전히 원리들이고 개념적 현실일 뿐이지 삶의 실존 가운데 전개되는 문화의 현실은 아직 아니라는 점을 인정해야 한다.

따라서 본질적 문화신학이 밝히고 있는 '종교와 문화' 간의 원리가 실존(existence)에서 살아있는 원리가 되기 위해서는 이 원리를 바탕으로 해서 문화 창조적 삶을 산 실존적 인물이 요청된다. 본질적 문화신학의 원리가 원리로서 주장되기만 할 때 그 원리는 실존적 문화 현실에서는 하나의 이상(理想)으로서는 남아 있을 수 있겠으나, 그로 인해서 교회는 무규범적 상태로 빠짐으로써 감당할 수 없는 세속화의 나락에 떨어지게 된다. 이러한 현실은 이미 유럽의 기독교가 경험한 바이고, 그에 대한 반성의 직접적인 결과로 소위 '규범적 문화신학'이 등장하게 된 것이다.

예수의 문화 창조적 태도

본질적 문화신학의 원리가 문화 창조적 삶의 원동력으로 작용하지 못하고 원리로만 주장되지 않도록 해야 한다. 이를 위해서 문화에 규범적 태도를 적용시키는 것이 필요하겠으나, 그것 역시 적용 가치의 양면성을 보일 수밖에 없다는 것이다. 그래서 우리가 제시하고자 하는 것이 창조적 문화신학이다. 문화 창조적 예수의 실존적 삶의 모습을 보자는 것이다.

예수 당시 유대인의 율법주의는 율법의 신율성을 드러내기 보다는 오히려 율법의 신율성을 가지고 인간의 자율성을 억압하는 타율적 종교문화였다. 자율성이 확보되지 않는 상황에서 신율성만을 드러내고자 할 때, 율법주의는 마성화 되는 운명에 처하게 되었다. 결국 율법주의 문화는 일부 특권층만이 누릴 수 있는 소수를 위한 문화, 즉 종교적이고 정신적인 특성을 지닌 지배 문화를 형성하여 일상화되어 있었다. 이러한 지배문화의 코드가 율법이었으며, 당시 사회를 지배하고 통제하는 수단이 되었다. 율법의 준수 여부에 따라 기계적으로 인간을 정(淨)한 자와 부정(不淨)한 자, 의인과 죄인으로 구별하고, 더 나아가 인간 차별로 이어지면서 당시 사회를 지배하고 압박할 수 있는 권력 수단이 되어 버렸다. 당시의 율법주의는 궁극적으로 '일상의 파시즘' 이 되었던 것이다.

이에 반하여, 예수에게 율법이란 인간의 이익을 위하여, 인간의 필요와 진정한 관심사에 봉사하기 위하여 존재하는 것이었다. 율법, 좀 더 구체적으로는 토라의 할라카(halachah)를 준수하지 않을 때 범법자가 되어 개개인의 자율성을 박탈당하게 된다는 것은 있을 수 없는 일이었다. 예를 들어, 예수의 관점에서는 안식일 법은 사람을 위해서 생겼지, 사람이 안식일을 위해서 생기지 않았다. 그래서 예수는 권력화 된 율법주의자들이나 지배와 통제를 통해 자신들의 기득권을 사회적 안전망으로 유지하던 당시의 종교 지도자들의 위선과 거짓을 드러내었다. 신율의 이름으로 인간의 자율성을 억압했던 타율적 율법주의 문화의 마성화된 실체를 드러낸 것이 예수의 삶이었다. 예수의 십자가형은 타율화 된 율법주의 문화가 신율적 실체를 거부한 행위이며, 예수의 부활은 율법주의의 타율성을 심판한 신율의 힘, 곧 하나님 나라의 문화를 드러내는 것이었다. 우리는 이 문제를 제4장 '창조적 문화신학'에서 보다 심층적으로 다룰 것이다.

주

1) J. G. Herder, "Geschichte der Kultur", in: *Sämtliche Werke XIII*, hg. v. B. Suphan(Hildesheim: Georg Olms, 1967; Berlin 1887), 390; *Theologische Realenzyklopädie*(TRE) 20: 189에서 재인용.

2) I. Kant, *Werke*, Bd. 9, hg. von Manfred Frank u. Veronique Zanetti(Frankfurt am Main: Deutscher Klassiker Verlag, 1996), 44: "Wir sind in hohen Grade durch Kunst und Wissenschaft kultiviert. Wir sind zivilisiert bis zum Überlästigen, zu allerlei gesellschaftlicher Artigkeit und Anständigkeit. Aber uns schon für moralisiert zu halten, daran fehlt noch sehr viel."

3) Ibid., 94.

4) J. G. Fichte, *Gesamtausgabe der Bayerischen Akademie der Wissenschaft*, hg. von Reinhard Lauth u. Hans Jacob(Stuttgart-Bad Cannstatt: Frommann, 1964) I/1, 241 : "Kultur heisst Übung aller Kräfte auf den Zweck der völligen Freiheit, der völligen Unabhängigkeit von allem, was nicht wir selbst, unser reines Selbst ist."

5) J. G. Fichte, *Sämmtliche Werke*, hg. v. Immanuel Hermann Fichte, 8 Bde. (Berlin: de Gruyter, 1845, 1971): Bd. 7, 200.

6) 종교개혁의 의미와 문화국가를 종합하려는 피히테의 시도는 후에 독일 국가주의 정치이념의 고정형식(Topos)을 제공하는 결과가

되었다.

7) P. Tillich, 『19-20세기 프로테스탄트 사상사』 송기득 역(서울: 대한
   기독교서회, 2004), 169.

8) Albert Reble, *Schleiermachers Kulturphilosophie: Eine entwick-
   lungsgeschichtlich- systematische Würdigung* (Leipzig: Stenger,
   1935).

9) Gunther Scholz, "Schleiermachers Theorie der modernen Kultur mit
   vergleichendem Blick auf Hegel : Kunsterfahrung und Kunstpolitik
   im Berlin Hegels", *Hegel-Studien*, Beihefte 22, hg. v. Otto
   Pöggeler / Annemarie Gethmann-Siefert(Bonn: Bouvier, 1983),
   131-151: 131.

10) Hans Joachim Birkner, *Schleiermachers christlichen Sittenlehre im
    Zusammenhang seines philosophisch-theologischen Systems*
    (Berlin: Töpelmann, 1964), 38.

11) F. Schleiermacher, *Ethik*(1812/13). Auf der Grundlage der Ausgabe
    von Otto Braun, hg. u. eingel. v. H.-J. Birkner, 1981[PhB 335], 13.

12) K. Barth, *Zwischen den Zeiten*(München: Kaiser, 1924), 57.

13) F. Schleiermacher, *Der Christliche Glaube: nach den Grundsätzen der
    Evangelischen Kirche im Zusammenhang dargestellt(1830/31)*, Bd. 2,
    hg. von Martin Redeker(Berlin: de Gruyter, 1960), 115.

14) H.-J. Birkner, op. cit., 93.

15) P. Tillich, 『19-20세기 프로테스탄트 사상사』, 179 이하.

16) K. G. Bretschneider, *Kirchlich-politische Zeitfragen behandelt im
    zerstrenten Aufsatz*(Leipzig 1847), 282.

17) R. Rothe, *Gesamte Vorträge und Abhandlungen aus seinem letzten
    Lebensjahren.* Eingel. v. Fr. Nippold(Elberfeldt: R. L. Friderichs,
    1886), 87. 99. Vgl.: "Die Kirche … muss ehrlich und mit klarem
    Bewusstsein mit dem modernen Kulturleben Friede und
    Freundschaft schliessen. Dies jedoch unter dem ausdrücklichen
    Vorbehalte, dass das moderne Kulturleben sich der erziehenden
    Einwirkung des Geistes Christi unterwerfe." 그러나 로테가 근대문
    화에 대한 "기독교적 합법성"을 강조하고, "지금까지 종교개혁으

로부터 나온 것 중에 최대의 역사적 사건이 바로 근대문화임"을
말했을지라도, 하나님 나라에서 시작된 그의 역사철학은 당대의
문화를 긍정하는 데까지는 이르지 못했다.

18) D. Blackbourn, *Volksfrömmigkeit und Fortschrittsglaube im Kulturkampf* (Wiesbaden/Stuttgart: F.Steiner Verlag, 1988).

19) A. Ritschl, *Die christliche Lehre von der Rechtfertigung und Versöhnung*(Bonn: Adolf Marcus, 1903, 4 Aufl.) Bd. III, 578.

20) 비교: 이신형, 『리츨 신학의 개요』(서울: 한국장로교출판사, 2004), 175. 그러나 이신형에 따르면, "과학적 세계관은 총체적인 기독교 세계관의 구성요소로 파악해야" 하며, 과학과 신학의 관계를 총체 적으로 사고체계의 구성을 추구한다.

21) A. Ritschl, op. cit., 576.

22) Ibid., 578.

23) R. von Campe, *Evangelisches Christentum und Kulturfortschritt.* Vortrag, gehalten auf der ersten Hauptversammlung des Evangelischen Bundes der Provinz Hannover zu Hildesheim am 22. Mai 1905, FEB 236.

24) 하르낙은 1888년 이후 베를린대학에서 교회사 교수로 활동하는 동 안, 특히 역사적인 관점으로 신학을 전개하였다. 그의 주된 관심은 예수의 본래적 복음을 찾는 것이었다. 그는 이를 위해서 역사적으 로 전승되는 과정에서 교의화 된 복음 이해로부터 추가된 교의적 내용을 분리해 순수한 복음의 본질을 밝히고자 했다. 그리고 복음 이 당대의 과학적 세계관과 조화를 이루도록 하는 데도 노력했다. 그에 따르면, 예수가 전한 복음의 본질적 내용은 "하나님 나라의 도래, 하나님의 부성(父性)과 모든 인간 영혼의 무한한 가치, 이웃 사랑과 형제애 속에서 영위하는 삶"과 같은 것이었다. 또한 초대 교회는 복음의 중심적 요소를 보존한 공로가 있지만, 다른 한편 당 대의 복음 이해는 그리스 정신의 산물로서 복음을 변조시키는 결 과를 초래했다는 것이 하르낙의 평가다. 그의 주요 저서에는 *Lehrbuch der Dogmengeschichte*, 3 Bde(1886-90), *Geschichte der altchristlichen Literatur*, 3Bde(1893-1904), *Das Wesen des Christentums*(1900) 등이 있다. 참고: *Theologenlexikon: von den*

Kirchenvätern bis zur Gegenwart, hg. von Wilfried Härle u. Harald Wagner, 남정우 역, 『신학자 사전』(서울: 한들출판사, 2001), 367 이하.

25) 헤르만은 칸트, 슐라이어마허, 리츨의 사상에 영향을 받아 톨룩, 뮐러, 켈러 등과 같은 조정신학과 결별한 후, 리츨학파의 지도급 조직신학자가 되었다. 그는 종교의 본질과 도덕과의 관계에 대해 깊이 탐구했으며, 종교와 도덕의 관계를 '결합' 하고자 시도하기 보다는 명확히 '구별' 하고자 했다. 그에 의하면, 종교와 학문적 인식의 동맹은 칸트에 의해 철저히 붕괴되었기 때문에, 종교는 더 이상 학문의 대상이 될 수 없게 되었다. 따라서 종교의 본질은 개인적, 내면적 생활과 체험에서 다루어져야 할 것으로 이해되었다. 이에 인간은 "예수의 내면적 삶" 을 통해 하나님을 만남으로써 선한 것으로 바뀌지지 않는 인간의 의지와 파기되지 않는 도덕적 요구 간의 딜레마를 극복하게 된다. 그의 주저에는 Der Verkehr des Christen mit Gott(1886)과 Ethik(1901) 등이 있다. 참고: 『신학자 사전』, 374 이하.

26) A. Schopenhauer, "Parerga und Paralipomena. Kleine philosophische Schrift II," in: *Sämtliche Werke*, textkritisch bearbeitet und hg. v. W. F. von Löhneysen, Bd. V(Stuttgart/Frankfurt: Arbeitsgemeinschaft Cotta-Insel, 1968), 466: "Alle Religion steht im Antagonismus mit der Kultur."

27) H. Tegow, *Die moderne Bildung und die christliche Kirche. Ein Sendschreiben auf den Geheimen Kirchenrath Dr. Rothe in Heidelberg*(Hamburg, 1865), 13.

28) Ibid., 16f.

29) D. F. Strauss, *Der alte und der neue Glaube. Ein Bekenntnis* (Leipzig, 1872), 41f.

30) Franz Overbeck, *Über die Christlichkeit unserer heutigen Theologie* (Leipzig, 1873 / Darmstadt, 1963), 80.

31) Franz Overbeck, *Christentum und Kultur. Gedanken und Anmerkung zu modernen Theologie*. Aus dem Nachlass, hg. v. C. A. Bernouli(Basel, 1919 / Darmstadt, 1963), 247.

32) TRE 17: 581-92.

33) Helmut Holzhey, *Der Marburger Neukantianismus in Quellen: Zeugnisse kritischer Lektüre, Briefe der Marburger, Dokumente zur Philosophiepolitik der Schule*(Basel: Schwabe, 1986)을 참조하라.

34) H. Rickert, *Die Heidelberger Tradition in der deutschen Philosophie*(Tübingen: J. C. B. Mohr, 1931) 참조하라.

35) M. Rade, "Die Bedeutung der theologischen Fakultät für die heutige Kultur: Akademische Rundschauen", in: *Zeitschrift für das gesamte Hochschulwesen und die akademischen Berufsstände* 1 (1913): 632-50, 647.

36) Fr. Wm. Graf, "Rettung der Persönlichkeit. Protestantische Theologie als Kulturwissenschaft um 1900", in: *Kultur und Kulturwissenschaft um 1900. Krise der Moderne und Glaube an die Wissenschaft*, hg. v. Rüdiger vom Bruch, F. W. Graf, G. Hübinger(Stuttgart, 1989), 103-131.

37) GW IX, 95.

38) P. Tillich, "종교와 문화", 『문화와 종교』 폴 틸리히 강연집, 이계준 역 (서울: 전망사, 1984), 24-38, 24.

39) 『문화와 종교』, 35.

40) P. Tillich, "Über die Grenzen von Religion und Kultur", Vortrag, gehalten an der Rias-Funkuniversität am 21. Dez. 1954, in: *Gesammelte Werke* IX: 94-99, 94; 『문화와 종교』, 30.

41) Mercia Eliade, *Dad Heilige und das Profane*; 『성과 속』, 이은봉 역 (파주: 한길사, 1998), 121.

42) Ibid., 50.

43) 틸리히는 이 신을 향해 가는 정신의 운동을 "종교"라고 표현한다. P. Tillich, "Kirche und Kultur", Vortrag, gehalten vor dem Tübinger Jugendring im Juli 1924. Sammelung gemeinständlicher Vorträge und Schriften aus dem Gebiet der Theologie und Religionsgeschichte, Nr. 111, in: *Gesammelte Werke* IX: 32-46, 34.

44) GW IX, 44.

45) P. Tillich, "Über die Idee einer Theologie der Kultur", in: *Gesammelte Werke* IX: 13-31, 19.

46) GW IX, 20.

47) Tillich, 『문화신학』, 65.

48) GW IX, 22-25.

49) 아인슈타인, "과학과 종교": 1940년 9월 9-11일 뉴욕에서 열린 과학 철학 종교에 관한 회의에서 행한 연설. 틸리히, 『문화와 종교』, 143-48.

50) 참고: 김흡영, 『현대과학과 그리스도교』(서울: 대한기독교서회, 2006).

51) Tillich, 『문화와 종교』, 144.

52) Ibid., 147.

53) Ibid., 54.

54) Ibid., 56.

55) Ibid., 61.

제3장
규범적 문화신학

규범적 문화신학의 과제

우리는 앞 장에서 '종교와 문화'의 관계성을 본질적 차원, 즉 동일성의 원리에 입각하여 살펴보았는데, 본장에서는 규범적 차원, 즉 차이성의 원리에 입각하여 고찰할 것이다. 전자의 경우, 문화는 종교의 외연(外延)으로 양자의 관계는 분리될 수 없는 것으로 보았지만, 후자의 경우는 종교와 문화란 현실에서는 거리를 둘 수밖에 없는 관계라는 점이 전제되고 있다. 따라서 규범적 문화신학 방법론의 핵심은 구체적인 문화현실에 대하여 다양한 각도에서의 판단을 내리는 기준인 '종교적 규범들'이 무엇인지를 고찰하는 것이다. 제 문화에 대한 판단의 근거에는 판단하는 주체가 의존하고 있는 '궁극적 관심'에 입각한 '규범', 즉 '종교적 규범'이 있게 마련이다. 그 규범의 차이에 따라 같은 문화현실에 대해서도 서로 다른 판단이 나오게 되는 것이다. 예를 들어, 생명복제에 대해 긍정적인 입장을 취하는 자와 부정적인 태도를 취하는 자들의 경우, 서로 다른 판단이 나타나게 되는 것은 서로 다른 '종교적 규범'에 근거하고 있기 때문이다.

역사상의 모든 교회는 어떤 형태든지 간에 '문화'에 대한 일정한 태도를 취해왔다. 이 때의 문화란 일반적으로 말하는 '세상'이란 의미로 통용된다. 교회는 우리가 살고 있는 문화, 즉 세상에 대하여 어떠한 태도를 취해야 하는데, 이 때에 필요한 규범적 원리를 살피는 것이 문화신학이 지니는 중요한 또 하나의 과제다. 이러한 과제를 다루는 규범적 문화신학은 문화에 대한 판단의 종교적 규범들을 다시 비판적으로 평가할 수 있는 근본 원리에 대해 논한다. 문화 비판, 문화 수용 등 문화에 대한 다양한 입장들의 근거가 되는 궁극적 관심으로서의 종교적 규범에 대한 바른 이해에 도달할 때, '종교와 문화'의 관계가 앞장에서 다룬 '본질'이라는 축과 더불어 '규범'이란 또 다른 축을 통해서 비로소 통전적으로 밝혀질 수 있게 된다.

규범적 문화신학이 다룰 수 있는 종교적 규범들은 매우 많다. 예를 들면, 문화에 대한 가톨릭적 규범, 유교적 혹은 불교적 규범, 기독교적 규범, 이슬람교적 규범, 포스트모더니즘적 규범, 자본주의적 규범, 사회주의적 규범, 합리주의적 규범, 낭만주의적 규범 등과 같은 것이다. 이처럼 다양한 규범적 관점들은 문화 판단의 주체가 근거하고 있는 궁극적 관심사로서의 '종교'적 입장의 종류만큼 다양하다. 그러나 우리는 제 문화에 대한 각개의 모든 다양한 규범들을 일일이 다룰 수 없다. 우리의 논의에서는 문화에 대한 기독교적 규범만 고찰할 것이다. 따라서 앞으로 언급되는 '규범적 문화신학'은 기독교적 관점에 한정된 것임을 밝힌다.

기독교의 규범적 문화신학

기독교의 규범적 문화신학을 고찰한다는 것은 문화에 대한 기독교내의 다양한 태도들을 살핌으로써 문화에 대한 기독교의 신학적 규범들이 무엇인지를 밝히는 것을 의미한다. 문화에 대한 기독교의 태도는 우선 '복음'에 대한 다양한 이해에 따라 문화를 기독교와 대립적으로, 혹은 동반자와 같이, 혹은 역설적으로, 혹은 한쪽이 다른 한 쪽을 변혁하는 등 여러 모습으로 나타나게 된다. 우리는 문화에 대해서 역사적으로 기독교가 어떠한 태도들을 취해 왔는지를 살펴보고 난 후 문화에 대해 기독교가 취할 수 있는 보편적인

문화의 찻잔

진보주의자들은 수용하고, 보수주의자들은 거부하고……
문화 수용 여부의 기독교적 규범은 무엇인가?

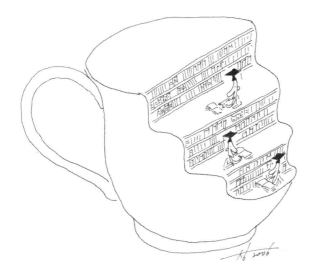

문화 규범의 원리를 정립할 것이다.

문화에 대해 교회가 취한 여러 형태의 태도들을 윤리적 관점에서 분석하여 유형화 한 것은 이미 트뢸취(Ernst Troeltsch, 1865-1923)에 의하여 시도되었고, 이어 리처드 니버(Helmut Richard Niehbur, 1894-1962)에 의하여 적용되어 오늘날 기독교 문화론의 주류를 이루는 계기를 만들어 주었다. 그러나 여기에서는 문화에 대한 각개의 기독교적 규범들에 대한 신학적 평가는 관심의 대상이 아니었다. 이에 비하여 우리의 관심은 문화에 대한 기독교적 태도를 구체적으로 형성하는 데 결정적인 각개의 '규범' 이 무엇이며, 그 규범은 신학적으로 정당한 지의 여부를 묻는 데 있다.

다른 한편, 규범적 문화신학을 논할 때, 기독교가 문화에 대하여 신학적으로 자신의 입장을 취하기 전에 이미 문화가 기독교에 대하여 배타적인 태도를 굳히고 있다는 사실에 대해서도 주목해야 할 것이다. 또한, 인류의 문화는 크게 종교문화 · 정신문화 · 대중문화 등 매우 다양한 차원으로 이해해야 하는 면들이 있다. 이제 우리는 먼저 규범적 문화신학이 근대에 들어와서 어떠한 모습으로 전개되어 왔는지를 고찰한 후, 기독교의 제 문화관을 신학적으로 분석하는 규범적 문화신학의 원리를 규명하고자 한다.

규범적 문화신학의 등장

제1절

종교와 문화의 대립성 긍정

앞장에서 우리는 서구의 근대 신학 가운데 문화를 종교와의 통합적인 관점에서 바라보면서 본질적 문화신학을 추구한 19세기 초·중엽의 문화개신교주의의 신학 사조를 살펴보았다. 이들이 추구했던 문화 통합적인 종교 개념과 반대되는 입장이 19세기 말부터 보다 본격적으로 나타나기 시작했는데, 종교사학파의 등장이 그것이다. 이들의 핵심주제는 '종교적이고 금욕적인 맥락에서 세상을 부정하는 것'과 '문화 행위' 사이에 존재하는 긴장 관계를 다루는 것이었다. 그들은 리츨(Albrecht Ritschl, 1822-1889)에 맞서서, 인간의 문화 창조 행위는 그리스도인이 하나님과 연합하는 경험과는 다른 것임을 강조하였다. 특히, 그리스도인의 신앙에 필수적인 종말론적 의식은 문화적 창조와는 근본적으로 차이가 있다는 것이다. 기존의 문화신학적 흐름에 대하여 새로운 방향을 모색했던 트뢸취(E. Troeltsch)는 "종교의 위대성은 바로 문화와의 대립 가운데 존재하는 것에 있다."고 밝혔다.[1] 부쎄트(Wilhelm Bousset, 1865-1920)는 종교란 "문화비판자"이며, "성스러운 불만족"의 원리라고 하였다.[2] 켈러(Martin Kähler, 1835-1912)와 같은 문화루터주의자는 역사적 기독교와 신앙의 초역사적 성격을 구별함으로써 종교와 문화에 대한 신학적 상이성 문제를 인식하고 있었다.

종교개혁과 근대문화의 불연속성

트뢸취와 막스 베버(Max Weber, 1864-1920)는 칼빈주의가 루터
교보다 근대문화와 보다 더 통합적일 수 있으며, 루터교는 칼빈주
의나 가톨릭보다 문화적 표현력이 약하다고 지적하였다. 루터교 정
통주의에 대한 이러한 비판은 20세기 초 독일 프로테스탄트의 문
화 · 정치적 논쟁에 중요한 관점이 되었다. 트뢸취에 의해 제시된
루터교 평가가 지니는 교회적 · 정치적 의미에 대한 논쟁은 다른 신
학 그룹들의 문화 이해에도 크게 영향을 미쳤다. 특히, 1918년의 반
(反)역사적 혁명을 계기로 세속문화와 자유주의적 문화 개신교주의
의 종말을 포고한 신학그룹들에게는 중대한 의미를 갖는다.

이러한 트뢸취의 사상은 근대문화가 직면한 근원적 위기 가운
데 형성된 것이었다. 그는 자신의 문화론을 종교사적으로 전개함으
로써 문화의 가치를 객관적으로 수립할 수 있는 근거를 제시하고자
했다. 또한, 트뢸취는 슐라이어마허에 기초하여 "문화철학을 위한
윤리학"을 수립했다. 그는 이러한 자신의 윤리학을 통해서 사회적
이며 동시에 개인적인 가치를 부여하는 객관적 목적의 당위성과 합
리성을 주장하였다.[3] 이를 위해서 그는 종교와 교회의 중요성을 강
조하였다. 근대가 경험했던 "가치의 무정부 상태"를 극복하기 위하
여 종교의 힘에 대한 연구는 그에게 필수적이었다. 그리고 근대의
성격과 그 형성을 파악하기 위해서 사회학과 문화사적 분석 방법을
사용하였다. 트뢸취는 새로운 학문적 접근을 통해서 근대문화는 과
거에 그렇게 알고 있었듯이 종교개혁의 직접적인 결과가 아니라는 것을
주장하였다. 따라서 루터교가 교회의 문화적 선도성을 주장하는 것
은 역사적으로 근거가 없다는 것이다. 또한, 근대문화를 기독교적

이라고 의미를 부여했던 것도 불합리한 것으로 제시하였다.

근대문화와 프로테스탄트 문화

근대가 이루어 놓은 성과 중에서 트뢸취가 높이 평가했던 것은 개인의 자유가 위협받는 상황에 대처하여 관용·종교의 자유·인권의 옹호와 같은 것이었다. 그가 근대문화의 원리를 수용하는 것과 동시에 근대문화가 가지고 있는 파괴적인 잠재력을 인정하는 것, 이 양자를 통합적으로 받아들이려고 했을 때, 무엇보다도 근대화 과정은 더 이상 돌이킬 수 없는 현상임을 인정하지 않으면 안 되었다. 트뢸취는 프로테스탄트의 문화론에는 교회에 의하여 주도된 문화와 일원화된 문화와 교회의 권위적 문화에 여전히 머물러 있고자 하는 중세기적 이상(理想)이 남아있는 것으로 본다. 그럼에도 그는 프로테스탄트가 적어도 세 가지 면에서 중요한 기여를 했다고 본다. 첫째, 국가와 문화의 독립성을 강조한 것, 둘째, 종교적 개인주의를 발전시킨 것, 셋째, 세속 직업을 새로운 차원에서 높게 평가함으로써 모든 문화적 노력을 종교적으로 본 것 등은 근대문화 형성에 크게 기여한 점이라고 밝혔다.[4] 이 외에도 트뢸취가 이룬 작업 중, 이후의 문화신학에 영향을 준 것은 교회·종파·신비주의를 구별함으로써 그들의 사회적 형태와 종교의 문화적 영향력 사이의 연관성을 고찰한 것이다. 여기에서 트뢸취가 얻어낸 결론에 따르면, 기독교는 다양한 고백의 형태로 존재한다는 것이었다.

계몽주의와 진보적 세계관

문화와 신학의 사조는 고립된 가운데 저절로 발생하는 것이 아니기 때문에, 과거와의 끊임없는 대화 속에서 현재에 닥친 새로운 상황에 대한 응답을 필요로 하며, 그런 의미에서 각 시대는 그 시대적 상황에 맞는 새로운 신학과 문화적 해석을 요구한다. 돌이켜 보건데, 18세기는 계몽주의 시대로서 인간의 위치와 능력을 격상시켜 인간을 역사의 중심에 두었다. 이것은 지구가 우주의 중심이 아니라는 코페르니쿠스(Nicolas Copernicus, 1473-1543)의 지동설(地動說)이 가져온 우주관의 변화와 맥락을 같이 한다. 이로 인해 하나님보다는 인간에 더 큰 관심을 가지게 되었고, 하나님의 초월성보다는 하나님의 내재성을 보다 더 강조하게 되었다. 더 나아가 현대 철학의 아버지라 불리는 데카르트(Rene Descartes, 1596-1650)의 사상은 계몽주의의 사상적 기초가 되었는데, 그는 철학의 출발점을 신적 계시가 아닌, 사고하는 주체인 인간으로 삼았다. 결국 계몽주의는 이성, 합리성, 낙관적 인간관과 유토피아적 세계관 등을 통해 하나님의 초월성보다는 내재성을, 초자연적인 것보다는 자연적인 것을 강조하면서, 이제는 더 이상 교회가 신앙생활의 중심이라는 논리를 주장하거나, 성서나 기독교 교리를 통해 개인의 신앙이나 행위를 규제할 수 없게 하였다. 이러한 과정에서 성서에 대한 자연적이고 이성적인 해석으로 인하여 성서의 신비성과 역사적 사실성에 대한 주장은 약화되었고, 성서의 권위를 위한 전통적인 기반은 의문시되었다. 결과적으로 계몽주의, 자연종교, 혹은 이성의 종교에서는 중세와 종교개혁 시기에 지배적이었던 하나님의 초월성보다는 하나님의 내재성을 강조하는 신학적 흐름이 지배적이었다.

문화의 자율성과 진보신앙에 대한 비판

이와 같은 신학적 사조 가운데서 기독교가 문화국가를 이상으로 삼음으로써 전통적인 교회론이 설 자리가 없어지게 되자, 계몽주의적 근대신학에 대한 비판이 일어나기 시작했다. 이것은 곧 본질적 문화신학의 한계를 지적하는 것이었다. 이와 동시에 교회 내적으로도 새로운 종교적 각성이 일어나면서 새로운 루터교 운동이 전개되었다. 이 운동에 속한 문화루터주의 신학자들은 전통교회가 해체되는 위기를 느끼면서 신학적으로 민감한 반응을 나타냈다. 그들은 보수적인 문화 개념을 가지고 문화의 자율성에 대하여, 그리고 자유주의자들의 진보신앙에 대하여 비판적으로 맞섰다. 또한, 순수하게 진보적인 것과 도덕적인 진보 간의 차이, 그리고 문명(Zivilisation)과 참된 문화를 구별하였다.

보수주의자들의 규범적 문화신학이 행한 근대문화에 대한 비판 가운데 가장 핵심적인 것은 세속적인 시민생활의 양식에 대한 것과 진보주의자들의 교회에 대한 부정적 태도였다. 특히 그들은 진보주의자들에 의해서 교회의 해체는 물론이고, 이미 그 이전에 실질적인 도덕성까지도 해소되고 있다고 비판하였다. 그래서 보수주의자들은 새로운 사회윤리를 교회 제도와 더욱 밀접히 연관지음으로써, 개인주의·개인윤리·쾌락주의·물질주의·과학신앙 등에 대항할 것을 주장하고 나섰다.

그와 동시에 그들은 통합적 이데올로기로서의 **국가주의**에 대해서도 강력히 비판하였다. 교회는 결코 문화국가의 이념으로 해소될 수 없는 것이며, 오히려 "현재의 문화생활 가운데 정신력의 중심"을 통해서 그 힘을 발휘해야 한다고 강조했다.[5] 문화루터주의자들은 교회가 근대문화에 '적응'하는 것을 문화주의(Kulturismus)라는 이름으로 비판하였다. 이처럼 문화루터주의자들은 '문화주의자들'이 오히려 자신의 태도가 기독교의 독자성을 강조하는 것으로 여기면 여길수록 근대의 문화는 더욱 "가면문화"[6]로 떨어질 수밖에 없다고 지적하였다.

종교와 문화에 대한 새로운 해석

제베르크(Reinhold Seeberg, 1859-1935)나 칼 홀(Karl Holl, 1866-1926)과 같은 루터교 전통의 고백적 신학자들은 트뢸취의 종교사학적 접근에도 반대하여 종교개혁의 입장에서 근대를 더욱 강력히 비판하고 나섰다. 그리고 그들은 그에 따른 새로운 문화 해석을 제시하였다. 제베르크는 헤겔의 정신 이론에 기초하여 종교란 절대정신으로 경험된 자극이요, 또한 이 자극으로부터 절대정신을 향한 자유로운 자기희생으로서의 윤리라고 하였다.[7] 이처럼 문화가 '종교에 기초한 자기희생'으로 이해될수록, 문화는 하나님 나라를 실현하는 더욱 의미 있는 방법으로 받아들여질 것으로 보았다.[8]

칼 홀은 계몽주의 · 자유주의 · 합리주의를 비판하면서, 독일에서 문화원리로서의 종교개혁은 "진보적인 문화 확산"을 막아낼 수 있는 유일한 해결 방법이라고 보았다. 홀의 이러한 종교개혁에 대한 해석으로 인하여 "종교개혁의 문화 이해"[9]가 학문적 과제로 새롭게 대두되었다. 홀에 의하면, 루터는 문화에 대하여 특별한 이해를 가지고 있었다고 한다. 즉, 루터에게 문화란 물질의 증대나 생활수준의 향상과 같은 것보다는, "개인과 공동체에 대한 새로운 이해"에 더욱 관계되었다는 것이었다.[10] 루터는 교회가 문화를 지배하는 것에 대하여 저항함으로써 세상 문화의 고유한 합법성을 인정하였다고 보는 것이었다. 이러한 문화 이해는 문화국가를 지향한 법치국가의 성인교육을 위하여 결정적인 역할을 한 것으로 보았다.[11] 그러나 문화루터주의자들은 이러한 루터의 문화 이해로 인하여 교회의 이상이 문화국가로 해소되는 것에 대해서는 적극 반대하였다.

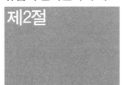

**반기독교적 문화와
규범적 문화신학의 태도
제2절**

일반 문화의 반(反)기독교적 정서

기독교는 그리스도인 신앙공동체에 의하여 형성되는 유형, 무형의 문화를 오랜 역사 동안 남겨놓고 있다. 그것은 단지 종교적인 영역에서만이 아니라, 정신문화와 대중문화에까지 크게 영향을 미치고 있다. 그러나 일반 문화와 기독교 문화 사이에는 엄연한 차이가 있고, 또한 그로 인하여 생기는 긴장과 마찰이 있어 온 것이 사실이다. 일반 문화에 대하여 기독교가 어떠한 태도를 취해왔는지 그 문화신학적 입장을 살펴보기 전에, 우선 일반 문화가 기독교에 대하여 취한 일반적 태도를 알아볼 필요가 있을 것이다. 거기에는 긍정적인 것보다는 차라리 부정적 태도가 적지 않다는 사실을 확인할 수 있다.

기독교인의 입장에서 복음과 문화의 관계성을 탐구할 때, 언뜻 보기에 탐구의 주체는 복음이요, 대상은 문화인 것으로 여겨짐으로써, 마치 기독교의 복음이 '문화'를 마음대로 요리를 해 온 것으로 느낄 수 있다. 그러나 실은 그 반대다. 일반 문화의 관점에서 볼 때, 기독교는 국가적으로 공인을 받은 나라 이외 대부분의 선교 지역에서는 전혀 새로운 가르침과 새로운 실천 방식으로 인하여 기독교를 수용하기에 극히 어려운 것으로 이해되었다.

그리고 기독교의 입장에서는 소수 집단으로서 역사적으로 다양한 문화적 상황에서 자신의 정체성을 지키기에 바빴지, 일반 문화와의 여유 있는 관계를 유지한다는 것은 쉽게 생각할 수 있는 형편이 아니었다. 그러므로 세상의 문화 편에 있는 자들이 자신들이 형성해 놓은 주류 사회 속에 깊숙이 파고들어 새로운 질서를 만들어가려는 비주류의 기독교를 어떠한 태도로 대했는지 그 내면을 탐구하는 일이 기독교와 문화의 관계를 정립하는 일에 크게 도움이 될 것이다.

기독교는 배격의 대상

유대교 랍비 요셉 클라우스너(Joseph Klausner, 1874-1958)는 『나사렛 예수』라는 그의 책에서 유대 문화가 예수를 수용하기가 얼마나 어려운 존재였는지를 잘 말해 주고 있다.[12] 클라우스너는 말하기를, 예수는 "이 세상에 속하지 않은 나라"를 건설하는 일에만 관심을 둘 뿐 유대 문화를 존중하지 않았을 뿐만 아니라, 오히려 유대 문화를 위험에 빠뜨려 놓은 자라 했다. 다시 말해서, 예수가 단순히 유대 문화를 소극적으로 거부한 것이 아니라, 존재 자체를 위협하는 자로 유대인들에게 느껴졌기 때문에 나사렛 예수를 제거할 수밖에 없었다는 것이다.

'예수와 그를 따르는 무리들이 우리들의 문화를 위협한다!' 는 것이 기독교가 전파되는 곳마다 나타났던 공통된 반응이었다. 그것은 대중의 증오로부터 시작해서 문학, 철학, 종교 등의 여러 분야에서 야기되었다. 기독교는 한 마디로 모든 영역에서 배격의 대상일 뿐이었다. 왜냐하면 기존의 문화를 위협하는 존재로 여겨졌기 때문이었다. 이러한 현상은 오랜 과거에서뿐만 아니라, 근대 이후에도 마찬가지였다고 볼 수 있다. 공산주의나, 국가주의(Nationalism), 휴머니즘은 말할 것도 없고, 민주주의 문화조차도 기독교에 대하여 호의적이지 않았다. 기독교는 자신들의 문화를 이해하려고도 않는 반문화주의자인 것처럼 보여 적대적으로까지 여겨져왔던 것이 오늘날까지의 역사인 것이다.

로마제국과 기독교

기번(Edward Gibbon, 1737-1794)은 『로마제국의 쇠망사』란 책에서 기독교인들은 "현세의 생활을 멸시하고 영생불멸을 확신하는 것에만 열중했다" 라고 말하고 있다. [13] 구질서를 보수하려는 자들, 극단의 혁명가들, 진보주의자들, 또는 문화 비관론자들까지도 자신들과 기독교는 조화를 이루기 어렵다고 선언하는 것이다. 다시 말해서 "무엇을 입을까, 무엇을 먹을까 염려하지 말라" 는 것, "땅에 재물을 쌓아 두지 말라" 는 가르침, "육신은 죽여도 영혼을 죽이지 못하는 자를 두려워 말라" 는 등의 강령은 일반인들을 정말 어리둥

절하게 만드는 내용일 수밖에 없었을 것이다. 따라서 일반인들은 기독교를 따르려면 결국 기존의 문화적 삶을 거부해야 하는 것으로 생각하였다. 다시 말해서, 기독교가 인간적 성취를 부정한 것은 아니었으나, 현실의 문화를 추구하기보다 다가오는 초월적 세계에 소망을 두는 삶을 살도록 했기 때문에, 세상은 기독교가 문화를 위협한다고 보았다는 것이다. 특히, 하나님에 대한 신앙은 현실 가운데 문화를 창달하려는 의지를 근본적으로 박탈한다고 생각하였다. 칼 마르크스(Karl Marx, 1818-1883) 같은 사람은 이러한 기독교의 태도는 역사를 만들어 가려는 인간의 위대한 노력에 대한 정면 도전이기에 철저히 배격해야 한다고 주장하였다.

문화적 관용주의를 표방했던 로마가 원했던 것은 황제의 권위 체계 하에서 통일을 이루는 것이었다. 그래서 로마 제국에 속한 각 민족들은 황제의 권위에 순복해야 한다는 차원에서 황제의 신성화 정책에 참여하기만 하면, 민족들 고유의 문화와 종교 행위는 간섭받지 않을 수 있었다. 로마는 종교적으로도 통일된 문화를 이루기 위하여 종교 보편주의를 내세웠던 것이다. 그러나 기독교는 하나님만이 참된 신(神)임을 고백하였기 때문에 이방종교의 보편주의를 거부했을 뿐 아니라 황제 숭배도 수용할 수 없었다. 사탄에게 절하면 세상 나라를 차지하도록 하겠다는 제안을 거부한 예수 그리스도의 정신이 그대로 로마 시대의 기독교에도 면면히 흘렀던 것이다. 로마 시대의 기독교인들은 죽어도 하나님의 아들 예수 그리스도만을 경배하겠다는 것이었다. 로마 문화는 이러한 기독교인들의 태도를 수용할 수 없었다. 유대교와 같은 경우도 유일신 신앙을 가지고 있었지만, 그들은 사회와 거리를 두고 분리된 고유의 문화 가운데서 생활했기 때문에 노골적으로 반발을 사지 않을 수 있었다. 그러나 기독교는 로마 사회 한가운데 살면서도 자신들만이 하나님에 대한 지식을 독점하고 있는 것으로 보였던 것이다. 자신들이 드리는 예배 외의 이방 종교나 황제 숭배는 모두가 우상 숭배일 뿐이라고 선언하고 나섰으니, 반체제적 집단으로 낙인찍히는 것은 당연한 결과였다.

이처럼 유일신 신앙을 가진 기독교의 정신으로 인하여 현실 문화보다는 미래로부터 다가오는 영적 세계에 집착하는 경향이나, 자신의 신앙고백에 충실하려는 기독교적 생활 태도는 같은 사회 내의 다른 종교인들이나 일반 문화인들에게 배타적인 존재로 보이게 되었다. 실제로 기독교는 문화에 함의된 모든 제의적 신성성을 박탈하고, 관용적 다신론을 우상숭배나 혼합주의로 비판함으로써 사회의 문화적 통일을 위협하는 존재로 생각될 수밖에 없는 상황에 처해 있었다. 이와 같은 이유로 세상의 문화도 기독교에 대하여 비판적 입장을 계속 견지해 오고 있는 것이다.

반기독교적 문화와 기독교

지금까지 세상의 문화가 기독교에 대하여 취했던 배타적 자세를 확인하였다. 이러한 사실은 결코 예사로 여길 일이 아니다. 왜냐하면 늘 기독교는 외부 문화에 대하여 소극적이고 배타적이라는 자기비판과 타자의 비판을 안팎으로 받아왔기 때문이다. 이처럼 문화 쪽에서 기독교에 대하여 배타적이었음에도 불구하고 오히려 그들이 '기독교는 문화에 대하여 관심도 없고 반문화적'이라고 폄하(貶下)하고 있다는 것이다. 거기에 기독교조차도 '맞아, 나는 세상 문화를 긍정적으로 보지 않는다'라고 하면서 그들의 일방적 평가에 동조하고 있다는 사실이 문제를 더욱 어렵게 만들고 있다.

오늘날 기독교가 제일 염려하는 것 가운데 하나가 기독교의 세속화 현상이다. 문화 수용의 정도가 너무 지나쳐 기독교의 정체성에 위기를 초래할 정도가 되었다는 이야기다. 그럼에도 불구하고 세속의 문화 행사들을 보면 거의가 불교나 유교 또는 샤머니즘을 대변하는 것들이고, 기독교적 메시지를 기초로 한 것들은 기독교 문화 단체들이 하는 공연 외에서는 찾아 볼 수 없다는 것은, 결국 문화 전반이 기독교에 대하여 배타적이라는 것을 여실히 드러내 보여주는 증거일 수밖에 없다. 이처럼 기독교는 문화 속에서 영원한 이방인일 수밖에 없는 것인가? 그렇다면 그 이유는 무엇인가? 문화인가, 아니면 기독교가 그 원인을 제공하고 있는 것인가?

종교와 문화 간 갈등의 원인

현실에서 종교와 문화 사이에 갈등이 생기는 이유는 인간의 소외 현상 때문이다. 기독교, 불교 등과 같은 좁은 의미의 종교가 존재한다는 것은 인간의 상황이 정상이 아니라는 사실을 말해주는 것이다. 인간이 자신의 참된 본질로부터 떨어져 나와 있다는 사실과, 또한 자기 자신과의 갈등 관계가 여전히 미해결의 상태에 놓여 있다는 것을 의미한다. 그러므로 종교와 문화의 갈등은 "비극적으로 불가피한 것"이다. 그럼에도 불구하고 양자는 갈등의 현실을 극복해야 한다.[14]

종교와 과학의 현존하는 갈등이 그 한 예다. 그것은 곧 기술 문화와 종교 체험간의 충돌이다. 종교와 정치의 갈등도 있다. 그것은 현실적으로 교회와 국가간의 충돌로 나타났다. 또한 종교와 예술 사이에도 많은 갈등이 있다.[15] 이러한 대립적 구조의 갈등은 보다 구체적으로 어디에서부터 나오는 것인가? 이에 대해서는 종교와 문화 각각에서 찾아볼 수 있다. 먼저 종교적 차원에서 볼 때, 종교가 자신의 내용을 담아내는 모든 문화 형식에 무한정적인 가치를 부여하거나, 고유한 문화적 양식만을 유일한 것으로 주장할 때, 종교는 문화와 갈등을 빚어낼 요인을 만들어내고 있는 것이다. 예를 들면, 특정 종교가 특수한 경전(經典)에 나와 있는 어떤 법을 주장할 때, 이것은 일반사회의 시민법과 갈등을 일으킬 요인으로 작용할 수 있다. 특수한 사유의 체계를 주장할 때, 일반의 철학과 갈등 관계가 형성될 수 있다. 특수한 교회의 윤리를 부각시킬 때, 사회 윤리와 마찰을 일으킬 수 있다. 특수한 종교적 예술 형태를 고집할 때, 일반 예술과 갈등을 일으킬 소지가 생기는 것이다. 종교가 이렇게 자신의 내용을 문화적인 차원에서 "신의 이름으로" 절대화해 나갈 때, 문화와의 충돌뿐만 아니라, 종교의 마성화는 불가피하게 된다.

이러한 것을 또 다른 차원에서 표현한다면, 종교가 자기의 한계를 넘어서는 경우인데, 종교 자신을 특수한 윤리, 특수한 예술 형태, 특수한 사회관계로 주장하고 나올 때 문화와의 갈등이 발생한다. 그리고 종교가 그러한 자기표현의 형식에 영원한 타당성과 무조건적인 당위성을 요청할 때 문화의 반발을 일으키게 된다. 예를 들면, 교회가 특정 인물에 대하여 복종을 요구할 때, 종교의 신화를 역사학적으로 입증할 수 있는 역사적 진리로 주장할 때, 신학자가 기적을 그대로 받아들여야 한다고 요구할 때 등이다.[16]

다음, 문화적 차원에서 종교와의 갈등 요인을 찾아볼 때, 우선 문화 활동이 창조적일수록 "자유"를 추구하는 것이 그 가장 큰 요인이 될 수 있다. 자유가 제한되는 곳에서는 진정한 문화 창달은 존재할 수 없기 때문이다. 종교가 문화의 창조적 자유를 제한하고자 할 때, 종교와 문화의 갈등은 불가피하게 된다. 또한, 과학이 자신의 활동에 대하여 절대적인 타당성을 주장할 때, 과학이 창조적 활동이라는 이름으로 종교를 부정할 때나 또는 긍정할 때, 예술이나 정치의 이름으로 궁극적 진실성을 주장할 때, 그 주장하는 자들은 "숨은 신학자"가 되는 것이고, 이 숨은 신학자의 주장과 종교 간에 갈등의 관계가 형성되는 것이다.[17]

종교의 불안 · 문화의 불안

그렇다면, 왜 종교는 문화가 요구하는 자유를 제한하고자 하는 것인가? 틸리히에 따르면, "불안" 때문이다. 불안은 도전과 적대감을 만들어낸다. 그것은 종교에서도 마찬가지다. 종교의 담지자(擔持者)가 갖는 불안이란 자신의 종교적 실체를 드러내는 특정한 형식 · 특정한 신학 · 특정한 예술 · 특정한 윤리가 새로운 창조적 문화에 의하여 비판될 때 자신의 깊은 차원을 상실하게 될 것에 대한 불안이다. 반면에, 문화가 불안을 느끼는 것은 종교가 문화 안에서 "이물질(異物質)"로 남아있는 것 때문이다. 자유로운 문화 창조 행위 가운데 예술인이 특정한 문화 형식을 강요받거나, 혹은 그에 대해서 비판하는 것을 금지당할 때, 그리고 일상의 정치적 삶의 형식으로부터 나오지 않은 정치적 요구에 강요당하는 때 문화의 불안은 표면화된다.

이처럼 종교가 자신의 정체성을 드러내는 특정 문화를 절대화하기 위하여 문화 일반에 대하여 공격적이 될 때 종교는 스스로 마성화 된다. 반면에, 문화가 종교에 대하여 공격적이 됨으로써 종교적 실체를 문화 내에 수용하지 않으려 할 때, 문화는 세속화되고 공허해진다. 현대사회의 세속화는 산업사회의 결과이기 이전에, 종교성을 상실함으로써 마성이 지배한 결과로 볼 수 있다. 그러므로 세속화된 현대문화는 언제든지 마성적이며 파괴적인 힘들에 의하여 노출되어 있다는 것을 알 수 있다. 그 가장 명료한 예는 1920년대 독일의 나치즘에 의한 정치가 테러와 비인간화의 극단으로 치달은 경우일 것이다.[18]

종교와 문화 갈등 극복의 길

종교와 문화의 갈등과 충돌을 극복할 수 있는가? 가능하다. 왜냐하면, 종교와 문화 사이에는 동일성의 원리에 따른 본질적 일치가 있기 때문이다. 그것은 결코 공상적(空想的)이지 않다. 하지만 완전하거나 전체적인 일치를 이루기는 어렵다. 역사상의 모든 것은 단편적이며, 불분명하기 때문이다. 그러므로 단편적이며 부분적인 재결합을 바랄 뿐인 것이다. 이처럼 우리가 단편적인 재결합이라도 희망해야 하는 까닭은, 그렇지 않으면 서로를 파괴하게 될 것이며, 뿐만 아니라 인간 정신의 창조력마저도 파괴당해버리기 때문에 최소한 이것이라도 막아야 하는 것이다.

종교와 문화의 이러한 갈등을 해소시킬 수 있는 방법 가운데, 선한 의지로 현실의 비극적 상태와 갈등을 극복할 수 있다고 주장하는 거짓 낙관주의가 있다. 종교는 문화의 본질적 차원이기 때문에, 특정한 문화 형태와 종교는 일치할 수 없다. 사상·윤리·예술·정치 등에 나타난 어떠한 거룩한 종교적 전통도 절대적인 것이라고 할 수 없으며, 또한 무한정적인 가치를 지니고 있는 것도 아니다.

오히려 종교와 문화 간 갈등의 해소는 적어도 두 가지의 요구가 충족될 때 가능할 것이다. 첫째, 문화로 하여금 종교적인 것에 언제나 새로운 표현 양식을 자유롭게 제공할 수 있도록 함으로써, 둘째, 종교로 하여금 문화에 궁극적 의미를 부여하게 함으로다. 이로써 갈등이 실제적으로 끝나는 것은 아니지만 갈등 해소의 가능성이 크게 열리게 되는 것이다. 특히, 종교와 문화의 갈등이 극복되기 위해서 문화는 자신을 유한한 창조성에 머물러있게 해야 하며, 자신의 방법으로 궁극적인 것에 도달할 수 있다고 주장하지 말아야한다. 그리고 종교는 자신의 특정한 종교적 '표현'에 절대적인 타당성을 부여해서는 안 된다.

문화에 대한 제 신학적 태도

이제는 기독교 전반에 대한 문화의 태도가 아니라, 문화에 대한 기독교의 태도가 어떠했는지를 살펴보도록 하겠다. 이를 위해서는 우선 구약성서에 나타나는 이스라엘의 종교문화로부터 시작해서 신약성서에서 볼 수 있는 예수의 문화 이해를 거쳐, 초대교회가 세상 문화를 어떻게 보아왔는지를 관찰하는 것이 필요하다. 그러나 일단은 지난날의 교회들이 문화에 대하여 취해왔던 태도를 유형별로 연구했던 니버에 기초하여 교회와 문화의 관련성을 살펴보자.

니버는 문화에 대한 교회의 문제의식이 대립, 병행, 역설, 통

합, 및 변혁의 형태로 나타나고 있음을 여러 가지 사례를 들어 입증
코자 하였다. 니버의 유형론적 접근의 특징은 '문화'의 본질에 대
한 이해에 앞서 문화 현상에 대한 교회의 여러 신학적 입장에서 문
화를 윤리적 규범의 관점으로 보았다는 점이다. 즉, 어느 기독교 집
단은 문화를 악마적 현상으로 보았기 때문에 세상과 대립적인 관계
를 가졌고, 어떤 교회는 문화의 궁극적 목표와 기독교가 추구하는
것이 다를 바 없이 선한 것으로 여겼기 때문에 문화와 그리스도를
통합적 차원에서 둘이 아닌 하나로 보는 입장을 취했다는 식으로
전개한다.

그러나 각개의 입장들을 자세히 살펴보면, 특정 문화를 수용
한다고 해서 언제나 수용만 한 것이 아니라 비판적 자세 또한 그 가
운데 있었던 것이고, 거부하는 경우에 있어서도 거부 일변도로 간
것만은 아니었던 것을 알 수 있다. 왜냐하면 거부되는 그 문화 가운
데 교회들이 존재해야 했기 때문이다. 그 결과 니버는 특정한 사례
를 어느 한 유형에 분류시켜 놓고도 그 사례가 반드시 하나의 유형
에만 속하지 않는다는 모순들이 있음을 인정한다. 다시 말해서, 예
외적인 요소들이 많이 있다는 것이다. 이처럼 니버는 보는 자의 시
각과 관심에 따라서 전혀 다르게 분류할 수 있는 방법을 사용함으
로써 '그리스도와 문화'의 긴장관계를 명확하게 제시하기보다는
오히려 혼란을 초래한 면이 적지 않다. 문화의 다양한 측면과 그 본
질을 깊이 이해하기 전에 기독교의 전통적 가르침에 따라 문화를
평가하고 분류하고자 했기 때문이다.

이러한 그의 한계는 그리스도와 문화의 관계를 기독교의 입장
에서 자신의 기준을 가지고 판단했던 태도를 극복할 수 없었던 것

문화 판단의 여러 규범들

복음과 문화는 대립적인가, 아니면 상관적인가?
혼란스러운 규범적 판단 속에서
새로운 통찰이 필요하다.

에 기인하는 것이다. 그 결과, 그리스도와 문화간의 바른 관계의 '본질' 규명보다는 기독교 윤리학자로서 '윤리적' 모델 도출에 편중함으로써 서로간의 관계를 혼란스럽게 만들었다. 그럼에도 불구하고, 니버의 연구는 기존의 전통 신학이 어떻게 문화를 이해하고 신학적으로 대처해 왔는지를 성찰하도록 돕는 가치 있는 방법으로 평가할 수 있다. 이러한 전(前)이해를 가지고 문화 비판적 태도와 문화 변혁적 태도와 아울러 반규범적 문화신학의 태도를 볼 수 있는 예와 이들의 신학적 규범의 특징을 살펴본다.

문화 비판적 태도와 그 규범

기독교가 문화에 대하여 비판적 신학을 전개한 문화 배격주의를 살펴본다. 여기에서 가장 대표적인 것이 재세례파(再洗禮派, Anabaptist)다. 그들은 16세기 종교개혁의 급진파에 속하는데, 가장 뚜렷한 특징은 성인세례(成人洗禮)이다. 그 당시의 법에 따르면 재세례는 사형에 해당하는 범죄였으나, 자신들이 받은 유아세례를 신성모독적인 의식으로 보았기 때문에 죄와 믿음을 공개적으로 고백하고 받는 성인 세례만을 유일하게 타당한 세례라 주장하였다. 스위스의 종교개혁가 울리히 츠빙글리(Ulrich Zwingli, 1484-1531)의 견해를 따른 그들은 유아들이 선과 악에 대한 자각이 생기기 전까지는 죄로 인한 형벌을 받지 않으며 그런 자각이 생기고 난 후에야 자유의지로써 회개하고 세례를 받아들일 수 있다는 견해를 고수했다.

재세례파의 특성에 대해서는 여러 가지 측면에서 논의할 수 있다. 특히 이 말의 의미를 아는 것보다는 이 말이 나오게 된 상황을 아는 것이 재세례파의 특성을 이해하는 열쇠가 된다. 이 '재세례파' 란 말은 루터와 츠빙글리가 처음 만들어냈는데, 국가교회로부터 나와서 자유롭게 신앙생활을 하고자 하는 자들을 가리키고자 한 것이다. 그들이 국가교회로부터 떠난 바로 그 배경에는 문화에 대한 비판적 이해가 깔려 있었다. 그들의 눈에 국가란 조직은 영적 기능을 수행할 수 있는 능력을 이미 상실한 지 오래되었다. 교회가 그러한 국가의 통제 하에 들어가는 것은 곧 교회의 자기 상실을 의미하였다. 교회는 국가에 더 이상 속해서는 안 될 뿐만 아니라, 국가와는 전혀 독립적인 관계에 있어야 한다는 사상이 재세례파 교회관의 축을 이루게 되었다.

그러므로 재세례파가 유아세례를 반대하는 것은 유아세례 자체에 대한 신학적 타당성에 회의를 품었던 세례론의 문제 이전에 오히려 교회론의 문제였다. 개인의 자유로운 결단과 헌신에 의하여 이루어져야 할 신앙 행위는 국법(國法)의 차원에서 이루어질 수 없는 것이다. 그런데 교회가 국가교회가 됨으로써 자유로운 신앙 행위가 법적으로 강요받는 데까지 이르게 되었다고 보았다. 국가교회는 법적 차원에서 유아에게 세례를 주고 있었다. 재세례파는 교회의 회원이 되는 것이란 법으로 정해 시행할 수 있는 문제가 아니라고 보았기 때문에, 유아에게 세례를 주는 것은 곧 교회의 세속화를 정당화하는 것과 다를 바 없었다. 따라서 재세례파는 자기 의지도 없이 국가의 법에 따라 받은 세례는 인정하지 않게 되었고, 자신들의 입장을 수용하는 자들에게는 '다시 세례를' 주게 된 것이다.

우리는 여기에서 한 걸음 더 나아가, 재세례파의 교회관과 국가관에 대하여 조금 더 살펴보고자 한다. 왜냐하면, 교회가 국가의 법에 따라 움직이는 것을 왜 정당하지 못하다고 보았는지 그 이유가 아직 드러나지 않았기 때문이다. 이를 위해서는 그들이 그리스도의 나라와 이 세상 나라의 관계를 어떻게 설정하고 있는지를 파악해야 한다. 한 마디로 말한다면, 교회로 대변되는 그리스도의 나라와 국가로 대변되는 이 세상의 나라는 본질상으로 '대립'의 관계에 있다는 것이다. 각개의 나라가 추구하는 목적이나 방법과 내용 중 어느 하나 일치하는 것이 없다. 서로를 적대적인 관계로 보지 않지만, 전혀 다른 차원의 삶이라고 생각한다.

그렇다면 재세례파는 어떠한 신앙적 혹은 신학적 근거에서 그리스도 왕국과 세상 왕국을 대립적인 관계로 이해하는가? 무엇보다도 재세례파에 있어서 예수를 따르는 그리스도인이 된다는 것은 세계관의 근본적인 전환을 경험하는 것을 의미한다. 그들은 믿기 전과는 전혀 다르게, 그들 자신이 몸담아 살고 있는 세상에 대하여 매우 부정적으로 인식한다. 재세례파로 하여금 이 세상의 나라를 부정적으로 보게 하는 특징적인 말씀은 다음과 같다:[19] "세상과 벗된 것이 하나님의 원수임을 알지 못하느뇨. 그런즉 누구든지 세상과 벗이 되고자 하는 자는 스스로 하나님과 원수 되게 하는 것이니라"(약 4:4).

재세례파는 이러한 성서의 말씀들을 신앙생활에 적용함으로써 그리스도가 지배하는 나라와 세상 왕국의 관계를 철저히 이원화시키고 있다. 재세례파의 정신을 가지고 미하엘 자틀러(Michael Sattler, 1500-1527)가 기초한 『슐라이트하임 신앙고백』(Schleitheim Confession, 1527)에서 우리는 교회와 세상간의 분리적 관계를 명백히 확인할 수 있다: "모든 피조물들은 두 부류로 나눌 수 있는데 좋은 것과 나쁜 것, 믿는 자와 믿지 않는 자, 어두움과 빛, 이 세상과 이 세상에서 불려 나온 자들, 우상과 하나님의 성전, 그리스도와 벨리알이 그것이다. 이 모두가 철저히 구별되는 것이니 서로 섞일 수 없는 것이다."[20]

후터파(Hutterites)의 『大信條書』(Great Article Book, 1577)에서도 거의 같은 강도(强度)로 세상과 그리스도인들의 삶이란 근본적으로 대립의 관계에 있음을 천명하고 있다: "요약하자면, 세상과 짝하는 것은 하나님과 원수 되는 것이다. 그러므로 누구든지 세상과 벗이 되고자 하는 자는 스스로 하나님과 원수 되게 하는 것이다(약 4:4). 만일 그리스도인이 되는 것이 말뿐이고, 헛된 이름뿐이고, 기독교가 세상을 기쁘게 하는 방식으로 나타나고, 그리스도께서 세상과 조화될 것을 허용하였다면, 그리고 십자가가 검으로 수행되었다면 … 이 세상의 모든 권위자들과 그 신민들 - 즉, 온 세상이 - 모두 그리스도인일 것이다."[21]

재세례파의 이와 같은 입장은 문화 비관적 신학의 전형적인 예라 할 수 있다. 기독교와 세상 문화는 함께 멍에를 멜 수 있는 관계가 못 된다는 것이다. 그렇게 될 수밖에 없는 근본적인 이유를, "세상은 육체에 따라 살며, 육체에 의해 주관되고", 반면에 "그리스도인들은 성령에 따라 살며, 성령의 주관함"을 받는다는 사실에서 찾는다. 그러므로 이러한 지경에서는 세상을 적극적으로, 긍정적으로 볼 수 있는 여지란 조금도 없다. 한 마디로 세상 문화는 그리스도의 삶과 가르침과는 근본적으로 다르기 때문에 세상과의 벗됨을 추구한다든지, 세상에서 통용되는 가치관을 신앙생활에 도입한다든지 하는 것은 철저히 배격된다.

이것은 세상이 그리스도인들을 박해하고 핍박하기 때문에 그러한 도전으로부터 자신의 신앙을 순수하게 지키기 위해서 취하는 소극적 배타주의가 아니다. 처음에 말했듯이, 그리스도의 나라와 세상 나라를 '본질적으로' 대립적인 것이라고 파악한 결과일 뿐이다. 따라서 세상의 문화나 조직들과의 어떠한 관계 개선이나 조화를 도모하는 길은 관심 밖의 일이며, 결과적으로 세상과의 단절만이 있게 된다.

문화 변혁적 태도와 그 규범

문화 변혁적 태도는 미국의 시민종교(Civil Religion)에서 찾아볼 수 있다. 미국 시민종교의 뿌리는 영국의 청교도에까지 거슬러 올라간다. 청교도들이 신앙의 자유를 찾아 비록 미지의 땅 아메리카 대륙으로 건너오기는 했지만, 그들은 하나님이 선택한 영국 백성이라는 신앙적 유산을 끝까지 견지하고 있었다. 그래서 신대륙에서 이렇게 기도할 수 있었다: "주께서 이곳을 뉴잉글랜드와 같게 하시며, 우리로 우리가 산 위에 있는 도시와 같아서 만민이 우리를 주시하고 있음을 생각하게 하소서." 이와 같은 정신이 미국 기독교 사상에 큰 흐름을 형성하였다. 즉, 하나님께서 그리스도의 오심을 준비케 하는 사명자로 미국을 선택하셔서, 이 세상의 도덕적, 정치적 해방을 이룩하게 하실 것이라는 문화 변혁적 신학사상을 이룩한 것이다. 이러한 과정에서 미국이라는 국가는 역사 안에서 활동하시는 하나님의 종의 위치를 차지하기 시작했다.

이에 한 걸음 더 나아가, "기독교"를 전파하는 것은 곧 "미국주의"를 선양하는 것으로 통하는 차원까지 이르게 되었다. 곧 미국의 메시야 의식(American Messianism)이 출현한 것이다. 이처럼 미국주의가 대두되기까지에는 18세기 대각성 이후 19세기에 걸쳐서 복음주의적 설교가들의 사상이 크게 영향을 미쳤다. 예를 들어, 조나단 에드워즈(Jonathan Edwards, 1703-1758)는 그리스도에 의한 천년 동안의 지상 통치가 미국에서 이루어지리라는 확신을 갖고, 백성들에게 함께 모여서 하나님 나라의 임함을 위하여 기도하자고 설교하였다. 또한 찰스 피니(Charles Grandison Finney, 1792-1875)와 같은 부흥사들은 하나님이 미국을 통하여 위대한 사역을 하실 것이라는 확신을 가지고 있었다. 이러한 미국적 메시야 의식이 20세기에 들어오면서 퇴조하고 변질되기 시작했지만, 미국이라는 나라를 통해서 기독교적 가치가 구현될 것을 기대하는 꿈만큼은 지속적으로 계승되고 있다. 다시 말해서, 세상 나라와 그리스도의 나라 간에 차별이 있는 것이 아니라, 오히려 그리스도의 나라는 세상 나라를 통해서 이루어진다는 문화낙관주의가 미국 기독교의 신학 사상을 지배하여왔다. 우리는 문화에 대한 "시민 종교"의 변혁적 태도로부터 이러한 신학 사상이 가능한 것이라고 보는 것이다.

이와 같은 문화 변혁주의 역시 문화를 비판적으로 보는 것에 있어서는 재세례파와 같은 입장이다. 문화에 대한 이들의 신학적 규범의 특징을 알기 위해 니버나 웨버(Robert E. Webber)가 제안하는 소위 "문화 변혁자"로서의 그리스도 개념을 정리할 필요가 있다. 문화 변혁주의자들은 "변혁된 사회에 대한 희망"[22]을 강력히 견지한다. 그들이 문화의 변혁을 이야기할 수 있는 것은 창조 세계의 타락에 대한 신학적 이해에 근거하고 있다. 문화 배격주의자들과 달리 그들은 문화 행위를 긍정적으로 보는데, 그 이유는 타락을 창조의 연속이 아니라고 보기 때문이다.[23] 즉, 타락한 것은 인간이지,

하나님의 창조 자체는 아니라는 것이다. 그리고 인간의 타락이란 "존재해서는 안 될 사물처럼 악한 것이 아니라, 비틀어지고 꼬이고 방향이 잘못된 것"[24], 달리 말해서, 그것은 "부패"의 상태요, "악이 아니라 전도(顚倒)된 선(善)"이다. 그렇기 때문에 문화의 변혁 또는 개변을 위한 희망을 가질 수 있게 된다. 이러한 희망 때문에 "현재의 갱신에 대한 하나님의 가능성"을 강조한다.

뿐만 아니라, "창조와 문화의 세계가 최후로 종말을 고한다는 데 대한 기대보다도 만물을 그(하나님)에게 끌어올려 변화시키는 그리스도의 능력에 더욱 민감"하게 된다.[25] 다시 말해서, 새로운 문화 창조라는 것은 이미 인간의 타락으로 인하여 불가능하게 된 것이라고 보는 것과는 달리, 현재의 문화는 단지 선(善)이 전도된 상태여서 얼마든지 개변의 가능성이 있는 것이므로 보다 더 적극적인 문화 변혁의 노력을 기울여야 한다는 이야기다.

니버는 이러한 노력을 가리켜 "그리스도로부터 흘러나오는 생명의 운동"이요, "상향적인 운동"이라고 칭했다. 이것이 상향적인 이유는 "그리스도에 대한 찬양과 흠앙의 힘찬 파도에 의하여 높이 올려진 인간의 영혼과 행위와 사상의 상승"이기 때문이다. 이러하기 때문에 니버는 이러한 운동은 "인간으로서는 불가능하다"고 결론을 내린다. 그러나 니버는 여기에서 그치지 않고 "하나님에게는 모든 일이 가능하다"는 신앙의 일로 연결시킨다.[26] 이와 같이 신앙의 차원에서 문화를 변혁시킬 수 있다는 적극적 사고를 하지만, 그 바탕에는 문화에 대한 비관적 견해가 있고서야 가능한 일이다.

문화 낙관적 태도와 그 규범

문화 낙관적 태도는 이미 2세기와 3세기에 그리스나 로마제국에서 국가종교의 형태로 발전된다. 그리고 중세시대에도 황제 중심의 국가종교가 근대의 문화개신교주의와 같은 문화 낙관적 태도를 보였다. 특히 중세는 황제와 교황간의 지배권 투쟁의 역사라 볼 수 있는데, 교황이 지배하든 황제가 지배하든 누가 되든 간에 중요한 것은 이 세상 나라 왕국은 그리스도 왕국과 대치되는 것이 아니라는 것이다.

교회가 부패하기 전까지는 교황의 지배권이 확고하였지만, 교회가 부패하면서 그리고 민족주의가 대두되면서 프랑스, 독일, 영국 등은 왕을 택하게 되었다. 각국이 왕의 통치하에 들어갔다고 해서 기독교의 지배가 상실된 것은 아니었다. 왜냐하면 이미 왕도 교황과 같이 하나님의 뜻을 수행하는 종으로 인식하고 있었기 때문이다. 신앙생활의 실제적인 차원에서는 교회를 지배하던 주체가 왕이든 교황이든 차이를 느낄 수 없었다. 이처럼 중세에 있어서 국가와 종교의 관계가 한 마디로 '종교국가' 내지는 '국가종교' 라고 표현할 수 있을 정도로 상호 조화적인 것이었다. 문화낙관주의는 그 바탕에 문화의 종교성을 긍정하는 '본질적 문화신학' 의 원리를 수용하고 있다. 그러나 본질적 문화신학이 모두 문화낙관주의로 가는 것은 아니다.

문화낙관주의를 표명하는 문화개신교주의의 이상(理想)은 앞장에서 상론한 바 있듯이, 한 마디로 기독교 사상에 근거한 "문화국가(Kulturstaat)"를 이룩하는 것이었다. 그러므로 문화국가란 그리스도의 모든 정신이 구현된 '그리스도 왕국' 에 유사한 개념이 된다.

문화개신교주의는 이에 대한 신학적 전거를 종교개혁에서 찾는다. 즉, 문화국가란 종교개혁이 추구하려 했던 바로 그 궁극적 모습이라는 것이다. 왜냐하면 문화국가의 본질은 '주체적 자유'인데, 바로 이 자유사상은 기독교로 말미암아 가능했고, 종교개혁이 그 자유를 쟁취했다고 보기 때문이다.

그러므로 문화개신교주의의 입장에서는 국가의 법과 제도뿐만 아니라, 철학, 과학, 공공윤리 등의 이성적 원리들까지도 신앙의 세계와 별도로 존재하거나, 또는 신앙과 대립적인 것들이 아니다. 오히려 이러한 것들은 전통적인 교회의 신앙에 대한 또 다른 표현일 뿐, 그 본질에 있어서는 모두 종교개혁 정신이 추구하는 것과 일치한다는 것이다. 따라서 종교개혁은 교회라는 영역에 한정되지 않고, 문화국가라는 이상을 실현하기 위한 총체적인 개혁으로 받아들여진다. 이러한 사상은 특히 피히테(Fichte)에 의해서 기초되는데, 그는 이렇게 기독교적 문화국가가 현실적으로 이루어질 때, 교회는 더 이상 사회의 특정한 영역에 한정되지 않고 문화 현상 전체에 대하여 영향력을 미칠 수 있는 보편적인 존재가 될 수 있다고 보았다.

문화에 대하여 낙관적으로 바라보는 자들은 세상 문화란 결코 그리스도가 통치하는 나라와 대립적이지 않다는 전제하에서, 오히려 세상 문화를 기독교 정신의 실현 동반자 내지는 그 목적으로까지 이해한다. 이것은 분명히 재세례파의 문화 비관적 태도와는 극단적으로 대조적인 입장이다. 재세례파에 있어서는 세상 문화란 결코 그리스도인들과 함께 조화를 이룰 수 없을 뿐만 아니라 근본적으로 다른 세계이기 때문이다.

문화개신교주의에서는 기독교와 세상 문화가 이원적이 아니다. 문화는 기독교 신앙의 꽃이어야 한다. 기독교는 그 뿌리고, 문화국가는 그 뿌리에서 자라난 꽃이요 열매다. 그것들은 하나지, 결코 둘이 아니다. 따라서 당시 근대주의의 정신들, 말하자면 개인의 주체성, 자율성, 시민 윤리와 정치적 자유 등의 가치들을 실현시키는 것은 기독교 밖의 일이 아니라, 기독교가 추구해야 하는 바로 그 내용이다. 세상 문화는 기독교의 딸인 셈이다. 기독교는 세상의 모든 문화적 가치 추구의 원동력이 되는 것이다. 이처럼 기독교는 교회라는 형태로 머무르지 않고 그것을 벗어버리기까지 하면서 세상의 다양한 문화적 모습과 일치시키고자 시도할 수 있었다. 기독교의 본질은 역사 속에서 구현된다는 신념을 가지고 있었기 때문이다. 기독교의 본질이 이와 같이 문화적으로 실현될 때, 문화국가라는 현실 안에서 교회와 국가, 종교와 문화는 완전한 일체를 이룬다. 거기에는 국가가 따로 있고, 교회가 따로 존재하는 것이 아니다. 그러므로 로테(Rothe)와 같은 사람은 당시 근대 문화란 "지금까지의 종교개혁이 역사적으로 영향을 끼친 최대의 결과"라고까지 선언할 수 있었다. 문화개신교주의의 또 다른 특징은 전통 교회의 틀을 고집하지 않으면서 사회 안에서 교회의 역할을 찾는 것이다. 문화국가의 이상을 위해 오히려 제 문화 현상들이 교회로부터 해방되어 나오는 것을 종교개혁적이라고 본다. 종교는 문화의 근거이기에 종교와 문화는 더 이상 대립적일 수 없다는 것을 분명히 했던 것이다.

이처럼 종교의 문화에 대한 관계는 문화에 대한 종교적 규범의 여하에 따라 다양한 모습으로 나타남을 알 수 있다. 또한 역으로 세상의 문화도 종교의 구체적인 규범적 태도에 따라 반응함을 볼 수 있다. 그렇다면 이제는 문화를 바라보는 기독교 문화관의 기본 원리가 무엇인지를 물어야 할 것이다.

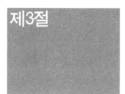

규범적 문화신학의 원리

제3절

본질적 문화신학의 원리와는 달리 규범적 문화신학은 문화 자체의 본질을 보고자 하지 않고, 문화에 대한 판단의 근거인 규범에 대해서 체계적으로 논하고자 한다. 문화에 대한 규범적 판단의 최종적 권위는 성서다. 따라서 문화에 대한 성서적 관점을 바로 제시하는 것이 규범적 문화신학의 과제가 된다. 우리는 그 관점을 두 가지 차원에서 고찰한다.

첫째, 모든 문화는 죄 가운데 있는 인간에 의해서 이루어지는 것이므로 문화 역시 죄와 직접적 관계가 있다는 것이다. 이처럼 문화는 비록 죄인에 의하여 이루어지는 만큼 죄와 관계될 수밖에 없지만, 더 근본적으로는 악의 실체에 의하여 조종당할 수 있다는 것이다. 여기에서 악의 세력을 드러내는 문화의 원리가 다루어진다. 둘째, 문화가 비록 죄와 악의 지배하에 있을지라도 하나님의 뜻을 드러내는 도구로 여전히 가치가 있다는 것이다. 여기에서는 하나님의 뜻을 드러내는 문화의 원리가 다루어진다. 이러한 문화에 대한 두 가지 관점은 문화에 대한 규범적 판단의 원리로 작용한다.

1. 악의 세력을 드러내는 문화의 원리

문화 비관적 및 낙관적 규범의 오류

사탄의 존재는 오랫동안 이론신학 분야에서 최소한 부정되지
는 않았지만, 실제로 사탄이 문화의 영역에 개입해 온 현실과 영향
력에 대해서는 적극적으로 설명해 오지 못했다. 사탄은 인류의 타
락과 인류의 전 역사에 걸쳐 결정적인 역할을 했을 뿐만 아니라, 하
나님이 선택한 이스라엘 백성들의 모든 역사와 예수 그리스도의 활
동 가운데, 그리고 사도들과 교회의 역사를 통해서도 동일하게 활
동해왔다. 성서와 교회사는 공히 이러한 사실들을 증거해 주고 있
다. 이 뿐만 아니라, 인류 문화사 역시 온갖 종류의 신들의 이야기,
특히 수많은 귀신들에 대한 제사와 그와 관련된 전통적 종교 행사
들에 대한 보도로 가득 차 있음을 볼 수 있다. 그리고 그러한 행위
들은 모두가 경외심을 가지고 이루어지기 때문에 부정적인 것으로
기술되기 보다는, 오히려 '전통적인 것' 으로 받아들여지는 것이 일
반적 관례다.

우리가 그동안 앞에서 고찰한 바와 같이, 문화신학에서의 문
화 비관적 태도는 '타락한' 세상문화의 면을, 그리고 낙관적 태도
는 인간의 문화적 활동의 '가능성' 을 강조했던 점은 나름대로 문화
이해를 위해 기여한 바 크다. 그러나 문화에 대한 보다 총체적이며
근원적 통찰에 이르지 못함으로써 오히려 세상 문화에 대한 바른
입장을 갖는데 역기능을 하고 있는 것도 부정할 수 없는 사실이다.
그러므로 문제는 낙관적 문화 이해와 비관적 문화 이해에서 간과되
고 있는 점을 찾아 문화에 대한 보다 확고한 '신학적' 이해에 도달

해야 하는 것이다. 여기에서 중요한 것이 바로 문화에 대한 사탄의 역사다. 왜냐하면 사탄의 역사를 말하지 않고서 그 어떤 문화 이해도 완전하다고 할 수 없다는 것이며, 문화 창조의 이야기는 한낱 공염불에 머물고 말 것이기 때문이다.

비관적 문화신학의 오류는 문화 자체의 비극성만을 보았지, 문화의 그 부정적 비극성을 만들어 내는 사탄의 사역에 대한 영적 통찰력을 갖지 못한 것이다. 그래서 세상 문화 자체마저도 부정하는 극단적인 입장을 취하게 되었다. 또한, 비관적 문화신학은 그리스도의 구원에 참여하지 않은 자들일지라도 하나님의 형상을 다시 회복할 수 있는 신앙적 가능성이 있음을 적극적으로 보지 않았다.

일반 자연인의 문화 창조의 일을 다 악마적으로 타락한 것으로만 볼 수 없는 이유는 그들 가운데는 양심에 새겨져 있는 하나님의 법에 따라 여전히 불의와 비진리에 대하여 싸우는 정의로운 정신을 담은 문화가 존재하고 있기 때문이다. 그러므로 인간이 창조하는 문화는 얼마든지 긍정할 수 있고 또한 긍정해야 하는 부분이 많다. 단지, 그 문화가 궁극적으로 무엇을 겨냥하고 있는지를 분별하는 능력이 필요할 뿐이다. 그래서 그리스도인은 사회 각 층에 깊이 뿌리내리고 있는 제 문화 현상 자체만 보고 선악 간에 판단하거나 혹은 아예 무관심해서는, 세상을 사랑하여 그리스도까지 보내신 하나님의 사역에 동참할 수 없게 된다. 오히려 문화 현상 배후를 조절하는 영적 세력의 실체를 파악해야 하는 과제를 책임 있게 감당해야 한다. 그러므로 비관적 문화신학의 입장에서처럼, 세상이란 이겨야 할 대상이며, 벗이 되어서는 안 될 적(비교-요일 5:4, 약 4:4)으로 이해하기보다는, 문화를 총체적으로 파괴하고 하나님을 거역하는 악한 영들의 유혹의 대상으로 보는 것이 정당할 것이다. 그럴 때, 세상을 미워한다는 것은 세상 그 자체가 아니라, 세상을 악으로 물들이는 악령들을 향한 것으로 받아들일 수 있다.

낙관적 문화신학의 오류는 이와 반대로 문화 자체의 적극성만을 보았지, 문화가 얼마나 부정적으로 빠질 수 있는지, 그리고 그것이 결국은 사탄의 숨은 계략에 의해 문화가 얼마나 하나님을 거역하는 일에 사용될 수 있는지의 여부에 대해서는 관심을 갖지 않은 것에 있다. 그러므로 교회는 세상 문화가 이미 사탄의 세력에 크게 영향을 받고 있음을 직시하면서, 문화 안에서 하나님을 대적하는 사탄의 어두운 권세와 싸우는 자세를 견지해 나가야 한다. 그것이 곧 그리스도가 세상 한가운데 성육신하여 세상을 위하여 살아간 방법이었기 때문에, '그리스도와 문화'의 관계성을 결정하는 원리는 이에 따라야 할 것이다.

사탄에 붙잡힌 세상

성서가 보는 세상은 사탄의 세력에 붙잡힌 가련한 상태다. 시간이 지날수록 세상은 악령의 조정 때문에 더욱 파괴적이고, 진리에 적대적이고, 신성 모독적으로 빠지게 된다. 비록 사탄이라는 악한 존재에 의해 죄가 세상에 들어왔지만, 그럼에도 불구하고 사탄의 악한 존재로 인해 죄에 대한 인간의 책임이 결코 약화될 수 없다는 칸트의 말을 기억할 필요가 있다.[27] 악의 원리에 대한 인간의 참여가 없이는 범죄는 불가능하기 때문이다. 사탄은 파괴된 세상을 구원하기 위하여 그리스도가 온 사실 자체도 계속 왜곡시키고, 성육신과 그리스도의 십자가와 부활 신앙 자체를 불신하도록 끊임없이 방해하고 교란하고 있다. 이처럼 세상은 정말 비참한 상태에 놓여 있는 것이고, 사탄은 '죽음'을 무기로 생명들을 자기에게 예속시켜 멸망의 운명으로 떨어뜨리고 있다.

그러므로 인간이 문화 활동을 하지만, 결국 중요한 것은 그 배후에서 어떤 존재가 조정하느냐는 점이다. 똑같은 문화생활을 누린다고 하더라도, 한 쪽은 하나님의 뜻을 따르고자 하는 자이고, 다른 한 쪽은 하나님을 거역하는 자일 때, 그 문화 활동의 결과는 전혀 다르게 나타나기 마련이다. 전자는 하나님 나라의 문화인 정의, 평화, 기쁨이 충만한 영성을 드러낼 것이고, 후자는 육체의 문화로서 음행, 더러움, 술수, 분쟁 등으로 나타날 수 있다. 이러한 모습은 현실 가운데서 명백히 나뉘어져 있지 않고 혼합되어 있는 것이 일반적이다.

사탄의 기원과 정체(正體)

그렇다면 세상 문화 영역에서나 교회 현장 어디에서든지 역사하는 사탄의 정체와 문화 가운데서 활동하는 사탄의 전략적 '속임수'를 아는 일은 문화신학의 원리를 정립하는데 간과해서는 안 될 중요한 부분이 된다. 사탄의 기원에 대해서는 요한계시록 12장 7-9절에 명시되어 있는 것같이, 용이 미가엘과 하늘에서의 전쟁에서 패하여 더 이상 하늘에서 있을 곳을 얻지 못하고 땅으로 쫓겨 난 존재를 사탄이라고 말하고 있다. 성서의 표현을 그대로 빌리자면, "큰 용이 내어 쫓기니 옛 뱀 곧 마귀라고도 하고 사탄이라고도 하는 온 천하를 꾀는 자라. 땅으로 내어 쫓기니 그의 사자들도 저와 함께 내어 쫓기니라"고 했다. 이로 보건대, 사탄은 원래 지상의 존재가 아니고 천상의 피조물로서 하늘로부터 추방당한 후, 지상 세계를 자신의 활동 무대로 삼고 있는 존재임을 알 수 있다. 그리고 사탄을 가리켜 "온 천하를 꾀는 자"라 했는데, 이는 예수 그리스도의 사역에서도 꼭 같은 정체로 폭로되고 있다: "너희는 너희 아비 마귀에게서 났으니 너희 아비의 욕심을 너희도 행하고자 하느니라. 저는 처음부터 살인자요 진리가 그 속에 없으므로 진리에 서지 못하고 거짓을 말할 때마다 제 것으로 말하나니, 이는 저가 거짓말쟁이요, 거짓의 아비가 되었음이니라"(요 8:44). 여기에서도 사탄의 정체가 분명히 나타나고 있지만, 사탄의 활동 목적은 한 마디로 온 피조물을 죽음에 이르게 하는 것이다. 사탄은 이와 같은 자신의 목적을 달성하기 위하여 진리로 자신을 위장하는 "거짓말쟁이"가 된다. 때로는 "광명의 천사"(고후 11:13)로 나타남으로써 진리를 오도한다. 그리고 가능한 대로 많은 "올무"(딤후 2:26)를 놓아 사탄의 유혹에 빠뜨린다. 할 수 있는 "틈"(엡 4:27)만 있으면 언제든지 기회를 포착하여 "우는 사자와 같이 두루 다니며 삼킬 자"(벧전 5:8)를 찾아 "시험"(고전 7:5)한다. 사탄은 "사망의 세력을 잡은 자"(히 2:14)로서 죽음을 무기로 온 피조물을 공략한다.

악에 대한 성서의 관심과 이해

하나님의 존재가 일부 종교철학자들에게는 하나의 "작업가설"인 것처럼, 악마 역시 이 세상의 고난과 고통을 설명하기 위한 기독교 신학의 작업가설로 여겨질 수도 있을 것이다. 그러나 성서는 하나님의 존재나 그의 기원을 종교철학적으로 묻지 않고, "하나님을 사랑하라"고 하며, 그와 같은 맥락에서 악마의 존재 여부 및 그 기원에 대해서도 묻지 않고, 단지 "악마를 대적하라"는 실존적 참여를 요청할 뿐이다. 그러므로 종교철학은 악의 기원과 실재성에 대해 묻지만, 기독교 신학은 악의 실재를 전제하면서 악에 대한 승리의 비결을 묻는다. 우리는 유대교나 기독교 모두에게 있어서 신정론의 정수를 볼 수 있는 욥기의 마지막 부분에 나오고 있는 욥의 고백(욥 42:1-6)을 통해서 이 사실을 확인한다. 이것은 루터가 말한 바처럼, 인간이 하나님의 정당성을 변호해야 할 입장에 있는 것이 아니라, 오히려 하나님이 인간의 판단과 의(義)가 얼마나 정당한지를 묻는 자로 나타나야 한다는 것과 맥락을 같이 한다(WA 18, 712).

악에 대한 성서의 이해를 보다 명확히 하기 위해서는 악(evil), 고통(pain), 그리고 고난(suffering)이라는 각각의 개념이 지니는 독자성을 유지시켜야 한다. 악에 대한 문제는 구약성서 특히 이사야서, 잠언, 욥기, 예레미야서에서 찾아볼 수 있다. 이사야서와 잠언에 의하면, 인간의 고통이란 죄 때문에 오는 것이다(사 3:10-11; 잠 10:27). 그러나 고통은 죄에 대한 벌만은 아니다. 왜냐하면 하나님을 섬기는 자가 이방인보다 더 고난을 당해야 하는 이유를 설명할 수 없기 때문이다. 그것은 욥기에 따르면 야훼의 신비에 속하는 것이다. 또한 시련으로서 이해한다(욥기의 엘리후). 이 시련은 또한 구속적인 것이 된다(제2이사야). 그러므로 고통을 선한 것, 또는 축복으로 이해할 수 있게 된다. 더 나아가, 고통은 선의 창조에 필요한 과정으로까지 이해한다. 악을 절대적인 것으로 보지 않는다. 예레미야에 의하면 종국에 가서 야훼가 모든 악을 이용하여 승리할 것이기 때문이다.

악에 대한 하나님의 주권

악의 존재에 대한 성서 자체의 증언은 무엇인가? 첫째, 성서의 관심은 악에 대한 논리적 규정이 아니라, 악이 인간으로 하여금 하나님의 궁극적인 목적에 도달하지 못하게 한다는 점에 모아진다는 것이다.[28] 둘째, 인간 안에서 악의 기원을 찾을 수 없다는 것이다. 인간의 부패 행위가 이미 구약성서에 진술되었지만,[29] 인간의 타락은(창 3:1-7) 악의 존재를 전제하고 있다. 인간은 죄에 대한 책임을 져야하지만(롬 5:12-14) 악의 기원을 인간에게서 찾지 않는다. 셋째, 따라서 악은 인간 자신 밖에서 비롯된다는 것이다. 그러나 악이 현실로 드러나는 것은 인간의 행위가 관계될 때 가능해 진다. 악을 현실화시키는 데에 관여한 인간의 행위를 죄라 말할 수 있다. 넷째, 이 세상에 사탄의 존재를 가능하게 하신 분도 창조주 하나님이고, 그 악이 발전되도록 내버려 둘 뿐만 아니라(삼상 2:6-7), 또한 서로를 억제하도록 하는(시 39:9-10) 분도 하나님이라는 것이다. 다섯째, 악의 권세는 그 시위(示威)에 있어서 자유롭지 못하고 하나님의 계획에 따라야 한다(살후 2:3-11)는 것이다. 여섯째, 악이 제 아무리 강할지라도 하나님의 구원의 목적을 저해하거나 방해할 만큼 강하지는 못한다는 것이다.[30]

하나님께서는 사탄의 활동을 그대로 방치해 두지 않으신다. 성서의 표현을 그대로 인용하면, 하나님은 사탄을 영원히 결박하기 위해 이미 "무저갱", 혹은 "유황과 불못"을 준비해 두었다. 사탄의 활동은 일정 기간 동안 제한되어 있음을 알 수 있다. 반면, 하나님은 사탄의 일들을 멸하고 인류를 사탄의 모든 위협과 속임수로부터 해방시키고, 구원받을 자를 구원하기 위하여 아들 예수 그리스도를

이 땅으로 보내셨다: "죄를 짓는 자는 마귀에게 속하나니 마귀는 처음부터 범죄함이라. 하나님의 아들이 나타나신 것은 이는 마귀의 일을 멸하려 하심이라"(요일 3:8). "자녀들은 혈육에 함께 속하였으매 그(예수)도 또한 한 모양으로 혈육에 함께 속하심은 사망으로 말미암아 사망의 세력을 잡은 자 곧 마귀를 없이 하시며 또 죽기를 무서워하므로 일생에 매여 종노릇하는 모든 자들을 놓아주려 하심이(라)"(히 2:14-15).

사탄의 반(反)문화 전략

이처럼 사탄이 이 세상에서 활동하는 목적과 예수 그리스도의 사역은 서로 간에 분명히 적대적이다. 따라서 이 지점에서도 다시 확인할 수 있는 것은, 그리스도인은 세상 문화 그 자체에 대항해야 할 것이 아니라, 세상 문화를 마성화시키는 사탄의 반(反)문화 전략을 무력화시키는 일을 해야 한다는 것이다. 우리가 이 점을 놓치게 될 때 문화를 무분별하게 배격하는 오류에 빠지게 되어 아예 반문화적 삶을 고집하게 된다. 그런 사이에 사탄은 전 문화 영역을 아무런 방해도 받지 않고 악마적으로 파괴하게 될 것이다. 우리가 이미 살펴보았듯이, 예수 그리스도는 유대 문화 한 가운데서 뿐만 아니라 당시에 지배적인 그레코-로마(Greco-Roma) 문화가 유입되어 있던 상황 가운데서 활동하셨다. 오히려 "먹기를 탐하고 포도주를 즐기는 사람이요 세리와 죄인의 친구로다"(마 11:19)는 평을 들을 정도로 세상 문화 현장 한 가운데서 사셨던 것을 알 수 있다.

그러면 사탄은 어떠한 문화 전략을 가지고 인류로 하여금 죽음에 이르게 하는지, 또한 이로써 하나님을 어떻게 대적하고자 하는 지를 파악해야 한다. 크게 영적인 차원, 정신적인 차원, 및 육적인 차원으로 살필 수 있을 것이다. 이들은 인간의 인격을 구성하는 차원들이다. 이 세 차원에 대한 사탄의 문화 전략은 개개인의 삶뿐만 아니라, 인류의 공동체적 삶 전체를 동시에 향하고 있다. 따라서 사탄의 역사는 개별적인 동시에 전체적인 특징을 갖는다.

첫 번째, 사탄의 문화 전략의 영적 차원은 종교문화와 관련이 있다. 사탄의 가장 우선적인 목표는 인간의 영혼(spirit)을 '죽음'에 이르게 하는 일이다. 이를 위해서 사탄은 인류로 하여금 하나님의 말씀에 불순종하도록 유혹한다. 인간이 사망 선고를 받게 되는 첫 단계가 말씀을 거역하는 것이기 때문이다(창 2:17). 말씀에 불순종하는 것이 죄악의 발단이며, 그 결과 인류는 자신의 범죄로 말미암아 죽음에 이르게 된다(렘 31:30, 겔 18:4). 하나님이 명령하신 말씀을 거역하는 것은 곧 하나님 자신에 대한 불신앙의 직접적인 표현이다. 또한, 그가 보내신 그리스도 예수를 믿지 않음도 결국은 하나님을 믿지 않는 격이 되어 불신앙의 죄로 말미암아 인류는 죽을 수밖에 없다(요 13:20, 8:24). 사탄은 인간이 하나님의 말씀에 불순종토록 하기 위하여 이단의 영과 우상숭배의 거짓 영을 보내어 말씀을 왜곡시키거나 부정하게 만든다. 오늘날 수많은 사이비 이단과 유사종교 및 헤아릴 수 없는 정령숭배 행위가 다양한 종교의 이름으로 급부상하고 있다. 인류의 종교적 심성과 거짓을 좋아하는 타락한 마음을 이용하여 사탄은 "가라지"를 뿌리고 있는 것이다(마 13:36-40).

두 번째, 사탄의 반문화 전략의 정신적 차원은 소위 인류의 정신문화와 관계된다. 사탄은 영적인 것에 관심 없는 더 많은 사람들의 지적이며 정신적인 삶의 영역에 파고들어 치밀한 반문화 전략을 전개

반문화 전략을 대적하는 검

영과 진리의 검으로 문화를
마성화 · 세속화하는 사탄에 대항하라!

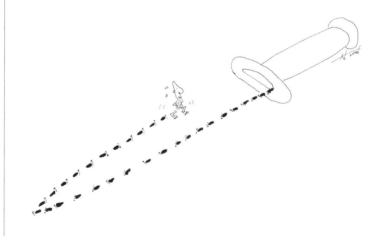

한다. 소위 이념(Ideologie)의 세계다. 하나님의 말씀을 알지 못하는 인류는 자신의 세계를 유지시켜 줄 수 있는 변치 않는 정신적 기준과 틀을 가지고 그 안에서 활동하기를 희망한다. 그래서 누구든지 특정한 이데올로기를 신봉하게 되어 있다. 민주주의, 공산주의, 자본주의 등은 그 중 대표적인 예들이다. 사탄은 인간의 이와 같은 상대적 가치 기준들에 신뢰성을 부여함으로써 이들을 절대적인 것으로 여기도록 한다. 이로써 하나님의 말씀을 필요로 느끼지 않도록 하려는 전략을 가지고 있는 것이다.

세 번째, 사탄의 문화 전략의 육적 차원은 대중문화와 깊은 관련을 갖는다. 사탄은 인류가 영적 차원이나 정신적 차원에는 흥미를 느끼지 못할지라도, 육의 감각적 차원에는 누구든지 쉽게 접근할 수 있다는 사실을 알고 있다. 감각적인 것은 인간 육체의 감관들을 매개로 이루어지는 것으로서 대부분 특정한 훈련 없이 본능적으로 쉽게 다가갈 수 있는 차원이다. 본능적 감성을 눈뜨게 하는 데는 오랜 시간이 필요하지 않다. 오히려 문제가 되는 것은 오랜 전통과 고정 관념의 틀을 깨는 것이다. 오늘날처럼 대중문화가 폭발적으로 성행할 수 있는 배경에는 여러 이유들이 있겠으나 무엇보다도 전통적인 가치 기준이 더 이상 절대적이지 못한다는 사실이 드러나기 시작했기 때문이다. 그 결과 정신적 기준은 상대화되어 방향감각을 잃게 되고, 도덕적 감각마저 둔화되면서 인간은 육체로 경험할 수 있는 본능적 감성 문화를 탐닉하는 데로 떨어진다. 바로 이러한 때를 틈타서 사탄은 인류로 하여금 하나님의 말씀으로부터 멀어지게 하는 것이다.

이처럼 인류는 일시적이고, 상대적이고, 불완전한 제 문화와 깊게 관여함으로써 결국 하나님의 문화 창조적 삶의 차원을 경험하지 못하는 불행한 처지에 이르게 된다. 이러한 현실 이면에는 고도의 전략을 가지고 처음부터 인류의 타락을 유도해 온 사탄의 다차원적인 활동이 있음을 간과해서는 안 될 것이다. 그러므로 하나님의 말씀에 기초하고 있는 기독교 규범적 문화신학은 인류의 전 문화에 걸쳐 다양하게 활동하고 있는 사탄과 그의 일을 고발하고 저지해야 할 또 다른 과제를 지닌다. 그러므로 기독교 규범적 문화신학이 가야 할 길은 인류 역사가 시작됨과 동시에 인류의 문화 한 가운데서부터 시작된 "마귀의 일"을 분별하여 내고 대적함으로써 그리스도인이 수행해야 할 하나님의 문화 창조를 완성시키는 일이다.

2. 하나님의 뜻을 드러내는 문화의 원리

문화에 대한 양면적 관점

모든 인간이 악에 영향력 하에 존재하기 때문에, 악으로부터 자유로울 수 있는 문화는 없다. 문화의 내용 면에서 볼 때, 상당한 부분 사탄에 의해서 조종당하고 있기 때문에 일반 문화에 대한 비판은 불가피하다. 왜냐하면 인간은 문화 창조의 주체인 하나님을 거부하고 나서서 스스로가 주체성을 확보하려 했지만, 이미 그 사이에 사탄은 그의 은밀한 문화 전략을 가지고 하나님을 거부한 인간의 주체적 자리를 교묘히 빼앗아 가고 있다고 볼 수 있기 때문이다. 그러므로 규범적 문화신학은 문화에 대하여 근본적으로 부정적인 평가를 내리게 되고, 비관적인 태도를 취하도록 한다. 교회사에서 재세례파의 문화 이해가 그 대표적인 경우 가운데 하나다.

그러나 성서의 세계관과 인간관에 근거할 때, 인간이 형성하는 문화에 대한 태도는 양면성을 띨 수밖에 없다. 즉, 부정적 일변도의 태도만을 취할 수 없다는 것이다. 왜냐하면 인간에게 하나님의 형상에 의한 문화 창조 행위가 있다는 사실 자체를 부정할 수 없기 때문이다. 교의학적으로 접근한다면, 인간의 모습은 크게 창조론적 관점과 구원론적 관점에서 이해 가능하게 된다. 한 마디로, 창조론적 관점에서 인간이란 "하나님의 형상" 대로 지음 받은 선한 존재라는 것이고, 구원론적 관점에서 본 인간은 하나님을 떠난 "죄인"으로서 구원받아야 할 불의(不義)한 존재라는 것이다. 그런데 창조론과 구원론에 입각한 이러한 인간 이해도 결국은 그리스도론에 의해서 결정된다는 것이 기독교 신학의 특색이다. 다시 말해서, 예수 그리스도는 완전한 '하나님의 형상' 이라는 신앙 고백이 가능할 때 비로소 인간의 실존적 모습이 처음 창조되었을 때의 상태에서 얼마나 멀리 떨어져 나갔는지를 알 수 있다는 것이다. 어쨌든 인간은 본질적으로는 '하나님의 형상' 이지만, 실존적으로는 '죄인' 이라는 것이 성서의 인간관이다. 이러한 성서적 인간 이해가 신학적으로 무엇을 의미하는 것인지를 정확하게 밝히면 밝힐수록 문화에 대한 우리의 규범적 입장을 보다 잘 정리할 수 있을 것이다.

이러한 맥락에서 타락 이후 인간의 문화에는 하나님의 계속되는 문화 창조적 지배와 사탄의 반(反)문화적 지배가 공존하는 것으로 이해할 수 있다. 따라서 문화 활동이 궁극적으로 지향하는 것이 무엇이냐에 의해 문화에 대해 낙관적 입장을, 혹은 비관적 태도를 취하게 된다. 문화 활동의 궁극적 목표를 제시하는 것은 문화 자체가 아니라, 문화 창조의 주체인 하나님이든지, 아니면 인간의 불순종의 순간을 틈타서 일시적으로나마 주체의 자리를 차지한 사탄이 될 수 있다는 사실이다. 왜냐하면, 이러한 사실이 인간 타락 이후 문화가 양면성을 지니게 된 근원적인 이유로 볼 수 있기 때문이다.

악의 활동 가운데서도 계속되는 하나님의 문화 창조

세상 문화는 근본적으로 하나님이 주관한다. 비록 악의 세력이 지배하는 현실이더라도 인간의 모든 삶을 가능케 하고 유지 발전케 하는 힘은 하나님께로부터 온다. 세상을 창조하신 분이 세상을 관리하시고 섭리(攝理)하신다. 인간의 타락과 악의의 지배로 인하여 반문화의 현실이 강화되고 있다고 하더라도 하나님이 세상을 다스리시는 한, 하나님이 세상을 창조하신 목적을 위해 하나님 자신이 이끌어 가신다는 사실이다. 따라서 우리는 하나님을 믿지 않는 자들에 의해 만들어져 오고 있는 문화를 모두 하나님을 거역하는 문화라고 판단해서는 안 된다. 이는 마치 농부가 뿌린 볍씨가 잘 자라고 있는데, 그 가운데 피와 같은 잡초 씨앗이 날라 와 크게 자라 논의 벼농사에 손해를 입히는 것과 같다. 물론 심각한 것은 오늘의 문화적 상황이 마치 잡초가 너무 번식이 빨라 벼농사 자체를 망쳐버릴 것 같은 위기의 현실과 같다는 데 있다. 그러나 하나님은 인간을 통해서 하나님의 섭리 가운데 있는 문화를 계속 창조하게 해서 인류의 삶을 보다 생명력이 넘치게 하신다. 악에 의한 반문화적 사태들에 대해서는 하나님의 뜻이라는 성서적 규범으로 판단하여 대항하게 하는 것이다.

세계는 하나님에 의하여 아름답게, 그리고 하나님의 의도에 따라 완전하게 창조되었다. 그러므로 이 세계를 부정하는 것은 곧바로 하나님의 계획과 창조의 목적을 거부하는 것과 동일하다. 또한 이 세상은 심판받아야 할, 그러므로 구원받아야 할 세계다. 이세상이란 하나님의 관심에서 한 발자국도 떠나가 본 적이 없는 사랑의 대상이다. 달리 말하여, 아무리 세상이 타락하고 하나님을 거역하는 일이 가득 차서 하나님의 진노를 피할 수 없는 지경이 되었을지라도, 이 세상은 여전히 하나님에게 속한 피조물이고, 하나님의 사랑을 받아야 할 대상이다. 하나님이 보내신 독생자 그리스도까지도 처형한 이 세상이지만, 진정 용서되기를 바라는 대상도 바로 이 세상이다. 그러므로 이 세상과 관련을 갖지 않고 이 세상의 문화에 대하여 무관심한 것은 곧바로 하나님의 관심과 사랑의 대상에 대하여 무관심한 것이 된다. 이러한 맥락에서 이웃을 내 몸과 같이 사랑하는 것은 하나님을 사랑하는 구체적인 순종이다. 이렇게 세상을 사랑하는 것은 세상이 실존적으로 의롭고 선하기 때문이 아니라, 여전히 불의하고 진리를 거역하는 자리에 있을지라도 하나님이 지은 피조물이기 때문이다.

기독교 문화와 하나님의 뜻

그러면, 악의 현실 가운데 문화의 가치를 규정하는 보편적 규범은 무엇인가? 한 마디로, 하나님의 뜻이다. 적어도 우리가 기독교적 문화라 할 때도, 그것은 하나님의 뜻에 부합한 것이어야 한다. 기독교 문화의 실체에 대해서는 다음과 같이 설명할 수 있을 것이다. 첫째로, 기독교 문화란 교회가 주도하는 문화다. 달리 표현하면, 신자들이 이해할 수 있는 "상징행위"[31]를 통해서 기독교적 가치와 의미를 가시적으로 실현해 내는 문화다. 둘째로, 기독교의 가르침을 삶의 현실 가운데 다양하게 드러낸 문화다. 정의와 사랑을 실천하는 삶 자체가 기독교 문화다. 셋째로, 기독교인의 삶의 양식을 통해서 이룩되는 문화다. 주일에 안식하면서 부활의 새 생명을 주신 주님을 예배하는 것은 일상의 생활양식을 통해 이루어지는 기독교의 대표적 문화다. 여기에서 교회, 기독교, 기독교인 등을 말할 때, 이들은 각자의 정체성에 있어서 보편성을 확보하고 있는 역사적 실체들이어야 한다. 이렇게 형성된 기독교 문화가 참으로 '기독교적' 인지의 여부를 한 번 더 물어야 한다. 이를 평가할 수 있는 일반적 기준을 논함으로써 바른 규범을 제시하는 것이 규범적 문화신학의 과제 중 하나다.

문화에 대한 규범적 판단의 우선적 근거는 하나님의 뜻을 드러내는지 여부에 두어야 한다. 그 뜻의 실행은 때로는 위로와 격려로 나타날 수 있고, 때로는 심판으로 나타날 수도 있다. 그 뜻의 궁극적 목적은 세상을 '살리는 것' 이다. 즉, 세상에 생명을 주는 것이다. 그러므로 하나님의 뜻에 맞는 참된 문화가 꽃피는 곳에는 생명의 약동이 있어야 한다. 또한, 하나님의 뜻은 무엇보다도 '영' 적이기 때문에, '육' 에 속한 것에 대해서는 여지없이 비판적으로 나타난다. 영에 속한 것을 추구하게 된다. 이것은 곧바로 윤리적 삶의 모습 가운데서 드러난다. 영적 추구란 일시적으로 존재하다가 소멸하는 가치가 아니라, 영원한 가치와 의미를 찾는 것이다. 그것은 부분이 아니라, 전체로서의 '하나' 를 드러낸다. 그 하나에 참여케 하는 것이 하나님의 뜻이다. 참된 문화는 바로 이 '하나' 를 다양한 상징행위를 통해서 제시하며, 그 '하나' 를 향해 삶을 던지게 하는 생명력이 있어야 한다. 이와 같은 규범을 통해서 문화의 가치를 판단하는 것이 규범적 문화신학의 과제다.

하나님의 뜻을 따르는 참된 문화는 인간의 자율을 억압하는 모든 타율에 대해서는 강력히 항거하는 반면, 신율에 따른 인간의 자율에 대해서는 적극적인 참여와 지지를 보낸다. 자율이 타율에 의하여 억압되거나 조종 받을 때, 인간은 결코 통일된 의식으로써 생명의 의미를 경험할 수 없다. 존재와 행위 모두는 분열되어 '하나'를 이루지 못하기 때문이다. 참된 문화는 분열된 자아가 통일된 자아를 경험하게 하고, 소외된 자아가 전체에 속해 있는 것을 보게 하고, 타율이란 신율의 왜곡이며, 실제로는 창조 질서를 벗어난 비실체라는 것을 고발한다.

하나님의 뜻이라는 절대적 가치를 표현하는 양식의 정합성은 하나님의 '뜻'을 드러내기에 얼마나 적합한지 여부에 달려있다. 예수께서 "아버지와 내가 하나다"(요 10:30)고 말했을 때, 이는 무엇보다도 아버지의 뜻과 자신의 뜻이 서로 일치되었음을 의미한다. 그렇기 때문에 아들이 아버지의 뜻을 받들어 드러내는 아들 예수의 모든 행동들은 하나님의 나라를 지시하는 상징행위로 받아들일 수 있다. 예수께서 세상에 자신을 내어줄 수 있는 용기의 근원도 바로 하나님과 자신이 하나라는 자의식에서 비롯된 것으로 보아야 한다. 인간적 관점에서 부연하면, 예수는 자신의 모든 행위가 하나님의 뜻이라는 절대적 가치에 부합하고 있다는 확신 때문에 모든 율법적 문화 현실로부터 자유로울 수 있었다. 우리는 이러한 그의 다양한 행위가 지니는 상징성이 무엇인지를 밝혀, 다른 말로 하면 상징을 '해석하여', 문화에 대한 기독교적 규범의 근거로 삼을 수 있게 된

다. 이러한 내용들을 정리하여 말한다면, 참된 기독교 문화란 그리
스도의 부르심에 응답한 자들이 예수의 삶이 드러내는 아버지의 뜻
을 따라, 즉 세상을 향한 하나님의 보편적인 뜻에 따라 세상의 문화
한 가운데 하나님 나라를 삶의 다양한 형식으로 드러내는 상징행위
(Symboling)이다.

하나님의 뜻에 따른 베드로의 예

규범적 문화신학이 문화를 판단하는 규범을 적용하는 것은 하
나님의 뜻을 이루는 지의 여부를 묻는 것이다. 그러나 문제는 하나
님의 뜻을 분별하는 것이다. 어떤 것이 하나님의 뜻인 줄 알아야 그
뜻에 따라 문화의 가치를 평가할 수 있기 때문이다. 하나님의 뜻이
라고 믿고 그에 입각한 규범을 자신이 경험하지 못한 새로운 문화
에 그대로 적용하고자 할 때 어려운 문제가 발생하곤 한다. 그러한
한 예를 베드로와 이방인 고넬료의 이야기에서 보게 된다.

"하늘이 열리며 한 그릇이 내려오는 것을 보니 큰 자기 같고
네 귀를 매어 땅에 드리웠더라. 그 안에는 땅에 있는 각색 네 발 가진
짐승과 기는 것과 공중에 나는 것들이 있는데 또 소리가 있으되 베드
로야 일어나 잡아먹으라 하거늘 베드로가 가로되 주여 그럴 수 없
나이다. 속되고 깨끗지 아니한 물건을 내가 언제든지 먹지 아니 하
였삽나이다 한대 또 두 번째 소리 있으되 하나님께서 깨끗케 하신 것
을 네가 속되다 하지 말라 하더라. 이런 일이 세 번 있은 후 그 그릇이
곧 하늘로 올려 가니라 … (베드로가) 이르되 유대인으로서 이방인
을 교제하는 것과 가까이 하는 것이 위법인 줄은 너희도 알거니와

하나님께서 내게 지시하사 아무도 속되다 하거나 깨끗지 않다 하지 말라 하시기로 부름을 사양치 아니하고 왔노라 묻노니 무슨 일로 나를 불렀느뇨 … 베드로가 입을 열어 가로되 내가 참으로 하나님은 사람의 외모를 취하지 아니하시고 각 나라 중 하나님을 경외하며 의를 행하는 사람은 하나님이 받으시는 줄 깨달았도다 … 그런즉 하나님이 우리가 주 예수 그리스도를 믿을 때에 주신 것과 같은 선물을 저희에게도 주셨으니 내가 누구관대 하나님을 능히 막겠느냐 하더라"(행 10:1-11:18).

위의 성서 본문은 복음과 문화에 대한 규범적 문화신학의 원리를 모색하게 해 주는 본문 중의 하나다. 그러면 이 본문이 간접적으로 보여주는 원리들을 몇 가지 측면에서 고찰해 본다.

문화의 다양성 존중의 원리, 하나님의 의(義)의 원리, 하나님 주권의 원리

첫째, 인류의 모든 문화는 다양하다는 것이며, 이 다양성은 상대적으로 평가되어질 수 없다는 것이다. 본문에 의하면, 문화는 "각색 네 발 가진 짐승과 기는 것과 공중에 나는 것들"과 같이 다양하다. 유대인의 할라카(halakah)적 시각으로 보면, 이스라엘 이외의 모든 이방인들과 그들의 문화는 "속되고 깨끗지 아니한 물건"으로 여겨질 수 있으나, 성서는 "하나님께서 깨끗케 하신 것을 네가 속되다 하지 말라"고 상대적인 판단을 허락하지 않는다.

세상에는 다양한 사상과 이데올로기가 나타났다가 자신의 소용 가치가 없어지면 사라져 간다. 공산주의, 사회주의, 민주주의, 실용주의, 율법주의, 쇄국주의, 국수주의, 제국주의, 다원주의, 포스트모더니즘 등 수많은 이념들, 그리고 무신론, 관념론, 경험론, 실존론, 본질론, 4단 7정론 등의 철학적 주장들이 존재한다. 뿐만 아니라, 기독교 사상계 내에도 신비주의, 정통주의, 경건주의, 자유주의, 근본주의, 보수주의, 복음주의 등 복잡한 계보들이 있다. 이 어느 것 하나도 절대적으로 여길 수 없는 것들이다. 그러나 특정한 입장에 서 있는 경우에, 여타의 것들을 경원시하거나, 배타시하거나, 적대시하거나, 심지어는 죄악시하게 될 가능성이 있다. 또한, 역으로 몇몇의 입장은 적극적으로 수용하는 태도를 취하게도 된다.

예를 들면, 유신론의 입장에서 무신론은 "속되고 깨끗지 아니한 물건"이기 때문에 "언제든지 먹지 아니"한 것일 수 있다. 그것은 유대인 베드로가 이방인 고넬료를 처음 만나서 던진 말에서도 발견할 수 있다. "유대인으로서 이방인을 교제하는 것과 가까이 하는 것이 위법"이라는 시각이 적용되는 것이다. 그러나 유신론의 입장에서가 아니라 하나님의 입장에서는 유신론자가 무신론자와 교제하며 가까이해야 할 필요가 있음을 보여주고 있다. 베드로에게 하나님의 명령이 떨어졌다. "베드로야 일어나 잡아먹어라"는 것이다. 그러므로 본문의 사건에 서서 볼 때 어떠한 이념이나 사상도 완전한 것이 없으나, "하나님이 깨끗케" 하시면 그 어떠한 것도 버릴 것이 없다는 점을 보여 준다.

둘째, 문화에 대한 가치 평가의 기준은 문화의 형태에 있지 않고, 문화의 종교적 차원이 보여주는 의(義)로움의 여부에 있다는 것이다. 베드로의 고백이다: "내가 참으로 하나님은 사람의 외모를 취하지 아니하시고 각 나라 중 하나님을 경외하며 의(義)를 행하는 사람은 하나님이 받으시는 줄 깨달았도다"는 것이다. 문화의 형태가 아니라, 문화의 정신, 즉 그 종교적 실체가 문화 판단의 기준이라는 것이다. 우리는 그 정신을 '문화의 종교적 차원'이라고 부르고 있다. 즉, 문화 행위의 궁극적 관심사가 문제 되는 것이지, 문화의 양태가 규범적 판단의 대상이 되는 것이 아니다.

셋째, 그리스도와 문화의 종교적 차원은 각각 다른 영역이지만, 하나님에게는 두 영역 모두가 신적 계시의 길로서 통합될 수 있다는 것이다. 이것은 그리스도 중심의 사고에 철저한 베드로에게는 거의 충격적인 사실로서 그리스도와 문화의 전통적인 패러다임을 완전히 바꾸어버린 사건이 되었다. "하나님이 우리가 주 예수 그리스도를 믿을 때에 주신 것과 같은 선물을 저희에게도 주셨으니 내가 누구관대 하나님을 능히 막겠느냐"는 것이다. 아들이 아버지와 하나 됨을 이야기하더라도 아버지를 넘어설 수는 없는 일이다. 예수는 아버지와 아들간의 유기적 질서를 알고 계셨으며, 철저히 자신을 가리켜 아버지로부터 '보냄을 받은 자'요, 아버지는 '보낸 자'임을 분명히 하셨다. 하물며 제자인 베드로가 하나님의 고유한 주권적 행위를 자신의 신학(Jewish Christian theology)에 맞추도록 할 수는 없는 일이다. 예수의 삶이 하나님 중심주의였듯이, 예수와 문화의 관계를 이야기하는 중심 역시 하나님일 때, 하나님의 주권 가운데 그리스도와 문화의 종교적 차원이 신적 계시의 통로가 될 수 있을 것이다.

규범적 문화신학의 필요성과 위험성

규범적 문화신학을 한 마디로 정의하면, 하나의 기준 - 하나님의 말씀 - 을 바탕으로 문화를 바라보는 것을 의미한다. 이것은 본질적 문화신학의 단점으로 지적되었던 교회 해체의 신학적 귀결을 비판하면서 복음과 문화의 상관관계에 대해 이야기한다. 여기에는 종말론적 미래로부터 침입해 들어오는 신율성(神律性)이 나타난다. 본질적 문화신학이 문화 내적이고 존재적 사유를 추구한다면, 규범적 문화신학은 문화 외적이고 윤리적 사유를 나타낸다. 그래서 규범적 문화신학은 문화 내적 차원에 새로운 규범과 질서를 부여한다. 이는 문화가 계시에 의해 판단된다고 보기 때문이다. 바로 기독교 계시로 인해 문화는 평가의 대상이 되는 것이다. 이러한 규범적 문화신학은 앞서 논의한 본질적 문화신학과는 달리 하나의 정확한 기준이 있다는 점에서 그 정체성의 혼란을 방지하고 방향과 길을 제시해 줄 수 있다는 장점을 가진다. 그러나 이러한 생각은 자칫 절대화되고 마성화되어 어떠한 변화와 현상들에 민감하게 반응하지 못한다는 단점을 가진다.

가령, 마태 공동체가 최고의 개념을 '하나님의 나라' 라고 보았다면 요한 공동체는 '예수의 인격' 으로 보았다는 점에서 서로 가치의 관점을 달리하듯이, 혹은 칼빈주의 공동체가 '하나님의 주권' 을 강조하듯이 웨슬리안 공동체는 '신자의 성화' 를 주요한 신앙의 규범으로 삼고 있듯이, 규범은 공동체에 따라 달리 이해될 수 있다. 그렇기에 개별적 규범은 절대화 될 수 없다. 그러나 역사적으로 볼 때, 개별적인 규범들이 마성화의 길을 걸어왔던 것이 사실인데, 유대교의 경우 야훼 신앙을 율법화 했다든지, 서방교회가 제도와 교황권을 강화했다는 사실은 마성화의 예가 될 것이다. 이것은 기독교 내에서도 나타났는데, 그것은 성서의 말씀을 문자 중심적으로 해석하여 그 말의 의미보다는 그 단어에 초점을 맞추는 성서문자주의(Biblical

Literalism)와 같은 것이다. 그렇기에 우리는 본질적 문화신학이 빠지기 쉬운 세속화의 경향과 규범적 문화신학이 범할 수 있는 마성화의 폐단을 견지하는 길을 찾아 발전시켜나가야 하는 긴급한 과제를 지닌다.

규범적 문화신학의 영역
제4절

이제 우리는 다양한 형태의 문화에 대한 신학적 성찰을 시도하고자 한다. 여기에서 다루어야 할 제 문화의 영역이란 종교문화·정신문화·대중문화를 말한다. 이러한 다차원적인 문화에 대하여 규범적 문화신학이 윤리적으로 판단할 수 있는 범위와 그 한계는 어디까지인지를 밝힐 것이다. 기독교가 구체적인 문화현상들에 대하여 신학적으로 정당한 판단을 내리지 못할 때, 세상에 대한 교회의 역할은 근본적으로 왜곡될 수밖에 없다. 따라서 개별 문화들이 갖고 있는 현상적 특성들을 기독교적 규범에 따라 포괄적으로 성찰하는 과정이 필요한 것이다.

1. 종교문화의 신학

종교는 모든 문화의 뿌리다. 이에 대한 고전적인 표현은, "종교는 문화의 실체요, 문화는 종교의 형식"이라는 것이다. 종교와 문화는 불가분리의 상관성을 지닌다는 말이다. 앞장에서 우리는 본질적 문화신학의 관점에서 '종교'를 문화의 실체로서 인간에 다가오는 궁극적 관심사로 정의하였다. 이것은 말 그대로 본질적 차원에서 볼 때 가능한 정의다. 그렇다면 규범적 차원에서 정의하고자 할 때 종교란 무엇인가? 그 형식과 교리야 다양하겠지만, 특정 대상에 대한 절대적인 믿음을 요구하는 가르침과 의례라는 점에 대해서는 이해를 같이 할 수 있다. 그 특정 대상이란 매우 다양하여 기독교나 유대교 및 이슬람교에서와 같이 초월적이며 인격적인 신일 수도 있으며, 불교에서처럼 인격적 신을 전제하지 않는 경우도 있다. 또한, 그 대상이 초월적 존재가 아니라, 사람, 동물, 일월성신, 자연물 등인 경우도 얼마든지 있다. 그리고 그 대상에 대한 체계적인 교리나 제의가 잘 갖추어진 경우도 있겠으나, 그렇지 못한 경우도 얼마든지 있을 수 있다. 예를 들면, 기독교의 경우 그 신앙의 대상은 삼위일체 하나님이며, 교리나 예전은 오랜 전통 가운데 체계화되어 있다. 반면 한국 무속의 경우, 수많은 조상신을 섬기는 오랜 전통이 있지만 체계적인 교리가 있는 것이 아니라, 무당에 의해서 종교적 의례가 유지되고 있다. 종교적 신앙을 가진 사람들에게 있어서는 그것이 체계적이든 그렇지 않든 간에, 자신의 종교가 제시하는 가르침이야말로 가장 절대적인 것이기 때문에 일상생활을 지배하는 최고의 원리가 된다. 따라서 한 개인과 개인이 속해 있는 공동체의 문화적 특성을 이해하기 위해서는 무엇보다도 우선 그 지역의 종교 문화를 이해하는 것이 일차적이다.

신앙 대상의 절대성

그렇다면 모든 종교의 신앙 대상은 과연 '절대적'인가? 신앙의 절대적 대상은 주관적인 것이기 때문에, 종교들마다 각기 믿는 절대자의 다원성(多元性)을 인정해야 하는가? 그렇다면 그 절대성이란 엄밀한 의미에서 비교가 허용될 수 없는 상대적 우월성일 것이다. 혹은, 모든 종교는 다양한 문화적 양식 하에서 다양한 절대자를 말하고 있지만, 실제로는 하나의 절대적 존재만을 믿고 있는 것이라 주장할 수 있는가? 그렇다면 한 분 절대자를 다양한 이름으로 부르며 그에게 예배를 드리고 있는 것인가? 이러한 질문들에 대하여 적절한 대답을 찾아야 한다. 그러나 우리가 어떤 특정한 종교적 신앙을 가지고 있는 한, 우리가 마련한 대답 역시 상대적 절대성을 말할 뿐이다. 그렇다면 우리가 믿고 있는 신앙의 절대적 대상이 과연 모든 상대성을 뛰어넘는 절대적 존재인지를 어떻게 스스로 확신할 수 있는가? 그 확신의 근거를 어디에서 찾을 수 있는가? 이 문제 또한 모든 종교인들이 의식하고 있든 의식하지 못하고 있든 간에 스스로 대답해야 할 중요한 과제다.

인간은 누구나 본래적으로 절대적인 진리를 추구하려는 본성을 지니고 있다. 그러나 진리의 절대성은 오성(悟性)의 합리적인 판단만으로는 도달할 수 없다. 왜냐하면 절대를 판단하는 주체인 '나'는 절대적 주체가 아닌 많은 주체들 가운데 하나인 상대적 주체이기 때문이다. 따라서 진리의 절대성은 모든 판단의 주체들 너머에서부터 인간에게 공히 주어지는 '계시'에 의존할 수밖에 없다. 그리고 이 계시는 '오성'이 아닌 '신앙'으로만이 파악할 수 있는 내용이다. 그러므로 신앙의 대상이 절대적인지 여부는 그 절대자가 자신을 계시하는 방법과 그 내용에 의하여 우선적으로 알 수 있게 된다. 물론, 계시의 내용과 방법을 아는 것은, 예를 들어 바울의 경우처럼(갈 1:11-12) 개별 종교의 신앙에 의해서만 가능한 것이므로 계시를 깨달은 자의 신앙 경험이 얼마나 정당한가를 확인하는 것이 중요하다. 여기에서 계시의 내용과 방법은 신학의 차원에서, 신앙 경험은 종교학의 차원에서 다루어왔으나, 현재는 각 학문적 차원에서 통합적으로 취급하는 경향이다.

참된 종교와 거짓 종교

오늘날처럼 다원주의적 세계관이 넓게 형성되어 있는 상황 하에서는 '참 종교'와 '거짓 종교'를 구별하려 한다는 것은 애초부터 어려운 일이다. 왜냐하면 그러한 구별은 기독교를 참 종교요, 절대 종교라고 국가적 권위를 가지고 설정할 수 있었던 절대 봉건주의 하에서나 가능한 것이었기 때문이다. 그렇다면 참 종교와 거짓 종교를 구별하는 것은 근본적으로 불가능한 일인가? 서구의 절대주의 시대 하에서는 기독교와 이웃종교들 간의 비교를 통해서 참 종교 여부를 가리고자 했다기보다는, 기독교내의 다양한 가르침들 가운데 거짓된 교의를 구분해 내려는 시도였다고 보아야 한다. 그러므로 참 종교와 거짓 종교를 구분하고자 할 때, 여러 각도에서 고려해야 할 판단의 기준들을 마련하는 것이 필요한데, 적어도 세 가지 필요조건이 모두 충족되고 있는지의 여부를 신중히 살펴보아야 한다.

첫째, 각개 종교만이 독특하게 가지고 있는 경전이 가르치는 교의(教義)들이 참 종교 여부 판단의 중요 근거가 될 수 있다. 이때 종교의 가르침 대부분은 신화적 혹은 상징적 표현으로 메시지를 전하기 때문에 교의의 문자주의적 이해는 오히려 종교의 진의를 왜곡하게 된다. 따라서 경전에 대한 실존적 해석을 통해서 그 종교의 메시지가 진정으로 인간을 포함한 모든 생명의 존엄성을 앙양하며, 신앙의 이름으로 이성의 활동을 억누르지 않으며, 절대자인 신의 성품에 참여토록 하여 삶과 인격의 변화를 일으키며, 유한한 생명이 무한한 생명에 참여할 수 있는 신앙의 길을 제시하는지, 등의 사항을 판단해야 한다.

둘째, 종교가 지니는 윤리성의 관점에서 판단해야 한다. 왜냐하면, 거짓 종교는 윤리적 삶의 수준이 낮을 수밖에 없는 반면, 참 종교는 높게 되어 있기 때문이다. 윤리성의 가장 기본적인 골격은 '공의' 와 '사랑' 이다. 그 외의 내용들은 이 두 가지로부터 설명이 가능하다. 각개 종교들의 가르침이 결국 신앙인들로 하여금 얼마나 공의와 사랑을 실천할 수 있도록 할 수 있는지의 여부에 따라 종교의 진정성을 파악할 수 있는 것이다. 공의와 사랑이라는 종교의 윤리성을 달리 표현하면, 한마디로 죽어가는 생명을 살리는 일에 대한 참여성이라 할 수 있다. 이러한 내용을 성서적으로는 다음과 같이 말할 수 있다: "이와 같이 좋은 나무마다 아름다운 열매를 맺고 못된 나무가 나쁜 열매를 맺나니 좋은 나무가 나쁜 열매를 맺을 수 없고 못된 나무가 아름다운 열매를 맺을 수 없느니라"(마 7:17-18). "도적이 오는 것은 도적질하고 죽이고 멸망시키려는 것뿐이요 내가 온 것은 양으로 **생명**을 얻게 하고 더 풍성히 얻게 하려는 것이라"(요 10:10).

　참 종교는 결국 신앙인의 윤리적 삶 가운데 '아름다운 열매' 또는 '생명' 등과 같은 모습으로 나타나게 되어 있는 것이다. 거짓 종교는 생명이 아니라 '멸망'과 '나쁜 열매'를 가져오게 되어 있다. 따라서 신앙생활의 열매를 통해서 참 종교와 거짓 종교를 구별할 수 있다. 그러나 개개 종교의 윤리성만 가지고서는 참 종교인지의 여부를 완전하게 파악할 수 없다. 그것은 어디까지나 현상적 결과를 통해서 유추하는 것뿐이다. 우리가 이처럼 참 종교와 거짓 종교의 구분에 깊은 관심을 갖는 것은 한 종교가 문화 전반에 미치는 영향이 얼마나 지대한지를 알기 때문이다. 만일 한 종교가 참되다면, 그 종교로 인하여 그 지역과 그 사회에 형성되는 문화 역시 건강한 문화, 생명을 살리는 문화로서 자리매김 하게 될 것이다. 그러나 그 반대로 거짓된 종교가 한 사회에 뿌리를 내린다면, 그로 인해 형성되는 문화는 파괴적이며 악한 것으로 나타나게 될 것이기 때문이다.

　셋째, 종교의 윤리적 실천 결과를 통해서 한 종교의 본질이 얼마나 참된 것이며 얼마나 거짓된 것인지를 아는 것 이상으로 중요한 관점이 있다. 그것은 한 마디로 한 종교가 '얼마나 마성화 되었는가'라는 점을 보는 것이다. 그렇다면 종교의 마성화는 무엇이며, 어떻게 일어나는 것인가? 이러한 문제를 정확히 파악하고 대처해야 하는 것이 종교문화에 대해 규범적 문화신학이 관심을 가져야 할 중요한 신학적 과제다.

　참이라고 인정되는 지상의 어떠한 종교도 스스로 마성화의 위기에서 면제될 수 없다. 모든 종교는 예외 없이 특정 대상에 대한 절대적 신앙을 요구하게 되어 있는데, 그 대상이 본질적으로 절대가 아닐 경우에 절대성을 주장한다면 그 시로부터 마성화에 빠져들기 시작하는 셈이 되기 때문이다. 그러므로 각개의 종교는 자체 내에 자신의 마성화 현상을 진단할 수 있는 확실한 원리가 있지 않으면 안 된다. 그 원리는 부정을 통한 긍정의 도출을 의도하는 것이다. 다시 말해서 종교에 대한 자기비판을 통해서도 해체되지 않고 오히려 보다 분명한 자기 정체성을 드러낼 수 있는지를 묻는 것이다.

기독교의 경우에 그 원리는 '십자가'다. 신이 자신의 신 됨을 스스로 부정하는 길이다. 그러나 그 결과는 부정에 의하여 신성이 부정되는 것이 아니라, 부정에 의하여 오히려 어떠한 인간적 논리로도 허물 수 없는 신성이 확증되는 것이다. 기독교의 경우, 십자가 이후의 부활이 그것이다. 더 이상 부정될 수 없는 긍정이기 때문에 기독교는 이것을 '복음'이라고 한다. 이처럼 복음은 기독교나 제종교들의 절대성 주장을 검증하는 '원리'로 제시될 수 있기에, 기독교는 참된 종교를 묻는 제1원리로서의 복음을 받아들일 것을 주장하는 것이다. 이러한 맥락에서 사도 바울은 유대교도들에게나 이방 종교를 믿고 있는 그리스인들에게나 공히 복음의 보편성을 다음과 같이 표현할 수 있었다: "내가 복음을 부끄러워하지 아니하노니 이 복음은 모든 믿는 자들에게 구원을 주시는 하나님의 능력이 됨이라 첫째는 유대인에게요 또한 헬라인에게로다"(롬 1:16).

그러나 기독교 문화라고 일컬어지는 것 역시 마성화의 위기와 상관없는 것이 아니다. 복음의 원리를 떠나 자기부정의 과정을 거부할 때, 언제든지 마성화에 떨어지게 된다. 즉, 상대적이고, 일시적이며, 유한한 것들이 어느새 절대성을 주장하는 자리에 앉아 있게 되는 것이다. 복음은 예수 그리스도를 믿음으로 인간을 인간으로서, 하나님을 하나님으로서 대하는 힘이요 원리로 경험된다. 따라서 복음의 원리가 적용될 때, 복음은 인간적인 유한을 신적인 무한으로 바꾸려는 '마성화'와, 신적인 무한을 인간적인 유한으로 변질시키는 '세속화' 모두를 고발하며 비판한다. 적어도 기독교의 차원에서 말한다면, 모든 종교문화는 '복음'의 빛에서 항상 새롭게 평가되어야 할 것이다. 그러면 '어느 종교에 궁극적인 구원이 있는가'라는 물음을 던질 필요가 없는 차원에까지 이르게 될 것이다.

종교문화에 대한 태도

종교문화에 성과 속이라는 본질적 문화신학의 원리를 적용하여 이를 신학적으로 이해하고자 할 때, 크게 두 가지의 규범적 입장이 존재한다.

첫째는 종교문화 보수주의 입장이다. 이들은 문화를 '세상'이라는 개념으로 이해하며, '하나님의 나라'는 교회 안에 현존하는 것으로 본다. 그리고 하나님의 나라를 세상과 대립적인 관계로 설정한다. 이 경우에 교회가 사용하는 특수한 종교적 문화 기능들은 종교적 원리인 교의와 마찬가지로 절대성을 갖는다. 그 결과 절대적 과학, 절대적 예술, 절대적 도덕이 주장된다. 그러나 이러한 문화의 제 차원들의 절대성은 교회의 도그마와 의례 가운데서만 주장될 수 있다. 말하자면, 성과 속의 영역이 분명히 분리되어 있고, 성이 속을 완전히 지배하는 경우에만 가능한 것이다. 가톨릭교회나 근본주의적 신앙 형태에서 발견될 수 있는 입장이다.

둘째는 종교문화 진보주의 입장이다. 이들은 교회의 제의와 윤리의 절대성을 거부한다. 그러나 초자연적 계시로서의 절대적 진리에 대한 확신은 여전히 견지되고 있다. 이러한 계시 신학은 자신의 절대적 진리가 합리적으로 수용될 수 있는 것임을 입증하려 했으나, 계몽주의 신학이 나타난 이후 이 입장은 약화되었다. 지적 영역에 있어서 신학적 논리의 우선성을 유지하지 못함으로써 신앙의 절대성을 잃어버렸기 때문이다. 세속의 문화뿐만 아니라, 교회의 의례와 윤리 등 종교적인 것들도 다 상대적일 뿐, 결코 절대적일 수 없다. 성의 영역을 따로 설정함으로써 절대화하는 것은 불가능하기 때문이다.

이처럼 보수주의는 종교문화를 성의 영역에 설정해 놓고 절대성을 부여한 반면, 진보주의는 초자연적인 성의 문화를 부정함으로써 종교문화의 세속화를 진행시켰다. 이와 같은 상황에서 현대 교회는 성과 속에 대한 보다 새로운 입장을 세워야 하는 과제를 가지게 된 것이다. 이러한 과제를 풀기 위해서 우리는 무엇보다도 종교적 가능성과 종교적 현실성, 또는 종교적 원리와 종교적 문화의 차이를 명확히 하고자 한다. 그리고 종교적 원리의 절대성을 구하는 반면, 종교적 현실성이나 종교적 문화에는 어떠한 형태의 보편성 또는 절대성도 부여하지 않는다. 보편성은 다만 종교적 원리에만 해당하는 것으로만 그 범위를 최소화한다. 현실 종교를 가능케 했던 역사상의 어떠한 종교적 문화도 절대적으로 여기지 않는다. 종교적 문화의 개별적인 계기에 절대성을 인정하지 않는다. 이처럼 성의 문화적 영역이 절대화되는 것은 거부하지만, 성의 문화를 가능케 하는 성의 원리, 즉 종교적 원리만큼은 보편적일 수 있다는 입장이다.

2. 정신문화의 신학

복음의 변증과 정신문화

종교를 정신화 함으로써 형성된 정신문화란 종교적 진리의 보편화다. 종교적 진리는, 특별히 기독교의 경우, 역사적 계시 사건에 기초하고 있기 때문에 매우 독특하고 구체적인 실존적 상황을 전제해야 하는 특징이 있다. 따라서 기독교의 진리는 신앙을 통한 개별자의 인격적 결단 없이는 수용이 불가능하다. 다시 말해서, 모든 사람들이 1+1=2를 이의 없이 받아들이는 것과 '예수는 그리스도' 라는 기독교의 진리 주장을 인정하거나 수용하는 것은 근본적으로 다르다. 그러나 '예수=그리스도' 라는 계시를 신앙으로 받아들인 사람들에게 '예수는 참 하나님이요, 참 사람' 일 뿐만 아니라, 이는 모든 자들이 공히 승인하고 수용할 수 있으며 한 걸음 더 나아가 수용해야 하는 보편적 진리로 천명한다. 따라서 그들은 특수한 종교적 진리에 대한 신앙이 없는 일반인들에게도 그들의 합리적 지성으로 이해될 수 있도록 계시의 보편타당성을 설명코자 한다. 곧 변증적 노력이다. 기독교 진리에 대한 이러한 변증 행위야말로 기독교 신학과 선교의 주된 과제 중의 한 영역이다.

기독교의 변증이 정당히 이루어질 경우 종교적 계시가 보편타당성을 띠게 되므로, 종교적 진리를 기초로 하는 정신문화가 바르게 형성된다. 그러나 변증에 신학적으로 결함이 있을 때, 종교의 세속화가 불가피하게 일어나게 되어 있다. 우리는 그 대표적인 예를 19세기의 자유주의 신학에서 본다. 기독교의 진리를 시대적 문화 상황에 알맞게 변증하기 위하여 정신화하는 가운데, 복음의 영적

차원을 신학적으로 정당히 다루지 못함으로 결국 기독교를 세속화
시키고 말았다. 예를 들어, 성서 연구에 있어서 성서의 역사적 차원
만 강조되었지, 성서가 교회의 신앙 공동체에 의하여 정경으로 받
아들여질 수 있었던 핵심적 요인으로서의 영감적 차원이 소홀히 다
루어지거나 무시되었다. 기독교의 내용적 측면에 있어서도 은혜,
죄, 구원 등과 같은 영적 차원보다는 자유, 평등, 정의와 같은 정신
적 차원만이 강조됨으로써 기독교의 종교적 진리는 근본적으로 위
협을 받게 된 것이다. 이러한 위협은 기독교가 직면한 가장 커다란
위기 중의 하나요, 풀어야 할 과제다.

기독교의 진리에 뿌리를 두거나 그와 조화를 추구함으로써 형
성된 정신문화는 매우 다양하다. 공산주의, 사회주의, 자본주의,
민주주의, 개인주의 등과 같은 이념들은 현대 사회를 지배하는 정
신문화로서 상당한 부분 그 뿌리를 기독교에서 찾을 수 있다. 계시
의 영적 차원이 해체되고 정신적 차원만 강조됨으로써 형성된 다양
한 이념(Ideologie)들이 오늘날까지 서구 정신문화의 흐름을 주도해
오고 있다고 말할 수 있다. 이처럼 다양한 이념들을 주축으로 하는
현대의 정신문화에 대한 바른 이해와 분별력이 필요하다. 그리고
이에 대한 그리스도인들의 자세도 바르게 제시되어야 할 것이다.
이를 위해서는 무엇보다도 복음과 정신문화의 관계성을 파악하는
것이 우선적이다. 왜냐하면, 복음의 빛에 비추어 봄으로써 정신문
화의 본질적 모습이 바로 드러날 것이기 때문이다. 복음과 정신문
화 사이에 크게 두 가지 근본적으로 다른 점들을 고찰해 보자.

정신문화의 주체 : 인간의 문제

첫째, 정신문화의 기원이 특정 종교에 있다고 할지라도 이미 문화 창조의 주체는 하나님이 아닌 인간이 되어 있는 반면에, 복음의 주체는 여전히 하나님이라는 사실이 다르다. 이 말을 달리 표현하면, 이데올로기를 중심으로 하는 정신문화가 아무리 커다란 영향력이 있을지라도 그 창조의 주체가 인간으로 자리 바꿈이 된 이상 상대성을 지닐 수밖에 없다는 것이다. 반면에, 복음은 상대적 세계에서 형성된 가치 기준이 아니라, 하나님의 계시 사건이므로 시공간을 초월하여 모든 자들에게 보편적 당위성을 갖는다.

예를 들어, 인류의 삶을 의미 있게 지탱시켜 주고 있는 민주주의라는 정신적 이념을 생각해 보자. 민주주의는 말 그대로 '데모-크라시'(demo-cracy)이다. 민중, 혹은 민(民)이 지배하는 것을 최고의 이념으로 생각함으로써 이루어진 정신문화다. 민주주의라는 정신문화에서 중요한 것은 한 사람 한 사람 모두가 각기 자기 나름대로의 고유한 가치를 지니고 있다는 사실을 인정한다는 것이다. '개개인의 의사와 능력은 존중되어야 한다'는 정신이 전제되어 있다. 이러한 민주주의의 발생 기원은 오랜 역사를 가지고 있지만, 기독교 정신과 만남으로써 보다 확고한 지지를 받게 되었다. 즉, 모든 인간은 '하나님의 형상'으로 지음을 받은 다 같은 피조물이라는 성서적 신앙이 민주주의 이념을 적극 지지할 수 있게 된 것이다.

우리가 오늘날의 서구 민주주의의 기원을 단지 고대 그리스의 도시 사회에서 행해졌던 것에서만 찾지 않고, 오히려 기독교적 맥락에서 이해하려는 이유가 여기에 있는 것이다. 그렇다고 할 때, 민주주의라는 정신문화는 복음적 맥락에서 반드시 하나님의 창조 질서와 더불어서 이해되어야 하는 것임을 알 수 있다. 즉, 민주주의가 인류의 역사 한가운데서 완벽하게 실현되기 위해서는 민중 개개인의 실존적 모습 가운데 '하나님의 형상'이 얼마나 보존되어 있는지에 대한 신학적 성찰이 필요한 것이다. 단적으로 말해, 인류는 본질적으로는 하나님의 형상으로 창조되었지만, 그의 역사적 실존은 하나님의 형상이 깨어진, 신학적으로 '죄인'이라는 사실을 중시해야 한다.

민주주의는 인류가 죄 가운데 있다는 사실을 심각하게 받아들이는 한에서 그 본래의 정신을 현실화 할 수 있다. 다시 말해서, 개개인은 타인의 고유한 의사와 능력과 가치를 인정해 줄 수 있는 실존이지 못하다는 현실을 바로 직시함으로써 민주주의의 이념을 어떻게 적용할 수 있을 것인지에 대한 정당한 길을 찾을 수 있을 것이다. 미국이 민주주의를 비교적 잘 발전시켜 올 수 있었던 까닭은 정치를 기독교적인 정신에 입각하여 유지해 왔기 때문이다. 그러나 오늘날 민주주의 국가인 미국 사회의 모습은 말 그대로 개개인의 인격과 가치가 최대한으로 보장되고 있는가? 민주주의는 깨어진 하나님의 형상을 지닌 인간의 한계점 중의 일부를 메우는 지극히 제한적 기능을 할 뿐인 것이다. 따라서 민주주의를 실현시키는 과정에서 보다 근원적인 것은 인류가 복음을 통해서 하나님의 형상을 회복하는 일이다. 민주주의는 우리 모두가 복음 안에 있을 경우에 허락되는 열매일지언정, 하나님의 형상을 상실한 상태에서의 민주주의는 하나의 구호요, 바람 그 이상이 될 수 없다. 지금 실현되고 있는 민주주의라는 것도 그나마 복음적 정신으로 씨를 뿌린 결과를 다소나마 거두는 것으로 이해해야 할 것이다.

정신문화 · 민주주의의 주체, 인간

하나님의 형상이 깨진
'죄인'이라는 자각이 있어야
올바른 정신문화를 창조할 수 있다.

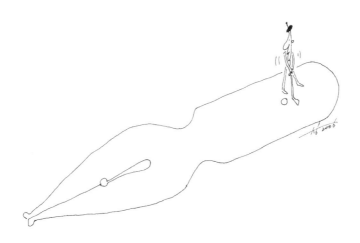

정신문화의 타율화와 복음의 자율성

둘째, 정신문화는 인간의 자율성을 긍정함으로써 성립되지만 결국은 인간을 지배하는 타율적 문화로 전락하는 반면에, 복음은 하나님의 자율성을 긍정하는 자들에게 신율을 경험하게 한다. 인간의 자율이 허용되지 않은 곳에 정신문화가 실현되는 것은 처음부터 불가능한 일이다. 인간의 자율성이란 정신문화의 모태다. 그러나 자율적 정신에 의하여 태어난 문화 그 자체는 결코 자율적으로 보존되지 않는다. 형성된 정신문화를 계속적으로 유지시켜 나가기 위해서는 결국 스스로 자율을 억압하는 타율을 받아들여야 하는 것이 현실이다.

앞에서 예를 든 민주주의의 경우를 좀 더 들여다보면, 민주주의란 시작부터 인간의 자율에 의해서 가능했고, 또한 그 목표도 자율이다. 그러나 민주주의라는 정신문화를 계속적으로 유지시키기 위해서는 민주주의 내에 비민주주의적인 타율을 행사하지 않으면 안 된다. 민주주의 국가에 경찰, 검사, 판사, 감옥, 사형, 군대 등과 같은 타율이 요구되는 집단 체제가 잘 발달되어 있는 것을 볼 수 있다. 어떻게 보면, 민주주의는 다수의 자율성을 확보하기 위하여 타율을 적절히 사용할 것을 합의한 합리적 정신문화라고도 할 수 있을 것이다. 공산주의도 마찬가지다. 공산주의를 이상적으로 생각하는 사람들이 자율적으로 모이고 실천하여 현실화시켰을 때, 이를 계속 유지하고 발전시키는 데에는 타율이 불가피했다. 왜냐하면, 민주주의든 공산주의든 그 본질을 이념적으로 생각하는 것은 얼마든지 가능하지만, 인간의 실존은 전혀 다른 차원에 있기 때문이다.

반면에, 복음은 실존의 상황에서 인간이 스스로 자율적일 수 있다는 사실 자체를 부정한다. 복음은 인간이 자기 힘으로 선을 이루고 악을 물리칠 수 있다는 사실의 허구성을 지적한다. 도무지 인간은 죄와 관계할 뿐이고, 사탄의 지배하에 있는 신세라는 것이다. 그리고 사탄도 엄밀히 말해서 하나님의 측량 불가능한 우주적 섭리 가운데서 움직이는 것이기 때문에, 스스로 존재하고, 스스로 힘을 얻는 자는 하나님뿐이다. 복음은 하나님만이 자율이라는 사실을 말한다. 반면에, 인간은 타율에 의해 마침내 죽음에 이르게 된다. 그러나 하나님은 예수 그리스도를 죽은 자 가운데서 살리셨듯이 믿는 자들을 죽음 가운데서 일으키시는 분이다. 이러한 하나님을 안다는 것만 해도 능력이다. 이제 누구든지 이 복음을 믿고 그 능력 가운데 거하는 자들은 하나님의 자녀의 권한을 가진 자로서 신적 자율을 체험한다. 곧 그의 삶이 신율에 의하여 지배되는 것인 바, 모든 타율로부터의 진정한 해방을 경험하게 되는 것이다. 이것이야말로 복음 안에 거하는 자들이 누리는 참된 자유요, 자율이라 이해할 수 있다.

우리가 복음 안에 있을 때, 민주주의나 공산주의의 이상은 어떤 타율에 의해서가 아니라 신율로써 자연스럽게 열매로 나타나게 된다. 그러므로 정신문화를 이루는 많은 이념들과 사상들을 유지시키기 위한 근원적인 일은 인류가 모두 복음을 듣고 하나님의 말씀에 순종하는 것이다. 복음과 상관없이 일어나는 모든 정신문화는 타율을 불러옴으로써 스스로 자율을 억압하는 체계일 수밖에 없다. 정신문화의 이러한 한계를 복음의 빛에서 바로 파악함으로써 인류의 역사 한 가운데 있는 교회가 감당해야 할 복음 사역의 중요성을 다시금 자각해야 한다.

보론 : 종교문화와 정신문화

문화로서의 기독교

종교가 모든 문화의 뿌리라면, 정신은 문화의 줄기다. 종교문화를 계시의 상징화라 한다면, 정신문화는 종교적 상징의 관념화다. 종교문화가 신앙이나 영성에 의하여 경험 가능한 반면, 정신문화는 이성에 의하여 양육되고 지속되는데, 이는 정신문화란 인간의 모든 사고 행위를 총체화한 것이기 때문이다. 따라서 정신문화란 작게는 한 개인의 삶을, 보다 크게는 한 세대 이상을 지배하는 '관념의 체계(Ideologie)' 라 부를 수 있다.

이를 좀 더 풀어서 살펴보자. 서양의 경우 종교문화는 대체로 기독교적이라 볼 수 있다. 기독교가 말하는 계시 사건이 뿌리가 되어 현재 서양의 종교문화를 형성하고 있다. 성탄절, 부활절, 성령 강림절, 추수 감사절 등, 심지어는 마리아 승천절까지 국가적 공휴일로 정하여 축제화 한 나라들도 있다. 이러한 서양의 종교문화, 곧 기독교 문화는 서양인에게 정신문화의 뿌리를 이룬다. 다시 말해서, 기독교 없이 서양의 정신문화는 질적으로나 양적으로 빈약해질 수밖에 없다는 것이다. 뿐만 아니라, 이제는 세계인의 종교로서 지구 곳곳에 기독교적 신앙과 지성이 자리 잡고 있다. 기독교는 이제 더 이상 서양에만 한정된 종교가 아니라, 세계인의 정신문화를 구성하는 자리에까지 이르게 되었다. 이러한 현상은 비단 기독교뿐만이 아니다. 최소한 아시아에서 불교문화는 불교 신앙을 가지지 않은 사람들에게까지도 그들의 정신문화를 주도하는 영향력을 행사하고 있다. 이처럼 정신문화와 종교는 매우 긴밀한 상관성을 띠고 있어 정신문화에 대한 깊은 이해를 위해서 그 문화의 뿌리를 이루고 있는 종교를 파악하는 것은 무엇보다 중요한 일이 된다.

그러나 정신문화와 종교는 언제나 상호 호혜적이지만은 않다. 역사적으로 볼 때, 특히 서구에서 계몽주의가 등장하면서 종교와 정신문화는 대립적인 양상을 보인 적이 있었다. 그 현상은 한 마디로 '인간과 신'이라는 패러다임으로 이해될 수 있다. 다시 말해서, 인간을 강조할 때는 신이 설 자리가 없게 되고, 신의 섭리를 강조할 때는 인간의 자유가 제한된다. 따라서 인간의 능력과 자유와 사랑을 고양코자 하는 시대적 흐름 가운데에서는 종교란 언제나 배격의 대상이 될 수밖에 없었다. 그리고 신의 창조·섭리·구원을 이야기할 때는 인간에 대한 낙관적 희망과 기대는 무산되기가 일쑤인 것이다. 이제 우리는 동서양에 공히 나타난 '인간과 신'이라는 범주 하에서 종교문화와 정신문화가 어떠한 조화 혹은 대립을 경험해 왔는지를 살펴보고자 한다.

기독교 종교문화와 그리스 정신문화의 만남

서양 문화를 종교적 차원에서 볼 때는 물론 기독교에 뿌리를 두고 있다는 것이 자명하지만, 이 기독교는 외부로부터 유입되어 와서 인간 중심의 정신문화와 어떠한 모양으로든지 결합된 것으로 보아야 한다. 즉, 신을 중심으로 하는 유대교 전통의 기독교 문화와 인간 중심의 그리스 정신문화가 서로 만남으로써 이루어진 복합 문화라 볼 수 있다. 물론 그리스 정신문화의 뿌리 역시 고대 종교에로 거슬러 올라가지만, 이미 인간과 신이라는 긴장 관계가 깨어져 인간 중심의 정신문화가 우월하게 꽃을 피우고 있었다.

인간의 경험과 합리적 이성의 활동을 중요시하는 그리스 문화에 기독교라는 종교문화가 흘러들어옴으로써 서양의 문화는 그 판도를 달리하게 되었다. 왜냐하면 그리스 문화는 인간 중심의 문화를 펼쳐 온 반면, 기독교는 철저히 신 중심의 문화를 전개해 나갔기 때문이다. 종교적인 차원에서 볼 때에도 기독교는 그리스의 그 어느 토착 종교보다도 확고부동한 신앙적 체계를 가지고 인간 중심의 그리스 종교를 압도하였다.

어떠한 모양으로든지 유대의 신앙 전통과 그리스의 이성 전통이 한 자리에서 만난다는 것은 결코 제3의 새로운 무엇으로 새로 태어나는 것을 의미하지 않았다. 이 전통들은 오늘날까지도 끊임없는 긴장 관계 하에 각자의 에너지를 서로에게 내보냄으로써 서구 고유의 문화를 형성해 가고 있는 것이다. 적어도 기독교와 그리스의 정신문명은 서로 가시적인 조화를 이룸으로써 중세의 문화를 꽃피우고 새로운 긴장 관계를 낳을 때까지 1,000여 년의 세월을 필요로 했다. 5세기의 아우구스티누스(Saint Aurelius Augustinus, Bishop of Hippo, 354-430) 때부터 16세기 루터(Martin Luther, 1483- 1546)가 등장하기까지 기독교적 종교문화와 인문주의적 정신문화는 서로 조화를 추구하고자 했다. 그러나 엄밀히 말한다면, 중세기 문화는 그리스 문화에 대한 유대 기독교 문화의 억압과 지배의 문화라고 보아야 할 것이다. 왜냐하면 교회사에서 볼 수 있듯이, 중세의 가톨릭은 '신율'에 따르기보다는 인간적 제도와 전통 및 교회의 권위를 내세운 '타율'로써 인간의 정신적 '자율성'을 제한해 왔기 때문이다.

그러나 소위 근세가 열리면서 인간 중심의 사고는 그 이전의 어느 때보다 활발해졌고, 그에 따라 신앙을 근거로 하는 종교문화와 이성에 기초를 둔 정신문화의 긴장은 대립적 양상을 나타내기 시작했다. 종교문화는 내면화되고 초월 지향적으로 선회하였고, 정신문화는 철저히 경험적이며 현재 지향적인 모습을 보였다. 정신문화는 자신의 영역 가운데 신의 섭리와 간섭을 더 이상 허용하지 않았다. 신학적 교의로부터 독립하는 것을 학문과 인간의 자유를 확보하는 것이라 여겼다. 그런 가운데 과학과 신학은 더 이상 조화를 이룰 수 없는 관계로까지 이해되었다.

동양, 특히 한자 문화권에서는 불교가 초월적 신앙 중심의 문화를 형성했고, 유교가 이성을 통한 현실적 윤리 중심의 문화를 구축해 왔다. 불교의 종교문화와 유교의 정신문화가 기원전 1세기 후한(後漢) 때로부터 9세기 당나라 때까지 약 1,000여 년간 조화를 추구하여 왔으나, 주자(朱子)이래 신유학(新儒學)의 전개로 불교문화와 유교문화는 새로운 긴장관계 하에 들어가게 되었다. 물론 이러한 사실들은 시대와 지역마다 차이가 있기 때문에 일괄적으로 말한다는 것 자체가 무리지만, 중요한 것은 신앙 중심의 종교문화와 이성 중심의 정신문화란 상호 조화를 이룰 수도 있고, 극도의 긴장 상태에 빠질 수도 있다는 것이다.

문화의 종교화와 종교의 정신화

우리는 지금까지 종교문화와 정신문화가 크게 두 가지 방향에서 서로 관계를 갖고 있는 것을 살펴보았다. 첫 번째의 차원은 정신문화가 종교문화의 연장으로서 이해되는 경우다. 이것은 지극히 자연스러운 현상으로 볼 수 있다. 이 때에, 정신문화의 뿌리가 되어주고 있는 종교문화가 마성적 상태에 빠져 있지만 않다면, 그 정신문화는 매우 안정적이고 적극성을 지니게 된다. 그러나 이 경우는 정신문화를 지탱하고 있는 종교 자체에 대한 비판적 원리나 실천이 약해질 가능성이 많은데, 그 때에 정신문화는 매우 불안정적이며 부정적인 것으로 거부될 수 있다.

그러나 두 번째의 차원은 양상이 다르다. 즉, 종교문화와 정신문화간의 대립과 조화가 반복적으로 나타나는 경우다. 이런 현상이 나타나는 이유는 특정 지역에 새로운 종교문화가 전파되어 들어와 기존의 정신문화와 불가피하게 만나게 되기 때문이다. 예를 들면, 앞에서 고찰한 대로 그레코-로마 문화권에 새로운 종교문화인 기독교가 들어와서 그리스적 인본주의와 만남으로써 서로 긴장 관계를 갖게 되었던 경우다. 또한, 유교 문화권에 새로운 종교인 불교가 들어와서 유교적 인본주의와 만남으로써 서로 긴장 관계를 갖게 된 것을 알 수 있다.

이러한 사실들을 관찰함에 있어서 무엇보다도 중요하게 생각해야 할 것이 있다. 정신문화가 종교문화를 배척하거나 종교문화와의 상호 조화를 꾀하지 않고 종교문화로부터 독립적인 영역을 확보하려는 점이다. 이 두 번째 차원은 인간의 역사 가운데 신의 계시적 차원이 있을 수 있다는 사실 자체를 거부하고, 순전히 인간 이성의 자율성으로만 역사를 이야기하려는 것이다. 이 때에 정신문화는 우상적 종교에 의한 마성화 현상으로부터는 자유로울 수 있지만, 스스로 세속화 현상에 빠지게 될 위험성이 높게 된다.

우리는 종교문화와 정신문화간의 이러한 긴장 관계를 확인함으로써 불교적, 유교적 정신문화 가운데 전파된 기독교가 기존의 정신문화와 어떠한 관계를 맺어야 할 것인지에 대한 물음에 정당히 대답해야 할 시점에 와 있다. 중세기 가톨릭처럼 조화를 모색할 것인가? 아니면, 절대군주 시대의 정통주의 기독교처럼 기독교의 절대주의와 배타주의를 고수할 것인가? 이 지점에서 두 가지 관점에 주의를 기울여야 된다는 사실을 발견한다. 하나는 모든 문화를 종교화하려는 노력이고, 또 다른 하나는 모든 종교를 정신화하려는 시도다.

모든 문화를 종교화한다는 것은 문화 행위에 종교적 의미를 부여하여 본래의 상대적 가치를 절대화하는 것이다. 예를 들면, "하나님은 사랑"이라는 진술을 근거로, '사랑'의 행위 자체를 신앙의 행위로 끌어올리는 것이다. 반면에, 신적 차원을 정신화한다는 것은 초자연적이며 영적인 실재를 인간의 합리적 이성의 지평에서 이해될 수 있도록 보편화하는 것을 의미한다. 예를 들면, 필자가 속해 있는 성결교회의 사중복음으로 불리는 중생 · 성결 · 신유 · 재림을 정신문화와 소통케 하기 위하여 중생을 생명으로, 성결을 사랑으로, 신유를 회복으로, 재림을 공의라는 보다 보편적인 개념으로 해석하는 것이다. 이것은 보편성을 지닌 인간의 정신문화적 패러다임을 통해서 신적 차원을 서술하는 노력이다. 따라서 이러한 경우에 신적 차원을 설명하는 모든 표현은 종교적 상징으로 보존되도록 해야 한다. 그렇지 않으면 종교의 정신화는 곧바로 종교를 세속화(profanization)하는 결과로 빠지기 때문이다. 이때 세속화란 현재의 정신이 있게 한 본래적인 영성의 차원이 빠지고, 이성의 차원만이 문제되는 상태로 떨어지는 것을 말한다.

이 문제는 앞 장에서 문화의 본질적 차원을 다룰 때 이미 상세히 취급하였지만, 정신문화의 차원에서 종교의 이러한 세속화는 매우 쉽게 일어날 수 있다. 왜냐하면, 정신문화는 종교적 상징의 일반적 소통을 위하여 끊임없이 개념화 및 정신화를 추구하기 때문이다. 그러므로 종교의 정신화 과정에서 종교적 상징의 계시적 차원을 어떻게 보존하느냐는 것이 종교문화의 신학이 감당해야 할 과제 중 중요한 부분이 될 것이다. 예를 들어, 재림의 복음을 일상의 삶 속에서 적용시키고자 할 때, '공의'로 심판하기 위해 다시 오시는 그리스도에 대한 신앙적 영성은 시간이 갈수록 희석되고, '공의'라는 윤리적 차원만 중시되는 것에 대해서 경계시켜야 한다는 것이다. 재림의 신학에서 공의의 삶을 강조할지라도, 이를 가능케 하는 재림신앙이 빠져버릴 때 기독교의 세속화 현상이 나타나기 때문이다.

3. 대중문화의 신학

대중문화와 본능적 감성

우리가 일상적인 생활 가운데 주로 접하는 문화는 대중문화다. 대중문화란 말 그대로 일반 대중들이 손쉽게 표현하고 참여하는 문화를 의미한다. 대중들이 누릴 수 있는 것이어야 하기 때문에, 무엇보다도 문화의 내용이 대중에 가까이 와 닿을 수 있어야 한다. 그래서 대중문화는 대중매체를 통해 전달되고 수용되는 것이 일반적이다. 특히 오늘날의 대중문화를 선도하는 매체는 텔레비전이다. 한 걸음 더 나아가 텔레비전은 아예 그 자체가 대중문화의 일부가 되어 있는 상황이 오늘의 모습이다. 이 외에도 라디오, 영화, 비디오, 신문, 잡지, 그리고 현대에는 컴퓨터 통신을 매개로 하는 멀티미디어 등이 대중문화를 중개하는 역할을 담당한다.

일반적으로 대중문화가 종교문화나 정신문화보다 열등한 것으로 여겨지고 있는데, 특히 상업화된 대중문화에 대해서는 더욱 그렇다. 다시 말해서, 문화가 상업적인 목적을 위하여 이용되는 한, 대중문화의 질적 수준은 의심받을 수밖에 없을 것이다. 문화를 상업화하기 위해서는 대중에게 쉽게 파고 들어갈 수 있어야 한다. 그러기 위해서는 문화 수용 자체가 쉽게 느껴져야 한다. 그런데 정신적인 것은 생각해야 하는 어려움이 있고, 종교적인 것에 대해서는 신앙과 윤리와 같은 것이 부담으로 다가온다. 반면에, 대중적인 것은 오감(五感)으로 자연스럽게 느끼면 되는 것이다. 따라서 대중문화는 그 자체가 매우 감성적이다. 예를 들어, 그림이라 하더라도 빌딩에 걸려 있는 핑크빛 영화광고 그림과, 인사동 화랑에 걸려 있는 그림에는 한 가지 분명한 차이가 있다. 영화 광고는 그림 감상법을 특별히 모른다고 하더라도 곧바로 감정을 움직이는 반면, 화랑의 소위 예술 작품은 한참 인내를 가지고 뜯어보아야 작가가 전달하고자 하는 의도를 다소나마 알 수 있다는 것이다. 한 마디로, 대중문화는 감성적 본능에 의하여 쉽게 접근할 수 있는 특징이 있다.

상업문화와 대중문화

이처럼 대중문화는 인간의 본능적 감각에 호소하는 내용을 위주로 다룬다. 물론 순수 예술의 대중화가 불가능한 것은 아니다. 다만 오랜 시간이 걸리는 어려운 일이라는 것뿐이다. 그러나 상업정신은 가능한 한 짧은 기간 안에 많은 이윤을 남겨야 하는 것이기 때문에 처음부터 쉬운 길을 택하기 마련이다. 그 쉬운 길이란 인간의 동물적 본성과 타락한 인간성을 자극하는 일이다. 성적 탐욕, 살인적 광기, 파괴적 행동, 무질서의 암흑세계, 비정상적 인간관계, 또는 오락과 환상 등을 소재로 하여 문화를 대량 복제하는 것이다. 따라서 대중문화는 문화가 상업화됨으로 나타난 문화의 한 유형으로 이해될 수 있다. 그렇기 때문에 대중들은 싼값으로 대중문화에 참여하여 부담 없이 문화를 소비한다.

이처럼 대중문화가 상업화됨으로써 나타나는 부정적 현상에 대해서 알아보았지만, 문화의 상업화 과정 그 자체를 막을 수는 없는 일이다. 문제는 사회적 합의에 의하여 대중문화의 윤리적 기준을 가능한 한 높이 세우는 것이다. 그러나 기업의 본성상 자신의 이익 추구를 위해서는 무슨 일이든 가리지 않는 오늘의 사회적 풍토 속에서 대중문화의 생산자로 부각되고 있는 자본가들에게 높은 수준의 대중문화를 기대하는 것은 요원한 일이다. 그렇다고 대중문화 모두를 수준 낮은 싸구려 문화라고 폄하해도 안 될 일이다. 오히려 대중들에 의해서 수용될 수 있는 문화면서도 동시에 높은 가치를 지닐 수 있는 창조적 문화가 나오도록 해야 한다. 대중적이라 해서 모두가 관능적이며 감성적인 것만 추구한다고 규정해서도 안 될 것이다. 오늘날 최다수의 대중들이 선택하는 베스트셀러는 단지 본능적인 욕구만을 일시적으로 충족하고자 구입되는 것은 아니다. 보다 적극적으로 말하면, 소비자에게 뭔가 공감을 줄 뿐만 아니라, 삶의 의미를 제공해 주는 내용이 있기 때문이다. 그러므로 대중문화 그 자체를 통째로 부정적으로 보는 것은 옳은 자세로 볼 수 없다.

근대주의에서 탈피하여 다원주의 시대로 접어든 포스트모던의 상황에서는 오히려 소수의 자본가들보다 다수의 문화 전문가 (agent)들이 더욱 중요한 위치를 차지하고 있다. 근대는 산업혁명을 기점으로 하여 자본가들에 의한 대량 체제가 유지될 수 있었으나, 탈근대를 맞이하는 오늘날은 지난 세대와는 반대로 다품종 소량 생산의 체제로 전환되어 가고 있는 상황이다. 한국에서와 같이 대기업이 기형적으로 커서 문어발식 경제 문화를 형성하는 곳에서는 예외적인 경우가 될 것이지만, 일반 선진국의 경우 중소기업이나 소규모의 창조적 모임들이 다양한 아이템으로 현대의 대중문화를 직간접적으로 지원하고 있는 것이다.

오늘날 대중문화를 말함에 있어서 빠뜨릴 수 없는 것이 있다면, 그것은 대중가요다. 대중들의 일상적인 생활 속에 일어나는 희노애락을 그대로 가락에 옮겨 놓은 이야기들을 많은 사람들이 비판 없이 따라 부른다. 한 번 히트된 곡이라면 남녀노소 할 것 없이 모두가 흥겹게 따라 부를 수 있을 정도로 그 영향력이 대단하다. 그러므로 대중가요의 멜로디와 가사의 내용을 파악하는 것이 대중문화의 흐름을 아는 한 길이기도 하다. 물론 거기에는 매스컴의 역할이 결정적이다. 매스컴 그 자체도 이제는 거대한 기업이 되었다. 따라서 자신들이 전파나 유선을 통해 보내는 소리와 영상들에 대한 시청률이 무엇보다도 중요한 시대를 맞고 있다. 여기에서 다시 대중문화의 상업화 과정에 무차별 잠식하는 문제들이 대두된다. 많은 시청률을 확보하기 위하여 폭력성과 외설(猥褻)성을 그대로 노출시키는 행위들이 곧 그것이다.

매스컴 · 상업주의 · 대중문화

레슬리 화이트(Leslie A. White, 1900-1975)가 내린 문화에 대한 정의를 따를 때, 문화란 인간의 전 활동을 규정하는 "상징 행위"라는 것이다.[32] 그렇다면 대중문화 역시 대중의 일상적 삶의 모든 것들을 소재로 다루는 상징 행위라 볼 수 있다. 즉, 대중문화란 대중이 추구하는 의미를 창작하고, 결정하고, 그 의미를 이해하는 행위다. 대중은 개인들의 집합이기 때문에, 우리는 개개인이 추구하는 것들을 상징화하는 행위를 통해서 대중문화를 만들 수 있다고 생각한다. 그러나 대중 그 자체는 이미 개인이 아니라는 점에서 개개인의 희망과 대중이 바라는 것 사이에는 근본적인 차이가 있는 것이다. 그렇다면 개인들의 집합으로서의 대중은 언제 어떻게 이루어지는지에 대한 물음이 불가피하다.

언제 개인이 대중의 일원이 되는가? 개인이 자신의 고유한 일을 하고 있는 동안에는 대중일 수 없다. 우리가 대중이 되는 것은 개개인을 연결시키는 특정한 네트워크에 편승하면서 시작된다. 아침에 일어나서 조간신문을 볼 때, 이미 우리는 더 이상의 개인이 아니라 대중의 일부가 된다. 저녁에 퇴근할 때 지하철에 몸을 실은 우리는 더 이상 개인이 아니다. 수 십 만 명의 도시민들과 공유하는 어떤 공공 의식을 갖게 된다. 텔레비전으로 월드컵 축구 게임을 보고 있거나, '불멸의 이순신'과 같은 사극을 시청하고 있는 동안, 아니면 CNN이 전달하는 국제 뉴스를 시청하고 있는 동안, 우리는 한국 민족, 한 걸음 더 나아가 전 세계인과 더불어 초국가적 대중을 이룬다. 이처럼 한 개인이 대중의 일부가 되는 것은 대중 매체에 접촉하면서부터라고 할 수 있다.

그렇다면, 대중 안에 있는 개인이란 대중 매체가 전해주는 문화에 그대로 노출될 수밖에 없는 존재다. 따라서 매스컴이 기획하고 제작하는 문화의 질이 대중문화의 질적 수준을 결정한다. 이를 역으로 말하면, 매스컴이 없으면 대중문화란 존재할 수 없다는 의미다. 그만큼 매스컴은 제2의 문화 창조자로서 현대의 대중문화를 선도하는 주체가 되어 있다. 이제 이러한 매스컴이 상업주의의 전령으로 얼마나 계속 전락할 것인가가 문제다. 따라서 소극적으로는 일반 매스컴을 상업주의로부터 보호하는 것이 기독교 문화사역의 중요한 과제로 부각된다. 그리고 적극적으로는 상업화되는 문화를 나르는 매스컴과 어깨를 나란히 겨루면서 복음의 정신을 나르는 매스컴을 확보하는 일이 현대 교회에 주어졌다. 무엇보다도 그리스도인들에게 복음의 문화적 차원을 대중적으로 접할 수 있도록 하는 것이 우선이다. 그리스도인들이 복음적 매스컴에 접촉할 기회를 갖지 못한다면, 상업적 매스컴에 무방비적으로 노출될 수밖에 없을 것이다.

매스컴의 그물에 얽혀 있지 않은 현대인은 없다. 그런 면에서 우리는 대중의 일원이다. 그러므로 대중문화에 대한 그리스도인들의 관심이 과거 그 어느 때보다도 요청되는 시기를 맞고 있다. 대중문화를 만들어 전달하는 매스컴들에 대한 비판적 견제와 아울러 적극적인 대안 마련이 시급한 때가 되었다. 이제 대중성에 대한 것을 상업적인 것으로만 생각하여 대중성을 포기하는 것은 기독교의 치명적인 착오가 될 것이다. 따라서 무절제적이며 타락한 본성에 호소하는 상업적 대중성이 아닌, 인간의 양심에 호소하는 도덕적인 대중성 확보를 위하여 기독교는 대중문화의 신학 형성에 보다 깊은 관심과 노력을 집중해야 한다. 오히려 그리스도의 복음이 진리에 무감각해진 대중을 향하여 다가가야 한다면, 대중문화의 신학은 바로 이러한 일을 위해 교회가 현장에서 만들어 낼 수 있는 가장 영향력 있는 신학이 될 것이다.

주

1) E. Troeltsch, *Gesammelte Schriften II*(Tübingen, 1922), 100.

2) Wm. Bousset, "Religion als Kultrurmacht", in: 25. Deutschen Protestanttag 4. bis 6. Oktober 1911 in Berlin. Reden und Debatten, Berlin-Schöneberg 1911: 21-34, 31. 34.

3) E. Troeltsch, op.cit., 552. 565.

4) E. Troeltsch, RGG(1.Aufl.) IV, 1912 / GS IV, 196.

5) E. Schraeder, *Die Kirche, die zentrale Geistesmacht auch im Kulturleben der Gegenwart*, AELKZ 4 (1908): 754-59. 778-81. 803-9.

6) H. Pudor, "Fratzen-Kultur", GKT 45(1912): 214-16.

7) R. Seeberg, *System der Ethik*(Leipzig, 1920, 2. Aufl.), 3.

8) R. Seeberg, *Die Moderne und die Prinzipien der Theologie*, AELKZ 40(1907), 506. 이를 가리켜 제베르크의 "근대-실증적(modern-positive)" 문화해석이라고 한다.

9) K. Holl, "Die Kulturbedeutung der Reformation", in: *Gesammelte Aufsätze zur Kirchengeschichte I*, Tübingen 1927(4. Aufl.), 468-543; 468ff.

10) Ibid., 473.

11) Ibid., 483.

12) Joseph Klausner, *Jesus of Nazareth: His Life, Times, and Teaching*, *trans*. by H. Danby(New York: The Macmillan, 1925).

13) E. Gibbon, *History of the Fall and Decline of the Roman Empire*, 6 vols. (London: Straham, 1774-1788), 황건 역, 『로마제국 쇠망사』(서울: 까치글방, 1991).

14) P. Tillich, GW IX, 96.

15) P. Tillich, 『문화와 종교』, 26.

16) Ibid., 37.

17) Ibid.

18) GW IX, 98.

19) "우리의 씨름은 혈과 육에 대한 것이 아니요, 정사와 권세와 이 어두움의 세상 주관자들과 하늘에 있는 악의 영들에게 대함이라"(엡 6:12). "예수를 시인하지 아니하는 영마다 하나님께 속한 것이 아니니 이것이 곧 적그리스도의 영이니라. 오리라 한 말을 너희가 들었거니와 이제 벌써 세상에 있느니라"(요일 4:3). "그리스도께서 이미 육체의 고난을 받으셨으니 너희도 같은 마음으로 갑옷을 삼으라"(벧전 4:1).

20) Michael Sattler, Send-brieff an eine gemeinde Gottes, samt kurtzem und warhafftigem anzeigen, wie er seine Lehr zu Rotenburg am Neckar mit seinem blut bezeuget hat, anno 1527, Ephrata 1745, 1-22: "어두움의 죽은 일들과 교제하는 사람들은 모두 빛에 참여할 수 없다." "악한 자와 그 세상을 따르는 사람들은 결코 이 세상에서부터 하나님에게로 불려 나온 이들에게 참여할 수 없다."

21) Rober E. Weber, 『기독교 문화관』 이승구 역(서울: 엠마오, 1984). "그리스도인들과 이 세상 사이에는 하늘과 땅의 차이만큼의 큰 차이가 있다. 이 세상은 세상이고, 항상 세상으로 남아 있고, 항상 세상으로 행동하며, 온 세상은 단지 세상일뿐이다. 그러나 그리스도인들은 이 세상으로부터 불림을 받은 이들이다. 그는 세상을 본받거나, 세상과 사귀거나, 세상의 영광을 추구하거나, 세상의 멍에를 메지 않도록 불림을 받은 것이다."

22) 웨버, 『기독교 문화관』, 146.

23) 니버, 『그리스도와 문화』, 193. 분리주의는 피조세계 자체가 타락 한 것과 같은 영지주의적 세계관과 유사한 입장을 취한다.

24) Ibid., 194.

25) Ibid., 195.

26) Ibid.

27) I. Kant, 『이성의 한계 안에서의 종교』 신옥희 역(서울: 이대출판사, 1994), 42.

28) "저가 여호와 보시기에 악을 행하였습니다"; 대하 21:6, 22:4, 29:6.

29) 창 6:5, 6:12, 8:21; 시 38:3. 51:5.

30) 마 11:25; 요 5:44, 9:3, 11:4; 롬 8:37-39; 고후 4:7-11, 12:9; 골 2:15; 벧전 3:22.

31) Leslie A. White, *The Concept of Culture*. 『문화의 개념』 이문웅 역 (서울: 일지사, 1977), 14.

32) Ibid.

제4장
창조적 문화신학

우리는 지금까지 문화에 대하여 크게 두 방향으로 접근해왔다. 첫 번째는 문화 자체가 지니는 신학적 차원(Cultural Theology)을 드러내고자 한 본질적 문화신학이었다. 여기에서 모든 문화는 인간이 추구하는 궁극적 관심에 대한 구체적인 표현임을 이해하게 되었다. 두 번째 접근에서는 기독교의 규범에 입각하여 문화를 윤리적 관점에서 이해함으로써 문화에 대한 복음의 관계(Theology of Culture)를 밝히고자 한 규범적 문화신학이었다. 문화신학의 양면이 고찰된 셈이다. 그러나 아직 복음과 문화, 내지는 종교와 문화 사이의 보다 적극적인 관계는 규명되지 않았다. 문화인류학적 차원에서 이해하고 있는 문화의 개념에 따르면, 사실상 기독교가 문화에 대하여 배타적일 이유가 없다. 또한, 본질적 측면에서 문화를 이해하게 될 때도 문화에 신학적 차원이 있기 때문에 문화가 기독교와 갈등을 가질 필요가 없다. 그럼에도 불구하고 기독교와 문화의 관계는 이론적으로나 현실적으로 긴장과 대립의 연속이다.

이제 우리는 창조적 문화신학에 대한 요청이 역사적으로 어떠한 맥락에서 등장하게 되었는지를 살펴 본 후, 경험론적인 세계관에 뿌리를 내리고 있는 인류학적 문화 이해와 관념철학에 근거한 본질론적 문화이해를 넘어서 문화 창조론적 차원에 입각하여 복음과 문화의 관계를 이해하고자 한다. 문화에는 창조론의 핵심주제인 '하나님'과 '인간'의 차원 모두가 존재하기 때문이다. 이는 문화의 종교적 차원과 인간적 차원 양면이 통전적으로 다루어져야 함을 뜻한다. 우리는 이러한 문화 접근을 '창조적 문화신학'이라는 틀에서 다루고자 한다. 창조론에서 창조의 주체가 하나님이듯이 창조론적 관점에서 본 문화 창조의 주체 역시 하나님이어야 한다는 것이 창조적 문화신학의 대전제이며, 우리는 이를 '예수 하가다 신학'의 구조 안에서 전개해 나갈 것이다. 이로써 하나님 중심의 문화론이 가능하게 될 것이며, 이를 통해 존재론적 관점의 본질적 문화신학이나 윤리적 관점의 규범적 문화신학의 제 문화신학적 관점들이 창조적으로 고유한 역할을 감당하게 될 것이다.

창조적 문화신학에 대한 요청
제1절

낙관적 세계관의 붕괴

제1차 세계대전은 인류 미래에 대한 낙관적이고 진보적인 세계관의 종말을 알리는 신호탄으로 터졌고, 결국 이로써 18세기 계몽주의가 형성한 낙관적 인간론과 세계관은 20세기에 들어와 그 타당성이 전면적으로 재검토되어야 했다. 전쟁의 참상 후 종교사학파를 기점으로 하여, 그리고 칼 바르트(Karl Barth, 1886-1968)가 중심이 된 일련의 그룹들에 의해 그동안 인간중심 문화의 허구적 실체가 폭로되면서, 잃어버렸던 하나님의 초월성을 다시 회복하는 운동이 전개되었다. 이 운동에 참여했던 자들은 본질적 문화신학의 원리에 입각하여 신학 운동을 전개했던 리츨에 맞서 인간의 문화 창조행위는 그리스도인이 하나님과 연합하는 경험과는 다른 것임을 강조하였으며, 그 중에 문화루터주의자들은 교회에 의한 문화지배에 저항함으로써 교회와 세상 문화 각개의 고유한 합법성을 인정하기도 하였고, 폴 틸리히(Paulus Johannes Tillich, 1886-1965)와 같은 신예학자들은 새로운 시대에 적합한 새로운 신학적 모델과 방법론을 정립하고자 노력했다. 이와 같은 신학적 반성들은 덴마크의 기독교 철학자 키에르케고르(Søren Kierkegaard, 1813-1855)의 실존철학에 그 사상적 빚을 많이 지고 있으며, 이 때부터 다시 인간의 죄, 하나님의 은총, 개인의 결단을 강조하기 시작했다. 또한, 기독교의 죄론을 부활시킴으로써 인간의 이성적인 노력만으로는 하나님의 진리를 파악할 수 없다는 사실을 확인시켜 주었다.[1]

본질적 문화신학의 한계

본질적 문화신학은 정통주의를 표방하는 당시의 서구교회가 안고 있는 신학적 딜레마를 풀어가기 위해 문화개신교주의에 의해 시도된 대안적 신학으로서, 이는 기독교에 근거한 문화국가의 건설을 목표로 삼았던 것임을 고찰하였다. 이들은 자율적인 인간의 가치 판단을 불러일으켰고, 고정되고 마성화된 것에 대한 변혁을 유도했다는 점에 있어서 긍정적 요소로 작용하였다. 그리고 교회 공동체 형성의 궁극적 목적을 정신문화적으로 해석해 내는 과정에서 문화국가로 보았다는 점 그 자체 역시 적극적 평가를 내릴 수 있을 것이다. 그러나 이로써 교회라는 종교적 실체가 철저히 해소되어 신율의 소멸이 불가피하게 진행되는 동안, 문화국가 이념은 자율적 공동체의 이상(理想)이 되었다. 이미 앞에서도 지적되었듯이, 신율이 지배하지 않는 자율은 타율의 지배를 불러오게 되는데, 그것

하나님의 높은음자리표

잃어버렸던 하나님의 초월성을 되찾는
새로운 문화신학을 향해 나아가라.

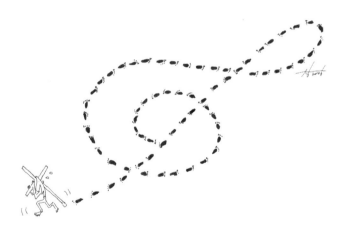

은 타락한 인간 본성에 따르는 자율이기 때문이다. 결국 독일 문화 개신교주의의 자율적 문화국가는 국가사회주의라는 역사적으로 전례를 찾아보기 힘든 타율적 이념을 불러오는 발판이 된 운명을 맞이하게 되었다. 규범적 문화신학의 원리가 배제된 본질적 문화신학의 원리만이 적용되는 경우, 그들이 본래적으로 추구했던 본질에 대한 기준이 모호해져, 그들 스스로의 모순에 빠지고 자유를 가장한 방종을 일삼음으로써 세속화와 마성화의 현실을 보게 되는 것이다.

새로운 문화신학의 방향

제1차 세계대전과 근대화의 충격이 계기가 되어, 프로테스탄트 신학은 1920년대와 30년대에 들어서면서 문화비판에 대해서, 그리고 문화를 신학에 기초하여 새로이 수립하는 문제에 대하여 활발한 논의를 전개하였다. 이러한 문제들을 전쟁 전의 본질적 문화신학을 추구하였던 자유주의 전통의 신학과 이에 대항한 규범적 문화신학 사이의 대립으로만 이해하는 것으로는 충분하지 못하다. 왜냐하면 1918년 이후 규범적 문화신학자들, 혹은 변증법적 신학자들만이 세속문화에 대하여 공격적으로 비판하지 않았기 때문이다. 무엇인가 바야흐로 모두에게 새로운 신학적 돌파구가 요청되는 때를 맞이하였던 것이다.

1920년대 신학계를 지배했던 문화비판의 흐름은 문화에 대하여 새로운 의미를 보다 적극적으로 부여하는 수준에까지 이르지 못했다. 그 때문에 자유주의 이후에 '새로운 문화신학'에 대한 요구가 계속적으로 강하게 일어났다. 지금도 여전히 신학적 타당성을 지니고 있지만, 당시에 요구되었던 새로운 문화신학은 종말론적인 기독교 신앙에 근거한 문화 비판적 입장과 문화형태의 불가피성을 주장하는 문화 수용적 입장을 중재할 수 있는 신학이어야 했다. 근대의 다원주의적 관점에서 새로운 문화신학의 과제는 새로운 문화통합을 끌어낼 수 있는 힘을 찾는 것이었다. 그러나 현실적으로는 새로운 개혁의 원동력을 규정함에 있어서나, 다원주의에 대항하는 정치적 단합에 있어서 어떠한 일치도 보지 못하고 있는 실정이다.[2]

틸리히(Paul Tillich)는 슐라이어마허의 종교이론과 트뢸취의 문화통합 이론을 수용하여 문화신학의 체계화를 시도하였다. 그의 문화신학적 동기는 모든 문화 행위로부터 종교적 의미를 갖는 기초를 제거함으로 야기된 종교와 문화 사이의 분리현상을 극복해 보려는 것이었다. 그에 따르면, 종교란 문화 안의 한 영역이 아니라, 모든 문화 행위에 존재하는 "무한정적 의미"에 대한 깨달음 자체다.[3] 그러나 그는 이와 같은 종교 이해에 기초하여 종교와 문화간의 의미의 통일성을 제시하면서도, "문화의식의 종합적 성립을 종교와 동일시하는 것"은 거부하였다.[4] 틸리히의 이와 같은 문화신학과 맥을 같이 하는 것 가운데 브룬스태드(Friedrich Brunstäd, 1883-1944)의 종교 이론이 있다. 브룬스태드 역시 틸리히와 마찬가지로, 종교란 통일성을 이루는 힘이고, "모든 가치 있는 삶과 가치 활동의 근원이며 목적"이라는 것이다.[5] 종교만이 근대가 지니는 근본 문제인 "가치의 모순"을 해결할 수 있다고 보았다. 왜냐하면 종교란 모든 문화를 넘어서는 신적 경험의 확실성을 지니고 있기 때문이다. 그래서 그는 종교란 "모든 문화의 목적이요, 동시에 기준"이라고 말할 수 있었다.[6]

다른 한편, 알트하우스(Paul Althaus, 1888-1966)는 자신의 문화 신학에서 모든 문화 창조 행위에 대하여 종말론적인 거리를 두는 입장과, 참된 문화 의식을 기독교적으로 설정하려는 시도 양자를 종합하고자 했다. 그 역시 틸리히처럼 문화의 내적 타락성을 강조했다. 그에 따르면, 문화란 "신적 세력과 악마적 세력의 전쟁터"며, 악마는 "거대한 문화 전달자"이며,[7] 또한 문화의 본질적 관계성에 대한 기독교의 통찰은 "문화회의(文化懷疑 Kulturverzweiflung)"와 "문화우상" 중 택일이라는 문제를 극복케 한다.[8] 우리가 주의깊게 살펴봐야 할 또 다른 문화신학자는 고가르텐(Friedrich Gogarten, 1887-1967)이다. 우리는 그에게서 문화 창조의 주체가 인간이 아닌 하나님이란 명제를 확인하기 때문이다. 고가르텐은 "문화관념주의"를 강력히 비판하였다. 그는 "문명화된 제국주의의 무절제"[9]와 "정신문화 감화원"[10]에 대하여 반박하였다. 이를 위해서 그는 종교사회주의자들, 루터주의적 근대성 비판자들, 부르주아를 비판한 니체, "문화종교" 비판자인 보누스(Arthur Bonus, 1864-1941),[11] 반문화적 기독교 분석을 시도한 트뢸취와 연대하였다. 그러나 그는 여기에서 "반문화성"과 문화에 대한 신학적 비판은 분명하게 구별하였다. 고가르텐에 의하면, 문화는 인간 현존재의 배려에 의한 창조 행위다. 근대의 종교와 문화, 그리고 모든 종교의 종합에 있어서 인간이 현실재의 창조 주체로 전제되지만, 우리의 창조적 문화신학이 대전제로 삼고 있는 것과 같이, 참된 신학은 하나님을 창조 주체로서 현실재 이해의 중심에 두어야 한다고 주장하였다. 동시에 고가르텐은 인간의 한계성을 강조하여 말한다. 창조신앙의 관점에서만 인간의 문화 활동이 지니는 바른 위치를 정당히 평가할 수 있다고 보았다.

바르트는 기존의 본질적 · 규범적 문화신학에 대하여 비판적 입장이었지만, 늦게나마 문화에 대한 배타적인 입장에서 선회하여, 신학의 현실재 이해를 근거로 수미일관된 신학적 작업을 통해 부르주아의 "문화 및 도덕의 허구"[12]와 복음의 자율성을 새로이 밝혀내었다. 바르트에 대한 새로운 연구 결과에 따르면, 그가 문화를 비판할 때 결코 분리(Diastase)에 집착하지 않았다.[13] 1920년대에는 자유주의 지식층에 반대하는 문화 비판에 집중하였지만, 관념주의적인 문화 개념이 곧바로 문화비판의 척도로 작용될 때, 문화는 참된 인간성 실현에 기여할 수 있다고 보았다. 다만 문화 개념을 지나치게 강조하여, "세속의 한 부분을 장중한 무엇으로 높이거나, 신성한 것으로 위상을 높이는 것"에 대하여 바르트는 경계하였다는 것이다.[14] 그 결과 문화 개념의 비신화화는 문화에 대한 새로운 신학적 규정이 되었다. 문화란 "단지 지상적이며, 피조물에 속한 것이지, 신적인 것이 아니"라는 것이다.[15] 1920년대 이후, 바르트는 문화를 "노동"에 대한 등가물로 이해함으로써 문화 개념의 세속화를 주도하였다.

다른 한편, 바르트는 1926년 한 논문에서 문화를 하나님 나라의 숨겨진 상태에 대한 "표식(Anschein)"으로 이해하였다.[16] 문화의 독립성을 위한 근거를 기독론적으로 확보될 수 있는 것으로는 보지 않은 대신, 문화를 예수 그리스도의 통치가 드러날 수 있는 "장소"로 이해하는 것은 합당하다고 하였다. 그러므로 "문화에 참여하는 것"은 곧바로 "하나님의 사역에 참여하는 것"과 일치하는 것은 아니지만, 이 양자는 서로 깊은 유기적 관계성을 가지게 된다는 것이었다. 왜냐하면, 인간에게 부여된 "하나님의 계명에 대한 복종"으로서의 문화는 "누구도 간과할 수 없고, 경시할 수 없는 봉사의 의무를 가지고 있는 바, 그것은 하나님의 부름에 순종하고자 하는 것"이기 때문이다.[17] 1933년 이후 교회의 독립성을 위한 투쟁의 상황 가운데서 바르트는 자신의 신학을 "교회의 신학"으로 내세웠다. 이 교회신학은 현재까지 경험적 교회가 문화적 첨병임을 주장하는 것을 합법화하는 데 기여하고 있다.[18]

새로운 신학의 모색

사회에 다원주의가 강하게 자리를 잡을수록, 1920년대의 신학자들은 더욱 새로운 통합의 원동력을 찾기 시작했다. 가장 중요한 통합의 수단으로 보고 있는 '종교'에 대한 그들의 이해는 종교가 지니는 통합적 힘이 얼마나 구체적으로 전개될 수 있는지에 대한 동의와는 별개의 문제로 남아있다. '문화'는 개인의 주체로부터 시작하여 경건한 내적 세계와 양심 및 윤리적 마음 등을 통합하는 것이라는 공통된 의견이 당시에 지배적이었다. 이런 가운데서도 영웅적 개인주의, 국가주의적 문화국가 신앙, 및 문화의 중심적 힘으로서의 새로운 국가교회(Volkskirche)에 대한 이상(理想)은 통합의 원동력으로 완전히 포기되지는 않았다.

문화와 종교-윤리적 의미를 긴밀한 관계 속에서 보아온 19세기 자유주의의 유산은 1920년대에 들어와서 "문화철학"을 시도한 슈바이처(Albert Schweitzer, 1875-1965), 불트만(Rudlof Bultmann, 1884-1976), 및 폰 소덴(Hans von Soden, 1881-1945) 등에게 계승되었다. 슈바이처는 "문화의 몰락과 재건"을 분석함으로써 "문화의 자기 무화(無化)"를 진단하였다.[19] "윤리적인 특징"[20]은 문화의 본질적 요소이며, 문화의 목적이고, 무엇보다도 "개인의 정신적 도덕적 완성"[21]이라는 것이다. 그러므로 "비문화에서 문화에로"[22] 복귀하는 것은 "문화에 대한 세계관"[23]을 새롭게 세움으로써만 가능한 것이라고 보았다. 또한 교회는 "종교적 공동체의 이상향"으로 변화되어야 한다고 주장하면서, 바로 거기에서 인간은 본질적이고, 이성적이며, 윤리적인 종교성으로 일치된다고 전망하였다.[24]

불트만 역시 "문화 원동력으로서의 종교"[25]라는 주제를 종교 사학자들로부터 물려받았으나, 문화개신교주의적으로 종교와 문화를 종합하고자 했던 것에 대해서는 비판적인 입장을 가지고 거리를 두었다. 모든 문화 영역들이 종교를 모태로 하여 나타난 것이라고 하더라도, 종교의 본질은 문화에 대하여 반대적인 것이라고 보았기 때문이다.[26] 그에 따르면, 문화는 창조적이며 능동적인 정신의 활동과 보편화의 능력이 있는 합리성에 근거를 둔다. 그러나 종교는 이와 반대로 "수동적"이기 때문에, 종교적 인식은 다만 개인적 성격을 지닐 뿐인 것으로 보았다. 종교는 객관적 형태로 나타나지 않고, 단지 개별적이라고 하는 것이 그의 입장이다.[27] 그가 종교를 "가장 강력한 문화 원동력"으로 파악할 수 있었던 것은, 종교적 체험은 모든 문화를 초월한다고 이해하였기 때문이다.[28] 그러나 문화 통합을 국가교회를 통해서, 또는 문화국가와 종교의 종합으로써 이루려는 시도는 모두 거부하였다. 서구문화의 고유한 성격은 이미 자유사상에 의하여 주어졌기 때문에,[29] 이를 근거로 불트만은 서구문화의 운명을 내다보고 있었다. 그에 의하면, "문화적 생활은 더욱 더 제도에 예속되고, 국가는 법치국이 되어야 하는 본질적 과제와는 더욱 멀어져버려, 결국 문화국가와 복지국가로 되어간다"[30]

는 것이다.

본회퍼(Dietrich Bonhoeffer, 1906-1945)의 경우 역시 자유주의의 문화개신교주의를 비판하는 입장이었다. 왜냐하면, 그들의 종합이란 개념은 '이미 모든 면에서 문화적 차이성을 해소하는 것'을 전제하고 있었기 때문이다. 이에 대하여 본회퍼의 "비종교적 기독교"는 모든 것을 교회에 고정화시키려 하는 것과, 현실 이해에 대한 종교적 환원주의를 극복하고자 했던 시도였다. 이를 통해서 그는 "세계의 자율성"을 신학적으로 정당화시키고자 하였다.[31] 신앙을 반일원주의적 차원에서 하나의 "힘"으로 이해하고자 한 것이다. 이 힘은 곧 "삶의 다차원성"을 인정하는 힘을 의미하였다.

전쟁 후 문화 붕괴의 원인과 기독교적 대안

독일 국가사회주의의 붕괴 후, 많은 문화 관련 정기간행물들이 새로이 발간되었다. 교회에 대하여 비판적인 지식인들은 이들을 통해서 기독교의 전통들을 현실화시킴으로써 문화에 대한 새로운 이해를 도모코자 했다. 기독교 정신으로 문화를 재건코자 했던 일은 전쟁 후 독일 사회에 교회의 정치적 입장이 강화되었음을 말해준다. 그 결과 나치즘 후에 교회만이 물들지 않은 유일한 제도로 남아 있을 수 있었다. 교회의 도덕성에 기초한 "문화 정치적 책임"[32]과 "문화윤리"[33]가 새로이 형성되었기 때문이다.

전쟁 후에 이루어진 "비길 수 없는 문화 붕괴현상"[34]이나, 삶의 전 영역에 나타난 문화 위기가[35] 팽배하게 되었던 이유에는 인간 이성이 신의 계명으로부터 해방된 현실과, 문화가 자신의 기독교적 모태로부터 독립해 나간 사실을 들 수 있을 것이다. 결국 국가사회주의를 전 유럽사회에 팽배한 "세속주의"의 필연적 결과로 보아야 하는 이유는, 이 세속주의가 서구문화의 기초를 파괴한 것으로 볼 수 있기 때문이다. 그러한 관점에서 "문화의 위기"는 곧 "신의 심판"으로 이해될 수 있는 것이다. 이와 같은 맥락에서 "세속화된 문화 형태의 파멸"[36]에서 헤어나올 수 있는 방법은 "초월에로 다시 돌아가는 것"[37]과 공적 생활 전 분야를 재기독교화 하는 것이라는 주장이 나왔다.

세속화의 당위성을 말하고 현대적 의식에 기독교 신앙이 부합되기 위해서는 비신화화가 이루어져야 한다고 주장하는 고가르텐과 불트만은 세속주의와 다원주의 및 인간에 대한 근대적 자율성 이해에 대하여는 동일하게 비판적인 입장을 취한다. 그러나 재기독교화의 방법에 대해서는 다같이 통일된 의견을 도출시키지 못했다. 다만, 문화 정치적인 입장에서는 학교교육의 새로운 개혁 가능성에 집중하고 있다. 특히 독일의 교파주의 고백에 의한 학교에서는 문화의 기초가 되는 "기독교적인 것"은 오직 신앙 고백적 전통의 형태에만 있다고 보았다. 다른 한편에서는 기독교 정치 정당이 추진되었고, 반가톨릭적인 문화 이해가 기독교 안에서 일어나기 시작했다.

한편, 헤르만 디임(Hermann Diem, 1900-1975), 에른스트 볼프(Ernst Wolf, 1902-1971), 한스 이반트(Hans-Joachim Iwand, 1899-1960)같은 프로테스탄트 좌파 신학자들은 기독교를 그렇게 정치적 차원에서 선택적으로 사용하는 것은 신앙을 불법적으로 수단화하는 것이라고 거부하였다. 그러나 근대성 비판의 전통은 계속적으로 영향력을 발휘하였고, 근대 기독교의 합법성 논의는 모든 정치적, 윤리적 논쟁의 배경이 되었다. 사회가 분화될수록 그 만큼 더 문화(Kultur)를 일정한 총체적 이론으로 규정하는 것이 어려워지게 된 것이다.

문화국가 · 교회왕국 · 하나님의 나라

우리는 19세기 유럽에서 전개되었던 본질적 문화신학과 규범적 문화신학의 특징들과 각자가 지닌 한계를 극복하기 위한 새로운 움직임들이 독일의 상황에서 어떻게 있어 왔는지 살펴보았다. 물론 18세기로부터 20세기 전후로 해서, 그리고 지역적으로도 유럽을 벗어나 영미 계통이나, 아시아, 아프리카, 그리고 남아메리카 등 살펴볼 수 있는 문화신학적 접근들이 적지 않으리라 생각한다. 그러나 독일을 중심으로 형성된 문화신학 논쟁처럼 집중적이고도 치열했던 경우는 다른 지역에서 쉽게 찾아 볼 수 없을 것이다. 여기에서 최소한 확인할 수 있는 것은 신학이 정통주의 시대를 넘어 근대라는 새로운 삶의 상황을 맞이하면서 계속 직면해 왔던 것은 "문화"일 수밖에 없었다는 사실이다. 이제 우리는 본질적 문화신학으로서의 '문화적 신학(Cultural Theology)'과 규범적 문화신학으로서의 '문화에 대한 신학(Theology of Culture)'의 방법을 창조적으로 종합함으로써 보다 새로운 문화신학으로서의 창조적 문화신학을 이야기해야 하는 자리에까지 왔다. 서구 근대의 신학은 본질적, 혹은 규범적 문화신학의 면면을 분명히 보여주었다. 본질적 문화신학은 '문화국가'의 이상을 제시하였고, 규범적 문화신학은 '문화 변혁'의 필요를 역설하였다. 그러나 본질적 문화신학은 문화국가(Kulturstaat)를 지향함으로써 교회의 해체를 전제해야 했고, 규범적 문화신학은 문화 변혁을 추진함으로써 교회왕국(Kirchentum)을 건

세계상실조적문화신학

설하는 결과로 이어질 수밖에 없는 현실 사이에 21세기 교회는 문화신학의 정체에 큰 혼란을 겪고 있는 상황이다. 우리는 창조적 문화신학을 통하여 문화국가나 교회왕국의 성취로도 이루어질 수 없는 하나님 나라(Gottesreich)의 문화를 이야기할 것이다. 하나님 나라의 문화는 한 편에서는 문화국가와 교회왕국에 대한 이상(理想)이 지니는 비실재성을 드러낼 것이며, 다른 한 편에서는 예수 그리스도 안에서 새롭게 창조되는, 즉 하나님의 통치가 현재화 되는 모습이 무엇인지를 보여주게 될 것이다. 우리는 이를 토라의 핵심인 유월절 하가다와 복음의 핵심인 예수 하가다의 신학적 틀을 고찰함으로써 전개코자 한다. 창조적 문화신학은 예수 하가다 신학 위에서 본질적 문화신학과 규범적 문화신학의 제 관점들을 통전적으로 수용할 수 있기 때문이다. 그러므로 창조적 문화신학은 나사렛 예수의 사상과 삶에 집중한다.

창조적 문화신학의 틀
: 예수 하가다 신학

제2절

토라의 두 전통: 할라카와 아가다

예수께서 유대 문화 가운데서 하나님 나라의 문화를 어떻게 창조하면서 살았는지를 알기 위해서 유대민족의 삶에 중심축을 이루었던 '토라' 와 토라를 포함한 히브리성서 (TaNaK)에 대한 그의 태도를 살피는 것이 요청된다. 유대인들은 토라를 이해하고 실천하는 과정에서 오래된 주석적 전통을 유지해 오고 있다. 그 가운데 미쉬나(Mishna)와 미드라쉬(Midrash)가 있다. 이들은 토라와 타나크 혹은 그 이외의 전승들을 편집하여 집대성할 때 분명한 해석학적 혹은 현실적 의도와 원리를 가지고 있었고, 그 원리에 따라 정밀하게 분류 구성되었으며, 그에 따라 유다이즘 내에 해석학적 전통이 형성되었다. 곧 할라카 전통과 아가다 전통이다.

할라카(halakhah; 걸음, walking)란 유대인의 생활 전반을 지배하는 법, 규례, 규범이다. 할라카는 종교뿐만 아니라, 사회, 정치, 가정, 경제의 현장에서 이루어지는 모든 인간관계를 다룬다. 여기에는 종교법과 세속법 사이에 구분이 없다. 유대교는 역사적으로 정통파, 개혁파, 보수파로 구분되어 존재해 왔는데, 그 구분의 기준은 할라카에 대한 태도에 근거한다. 정통파 유대교는 할라카의 요구사항을 철저히 지키며, 어떤 변경도 용납하지 않는 반면, 개혁파 유대교는 전통적 실천조항을 폐기하거나 새롭게 해석하는 데 자유롭다. 보수파는 전통을 지키되 유기적 변화를 시도한다. 이처럼 할라카에 대한 다양한 입장들이 존재하나, 그것들은 모두 할라카적 유다이즘 안에 포함된다. 곧 "하나님의 도(道) 위에 행하라" 는 것이다.[38] 주로 할라카적 해석을 시도하고 있는 전승으로서는 팔레스틴 탈무드, 미쉬나와 성격이 유사한 토세프타(Tosefta sufflement), 레위기 미드라쉬의 할라카적인 것만을 다룬 시프라(Sifra)가 있다. 바빌론 탈무드에는 할라카적인 것과 아가다적인 것이 모두 포함되어 있다. 랍비 유다(Judah ha-Nasi, A.D. 135-c.220)에 의해 편집된 미쉬나야말로 할라

카적 구전의 집대성이라 할 수 있다.[39]

반면, 아가다(aggadah; 이야기, narration)는 법조항을 직접적으로 다루는 것을 의도하지 않는 모든 것들, 즉 역사적 사건들, 야사, 민담, 전설, 교훈 등을 가지고 사람들을 위로하고, 가르치고, 각성케 하는 이야기다.[40] 아가다는 어원적으로 크게 두 가지 특징을 지닌다.[41] 첫째는 교육적 목적이 강한데, 그것은 "본문이 말하기를"에 근거를 두고 있다고 보면서 텍스트에 강조를 둔다. 따라서 여기에서는 주석적 아가다의 모습으로 나타난다.[42] 두 번째는 "네 아들에게 말하라"(출 13:8)에 근거하여 전래하는 이야기들을 구두로 전달하는 미디어의 기능이 강조되는 아가다이다.[43] 대표적으로, 미드라쉬가 주로 아가다적인 전통에 서서 타나크를 해설한 것으로 볼수 있다. 특히 창세기의 모든 절들을 아가다 전통에서 해설한 '베레쉬트 랍바(Bereshit Rabba)'와 아가다적 미드라쉬의 관점에서 레위기를 교훈적 설교로 해설한 '바이크라 랍바(Vayiqra Rabba)'등이 있다. 미드라쉬야말로 토라에 대한 아가다적 해석과 해설(homiletic interpretation)의 집대성이다.

토라와 타나크, 미쉬나, 탈무드, 미드라쉬, 미쉬나의 보충본으로 나온 토세프타(tosefta) 그리고 모세오경을 은유적, 신비적으로 주석한 조하르(Zohar) 및 카발라(Kabbalah)에 이르기까지 유다이즘의 내용을 이루는 텍스트들은 할라카와 아가다의 두 해석학적 전통으로 어울려 있다. 그러므로 텍스트를 통해 다음 세대로 토라의 메시지를 전승하고자 하는 자들은 할라카와 아가다 전통 중에서 여러 가지 내적 외적 이유에서 어느 한 쪽에 서서 전체를 보게 되었다. 예수 당시는 바리새파가 토라 해석의 전통을 지배하고 있었는데,

그 특징은 할라카적 토라 해석이었다.

　유다이즘의 역동성과 경직성, 그 강인함과 부드러움의 실재는 바로 할라카적 유다이즘과 아가다적 유다이즘이 삶의 현장에서 충돌하거나 조화를 이루거나 하는 긴장 가운데서 생기게 되는 것이다. 20세기 초 당대 최고의 히브리 시인 하임 나만 비알릭(Hayyim Nahman Bialik, 1873-1934)이[44] 분석하고 비교하여 시적으로 묘사함으로써 교과서적으로 이해되고 있는 할라카와 아가다의 특징은 다음과 같다:[45] 할라카는 어둡고, 좁고, 무겁고, 고정적이고, 강인하며, 곧고, 안정적이며, 직선적인 반면에, 아가다는 밝고, 열려있고, 경쾌하고, 유동적이며, 유연하며, 휘어짐이 있고, 흔들림이 있고, 곡선적이다. 할라카는 정의를 앞세우며, 형식을 갖추며, 보이는 실체(몸)가 중요하며, 행동적이고, 무감정적이며, 무색이며, 단선적인 반면에, 아가다는 자비가 우선이며, 내용에 관심을 두며, 보이지 않는 실체(맘)가 중요하며, 새로움을 추구하며, 색깔이 있으며, 다중적이다. 또한 할라카는 복종을 요구하며, 산문적이고, 결정적 스타일을 추구하며, 지성 우선적이며, 긴장의 연속인 반면에, 아가다는 자유가 우선이며, 시적이고, 비결정적이며, 감성의 표현을 억제하지 않으며, 느슨하다. 할라카가 얼음처럼 단단하며 확고하다면, 아가다는 물처럼 부드러우며 고정됨이 없다. 할라카가 견고한 반석 같다면, 아가다는 확 트인 창공과 같다.

　이처럼 서로 대조되는 두 전통이 유다이즘이라는 거대한 하나의 유기적 실체를 이루고 있다. 유다이즘이 역동적일 경우는 아가다가 할라카에 정신과 내용을 주고, 할라카는 아가다에 실천과 방법을 주고, 아가다가 할라카에 자유를 주고, 할라카가 아가다에게 확고한 행동을 하도록 구체적 현실을 줄 때다. 다시 말해서, 할라카로 연결되지 않은 아가다는 들뜬 감성의 거품에 지나지 않으며, 아가다 없이 할라카만을 반복하는 것은 끝없는 혼란만을 만들어내는 일이 된다. 그러므로 건강하고 성숙한 개인이나 공동체에서는 그 가운데 언제나 할라카와 아가다의 통전성을 발견할 수 있다.[46]

그러나 역사적으로 볼 때, 유대인은 오랫동안 할라카에 집착함으로써 아가다의 전통을 배척해 버리는 결정적인 오류들을 범해 왔다. 그 결과 역동적인 유다이즘을 찾기가 쉽지 않게 되었다. 토라의 할라카를 지나치게 신성시함으로써 문자적으로 해석하여 신조(信條, articles of faith)로 삼은 반면, 토라의 아가다는 반대로 비합리적인 것으로 판단하여 단순한 얘깃거리로 폄하해 버리기가 일쑤였다. 그들은 할라카가 품고 있는 시적 광채를 보지 못했으며, 아가다 뒤에 숨겨 있는 진리의 본질을 깨닫지 못했던 것이다.[47]

아가다 유다이즘(Aggadic Judaism)

예수 당시를 포함한 초기의 토라 해석은 매우 단순한 것이었다. 그것을 '미드라쉬-토라'라 했고, 이를 간단히 '미드라쉬'라 불렀다. 그것은 넓게는 타나크에 대한, 좁게는 토라에 대한 강론(homiletic exposition)을 의미했으며, 유다이즘 아가다 전통의 축을 이루었다. 아가다 미드라쉬(Aggadic Midrash)는 성서 본문과 그에 대한 해석으로 이루어졌으며, 그 위에 새로운 사상을 발전시켰다. 이러한 아가다 전통은 '하늘(heaven)'을 사람들이 경험케 하며, 그리고 사람들을 하늘로 이르게 하는 역할을 했는데, 이로써 하나님을 영화롭게 하며 동시에 이스라엘을 위로하였다. 여기에서는 종교적 진리, 도덕적 금언, 신의 심판, 율법의 정신적 계몽, 과거사와 미래사에 보이는 이스라엘의 위대성, 유대 역사의 전승, 성지에 대한 찬양, 용기를 주는 이야기들, 위로와 격려의 이야기들이 주제들로 다루어졌다. 이스라엘 민족의 흥망성쇠, 박해 가운데 당해 온 고난의 경험, 완전한 구원에 대한 희망, 타 문화와의 만남과 침입자들에 대한 응전을 통해서 이루어진 새로운 사상들은 아가다의 전통을 더욱 풍성히 해 주었다. 사람들에게 영적인 양식을 공급해 주기 위해서 이야기들, 잠언들, 철학적 알레고리들, 심지어는 과학이나 문학의 여러 양식들이 성서 해석 가운데 활용되었다.[48]

아가다는 크게 두 개의 분야로 구분되어야 했다. 한 분야는 이야기, 윤리적 교훈, 잠언, 일상생활상의 지혜들 등이 모아진 것들이다. 이러한 아가다들은 제2성전 파괴 이전에도 사람들 사이에 아가다 책들로 만들어져 회자(回刺)되었다. 그리고 다른 한 분야는 언제나 성서 해석과 연관된 것이었다. 이것은 매 안식일이나 축제기간 동안 설교자들이 시나고그에서 행한 설교를 통해 지속적으로 발전되어 나갔다.[49]

아가다는 유대인의 아름다움(virtues)을 가르치며, 선민에 대한 사상을 고무하고, 유대인의 역사상 위대한 사건들을 드러내 보여줌으로써 유대인의 역사 시초부터 하나님의 능력이 그들 가운데 함께 했고, 심지어 포로 기간 동안도 하나님은 이스라엘을 잊은 일이 없었다는 것을 끊임없이 상기시켜 왔다. 특별히 이스라엘이 당해 온 고난과 관련된 아가다는 매우 중요한 부분이었다. 여기에서는 이스라엘의 고난에 대하여 말할 때, 크게 보아 한 편으로는 죄에 대한 징벌로 가르쳤으며, 다른 한 편으로는 미래의 상급을 위한 도구로 말했다. 무엇보다 아가다는 메시아 시대의 영광을 화려하게 묘사하였다. 그 특징 중 한 가지는, 메시아 시대는 물질적인 것과 영적인 것이 서로 분리되지 않고 하나의 실체로 이해되었다는 점이다. 이러한 아가다는 포로기에 있던 유대인들에게 생수를 제공했고, 투쟁 중에는 위로와 영감의 산실이 되어주었으며, 자녀들에게는 무한한 시적 상상력과 창조력을 키워주는 장을 제공해 주었다.[50]

　　히브리성서 시대 이후 초창기의 아가다는 할라카적 전통이 제외된 미드라쉬(Midrash)에 대해 국한하여 사용되었다. 그 내용의 대부분은 전승되어 온 이야기들과 신학적이며 윤리적인 교훈들로서 히브리성서에 그 뿌리를 두고 있다. 이런 경향이 후기에 와서는 비사실적이며 만들어낸 이야기라도 전승되어 오는 것이 있으면 아가다 전통에 포함시켰다. 이러한 것들에는 '탈무드 미드라쉬 이야기들(Talmudic Midrashic narratives)'이 있다.[51] 아주 단순화시켜서 말하자면, 미쉬나는 보다 할라카적이며, 미드라쉬는 보다 아가다적이다. 연대기적으로 보면 미드라쉬는 미쉬나가 완성된 2세기 훨씬 이후 6-11 세기에 나온 것인데, 이는 유다이즘의 균형적 발전을 위해 커다란 기여라 할 수 있다. 이를 달리 표현하면, 할라카적 전통 일색인 상황에서 아가다적 전통의 끊임없는 회복 운동의 결실이다.

하나님 나라 운동의 시대적 배경
　　미드라쉬가 6세기 이후에 집대성되었지만, 미드라쉬적 아가다 전통은 히브리성서 시대와 초기 유다이즘 시대에도 명백하게 생명력을 가지고 있었다.[52] 이제 이러한 전(前)이해를 가지고 초기 유다이즘을 배경으로 하는 예수 당시의 상황을 살펴볼 때가 되었다. 앞에서 지금까지 살펴보았던 것처럼 팔레스틴 유대민족은 바벨론 포로 후 페르시아 시대부터 시작하여 헬라 제국 시대를 거치는 동안 계속되는 고난의 삶을 살아야 했고, 로마 제국에 의해 제2성전이 파괴됨으로써 성지와 성전 모두를 잃고 끊임없이 떠돌아다니는 백성들이 되었다. 바로 이러한 민족 존폐의 역사적 대 파국 바로 직전인 당시는 한 마디로 "카오스적"이었고, 그래서 "변화(transition)"와 동시에 "표준화(standardization)"가 절실히 요청되던 때였다.[53] 로마의 폼페이(Pompey the Great, 106-48 B.C.E.)가 기원전 63년에 팔레스틴 땅에 들어오면서 그나마 유지되어 왔던 유대 전통의 자기이해도, 자긍심도 모두 무너지게 되는 상황이 갈수록 심해졌고, 수많은 예언적, 종말론적 문서들이 회자하면서 무엇이 표준인지 분간할 수 없는데다가, 하스몬 왕가(Hasmonian Kingdom of Judea, 140-37 B.C.E.)마저도 정치적으로 로마제국으로 넘어가 버린 막막한 정세였다. 또한, 알렉산더 대왕(Alexander the Great, 356-323 B.C.E.)의 팔레스틴 정복 이후 외부 문화의 유입이 거세게 밀려들어 오면서, 특히 젊은이들은 가치관의 혼돈 가운데 대책 없이 헬라화 되어가고 있었다.[54] 대부분의 민중들은 마지막 때가 가까이 왔다는 종말론적, 묵시론적 세계관에 지배되어 토라를 배우기보다는 다가올 미래를 대비해야겠다는 강박관념에 사로잡혀 있었다. 이들에게 자부심으로 존재했던 '예루살렘이 세계의 중심'이라는 신념은 사라져버렸고, 하나님은 아브라함 시대와 같이 더 이상 자신들과 함께 가까이 존재하지 않는다는 생각이 지배적이었다.[55] 이러한 때에 머지않은 후대에 경전이 된 히브리성서들 대부분이 결정되었다. 나사렛의

285
제사장적조직문화신학

예수가 아주 짧은 기간 동안 토라를 해석하고, 가르치고, 하나님 나라의 임박한 도래를 선포하고, 병자를 고치는 등 기적을 행사하면서 소위 '하나님 나라 운동'을 일으켰던 때가 바로 이와 같이 긴박감이 돌던 때였다.

예수와 할라카(Halakhah)

그렇다면 예수는 초기 유다이즘의 어떤 전통에서 당시의 문화를 이해했으며, 그 대답을 어디에서 찾아 제시했는가? 이미 사회 전 분야가 카오스적인 상태에 있었던 당시는 종교적으로도 매우 다양한 분파들이 활동하였는데, 플라비우스 요세푸스(Flavius Josephus, 37-100, ca.)가 기록하고 있는 대로 사두개파, 바리새파, 그리고 에세네파가 가장 유력했다.[56] 여기에서 예수와 그의 공동체와 위의 주도적인 종파들 간의 차이점은 어디에 기원하는가? 그 핵심적 차이는 할라카를 실제 생활에 어떻게 어느 정도 연결시킬 것인가에 달려 있었다.[57] 이것은 내용적으로 토라에 대한 아가다적 해석을 할라카적 실천에 어느 정도, 어떤 방식으로 적용시킬 것인지에 대한 문제였다.[58] 특히, 바리새파 공동체와 예수 공동체는 할라카적 규례에 매우 다른 입장을 보이고 있었던 것이 분명하다. 그 이유는 예수 공동체가 할라카 전통을 아가다 유다이즘의 전통에 서서 해석하고 실천하고자 했기 때문이다.

정통적 유다이즘을 고수하는 바리새파 유대교인들의 할라카적 규례 실천은 귀족주의적인 특성이 있는데, 이는 그들이 율법 조항들을 생활상의 제약을 받지 않고 지킬 수 있는 중산층 이상의 경제적 지반과 독서 능력과 사회적 안정도를 확보하면서 실천하는 것

구멍 뚫린 예수의 손

인류 구원을 위한 예수 하가다의 절정은
십자가의 고통과 죽음, 그리고 부활이다!

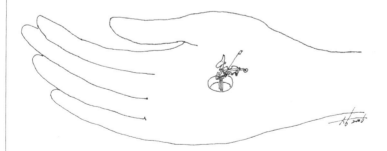

이기 때문이다. 그러나 예수 공동체는 그 구성원 자체가 특별한 소수를 제외하고는 유다이즘의 할라카적 전통을 지킬 수 없는 사회 밑바닥의 사람들로 이루어져 있기 때문에 할라카의 엄격한 실천은 처음부터 불가능한 것이며, 그러한 할라카를 요구하는 자체가 할라카의 정신과 위배되는 것이었다. 따라서 예수는 당시 바리새파나 여타의 다른 종파와 다른 해석학적 접근을 하지 않으면 안 되었을 것이다. 그것이 곧 예수와 그 공동체가 행한 아가다적 유다이즘의 실천이었다.

이러한 주장의 사실성을 입증하기 위해서는 신약학적으로 보다 정밀하게 복음서들을 분석하는 작업이 뒤따라야 할 것이다. 그러나 여기서 우선 전제되어야 할 점은, 예수는 유다이즘의 할라카 전통을 결코 무시하지 않았다는 것이다. 오히려 주목 받지 못했던 아가다 전통을 살림으로써 할라카의 원래 목적으로서의 체쿠트(Zekhut; 덕, virtue)를 이루어내고자 했다.[59] 예수 공동체는 독자적으로 아가다 전통 위에 서서 할라카를 버린 것이 아니라, 오히려 발전시켰다는 점이 간과되어서는 안 된다.[60] 다시 말해서, 아가다의 윤리가 할라카의 중심을 좌우한다는 사실, 즉 할라카 배후에 있는 합리성을 바로 드러내주는 것이 아가다라는 점을 예수와 그의 공동체는 확실히 했다고 볼 수 있다. 왜냐하면 할라카는 아가다를 통해서 바로 이해될 수 있기 때문이다.[61]

복음의 문화 창조적 원천: 예수의 유월절 하가다

유다이즘에서 아가다 전통의 원형은 유월절 아가다이다. 그래서 이 아가다의 원형성을 강조하기 위하여 유월절 아가다만큼은

'유월절 하가다(Passover Ha-aggadah)'로 부른다.[62] 이스라엘 백성들을 노예생활의 '고난(suffering)' 가운데서 구원한 하나님의 능력과 사랑을 자손들에게 들려 줄 것(aggadah)을 지시한 토라의 심장이 바로 '하가다(Haggadah)'이기 때문이다. 이 하가다의 중심에는 이스라엘의 하나님 야훼가 있고, 그의 종 모세는 하나님의 백성 이스라엘을 인도하여 시내산에서 하나님의 계명을 받아 선포한다. 토라는 하가다를 통해서 하나님의 구원 이야기가 된다. 이후의 모든 아가다는 유월절 하가다를 원형으로 재해석되고, 거기에서 할라카의 전통이 발생한다. 따라서 토라의 유다이즘에서는 언제나 할라카보다 아가다가 선행해야 한다.

예수 공동체는 예수의 존재와 행위로부터 "육화된 토라(embodied Torah)"의 원형인 예수 하가다를 귀로 들었고, 눈으로 보았고, 몸으로 체험하였다.[63] 그러므로 신약성서 시대의 교회는 유월절 하가다를 중심축으로 하고 있는 토라를 예수 안에서 재발견하고, 기독론적 미드라쉬 아가다(Midrashic aggadah)로서의 복음서를 집필했다고 말할 수 있다. 모든 복음서들이 끌어가고 있는 아가다 내러티브의 절정이 예수의 유월절 하가다인 것은 바로 복음서들이 토라 계시의 원형으로서 모세의 유월절 하가다를 예수의 유월절 만찬과 십자가의 고난과 죽음, 그리고 부활에서 새롭게 보았기 때문이다.[64] 그러므로 마태복음과 누가복음에 기초가 되었다고 보는 마가복음을 "미드라쉬"라 부르는 것이 충분히 가능한 것이다.[65]

마가복음의 하가다적 의미에 대해서 보우만(John Bowman, 1916-)은, 유월절 하가다는 단지 예수의 '마지막 만찬'과 비교되는 것이 아니라, 마가복음 전체의 구조(pattern)를 제공하고 있음을 밝

히고 있다. 오히려 모세의 유월절 하가다 형식보다 훨씬 나은 유다
이즘의 독특한 구전문학 형식을 보이고 있으며, 오랫동안 기다려
왔던 메시아의 구원 이야기를 그 형식 가운데 담고 있을 뿐만 아니
라, 자기 백성들을 출애굽 시킨 구원자의 능력 있는 말씀들과 행위
들을 마가복음은 미드라쉬적 아가다로 전하고 있다는 것이다.[66] 무
엇보다도 '마지막 만찬'은 이스라엘의 페싸 쎄데르(Passover Order)
그대로인 것으로 보인다. 마치 페싸 쎄데르가 애굽으로부터의 구
원, 즉 유월절 밤에 하나님께서 위대한 능력과 기사로 이루어 주신
구원에 대한 기념이듯이, 예수의 이 만찬 형식은 예수와 그의 구원
행위를 기념하기 위한 첫 그리스도인들의 페싸 쎄데르, 곧 유월절
하가다였다.[67] 따라서 우리도 보우만이 제시한 것과 같이 마가복음
을 "기독교 유월절 하가다"로 부를 수 있을 것이다.[68]

　　이처럼 아가다적 유다이즘의 맥락에서 예수의 창조적 문화신학의
본질을 새롭게 재음미하는 것이 가능하게 된다. 즉, 기독교 신학의 주
제는 인류의 '죄'와 '고난'의 현실로부터의 '구원'을 이야기하는
것임을 토라의 유월절 하가다와 예수 하가다에서 확인한다. 이스라
엘의 고난 받는 백성들이 있는 곳에는 어디든지 그리고 언제든지
유월절 하가다는 이야기되고, 재해석 되어, 이를 듣고 구원하시는
하나님의 능력을 믿는 믿음으로 출발할 수 있었듯이, 이제 그 하가
다의 완성이 예수의 유월절 하가다에서 이루어졌다는 것이다. 그리
고 그것을 모든 시대 어디에서든지 고난 가운데 구원이 필요한 자
들이 들을 수 있도록 하며, 그들의 고난으로부터 예수의 하가다를
새롭게 해석하도록 하는 예수 하가다 신학이야말로 창조적 문화신
학의 결정적인 틀이 되는 것이다. 무엇보다도 기독교 신학의 정체

성의 근거가 되는 예수 그리스도에 대한 이해가 표류하고 있는 현대의 포스트모던적 다원주의 상황 하에서 '예수 하가다' 는 유대인의 '유월절 하가다' 를 넘어 모든 세대와 민족을 향해 죄와 고난으로부터의 구원을 이루시는 '하나님' 을 이야기해 주는 복음인 것이다.

예수 하가다 신학의 과제

유다이즘이 모세의 '유월절 하가다' 로부터 그 원형을 찾는다면, 창조적 문화신학은 '예수 하가다' 에서부터 시작한다. 그러한 차원에서 교회의 모든 할라카적 전통과 실천은 바로 '예수 하가다' 로부터 그 정신과 의미를 재발견해야 할 것이다. 따라서 모든 창조적 문화신학은 '예수 하가다' 의 빛에서 바르게 평가될 수 있다. 그렇다면 '예수 하가다' 신학의 구체적인 과제는 무엇인가?

첫째, 혼란 가운데 표류하고 있는 기독교 신학의 정체성을 '예수 하가다' 전통 가운데 새롭게 회복하는 일이다. 기독교 신학이 근대적 학문을 통과하는 가운데 나누어진 '역사적 예수' 와 '신앙의 그리스도' 가 '예수 하가다' 전통의 빛에서 다시 통전적으로 경험되게 하는 것이다. '예수 하가다' 는 인류의 죄와 고난사의 절정인 예수의 십자가 사건 가운데 부활의 기적을 일으키신 '하나님의 손' 의 현존(쉐키나)과 구원 행위에 대한 아가다이다. 예수 공동체는 이 '예수 하가다' 를 전승하여("네 아들에게 말하라" 출 13:8) 인류를 구원하시고자 하는 하나님의 현존을 선포한다. 이러한 선포는 '예수 하가다' 를 듣는 자들로 하여금 '예수 그리스도' 에 대한 역사적, 신앙적 접근을 동시에 가능케 할 수 있을 것이다.

둘째, 기독교 신학이 현대 종교적 다원주의와 포스트모더니즘을 수용함으로써 근대성에 안주하고 있는 기독교의 배타주의를 공격하는 데는 유효하였으나, 반면에 '예수 그리스도'의 유일성에 대한 신앙을 양보해야 하는 상대주의에 빠짐으로써 기독교 정체성의 상실이라는 위기에 봉착해 버리고 말았다. 이러한 상황에서 '예수 하가다' 신학은 배타주의에 빠지지 않으면서 전 인류의 죄와 고난의 문제를 해결하는 구원의 희망을 제시하는 과제를 지닌다. 실제로 '예수 하가다'에는 유다이즘을 축으로 하여 메소포타미아, 이집트, 가나안, 페르시아, 그리스, 로마 등으로부터 흘러 들어온 다양한 아가다 전승이 용해되어 십자가와 부활의 예수생애 내러티브에 모아졌고, 이어서 '델타 포인트'가 된 예수로부터 다양한 그리스도 이해의 길이 허용되어 왔다. 이와 같은 사실은 '예수 하가다' 전승이 '오직 예수'라는 좁은 길을 택하면서도 결코 배타적이지 않은 구원의 보편성을 지니고 있음을 말하고 있는 것이다. 뿐만 아니라, '예수 하가다'는 유다이즘에 대한 그레코-로마의 정치적, 문화적, 종교적 지배의 상황에서 형성된 것이기 때문에, 로마 제국주의와 헬레니즘이 유다이즘에 미친 영향을 적극 고려함으로써 '예수 하가다'의 심층을 이해할 수 있도록 하는데, 이는 종래에 "이스라엘 유일의 모델(Israel-alone model)"만을 가지고 기독교의 기원을 추적한 모든 논의들을 넘어서도록 한다. 기독교의 기원을 "유대적 배경"만이 아니라, "그레코-로마의 상황"에서 충실히 고찰함으로써 우리가 제시하는 '예수 하가다'의 심층을 보다 깊이 열어 보여 준다.[69]

셋째, '예수 하가다' 신학은 개신교내의 다양한 신학 전통뿐만 아니라 가톨릭이나 동방 정교회내의 여러 전통들과 유다이즘내의 많은 신학 전통들과의 보다 적극적인 대화를 촉진하는 과제를 지닌다. 토라의 전통을 공유하고 있는 이상의 제 종파와 제 신학 간의 대화가 이루어지지 않는 가장 큰 이유는 저들 나름대로 형성해 온 할라카 전통을 끝까지 지키고자 하기 때문이다. 예를 들어, 개신교, 천주교, 유대교, 회교 등 제 종파들은 자신들 고유의 종교적 실천을 위한 할라카가 있는데, 종파간의 긴밀한 교류는 고유한 할라카 실천에 위협이 된다고 느낀다. 자신의 할라카를 지키는 것을 자신의 정체성 유지와 직결시키기 때문에 할라카 실천에 위협이 되는 종파간의 만남을 거부한다. 그러나 '예수 하가다'는 각 종파가 전통으로 유지하고 있는 제 할라카에 그 본연의 신학적 의미를 재발견케 해 줌으로써 '예수 하가다'의 빛 아래서 종파간 할라카의 다양성을 인정하는 데로 나간다.

이와 같은 예수 하가다 신학의 틀은 종교와 문화, 복음과 문화의 관계를 창조적 차원으로 이끌어주는 데 결정적인 기초를 제공해 준다. 왜냐하면 문화 창조의 주체, 내용, 목적 및 방법 모든 것이 '하나님'으로부터 비롯됨을 보여주기 때문이다. 따라서 창조적 문화신학은 문화 창조와 관련된 제 사항에 대하여 원형성을 보여 주는 예수 하가다의 틀에서 문화 창조의 본질과 규범을 밝힌다.

문화 창조의 주체와 원리

제3절

예수 하가다의 관점에서 종교와 문화의 관계를 규명하려는 시도를 예수하가다 신학이라 부를 수 있다. 문화 창조의 주체와 원리가 무엇인지를 물을 때 예수 하가다 신학의 틀 안에서 그 대답을 찾는다. 인간은 문화를 만들고, 동시에 자신이 만든 문화에 지배받는다. 예수 하가다의 관점에서 본다면, 인류의 문화는 아담 이래로 인류를 해방시키기보다는 오히려 문화 없이 살 수 없도록 종속시켜 왔다고 할 수 있다. 달리 표현하여, 인간은 하나님 없이는 살 수 있어도, 문화 없이는 한 시도 살 수 없다는 강박관념 속에서 쫓기면서 문화인이 되기 위하여 힘써 오고 있다. 이러한 현실은 결국 인류의 문화가 인류 자신을 지배하는 상황을 초래케 했다. 앞선 세대가 남겨 놓은 문화유산을 이어받는 순간, 거기에 종속되고, 또한 그를 더욱 발전시켜 이어받은 문화 가운데서 억압적인 문화로부터 자유롭기 위하여 새로운 문화를 만들어 나간 것이 인류 문화사의 모습이다. 예수 하가다의 핵심은 바로 이와 같은 억압적 문화 현실로부터 인류를 자유케 하는 데 있다.

물론, 문화에는 해방의 힘이 있다. 그러나 여기에서 간과되어서는 안 될 점이 있다. 무엇인가로부터 해방을 유도해 낸 문화적 산물이 처음에는 자유를 경험케 하는 도구가 될 수 있었지만, 시간이 흐르면서 이제 그 도구가 없으면 부자유를 느끼게 되는 것이다. 그때 이전의 문화는 해방의 힘이 아니라, 오히려 억압적 존재로서 인간의 굴레가 되어 극복의 대상이 될 것이다. 이에 우리는 문화의 모습 가운데 부정적인 측면과 긍정적인 측면이 왜 나타나게 되는지, 그리고 이를 창조적으로 극복하기 위해서 이 땅 위의 교회가 감당해야 할 사명이 무엇인지를 예수 하가다의 관점에서 살피고자 한다.

1. 문화 창조 주체의 전도(顚倒)

문화 창조자와 문화 청지기

문화의 주체를 논할 때, 일반적으로는 인간이 문화 창조의 주체로 등장한다. 이때 인간을 문화 창조의 주체로 여긴다는 것은 문화를 본질적으로 인간적인 차원에 한정하는 것임을 의미한다. 이 경우 문화의 종교적 차원은 철저히 배제되어버린다. 문화와 하나님은 전혀 관계없는 사이가 된다. 그러므로 우리가 문화를 예수 하가다 신학적인 관점에서 접근하고자 할 때, 인간을 본래 문화 창조의 주체로 이해할 수 있는지부터 물어야 할 것이다.

기독교 문화론을 이야기하는 사람들 가운데 문화 창조의 주체가 인간임을 주장하는 근거로 창세기 1장과 2장을 제시하는 경우가 많다. 그러나 성서의 본문을 예수 하가다 신학의 관점에서 자세히 살펴보면, 문화 창조의 주체는 하나님 자신이지 인간이 아님을 어렵지 않게 알 수 있다. 더 정확히 말해서, 하나님은 문화 창조의 명령자로 나오고, 인간은 그 명령을 받아 행하는 자로 등장한다. 문화 창조의 요구가 하나님께로부터 나왔고, 인간은 그 요구를 이루어야 하는 실행자다. 우리에게 익숙한 용어로 인간은 문화 창조의 '청지기' 요, 심부름꾼이다. 우리는 심부름한 자에게 "누가 보냈느냐?"고 묻는다. 마찬가지로, 인간에게 "다스리라"(창 1:26, 28), "정복하라"(창 1:28), "다스리고 지키라"(창 2:15)라고 요구하는 문화 창조의 명령자가 누구인지를 물어야 하는 것이다. 예수 하가다의 요점이 말해주듯이, 문화 창조의 주체는 하나님이요, 인간은 다만 명령 수행자일 뿐이다. 모든 창조의 주체가 되는 하나님이 인간을 창조할 때 "하나님의 형상"으로 지은 사실을 인간이 수행해야 할 문화 창조의 차원에서 이해한다면, 신학적 의미의 새로운 지평이 열릴 수 있다.

따라서 천지창조가 되었든, 문화 창조가 되었든 모든 창조 행위의 주체는 피조물이 아니라 하나님 자신이라는 사실이야말로 예수 하가다 신학에 근거한 창조적 문화신학의 가장 중요한 원리다. 왜냐하면 유월절 하가다이든 예수 하가다이든 하가다의 대주제는 '하나님이 행하신다'는 것이기 때문이다. 여기에서 하나님의 형상인 인간이 수행하는 온갖 문화 행위는 문화 창조의 주체인 하나님의 사역에 인간이 참여하고 있다는 것을 의미할 뿐이다. 이는 또한 역으로 인간의 참여가 하나님의 문화 창조 사역에 중요함을 뜻하기도 한다. 하나님의 천지창조, 그 중에서 인간창조는 신적 자기실현의 최고봉이다. 그러나 하나님의 인간 창조가 곧바로 하나님의 문화 창조로 이어지지 않으면 그것은 공허한 행위가 되어버리기 때문에, 인간을 통한 신적 문화 창조는 하나님의 자기의지 표현의 완성이라고 해야 할 것이다.

문화 창조의 내용, 목적, 방법
이 때 인간이 취하는 문화행위의 내용은 우주 만물을 관리하는 것이며, 이러한 문화 행위의 목적은 하나님의 영광을 드러내는 일이다. 그리고 문화 창조의 방법은 하나님이 창조한 우주 자연의 질서에 따르는 것이다. 이로써 창조주 하나님의 뜻이 하늘에서 이루어진 것처럼 이 땅에서도 인간을 통하여 이루어지게 되는 것이다. 그러므로 인간을 통한 하나님의 문화 창조는 하나님의 하나님 되심을 드러내는 최고의 자기실현으로 이해될 수 있다. 이처럼 인간의 문화는 인간의 삶에 대한 총체적인 자기표현 그 이상이다. 이와 같은 창조론적 문화 이해를 통해서 종교와 문화, 복음과 문화에 대한 바른 관계성 정립은 물론이고, 인간적 문화 창조 행위 자체의 방향성을 바로 잡고 나갈 수 있게 된다.

그러나 성서는 이와 같은 문화 창조의 주체나 목적, 내용 및 방법 등의 모든 것들이 인간의 현실 가운데서 창조의 본래적 모습으로 유지되지 못하고 있음을 고발하고 있다. 이와 같은 비판은 창세기 3장에서 인간이 하나님의 명령을 어기는 것으로부터 시작해서 창세기 11장의 바벨탑 사건까지 극적으로 묘사되어 있다. 그렇다면 본래의 상태로부터 무엇이 어떻게 달라져 버렸는가? 그것은 한 마디로 문화 창조의 주객(主客)이 전도(顚倒)된 것이다. 인간에게 다가온 유혹의 궁극적 내용은 "하나님과 같이 되는 것"이었다. 곧, 심부름꾼이 주인이 되고자 한 것이다. 그 결과, 문화 창조의 목적, 내용, 및 방법을 인간적 차원으로 끌어내렸다. 이로써 문화 행위의 주체가 하나님으로부터 인간으로 바뀌게 되었다. 이것이 전통신학에서 말하는 "타락"의 문화신학적 의미다. 문화 창조에서 목적이나 방법이 바뀐 상황에서는 더 이상 문화 안에서 하나님의 문화 창조적 의지를 발견할 수 없게 된 것이다. 이처럼 인류의 일반 문화사는 하나님 없이 인간이 문화 창조의 주체가 되어 만들어 온 역사라 할 수 있다. 그러나 인간에게 문화 창조를 수행하는 하나님의 형상에 따른 능력은 여전히 남아있기 때문에, 인간은 자신이 생각한 것들을 말로 실현하며, 행동으로 이행하고 있다. 그것이 하나님의 창조 질서와 얼마나 부합되는지는 더 이상 관심의 대상이 되지 않는다. 이제 인류가 행하는 창조 행위의 목적은 하나님의 주되심을 드러내는 것이 아니라, 인간 자신이 창조의 주체라는 것을 알리는 것으로 바꾸어져 버렸다.

인간 중심의 문화

인간은 스스로 문화 창조의 주체가 됨으로써 자신이 창조한 문화를 정당히 평가하는 능력을 잃어버렸다. 문화 창조의 궁극적 기준인 하나님의 문화 창조 원리를 떠나버렸기 때문이다. 결국 모든 문화는 다 허용되고, 각개의 모든 문화마다 고유의 가치가 있다는 문화 상대주의에 빠지게 되었다. 이것은 갑(甲)의 문화가 을(乙)의 문화보다 상대적으로 우월하다든지, 열등하다는 등의 평가를 허락지 않는다는 차원에서의 상대주의가 아니다. 아예 문화를 통해서는 인간의 궁극적 가치 또는 궁극적 목적이 무엇인지를 더 이상 알 수 없게 되었다는 의미에서의 문화가치 상대주의인 것이다. 예를 들면, 일부다처주의가 옳은지, 일부일처주의가 옳은지, 동성애 결혼이 옳은지, 반대하는 것이 옳은지, 아니면 모두가 옳은지를 판단할 수 있는 궁극적 기준을 상실했다. 유전자 변형의 콩을 만드는 것이 옳은 것인지 금해야 옳은 것인지, 가족계획에 따라 피임을 해도 괜찮은 것인지 그렇게 하면 안 되는 것인지, 인류는 선악과를 먹었음에도 불구하고 궁극적 판단의 근거를 잃었기 때문에 상대적 가치 판단에 따를 수밖에 없게 된 것이다.

문화 창조의 주체가 바뀌므로 그 목적이 전도되어 문화상대주의에 떨어졌는데, 한 걸음 더 나아가 인류 역사는 그 상대적 문화가치를 절대화하려는 또 다른 유혹을 경험해 왔다. 곧 우상숭배라는 유혹이다. 피조물인 인간이 상징행위(symboling)를 통해서 이룩한 문화 현실을 절대화시키고, 거기에 궁극적인 의미를 부여하려는 것이다. 상대적인 것이라도 절대화해서 스스로의 행위를 합리화해야 되는 것이 인간 실존의 굴레이기 때문이다.

이처럼 문화 창조의 주체와 목적이 인간 중심으로 바뀐 상황에서 형성된 문화의 본질을 좀 더 자세히 살펴보자. 한 마디로, 인간이 주도한 문화는 신적 차원을 상실하고 말았다. 이러한 문화에서 찾을 수 있는 것은 초월적인 정신과 가치가 아닌, 일시적이며 내재적 가치들뿐이다. 이를 다른 말로 하면, 어떠한 문화든지 그 가운데서 영원성을 찾는다는 것은 아예 처음부터 헛된 일이 되었다는 것이다. 이제 인류의 문화는 일시적으로 있다가 사라져 버리는 것으로 되어 버렸다. 그러나 인간은 자신이 창조한 문화가 결코 일시적으로 존재하다가 사라지는 것을 원치 않기 때문에, 유한한 문화를 영원히 존재하게 할 방법을 구상하고 있다. 유한한 것을 유한한 것으로 받아들이는 것이 정상이다. 그러나 문화 행위의 주체로 자리 잡은 인간은 그렇게 하지 못하는 것이다. 이것이 또 다른 차원에서 문화 우상숭배의 원인이 됨을 알 수 있다.

문화 창조의 주체가 된 인간은 어떻게 문화를 형성하는가? 우선, 양식의 차원에서 볼 때 그 창조 행위는 지극히 '단편적'이다.

즉, 인간은 신적 질서에 의한 우주의 유기적 총체성이 보여주는 조화를 찾기가 극히 어려운, 매우 부분적이며 개체적인 문화만을 만들어 오고 있다. 하나님의 천지 창조에는 바다의 모래 한 알도, 하늘의 참새 한 마리도, 우주의 이름 모를 별 하나도 모두가 유기적으로 연관되지 않은 것이 없다. 그러나 인간이 만들어 놓은 서로 다른 여러 가지 것들은 상호간에 유기적인 조화를 갖는 것이 아니라, 다 파편화 되어 있어 문화들 간에 어떤 통합적 모습도 찾아내기가 거의 불가능한 상태다. 예를 들어, 자동차를 만들면 자동차와 인간은 유기적 관계를 가져야 할 것인데, 오히려 자동차가 인간의 생명을 앗아가는 경우가 있는 것은 결국 인간의 문화행위는 단편적이며 일방적이라는 사실을 보여주는 것이다. 또한, 인간의 문화 행위는 신적 차원을 철저히 배제하고, 인간의 자율성을 극대화하려는 것으로 나타난다. 그러므로 인간은 문화 행위의 자율성을 제한하려는 모든 타율에 대해서 저항하게 되어 있다. 인간 자율에 근거한 문화 행위는 결국 자신이 창조한 문화 자체를 궁극적인 것으로 주장하기에 이르게 된다. 예를 들어, 현대의 문화적 이상향으로서 '컴퓨터피아', 또는 '테크노피아' 등이 거론될 수 있는 것이다.

이처럼 인류의 타락과 더불어 문화 주체가 하나님으로부터 인간에게로 전도(顚倒)되면서 인간의 문화 행위는 근본적으로 그 성격이 달라졌다. 이제 문화란 궁극적 가치가 아닌 상대적 가치를 지닐 뿐이며, 영속성을 지니지 못한, 그래서 언젠가는 사라져 버릴 일시적 현상으로서, 유기적 통합성은 사라지고 단편적이며 대립적인 특징을 띠게 되었다. 즉, 인간 문화는 본래적인 궁극성 · 영원성 · 총체성 · 조화성을 상실하고, 상대성 · 일시성 · 단편성 · 대립성을 지닌다는 것이다. 이에 대하여 인류는 상실한 문화의 궁극성·영원성·총체성·조화성을 끊임없이 회복하려 하지만, 근본적으로 신율(神律)에 참여함이 없이는 언제나 그 결과는 실패일 수밖에 없는 상태에 있다. 즉, 타율적인 형식만을 갖추는 자기기만의 우상 만들기에 빠져들어 갈 뿐이다. 창세기 11장이 보여주는 바벨탑 사건이 바로 그 전형적인 예라 할 것이다. 바벨탑을 하늘 꼭대기까지 건축하고자 했던 목적은 인간 자신들의 이름을 드러내고 온 지면에서 흩어짐을 면하려고 한 것이었다. 바벨탑 사건은 한 마디로 하나님 없이 인간 문화를 궁극적이고 영원하며 총체적인 것으로 만들고자 했던 인간 문화 행위의 모습이었다. 그러나 결국은 통일이 아니고 흩어짐이요, 높이 드러남이 아니고 파멸만이 남게 되었다.

이러한 맥락에서 그리스도인들이 오늘의 문화에 대하여 어떠한 태도를 취하여야 할 것인지 분명해 진다. 크게는 두 차원이 되겠다. 그 한 차원은 인간의 문화가 자신의 상대성·일시성·단편성·대립성을 망각하고 자신을 절대화하는 현상을 고발하고 비판하는 것이다. 그리고 그리스도인들은 우리들이 만들고 있는 문화가 끝없이 자신을 절대화하려 한다는 사실을 직시하면서 깨어 있어야 한다. 깨어 있지 않으면 언제든지 우리 자신도 단편적 문화를 절대화하는 어리석은 잘못에 빠질 수 있기 때문이다. 결코 어디에도 안주하지 못하는 나그네의 삶, 그것이 그리스도인의 문화적 태도다. 두 번째 차원은 보다 적극적이다. 인간이 차지하고 있는 문화 주체의 자리를 문화 창조의 명령자이며 본래적 주체인 하나님에게 돌리는 것이다. 이 때 인간의 모든 문화 행위는 그 신율의 법칙에 따라 순종하는 것으로 전환된다. 그렇게 되면 인간 자신의 이름을 드러내기 위함이 아니라, 하나님의 선한 뜻과 영광을 피조 세계에 알리는 것을 문화 창조 행위의 궁극적인 목적으로 삼게 될 것이다. 이제 그 실제적 원리를 어디에서 찾을 수 있을 것인가? 우리는 성서에 나타난 이스라엘의 신앙과 예수 그리스도에게서 문화 창조의 원리를 찾는다.

2. 하나님 : 문화 창조의 주체

성서는 하나님이 천지를 창조하시고 인간을 통하여 하나님 자신이 주체가 되어 이루어나가시는 문화 창조에 대한 역사다. 그렇기 때문에 하나님이 사람을 선택할 때는 반드시 하나님 자신의 문화 창조적 의지가 전제되어 있으며, 초자연적인 사건을 일으킬 때도 그 목적하는 바는 궁극적으로 하나님의 문화 창조를 완성하는 것임을 성서 안에서 확인할 수 있다. 혹자는 성서의 특정한 사건이나 인물에 대한 본문들을 신적 문화 창조 행위와는 전혀 다른 관점에서 이해하기도 한다. 그러나 그것은 주로 문화 창조의 주체를 인간으로 제한해 윤리적 관점으로만 판단할 때 생기는 오류인데, 오히려 그러한 본문들이 하나님의 문화 창조의 모습을 더욱 선명히 보여주는 경우가 많다. 이제 우리는 앞선 논의에서 문화 비관적으로, 혹은 문화 낙관적으로 해석해 왔던 성서의 본문을 예수 하가다 신학의 관점에서 오히려 하나님의 문화 창조라는 차원에서 새롭게 이해할 수 있는 가능성을 제시할 것이다. 여기에서 결국 문화 창조의 주체는 인간이 아니라 하나님이라는 사실과, 인간은 청지기적 사역을 감당해야 하는 자인 것을 알게 될 것이다. 그러한 관점에서 볼 때, 문화란 단절의 대상도, 동일화의 대상도 아니다. 오히려 문화에 대한 비관적 태도나 낙관적 태도를 넘어서 '하나님'의 문화 창조적 차원이 새롭게 드러나게 될 것이다. '규범적 문화신학'의 장에서 논의했던 몇 가지 내용들을 하나님의 문화 창조적 관점에서 비판적으로 새롭게 조명해 본다.

문화 분리의 문제

첫째, 문화 분리의 원리는 성서적이지 않다. 문화에 대한 배타적 입장에서는 세상이란 그리스도와 언제나 적대적인 존재일 뿐이다. 이러한 관점을 가능하게 해 주는 성서의 본문은 주로 일반 서간에 해당되는 요한일서 4장 3절, 5장 4절, 야고보서 4장 4절 등이다. 무엇보다도 "누구든지 세상과 벗이 되고자 하는 자는 스스로 하나님과 원수 되게 하는 것이니라"(약 4:4)는 구절이 분리모델의 근거로 작용하고 있다. 그러나 이 역시 본문에 대한 오해에 기인한다. 여기에 나타나고 있는 "세상"은 인류의 보편적 문화를 지칭하는 것이 아님에도 불구하고, 그렇게 작위적으로 사용하고 있는 것이다. 이 본문은 독립적인 것이 아니고, 앞부분에 연결되어 나오는 말씀이다. 다시 읽어보자: "간음하는 여자들이여 세상과 벗된 것이 하나님의 원수임을 알지 못하느뇨 그런즉 누구든지 세상과 벗이 되고자 하는 자는 스스로 하나님과 원수 되게 하는 것이니라"(약 4:4). 여기에서 "세상"이 지칭하고자 하는 것은 간음 행위와 같이 하나님의 율법을 정면으로 거스르는 불순종의 문화를 말하는 것이지, 세상의 문화 전반을 정죄하고 있는 것은 아니다. 그러므로 불순종의 문화와 벗된 것이 곧 "하나님과 원수 되게 하는 것"은 될지언정, 세상의 문화 전체가 하나님과 원수 관계에 있는 것은 아니라는 말이다. 이 사실은 계속 이어지는 말씀 가운데 분명해 진다. "그런즉 너희는 하나님께 순복할지어다. 마귀를 대적하라. 그리하면 너희를 피하리라"(약 4:7). 원수는 하나님의 말씀에 거역케 함으로써 간음하도록 하는 마귀이지, 세상은 아니다. 하나님에게 속한 자들은 세상 가운데서 불순종의 씨앗을 뿌리는 마귀를 대적하는 자들로 부름을 받은 것이다. 그러므로 하나님의 자녀들이 세상을 떠나면 오히려 마귀를 대적해야 할 사명을 저버리는 것이 된다. 세상 가운데 있는 간음과 같은 죄악을 피하기 위해서 세상을 등지고 떠나는 것이 아니라, 그와 반대로 세상 한 가운데서 마귀와 정면으로 대적해야 함을 성서는 가르치고 있다.

문화 동화의 문제

둘째, 문화동화의 원리도 성서는 지지하지 않는다. 애굽의 총리를 지낸 요셉, 황제에게 세금을 바치라고 한 예수, 예수를 믿으면서도 세상의 관리직을 맡고 있었던 사람들, 등이 동일시 모델의 성서적 근거로 나타난다. 우선 요셉의 이야기로부터 시작해 보자. 요셉이 애굽의 관리로 생활했다는 사실을 근거로 그리스도와 문화를 동일시하는 것은 매우 성급한 이해로 보인다. 그것은 요셉이 형제들에게 한 고백을 들어서도 분명히 알 수 있기 때문이다: "하나님이 큰 구원으로 당신들의 생명을 보존하고 당신들의 후손을 세상에 두시려고 나를 당신들 앞서 보내셨나니 그런즉 나를 이리로 보낸 자는 당신들이 아니요 하나님이시라 하나님이 나로 바로의 아비를 삼으시며 그 온 집의 주를 삼으시며 애굽 온 땅의 치리자를 삼으셨나이다"(창 45:7-8). 요셉 이야기의 초점은 애굽 문화를 하나님 나라의 수준으로 이끌려는 것이나 동일화하고자 했던 것에 있는 것이 아니라, 이스라엘의 생명을 구원함에 있었다. 따라서 요셉이 이스라엘의 생명을 보존하는 사명이 끝나면서 요셉의 생애도 마무리되고, 애굽과 이스라엘의 관계는 새로운 국면으로 접어들게 되는 것이다. 만일 요셉의 애굽 총리생활을 동일시 모델로 이해해야 한다면, 요셉의 죽음 이후 애굽의 문화와 이스라엘 문화는 서로간의 조화를 이루는 것으로 나갔어야 옳다. 그러나 상황은 그와 정반대로 나타났다.

애굽 문화 한 가운데 요셉이 출현한 사건은 애굽 문화에 하나님 나라를 접목시켜 조화나 동일화를 이루고자 한 것이라 보기 어렵다. 외형적으로 요셉은 애굽 문화에 순응하였다. 하지만 그가 애굽 문화 한 가운데 보내진 이유는 애굽 문화와 비교할 때 전혀 새로운 문화를 창조하기 위한 하나님의 섭리적 포석 때문이었다. 그것은 오히려 인간적 한계에 의하여 노정되어 있는 애굽이라는 세상 문화에 하나님의 역사적 섭리를 통해서 이루어지는 신적 문화의 존재를 계시하는 사건으로 이해할 수 있다. 달리 말하여, 요셉의 사건은 애굽 문화 한가운데서 하나님이 자신을 창조와 구원의 주이심을 드러내는 문화를 창조해 나간 이야기다. 세상 문화와 하나님 나라의 문화를 동일시하고자 하는 차원이 아니라, 세상 문화 속에서 하나님 자신의 뜻을 인간을 통하여 문화적 차원에서 창조해나가는 것이 요셉 이야기의 핵심이다.

애굽 문화의 편에서 본다면, 요셉의 행위는 기존의 질서 유지와 전혀 다른 차원, 그러나 거부할 수 없는 차원이다. 왜냐하면, 애굽 문화는 종교의 마성화로 인하여 이미 그 자신의 한계를 노출하고 있었기 때문이다. 그러나 이스라엘의 편에서 보면, 애굽의 문화란 가까이는 식량난을 해결하기 위한 방편으로, 멀리는 이스라엘의 후손을 세상에 두고자 하는 모판이었다. 결과적으로 볼 때, 요셉의 이야기는 세상의 생명을 구원코자 하는 하나님의 역사적 간섭이요, 하나님의 부르심에 응답했던 요셉을 통해서 애굽 문화 가운데서 이루시는 '하나님'의 문화 창조로 보아야 할 것이다.

다음으로는 예수를 책잡기 위하여 납세에 대한 질문을 건넨 바리새인과 헤롯 당원을 향한 예수의 태도에 대해서 살펴보자. 질문의 요지는 황제에게 세금을 바쳐야 하는 것인지, 안 바쳐도 되는 것인지를 묻는 것이었다. 예수의 입장은 분명했다. "바치라"는 것이다. 왜냐하면, 우리가 사용하고 있는 돈이 로마 황제에 의한 것이기 때문에 황제에게 속하는 것은 황제에게 바치라고 말씀하였다(막 12:13-17). 과연 이 이야기가 그리스도와 로마 문화를 동일시하는 성서적인 근거가 될 수 있는가? 아니다! 그것은 예수의 태도를 오해한 것이다. 예수의 태도는 철저히 '황제의 것은 황제에게, 하나님의 것은 하나님께 바치라'는 것이지, 황제의 것을 하나님께 바치라든지, 아니면 하나님의 것도 황제에게 바쳐야 된다는 이야기가 아니다. 다시 말하면, 세상의 문화는 세상의 문화대로 가게 하라는 말이다. 황제의 것과 하나님의 것은 서로 섞일 수 없다는 것이다. 동일시되는 것은 더욱 불가능하다는 사실을 예수의 말씀에서 알 수 있다. 예수의 입장에서 확인할 수 있는 것은, 황제의 것이 이 세상 가운데 있다면, 그 가운데 "하나님의 것" 또한 존재하기 때문에 하나님의 것을 하나님께 구별하여 바치는 하나님 나라의 문화를 이룩해야 하는 과제가 있다는 점이다.

바리새인과 헤롯 당원이 던진 외식적인 질문에는 황제에게 바쳐야 되지 않겠느냐는 점에 당연성을 이미 부여하고 있지만, 예수의 대답은 '황제'가 아니라 '하나님'에게 초점이 맞추어져 있다. 황제에게 세금을 바치고 안 바치고 하는 것이 일의 전부였던 질문자들에게 그 이상의 것, 즉 '하나님의 것'에 대해서 이야기했을 때, 그것은 예기치 못한 하나의 문화적이며 영적인 충격이었다. 그러므로 그들은 "예수께 대하여 심히 기이히 여기더라"(막 3:17)는 반응을 보일 수밖에 없었던 것이다. 그것은 황제 문화에 대한 하나의 선언이었다. 황제 문화만을 추구하는 자들이 과연 '하나님의 것'에 대해 응답할 수 있겠는가? 예수는 자신의 대답을 통하여 황제 문화를 절대시하는 이들에게 '생각을 돌이킬 것(metanoia; Umdenken)'을 선언하고 나선 것이다. 이상 살펴 본 바와 같이, 동일시 모델의 근거가 될 수 있다고 여겨졌던 성서의 본문들은(R. Weber) 오히려 '문화 창조'의 차원에서 이해되어야 했음을 알 수 있다.

문화 변혁의 문제

셋째, 문화에 대한 성서의 근본 태도는 기존 문화의 변혁이 아니다. 우리는 문화에 대한 리차드 니버(Helmut Richard Niehbuhr, 1894-1962)의 변혁주의적 입장에서 두 가지 문제점을 살펴보고자 한다. 첫 번째 문제는 문화 변혁이 의도하는 구체적인 내용이 불투명하다는 것이다. 그의 말대로 한다면, 인간에 의해서 부패된 문화가 변혁의 대상이 되고, 그 변혁은 인간으로서는 불가능하지만 하나님은 가능케 할 수 있다는 것으로 이해할 수 있다. 여기에서 우리의 물음

모두 채워야 할 오선지 위의 음계

황제의 것은 황제에게,
하나님의 것은 하나님에게 구별하여 바치라!

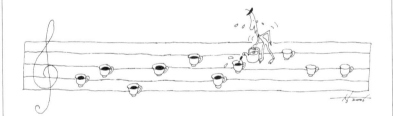

이 다시 제기된다. 부패된 문화, 내지는 악이 선으로 뒤바뀐 상태로서의 현 문화에 어떻게 신적 능력이 개입이 되어 다시 선한 문화로, 그리고 부패에서 벗어난 문화로 변혁될 수 있는가? 보다 중요하고 실제적인 이 문제에 대해서 니버는 대답하고 있지 않다.

니버의 입장에 서서 한 예를 들어보자. 오늘의 문화 현상을 일반적으로 규정하고 있듯이 '다원주의'로 정의한다고 했을 때, 이 다원주의적 현대 문화는 우선 선(善)의 전도된 현상 내지는 부패한 문화 현상인지 물어야 할 것이다. 그런 다음 다원주의가 지닌 부패성 또는 선의 전도성의 본질을 찾아서 신적 능력을 통하여 변혁시켜야 할 것이다. 과연 니버는 이에 대해서 어떻게 대답할 수 있을 것인가? 또 다른 경우도 마찬가지의 방식으로 접근할 수밖에 없다. 현대의 황금만능주의는 흔히 비판의 대상이 되는 오늘날의 문화 현상이다. 인류의 삶을 지배하고 있는 이러한 일반적 문화 사조를 변혁한다는 말은 니버에게 있어서 구체적으로 무엇을 의미하는 것인가? 니버는 문화 변혁의 일은 인간으로서는 불가능하지만 하나님으로서는 가능한 일이라고 했다. 그러나 기존의 문화를 신적 능력으로 변혁한다는 것은 생각과는 달리 매우 모호한 일이 아닐 수 없다. 문화를 변혁한다는 것이 결국은 무엇을 의미하는 것인지조차 분명하지 않기 때문이다.

현상적으로 볼 때, 문화는 인간 삶의 총체적 양식이며, 인간에 의하여 만들어진 산물이 문화다. 따라서 문화에 어떤 문제가 있다면, 그것은 문화 자체의 문제이기 전에 문제가 있는 문화를 만들어가는 인간이 문제라고 보아야 할 것이다. 사실 니버도 창조 세계가 타락한 것은 창조 자체가 아니라, 인간이라고 정확히 보고 있다. 그

세상창조적문화신학

럼에도 불구하고 그는 변혁의 대상을 문화에 집중하고 있는데, 그 이유가 불투명하다. 이는 마치 오염의 근원지와 그 책임자를 찾아내어 조치를 취함으로써 강의 오염을 근원적으로 막으려하기 보다는, 계속 더러운 물을 정화시키는 일에만 열중하는 무모한 수도관리 당국과도 같다.

니버가 문화의 변혁을 말할 수 있었던 것은 문화를 "부패"된 것으로 또는 "선의 전도"된 상태로 보았기 때문이다. 다시 말해서, 부패된 문화 그 자체는 악이 아니기 때문에 개조의 가능성이 있는 것으로 보았다는 것이다. 문화가 부패되었으되 완전한 부패는 아니오, 선이 전도된 상태이기 때문에 바꾸어 놓기만 하면 된다고 낙관적으로 판단하고 있다. 그러나 이러한 사색은 이론적으로는 가능한 결론일 수 있어도 역사상의 현실에서는 그 어느 시대에도 찾아 볼 수 없는 가정일 뿐임을 알 수 있다. 앞으로 좀 더 구체적으로 살펴볼 문제이겠지만 우선 이러한 질문이 가능할 것이다. 나사렛 예수는 당시의 부패된 문화로서 율법주의 문화를 신적 능력으로 변혁시키고자 했는가? 율법주의를 변혁시킴으로써 하나님 나라의 문화를 이룩하고자 의도했는가?

예수 하가다 신학의 관점에서 볼 때, 문화 분리, 문화 동화, 문화 변혁은 문화에 대한 신학적 실천의 단면을 극대화 한 것이다. 문화의 주체를 인간으로 보는 한, 이상의 태도들 가운데 하나에 기울 수밖에 없다. 예수 하가다의 핵심은 '구원하는 자는 하나님 자신'이라는 것이다. 하나님으로부터 구원의 능력이 흘러나온다는 예수 하가다의 기초 위에서 가질 수 있는 기존 문화에 대한 바른 태도는 분리, 동화, 변혁이 아니라, 오히려 그 문화의 종교적 실체가 무엇인지를 통찰하는 것이며, 그리고 하나님의 뜻을 드러내는 문화인지, 아니면 반대로 가리는 것인지를 분별하여 문화에 대한 그리스도인의 입장을 밝히는 것이다. 한 걸음 더 나아가 기존 문화에 대한 소극적 판단에 머무르지 않고, 현재의 문화적 상황이 어떠하든지 그 문화 한 가운데서 하나님의 의, 하나님의 사랑, 하나님의 생명을 드러내는 하나님 나라의 문화를 창조하는 것이다. 예수 하가다는 하나님 나라의 문화 창조를 위한 제1원리가 무엇인지를 보여준다.

3. 하나님 나라 문화 창조의 제1원리

인간의 타락과 문화 창조의 차질

천지창조는 '로고스'를 통해 실현되었지만 이로써 창조 사역이 다 마무리 된 것이 아니라, 천지창조 이후에 하나님은 전 피조물을 자신의 뜻 가운데 계속 다스려 나가야 했다. 즉, 하나님이 주권을 가지고 통치하는 세계를 만들어야 했다. 달리 표현하여, 예수 하가다의 정신으로 하나님의 나라를 이룩해야 했다. 이는 마치 아이를 낳은 부모가 아이를 출산한 후, 태어난 아이가 스스로 창조적인 삶을 살 수 있도록 양육하는 일까지 감당해야 부모의 할 일을 다 하는 것과 같다. 하나님은 인간 창조 후, 이어서 그들을 통해 문화를 창조할 수 있도록 문화 창조의 목적과 내용과 방법을 제시하였다. 이를 위하여 인간을 하나님과 같은 형상으로 만들고 하나님 나라의 문화 창조를 명하셨다.

그런데 문제가 발생하였다. 인간이 스스로 문화 창조의 주체가 되고자 한 반역의 사건이 생긴 것이다. 그 근본 원인은 하나님의 말씀에 따라 사는 것을 거절함에 있었다. 성서는 그것을 "불순종"이라 부른다. 이 불순종의 사건으로 말미암아 인간은 하나님의 형상을 잃게 되었다. 여기에서 "하나님의 형상"이란 무엇인가? 그것은 다른 피조물과 구별되는 거룩한 영적 존재로 창조하셨다는 것이다. 그런데 하나님의 말씀에 불순종함으로써 이러한 영광스러운 영성이 인간으로부터 떠난 것이다. 즉, 인간은 불순종의 사건 이후 더 이상 '거룩한' 영적 존재가 아니라, '타락한' 영적 존재가 된 것이다. 이러한 존재를 성서는 "육적" 인간이라 부른다.

타락한 인간을 통해서 하나님의 문화 창조가 이루어지는 것은 근본적으로 불가능한 것이다. 육적 인간에게서는 하나님의 말씀을 따라 순종하는 삶을 더 이상 기대할 수 없게 되었기 때문이다. 성서가 이미 밝히고 있듯이, "육에서 난 것은 육"이다. 하나님의 나라는 "오직 성령 안에서"(롬 10:14)만이 가능할 뿐이다. 이러한 사실은 오늘날 기독교 문화를 논함에도 꼭 같이 적용되어야 하는 원리다. 그러므로 하나님 나라의 문화는 성령에 의하여 지배받는 문화이어야 한다. 이러한 문화 창조는 하나님의 말씀과 성령에 의하여 하나님의 형상으로 거듭난 하나님의 영적 백성들을 통해서 이루어지는 것이다.

문화 창조를 위한 새로운 시도

다른 한편, 하나님은 인류가 문화 창조의 명령을 자기만족을 위한 수단으로 왜곡시켜 나가는 것을 결코 방임해 두고만 계시지 않았다. 바벨탑 사건을 계기로 신율을 거부한 인간 자율의 문화가 얼마나 거짓된 것인지 밝히 드러낸 후, 새로운 일을 시작하셨다. 우상화를 향해 치닫는 인간 자율의 문화 가운데서 신율을 회복코자 하는 자들을 불러 그들과 언약을 맺은 것이었다. 바벨탑 사건 이후 그 첫 번째 상대가 바로 아브라함이었다. 어떻게 보면, 성서의 전 역사는 창조세계를 보존하고 관리하며 번성케 하는 문화 창조의 바른 회복을 향한 하나님의 열정으로 가득 채워져 있다고 해도 과언이 아닐 것이다. 이를 위해서 요구되는 것은 하나님을 문화 창조의 주체로 인정하는 사람들이다. 하나님만이 모든 창조 행위의 주(主)이심을 고백하고, 그의 문화 창조 명령에 순종하려는 믿음의 백성들이 필요한 것이다. 하나님께서 하신 일은 결국 그러한 믿음의 사람들을 찾아, 그들을 통하여 새로운 문화 창조의 역사를 일으키는 것이었다.

아브라함과 그의 후손들을 통해서 어떻게 제1계명이 계속 지켜질 수 있는 지를 성서는 우리에게 이야기해 주고 있다. 아브라함이 하나님으로부터 부름을 받은 이후의 전 생애를 보라. "여호와를 위하여 단을 쌓고 여호와의 이름을 부르는"(창 12:8) 삶의 연속이었다. 이것은 사람들이 "자기의 이름을 위하여" 바벨탑을 쌓던 때와는 분명히 구별되는 모습이다. 하나님은 아브라함에게 친히 "나는 너의 방패요 너의 지극히 큰 상급"(창 15:1)이라고 말씀하셨다. 아브라함은 하나님의 이러한 약속을 믿음으로 받았고, 하나님은 아브라함의 그와 같은 믿음을 "그의 의(義)"로 인정하였다(창 15:6). 성서는 아브라함의 생애를 한 마디로 다음과 같이 요약해 주고 있다: "아브라함이 내 말을 순종하고 내 명령과 내 계명과 내 율례와 내 법도를 지켰음이니라"(창 26:5). 아브라함은 하나님의 말씀에 순종했다. 그리고 하나님의 명령과 계명과 율례와 그리고 법도를 지켰다. 무슨 말인가? 아브라함은 그의 삶 가운데서 하나님이 주(主)였음을 고백했다는 말이다. 그렇다. 아담은 실패했으나, 아브라함은 성공했다. 그래서 아브라함은 이후의 모든 문화 창조 행위의 모델이 되었다. 이처럼 하나님을 문화 창조의 주로 인정하고 그의 법도에 따라 순종하는 자들은 모두가 아브라함의 자손이 되는 것이다.

문화 창조의 제1원리

우리는 여기에서 예수 하가다의 정신에 따른 신율적 문화 창조의 제1원리를 발견한다. 곧, 하나님의 말씀에 순종하는 것이다. "이스라엘아 들으라"(신 6:4)는 내용에 따라 순종하는 것이 하나님 나라의 문화 창조를 이룩하는 원리요 길이다. 피조물이 신의 자리에 오르게 되는 우상숭배도 결국은 하나님의 말씀을 듣지 않는 것, 곧 불순종하여 거역하는 것 때문이다. 그러므로 하나님의 말씀에 순종하는 것이야말로 문화 창조의 근본 원리다. 이것이 '문화 창조의 수직 원리'다. 아브라함을 부르신 목적도 결국은 그 후손들을 통하여 이 원리를 확고히 세우기 위함이었다. 그러나 이스라엘 백성 역시 아담의 길을 가고 말았다. 그것이 곧 구약성서가 보여주는 이스라엘의 모습이다. 이스라엘은 문화 창조의 주체가 인간이 아니라 하나님이라는 사실을 바로 세우는 일에 자신들의 불순종으로 인하여 실패하였다. 그러나 아브라함과 맺은 하나님의 언약은 폐기되지 않았다. 하나님의 편에서는 여전히 살아있어 불순종한 하나님의 백성들이 회개하고 돌아오기를 기다리고 있었다. 이스라엘의 모든 백성들이 하나님의 말씀인 율법을 듣지 않고 순종하지 않았지만, 아브라함에 속한 믿음의 후손들이 완전히 사라진 것은 아니었다.

　이스라엘 민족이 아브라함의 후예들로서 문화 창조의 명령을 수행해야 할 청지기적 사명을 받고 순종할 때 특히 세 부류의 지도자들을 만나게 된다. 왕, 선지자 및 제사장이다. 이들은 이스라엘 민족의 지도자들로서 그 담당해야 하는 역할은 실로 막중하였다. 여기에서 무엇보다도 왕은 문화 창조의 명령을 책임 있게 실천해 가야 할 사람이다. 그러므로 왕은 그 누구보다도 하나님의 법도에 충실히 서 있어야 한다. 만일 어느 한 순간이라도 하나님의 이름보다도 자신의 이름을 위하여 그에게 주어진 권력을 행사한다면, 이스라엘이 감당해야 할 문화 창조는 그 순간 실패로 끝나고 마는 것이다. 이에 또 다른 측면에 하나님은 선지자들을 세워 놓으셨다. 선지자들의 주요 과제는 문화 창조의 명령이 제대로 진행되는지, 아니면 정반대로 하나님의 이름을 빙자하여 우상숭배로 빠지고 있지 않은지를 깨어 살펴보는 것이다. 문화 창조가 우상화 놀음으로 빠져들어 가게 될 때, 선지자는 문화 창조의 책임을 위임받은 왕과 그 백성들을 향해 회개할 것을 외치는 자다. 그리고 제사장들은 회개하는 자들을 위하여 다시 하나님의 법도대로 살 것을 권면하며, 그들의 범죄를 사하는 의식을 행한다.

예수 그리스도의 출현과 문화 창조의 제1원리

　그러나 구약성서에 나타난 이스라엘의 문화 창조는 결국 실패로 돌아간 역사임을 보게 된다. 왕, 선지자, 제사장, 그리고 백성들 모두가 제1계명을 거역하는 불순종 가운데 빠져 버리고 만 것이다. 그들은 이웃을 향해 정의가 넘치는 공동체를 이루지 못하고, 불의와 억울함만이 판치는 나라로 만들어 버렸다. 하나님의 나라에 대한 희망마저도 희미하게 사라져 버리는 위기에 직면하게 되었다. 그 결과 하나님은 아브라함과 맺은 언약이 이스라엘을 통해서 회복되기를 원하셨다. 그래서 이스라엘 백성들을 향해 직접 말씀하는 길을 택하였다. 아브라함의 자손이요, 다윗 가문의 혈통을 통해서 하시되, 성령으로 나게 하셔서, 아버지 하나님 자신의 말씀을 직접 알려 주었다. 이렇게 성령으로 잉태되어 사람의 몸으로 이 땅위에 오신 분이 바로 나사렛 예수 그리스도다.

우리는 예수 그리스도가 이스라엘 백성들을 향하여 "회개하라. 천국이 가까이 왔느니라"(마 4:17)고 외치신 첫 말씀을 통하여 그가 보내심을 받은 목적이 무엇인지를 분명히 알 수 있다. 이 말씀은 결국 한 마디로, 문화 창조의 제 1 원리인 하나님의 말씀에 순종해야 할 것을 거부한 과거를 돌이켜, 하나님의 말씀을 다시 회복하라는 것이다. 그래야 문화 창조의 목적인 하나님의 나라를 이 땅위에서도 경험할 수 있을 것이라는 메시지다. 이를 다른 말로 바꾸면, '하나님을 문화 창조의 주체로 인정하여 그의 말씀에 전적으로 순종하라. 그리하면 문화 창조의 궁극적 목적인 하나님 나라의 문화를 실현할 수 있을 것이다' 로 이해할 수 있다. 유월절 하가다도, 예수 하가다 모두가 전하고자 하는 메시지의 핵심은 하나님의 말씀에 따라 순종하는 길을 걸어가는 자들에게 구원과 생명의 길이 열린다는 것이다. 이것이 바로 '종교' 다. 즉, 모든 문화의 내용을 지배하는 궁극적 관심사로서의 실체며, 이로써 이 땅 위에 기존해 있는 문화 한 가운데서 새로운 문화인 하나님 나라의 문화가 창조되는 것이다.

이때 하나님 나라의 문화란 무엇인가? 그것은 하나님의 말씀에 의하여 지배되는 문화다. 그것은 겨자씨나 누룩처럼 작다. 그러나 성서는 그 나라가 온 땅에 가득 찰 것이라고 전망한다. 이 문화는 어떻게 이루어지는가? 예수 그리스도를 믿는 하나님의 자녀들이 말씀에 순종하는 삶을 통해서다. 하나님의 문화 창조는 오직 하나님의 계명에 순종하는 삶을 통해서만 이루어진다. "너희는 먼저 그(하나님)의 나라와 그의 의(義)를 구하라"는 예수의 명령이야말로 하나님의 모든 백성들에게 주어진 문화 창조의 행동 강령이요, 방법이다.

문화 창조의 이러한 접근은 세상의 문화를 대상으로 해서 문화 자체를 질적으로 선한 어떤 수준으로 변혁시키고자 하는 것이나, 역으로 세상과 상관을 갖지 않는 것과는 차원을 달리한다. 성서가 그리스도인을 칭하여 "세상의 소금" 또는 "세상의 빛"(마 5:14)이라고 하듯이, 그리스도인은 세상과 관련을 가진다. 그리스도인이 존재해야 하는, 아니 더 정확히 말해서 그리스도인이 보냄을 받은 장소는 '세상'이다. 세상과 관계하지 않는 그리스도인은 '됫박(말)으로 덮어' 두거나, '산 아래 둔' 등불과 같은 것이다. 산 위에 세워짐으로써 어두운 세상을 밝히는 존재가 하나님의 자녀들이다. 이들에게는 "착한 행실"(마 5:16)이 있다. 그래서 그들의 삶을 보고 하나님께 영광을 돌리게 하려는 것이다. 세상의 문화를 외면한 처지에서는 이러한 역사는 근본적으로 차단된다. 신약성서에 와서는 모든 그리스도인을 향하여 "오직 너희는 택하신 족속이요 왕 같은 제사장들이요 거룩한 나라요 그의 소유된 백성"(벧전 2:9)이라는 말씀을 듣게 된다. 문화 창조에 참여하는 모든 그리스도인은 "왕 같은 제사장"으로서 피조세계로 하여금 창조주 하나님과 화해토록 하는 사

317

역을 감당해야 한다는 것이다. 그러므로 좁은 의미로, 그리스도인의 문화 창조 사역은 하나님과 세계 사이의 그리스도적인 화해와 일치의 일이다. 자신 스스로 문화 창조의 제1원리에 따라 사는 삶과 더불어 세계도 제1원리 하에서 삶을 유지하도록 하는 것이다.

4. 하나님 유일신 신앙의 원리

예수와 문화

문화 변혁의 가능성을 말하기 위해서 '문화의 부패'를 말하는 것은 예수와 문화의 관계에 있어서 관심을 가져야 할 '보다 핵심적인 것들'을 놓치게 하는 결과를 초래한다. 예수가 목적하고 있는 하나님 나라의 도래가, 마치 기존의 부패된 문화를 변혁시키면 이루어지는 것으로 이해될 수 있기 때문이다. 그렇다면 예수가 문화와 관계하는 이유가 무엇인가? 그것은 문화와 관계하지 않고서는 하나님의 나라란 유토피아에 불과하기 때문이다. "나라이 임하옵시며, 뜻이 하늘에서 이루어진 것처럼 이 땅에서도 이루어지이다"고 예수 그리스도께서 기도하라고 가르치셨을 때, 그 나라와 그 뜻의 도래와 실현이 이루어져야 할 곳은 "이 땅"이라는 것이다. 그러므로 이 땅의 문화 가운데 예수가 활동하는 목적이 무엇인지 알 수 있게 된다. 문화와 상관없는 복음의 존재는 종교적 추상 관념일 뿐이다. 복음은 이 땅의 모든 문화와 관계를 가질 때 그 능력이 드러난다. 그리고 그 문화 한 가운데서 하나님 나라의 문화가 창조된다.

본질적 문화신학을 다룰 때 논의한 바 있듯이, 성서의 가르침은 실제로 기독교가 문화와 통합되어야 한다거나 문화를 배척해야 된다는 식의 이해와는 거리가 멀다. 성서가 말하고자 하는 것은 다른 데 있다. 그것은 인간의 문화가 아니라, 하나님의 문화 곧 하나님의 나라다. 그 하나님의 나라는 인간을 통해서 인간의 문화 안에 이루어져야 하기 때문에, 성서는 끝까지 복음을 문화와 더불어, 문화 안에서 말하고자 하는 것이다. 기존의 문화는 떠나야 할 대상도, 찬양해야 할 대상도, 변혁해야 할 대상도 아니다. 만일 성서가 문화의 변혁에 우선적인 관심이 있었고 그것이 복음의 목적이었다면, 예수의 오심은 완전히 실패한 역사로 이해되어야 할 것이다. 예수의 관심은 문화 변혁을 넘어선다. 이것이 예수 하가다에 기초한 창조적 문화신학의 문화 이해다.

이스라엘과 타문화

예수가 이처럼 문화와 관련을 갖되 문화에 초점이 있는 것이 아니라면, 과연 예수의 문화적 관심의 근본 목적은 어디에 있는 것인가? 이를 알기 위해서는 무엇보다 복음서를 중심으로 예수 그리스도의 모습을 새롭게 살펴보아야 할뿐만 아니라, 성서 전체를 새로운 관점에서 읽어야 할 필요가 있다. 창세기 12장에서부터 아브라함의 소명과, 고향을 떠나 미지의 가나안을 향해 가는 순종의 사건이 나온다. 우리는 이 사건과 이후에 계속되는 역사를 여러 가지 측면에서 살펴, 그 지니는 신학적 의미를 발견할 수 있을 것이다. 특별히 그 본문을 이해하고자 할 때 제기할 수 있는 물음은, '왜 고향 갈대아 우르 지방을 떠나야 했는가?' 라는 점이다. 돌이켜 보면, 가나안이 약속의 땅으로 주어졌지만 수 백 년이 지난 후에야 다시

제3부 창조적 문화신학

차지 할 수 있었고, 정복한 땅에서 조차 한 순간도 평화로운 때가 없었다. 결국은 남북으로 나뉘고 난 후 주변 강대국에 빼앗기고 민족은 완전히 흩어지거나 노예로 끌려갔다. 아브라함을 부른 결과가 이러했다면, 하나님이 아브라함을 불러 낸 목적이 무엇인지를 새롭게 물어야 할 것이다.

우리의 관점은 다음과 같다. 하나님이 아브라함을 갈대아로부터 불러 낸 것은 갈대아 문화로부터 아브라함을 '분리' 할 것을 의도한 것이 아니다. 왜냐하면, 갈대아 우르뿐만 아니라 가나안 땅 어디를 가든지 모든 곳에 우상숭배 문화는 가득 차 있었기 때문이다. 이와 반대로, 가나안 땅이 비옥함으로 아브라함에게 경제적 부를 주기 위해서 가나안 문화와 문화적 '통합' 을 요구했던 것도 아니다. 또한, 아브라함이라는 순종의 사람을 불러내어 가나안의 우상 문화를 '변혁' 시키고자 했던 것도 아니다. 사실 아브라함과 이삭 및 야곱으로 내려오는 이스라엘 가문이 세상 문화의 차원에서 비치는 모습은 한 마디로 '나그네' 일 뿐이었기 때문이다.

애굽에서의 오랜 생활만 보아도 그렇다. 문화 분리니, 통합이니, 아니면 변혁이니 하는 논의를 꺼내는 것조차 어려울 정도로 약속의 백성 이스라엘과 애굽 문화의 관련성은 매우 불투명했다. 문화 변혁적 차원이 이스라엘 민족에게 있었다면, 요셉이 애굽의 총리로 있을 때부터 계속 변혁의 사건들이 이어졌어야 했다. 그렇지 않다면, 구약성서에 나타나 있는 이스라엘 역사상의 수많은 사건들이 지니는 의미는 무엇인가? 그것은 이스라엘이 문화 분리나, 문화 동화, 혹은 문화 변혁 등에 실패했거나 성공한 것과는 관계없이, 어디든지 이스라엘이 존재하는 곳에서는 적어도 이스라엘로 말미암

문화 비판력 상실한 지우개 없는 연필

창조적 문화신학이 규범화되면,
문화의 세속화 · 마성화를 비판할 수 없다.

으로써 학문의 체계내적 성격을 띤다. 즉, 그 비판은 특정 체계가 받아들여지는 곳에 한해서 효력을 나타내는 한계성을 지닐 수밖에 없다는 것이다. 그럼에도 불구하고 창조적 문화신학의 문화비판은 문화에 대한 총체적 현실 이해를 추구하기 위하여 여러 지적 영역의 문명비판을 적극적으로 수용하여 문화비판의 통전성을 확보하려는 자세를 갖는다.

무엇보다도 창조적 문화신학이 수행하는 문화비판의 특징은 '반(反)문화'로 가는 문화의 세속화와 마성화에 대한 고발이다. 이들은 문화의 본질을 해체해버리기 때문이다. 문화가 세속화될 때, 문화는 더 이상 생명을 부양하는 일을 하지 못한다. 문화의 종교적 차원이 파괴되어버리기 때문이다. 문화가 마성화될 때, 문화는 생명을 억압함으로써 문화 창조는 더 이상 일어날 수 없게 된다. 종교성을 매개하는 특정 문화를 절대화함으로써 문화의 자율성이 거부되기 때문이다. 창조적 문화신학은 이처럼 문화가 세속화와 마성화되는 원인과 그 과정을 문화내적 연관에 따라 분석해내어 문화의 이탈을 방지하는 이론적 원리를 제공한다.

종교 비판

인간은 현실의 삶에 참여하고 향유하는 것으로 만족하지 못하고, 보다 궁극적인 현실, 보다 절대적인 가치나 의미와 관계할 때 비로소 현실을 긍정하는 존재다. 이를 가리켜 넓은 의미에서 종교적 인간(homo religiosus)이라 일컫는다. 그렇다면 특정한 제의적 종교를 가진 자들만이 종교적인 것이 아니라, 인간의 삶 자체가 종교적이라 말할 수 있다. 그것은 그가 특정한 신에 귀의하거나 신앙고백을 하는 등의 제의적 행위의 유무와 관계없이 인간은 종교적 존재임을 의미한다. 인간에게 있어서 종교란 곧 궁극적 관심사와의 만남 이외의 다른 것이 아니기 때문이다. 그것은 굳이 기독교나 불교처럼 특정의 제의적 양식이나 제도가 필요한 것이 아니다. 교의체계가 있어야지 종교가 성립되고, 그렇지 않으면 종교가 아닌 것이 아니다.

여기에서 우리가 말하고 있는 종교는 '인간의 궁극적 관심', 즉 '우리에게 무조건적으로 다가오는 그 무엇'이다. 그 무조건적인 무엇은 개인과 민족과 삶의 상황에 따라 다양할 수밖에 없으나, 분명한 것은 어느 누구에게든지 그 무엇은 존재한다는 것이다. 그 무조건적인 무엇을 일반적으로 "신(神)"이라고 부른다. 그 존재는 초자연적이며, 인격적이기도 하지만, 현실적이며, 비인격적인 무엇일 수도 있다. 그리고 그 무엇을 신, 하나님 등으로 부르기도 하지만, 특정한 이름을 갖지 않을 수도 있는 것이다. 중요한 것은 그 존재가 그 개인이나 공동체의 삶을 지탱하는 궁극적 관심의 대상이라는 점이다.

창조적 문화신학은 바로 모든 인간이 관여하고자 하는 그 궁극적 관심의 존재에 대하여 비판적으로 사유한다. 그러나 창조적 문화신학은 제의종교의 신앙 대상인 야훼, 불타, 알라 등의 신들을 탐구하여 어떠한 신이 참된 신인지를 가려내고자 하지 않는다. 물론 이들은 그 나름대로 종교 문화를 이야기할 때 결정적인 역할을 할 것이다. 종교 비판을 과제로 삼는 창조적 문화신학은 제의 종교들을 직접적으로 연구의 대상으로 삼지 않는다. 이러한 제의적 신들은 오히려 종파별로 이루어지는 교의학이나 종교학에서 중요한 탐구의 대상이 된다. 특히 종교학은 이들에 대한 객관적 이해를 증진코자 한다. 그러므로 창조적 문화신학의 관심사는 비제의적이면서도 제의종교 못지않게 종교적인 것들에 집중된다. 이것은 대부분 인류의 보편적인 문화로 인식되고 있는 것들 가운데 감추어졌기 때문에 비제의적일 뿐이지, 사실은 그 영향력에 있어서는 제의 종교 이상일 수도 있다. 일반적인 차원에서의 문명 비평에서는 문화 가운데 자리 잡고 있는 종교적 차원에 대한 비판까지 이루어내기가 쉽지 않다.

오늘날 이러한 면에서 창조적 문화신학이 실제적으로 직면하고 있는 많은 것들이 있다. 예를 들어, 특정 공동체나 민족을 하나로 결속시키는 문화적 이데올로기들은 이미 문화 내의 종교적 차원이 아예 가시화되어 준제의적 수준에까지 온 경우다. 북한의 공산주의나 이스라엘의 시오니즘(Zionism) 등이 그렇다. 또한, 뉴 에이지(New Age) 운동이 확산시키고 있는 문화에서는 특정한 제의적 행태를 볼 수 없지만, 그 어떠한 제의종교가 보여주고 있는 것보다도 현대 인류에게 종교적 감성과 의지를 불러일으키고 있는 것으로 보인다. 창조적 문화신학은 문화적 단위의 크고 작음을 떠나 그 안에는 언제든지 인간의 궁극적 관심이 표출되어 있음을 밝히는 것이 중요한 신학적 과제라 했다. 여기에서 한 걸음 더 나아가 그 궁극적 관심사가 과연 얼마나 '궁극적'인지를 묻는 종교비판이 창조적 문화신학의 중요한 과제다. 궁극적이지 않은 것을 궁극적인 것으로 여기는 것은 결국 문화의 종교적 차원을 파괴하여 마성화의 길을 걷는 것이기 때문에, 창조적 문화신학의 종교비판이 시급히 요청되는 것이다.

문화 창조

창조적 문화신학의 과제는 문화비판과 종교비판이라는 소극적 차원에서만 찾을 수 있는 것이 아니다. 오히려 창조적 문화신학에는 보다 더 적극적인 과제가 있다. 그것은 문화 창조에 대한 신학적 작업이다. 그러나 이것은 소위 '기독교 문화'를 이야기하기 위한 신학적 규범을 만들고자 하는 것과는 거리가 멀다. 오히려 기독교 문화는 창조적 문화신학의 비판적 관점에 따라 문화 비판과 종교 비판의 영역 아래 놓여있다.

문화 창조를 위한 신학적 탐구는 문화 비판과 종교 비판 위에서 보다 창조적인 의의를 드러낼 수 있다. 종교와 문화에 대한 비판적 검토 없는 문화 창조란 여전히 많은 문화 중의 하나를 만들어내는 것에 불과하기 때문이다. 창조적 문화신학이 이야기하고자 하는 문화 창조는 철저히 하나님의 말씀, 곧 복음의 힘을 드러내는 문화를 가리킨다. 그것은 하나님 주도적인 문화이어야 한다. 이 문화는 인류의 모든 문화가 대면해야 하는 문화다. 이는 앞에서 고찰한 바와 같이 오늘의 문화 창조 행위 가운데서 문화 창조의 목적, 내용, 방법 모든 것이 하나님 중심적으로 이루어져야 함을 천명하는 예수 하가다적 문화다.

이 창조적 문화는 문화 비판과 종교 비판을 넘어서 모든 문화와 종교가 추구하는 그 궁극적 실재의 세계를 체험케 하는 문화를 말한다. 이 문화는 결국 '신율(神律, theonomy)의 문화'다. 곧 "하나님 나라"의 문화다. 성서적 복음의 핵심은 그리스도의 오심이오, 동시에 그것은 하나님 나라의 도래다. 그 오심과 도래의 장소는 바로 "이 땅"이다. 인류가 살고 있는 이 땅의 문화 한 가운데로 임한다.

그러므로 "하나님 나라"의 "문화"다.

이 땅의 문화 한 가운데서 하나님의 나라가 이루어져야 하는 이상, 그 문화는 "나"의 문화와 연관되지 않을 수 없다. 성서는 먼저 유대인을 위하여 유대 문화 가운데서 하나님 나라의 문화를 이루어 놓은 모습을 보여주고 있다. 그 다음은 헬라인을 비롯한 이방인을 위하여 헬라나 이방 문화 가운데서 하나님 나라의 문화가 창조되었던 모습을 보여준다. 그러므로 창조적 문화신학은 문화 창조에 대한 원리를 성서에서 찾아서, 그 원리를 신학 하는 자의 문화 가운데서 적용할 수 있도록 하여 마침내 하나님 나라의 문화를 현실에서 경험토록 하는 것이다. 이처럼 문화 창조적 문화신학을 수행하기 위해서는 무엇보다도 우리의 삶이 뿌리내리고 있는 현실 문화의 깊이를 경험하는 것이 필요하다. 이를 위해서 각자가 소속한 크고 작은 공동체들의 서로 다른 문화에 다 참여할 필요는 없다. 다만 문화 간의 유기적 연관성이 존재한다는 사실을 인정함으로써 문화적 배타성을 극복하는 것이 무엇보다 중요한 일이다. 예를 들어, 자본주의적 문화생활을 하는 자가 공산주의적 문화를 대할 때 반사적으로 자신을 보호하기 위한 공격적 태도를 보이기 쉽다. 이보다 더 어려운 예 가운데 하나는 우리와 다른 종교 문화에 우리가 접하게 되었을 때일 것이다.

그런데 창조적 문화신학이 문화 창조적 과제를 예수 그리스도의 삶에 기초하여 전개하고자 할 때 당면한 어려움이 따르게 된다. 문화 창조의 우선적 과제는 기독교 문화에 한정된 것이 아니기 때문에, 기독교 문화의 울타리를 넘어서 자신의 문화적 체험과 생소하거나, 혹은 전혀 알지도 못한 문화로 다가서야 한다는 것이다. 이것은 당연한 요청이지만, 문화 창조적 과제를 수행하는 자가 몸담고 있는 일차적 문화인 기독교 문화의 경계선을 넘어 사고하면서 나간다는 것이 결코 쉬운 일이 아니기 때문이다. 이를 극복하지 못하면 기독교 밖의 제 문화 가운데서 그리스도인으로서 하나님 나라의 문화를 창조하는 일은 어려워지는 것이다. 그러므로 하나님 나라 문화의 창조는 세계의 종교문화, 정신문화, 그리고 대중문화 한 가운데서 그 문화의 깊이를 체험하는 중에 위로부터 들려오는 하나님의 말씀을 듣는 일부터 시작되어야 할 것이다.

2. 문화신학적 적용 : 조상제사 문제

이제 우리는 마지막으로 그동안 고찰해 온 문화신학의 제반 원리들을 기초로 하여 문화 현실의 한 구체적인 경우를 택하여 창조적 문화신학의 한 과제로서 적용해 보고자 한다. 무엇보다 특히 조상제사 문화는 한국 교회에 가장 어려운 신학적 문제들 가운데 하나로 대두되어 왔던 것으로서, 이를 우리가 제시한 문화신학의 틀 안에서 분석하여 창조적 문화신학의 관점에서 재조명한다. 이러한 시도는 현대 교회가 직면하고 있는 문화신학적 문제들을 같은 원리로써 풀어 나가는 하나의 예가 될 것이다.

조상제사란 무엇인가?

기독교가 우리나라에 전래되었을 때, 그것은 진공 속에 들어온 것이 아니다. 이 땅에는 이미 여러 가지 종교들이 있었고, 그 영향 속에서 문화가 형성되어 있었다. 기독교는 그러한 환경 속에서 전파되고 성장하면서 그 중에서 조상제사와의 대립은 불가피했다. 이로 인하여 초창기 천주교인들은 심한 핍박을 받았고, 순교자들도 적지 않았다. 개신교의 경우도 많은 신자들이 이 문제로 어려움을 당해왔다.[73] 조상제사란 일반적으로 사자(死者)에 대한 신앙을 말한다. 그러나 좁은 의미에서는 사자를 전부 조상이라고는 않는다. 조상은 후손을 필수 조건으로 하기 때문에 후손이 없는 조상은 조상이 아니고 다만 잡신(雜神)이다. 그러므로 조상제사는 후손에 대한 강한 집념과 사회생활에도 많은 관련을 가졌으며, 때로는 사회적 기능이 강화되기도 했다.[74]

조상제사의 핵심은 죽은 자의 계속적인 현존에 대한 믿음에 기초하면서 산 자의 생활사에 계속적으로 영향을 미치고 있는 죽은 자와 산자 사이의 밀접한 관계에서 야기된 신앙이다. 죽은 자들의 영에 대한 태도는 사랑, 존경, 신뢰로부터 각별한 경외심, 공포심 등 다양하지만 종종 반대의 감정이 병존하기도 한다. 일반적으로 조상제사에 임하는 동기에는 죽은 조상을 잘 섬기면 복을 받고, 비위를 거스르면 큰 해를 입는다는 길흉화복(吉凶禍福)의 신심(信心)이 내포되어 있다.[75] 죽은 조상들을 숭배하는 행위는 해마다 혹은 일정 기간 마다 열리는 기념행사나 무덤이나 묘비들과 같은 상징을 보호하는 일이다. 여기에는 기도와 축문, 제물이나 헌물이 수반되는 종교 행위와 도덕적 표준을 보존하거나 각종 예술 형식을 통한 경의의 향연이 포함된다.

대개 조상제사를 우리나라의 고유한 전통인 줄 알지만 실상은 외래에서 수입된 것이다. 고려조 말기 이전까지는 제사 흔적을 찾

을 수 없다가 고려 말기에 나타났다고 한다.[76] 고대 중국인의 세계
관에는 천(天)의 개념이 있다. 이들은 천명(天命)을 받들어서 정치를
하였고 역사를 이해하였다. 물론 어느 정도는 애니미즘이나 샤머니
즘, 그리고 정치적 독재의 정당성을 확보하고자 하는 의도가 깔려
있었겠지만, 이들은 하늘을 숭배했고 그 숭배와 제사의 정당성은
'하늘의 아들(天子)'에게 내려진 독점적인 특권이었다. 이들은 산
에 올라 정규적으로 차(茶)로 천신에게 예(禮)를 올렸다. 중국에서
는 원래 제사지낼 때 차를 드렸고 이것이 차차로 귀족들과 평민들
에게까지 조상제사가 허용되면서 차 대신 술로 제사하도록 했다.
그래서 우리는 술을 사용하지만, 그 예식은 여전히 차례(茶禮)라고
부른다.

천자는 독점적으로 하늘 신에게 제사했고 일종의 제사장적인
역할을 수행하였으며, 그런 과정을 통하여 천자로서의 적통성(適統
性)을 유지할 수 있었다. 그래서 쿠데타를 일으키는 자마다 자신들
이 오히려 하늘의 뜻을 따라 행한다(順天)는 정당성을 제시해야 했
다. 이러한 제사는 서서히 귀족들에게, 그리고 평민들에게까지 허
용되었는데, 각각의 계층은 자신들에게 걸 맞는 수준의 조상신들을
섬기게 된 것이다. 살아있는 부모보다도 죽은 조상이 더 나은 이유
는 그들이 귀신으로서 자신들의 길흉화복을 주관할 수 있다고 믿었
기 때문이다. 죽은 조상이라고 해서 다 같은 조상신이 아니었다. 이
러한 천신 사상에서 비롯된 조상제사는 소위 애니미즘적, 토테미즘
적, 샤머니즘적인 민중 종교로 자리를 잡았다. 그들이 지극 정성으
로 조상에게 예를 올리면, 그에 감복한 조상들이 자손들에게 복을
주고 화를 몰아내는 역할을 하게 되었다. 이러한 체제 이데올로기

적 요소와 민중 종교적 요소는 조선시대의 건국이념이 송나라 시대의 주자유교(朱子儒敎)로 확정되면서 우리나라에 본격적으로 도입되기 시작하였다.[77]

본질적, 규범적 문화신학의 관점

중국에 들어온 천주교회 선교 단체들의 조상제사에 대한 태도들을 살펴보면, 본질적 문화신학의 입장에서 조상제사의 문제를 보다 포용적으로 대한 단체가 있고, 이와 반면에 규범적 문화신학의 입장에서 배타적으로 거부한 단체들이 있었음을 볼 수 있다. 16세기 말 중국 선교에 임한 마태오 리치(Matteo Ricci, 1552-1610)와 그의 동료인 예수회 회원들은 가능한 한 유교 문화를 수용하는 적응주의적 선교 방침을 취했다. 이러한 태도는 "교회 밖에서는 일체 구원이 없다"라는 확고한 신념과 함께 문화적 우월주의 속에서 선교지 문화를 경시하는 서구 교회의 분위기와는 대조적이었다. 그래서 이질적인 조상제사에 대해서 '자녀가 선조에게 드리는 효성의 행위'로 이해하여 허용했다. 그러나 프란치스코회와 도미니코회 선교사들은 이들의 선교 방침을 비난하면서 규범적 문화신학의 관점에서 조상제사를 미신적 행위로 간주하여 금했다.

이 문제는 공자 숭배의식 및 절대자 호칭 문제와 더불어 약 백년간 교회내의 치열한 쟁론의 대상이 되었다.[78] 마침내 교황청은 1715년 클레멘스 11세와 1742년 베네딕토 14세의 칙서를 통해서 조상제사를 엄하게 금하면서 모든 선교사들이 이 칙서 준수에 서약하도록 명하고, 이에 불복하는 자는 파문 받을 것을 경고하면서 일체의 논란을 금했다. 이어서 계속적인 훈령을 통해서 조금이라도 미신적 기미가 있어 보이는 일체의 행위를 금했다. 그 구체적인 금지 사항은 다음과 같다. 첫째, 조상에게 드리는 제사나 봉헌 의식은 어떤 이유나 모양으로든지 행할 수 없고 참여할 수도 없으며, 또한 집이나 무덤에서 신주(神柱)를 모시고 행하는 일체의 의례 역시 행하거나 참여할 수 없다. 둘째, 신주 또는 신위(神位)라는 말이 쓰인 죽은 자의 위패(位牌)를 집에 모실 수 없다. 다만 단순히 죽은 자의 이름만 쓰인 명패(名牌)는 사용할 수 있다. 셋째, 시신(屍身) 앞에서 절을 할 수 없다. 넷째, 제사 음식을 준비해 주거나 제사에 필요한 물건을 빌려줄 수 없으며, 더 나아가 제사에 관한 책을 집에 보관하거나 제전(祭典)을 가지고 농사를 지을 수도 없다.[79]

이렇게 교황청이 조상제사를 단죄하고 엄금한 이유는 비록 제사 의식이 전적으로 악하지는 않다 하더라도 당시 중국인의 심성으로 보아 이 의식들이 미신과 혼합되어 있어서 미신적 요소를 분리해 내기가 불가능했기 때문이다. 당시의 서구 교회는 조상제사가 이단 행위라 하여 다음과 같이 제사를 반대하는 논리를 폈다. 첫째, 물질적 음식물은 혼의 양식이 될 수 없으며, 생시에 잠자는 분에게 음식물을 드리지 않듯이 영면한 자에게 음식물을 드리는 것은 허례요 가식이다. 둘째, 신주는 목수가 나무로 만든 것이므로 나의 골육이나 생명과 아무 관계가 없어 부모라 할 수 없으며, 또한 사람이 죽으면 그 영혼이 어떤 물건에 깃들어 있을 수 없다. 셋째, 사람이 죽으면 착한 사람은 천당에 가고 악한 사람은 지옥에 가게 마련인데 비록 제사를 지낸다 하더라도 천당에 있는 사람은 흠향하려고 하지 않을 것이요, 지옥에 간 사람은 흠향하러 올 수도 없기 때문에 제사는 쓸 데 없는 짓이다. 넷째, 제사는 천주께만 드려야 할 가장 존귀

한 것이므로 천주 외의 다른 존재에게 드리는 것은 잘못된 것이며, 더구나 미사만이 유일한 제사이므로 다른 제사는 없애야 한다. 이러한 교황청의 제사 금령과 제사 폐지 논리의 이면에는 천주교의 순수성과 통일성에 치중한 선교 정책과 유럽인의 우월 의식 및 동양 문화에 대한 경시 등이 크게 작용했다. 그 외에도 수도회간의 경쟁의식과 국가 간의 알력, 언어의 장벽 등 많은 요인이 작용했으나, 문화신학적인 관점에서는 조상제사에 대한 본질적 문화신학적 통찰이 근본적으로 배격되었던 점을 들 수 있다.

이와 같은 상황이 근 200년 간 지속되어 오다가 로마 교황청은 그동안 엄격하게 금지해 오던 조상제사에 대해 1939년 새로운 태도를 취하였다. 토착화에 대한 교회의 재인식, 동양에서 민족주의의 등장과 함께 세계무대에서 이들의 비중이 커짐에 따라 동방 민족의 문화유산에 대한 서양인들의 보다 깊은 이해와 통찰, 그리고 동양인의 미신적 종교 심성의 감소와 국가에서 명하는 공경 의식은 단지 사회적, 국민적 의식에 불과하다는 정부 당국의 발표와 같은 일련의 상황이 조상제사에 대한 과거의 부정적인 입장을 긍정적인 태도로 완전히 바꾸게 하는 원인이 되었다.[80] 그러나 우리의 관점은 이러한 외적인 원인의 작용 이전에 로마 교황청의 신학에 일대 변화가 있었다고 보는 것이다. 곧, 규범적 문화신학의 태도에서 본질적 문화신학의 입장을 새롭게 취했다는 것이다. 그러나 이러한 신학적 입장의 변화는 당시의 국제 정치의 기류에 크게 영향을 받은 것으로 볼 때 천주교회의 문화신학적 태도의 변화는 여러 모로 비판의 대상이 될 수 있다.

당시 이탈리아와 일본은 동맹을 맺고 있었는데 일본의 압력에 의해서 교황청이 신사참배나 조상제사 의식은 종교적 의미가 없는 하나의 시민적인 행사라고 발표하게 한 것으로 알려지고 있다. 1939년 12월 18일 로마 교황 피우스 12세는 교서를 통해 "현대에 와서는 과거의 전통적인 습관의 의미가 많이 바뀌었기 때문에 유교에서 조상제사 하는 것은 하나의 시민적 의식일 뿐 종교적인 의식은 아니다"라고 선언하였다. 조상에 대한 효의 표시로 간주해야 한다는 것이었다. 로마 교황청이 이런 발표를 하자마자 일본 통치하에 있던 한국 천주교는 그 이듬해인 1940년에 신사참배는 말할 것도 없고 조상제사는 하나의 시민적 의식에 불과하다고 표명했다. 이것은 교황이 한 번 안 된다고 하면 철저히 배격하다가도, 교황이 괜찮다고 하면 순교도 불사하면서 반대했던 것이라도 허용하는 이율배반적인 모습을 보여주고 있는 것이다. 그래서 전통적인 조상제사를 허용하게 되었고 시체 앞에서나 무덤 앞에서, 그리고 죽은 사람의 사진 앞에서 절하는 것을 허용하였다. 제사지낼 때 향을 피우는 것과 음식을 차려 놓는 것도 정당한 것으로 허용하게 되었다.

1965년부터 열렸던 제2차 바티칸공회에서도 변천하는 세계의 시대성에 따라 보존하여온 미풍양속의 좋은 점을 살려 종교 의식에 반영시킬 수 있게 함으로써 전통적인 의식을 용납하는 태도를 취했다. 성례전에 대한 규칙 제37조는 다음과 같다. "예전에 있어서 교회는 엄격한 획일성을 강요하기를 원치 않는다. 교회는 여러 종류의 인종과 국민들의 영적인 의식과 표현들을 존중하고 선양한다. 교회는 미신이나 오류와 관련되지 않은 생활양식을 동정적으로 취급하고 가능한 한 그대로 유지한다. 교회는 그와 같은 의식들을 성례전 안에 포함시킨다."[81] 또한 천주교에서는 연옥 사상과 더불어 조상을 공경하며 기도하는 것이 퍽 적극적인 것으로서 천당에도 지옥에도 가지 못한 조상의 영이 천국으로 가도록 남아 있는 가족들과 친지들이 끊임없이 기도하라고 가르친다. 그러므로 어떤 의미에서 죽은 사람을 위해서 기도하라고 가르치는 이 연옥 사상은 유교의 죽은 조상을 위해서 제사지내는 것을 합리화하고 정당화하는 결과를 가져오게 되었다.

한국 천주교 주교단은 교황 피우스 12세의 교서를 받아들여 이듬해부터 신사참배는 물론 전통적인 조상제사를 전면적으로 허용하였다. 다만 한국 고유의 상제법에서 미신적인 것과 그렇지 않은 것을 구별해서 가르쳤는데, 향을 피우거나 죽은 사람 앞 또는 무덤이나 사진에 절하는 것과 음식을 차리는 것은 무방하다고 하였다.[82] 오늘날 천주교회는 시체나 사진 앞에서 절하는 것과 향을 피우는 것, 그리고 죽은 사람을 위해서 기도하는 것을 다 허용한다. 그래서 부모 임종시부터 발상제(發喪祭)에 이르기까지 3일, 7일, 30일에는 부모를 위한 제사를 드린다. 그 후 3년 간 대소상은 물론 매년 부모의 기일에 제사를 드리도록 규정되어 있다. 뿐만 아니라 매일 아침과 저녁으로 부모를 위한 기도문이 있고, 11월 2일은 모든 죽은 자를 기념하는 날로 정하고 그 날에는 조상의 산소에 성묘를 하도록 되어 있다.

반면에, 조상제사에 대한 한국 개신교의 일반적 태도는 거의가 규범적 문화신학의 관점에서 접근하고 있는 것으로 보인다. 죽은 자를 숭배한다는 것은 예배 의식과 연관이 있고, 신적인 요소가 있으므로 기독교적 입장에서 단호히 우상 숭배로 인정된다. 이유는 십계명 중 제1, 2 계명에 어긋난 종교 행위이기 때문이다. 그러므로 조상을 제사의 대상인 하나의 신으로 여기며, 신에게 제사하듯이 절하고 제사하는 것과 지방을 쓰고, 제상(祭床)을 차려 올리고, 향을 피우고, 절을 하는 것 등을 기독교는 규범적 문화신학의 차원에서 받아들일 수 없다.

또한, 기독교는 성서적 규범에 입각하여 조상의 신령이 복과 화를 내린다는 것을 받아들일 수 없다. 인간의 삶의 모든 것은 하나님의 섭리에 달렸다고 믿으며, 조상신이 주관한다고 믿지 않기 때문이다(사 45:5-7). 기독교는 조상을 천신과 우리 사이의 중보자 격으로 생각하는 것을 받아들일 수 없다. 하나님과 우리 사이의 중보자는 오직 유일하신 독생자 예수 그리스도라고 믿기 때문이다(빌 2:5-11, 행 4:12). 그리고 죽은 조상의 혼령과 교통하는 것을 받아들이는 것도 허용하지 않는다. 살아 있는 인간이 하나님의 성령과 지시를 따르는 천사가 아닌 어떤 존재와도 영적 교류를 가질 수 없으며, 또 가지는 것을 금하고 있다고 믿기 때문이다(레 19:31, 20:27. 신 18:10-12). 조상제사에 대한 이와 같은 기독교의 태도는 분명히 성서적 규범에 입각한 규범적 문화신학의 관점을 철저히 반영하고 있는 것이다.

창조적 문화신학의 관점

예수의 관점에서 조상제사의 문제를 창조적 문화신학적으로 접근하는 것은 가능한가? 조상제사의 문화 안에서 발견되는 효(孝) 사상과 같은 인류 보편적 가치를 드러내면서도, 그 안에 잠재해 있는 마성화 된 실재들을 거부하는 것은 가능한가? 그러한 가능성을 전제하고 하나님 나라의 문화를 창조할 수 있는 길을 찾는 것이 창조적 문화신학의 과제다. 이러한 길은 결국 본질적 문화신학이 드러내려는 보편성과 규범적 문화신학이 드러내려는 윤리성이 대치되지 않게 하면서 통전적인 해결책을 찾아나가는 일이다.

극단의 규범적 문화신학의 태도에 입각할 때, 조상제사 문화는 이 땅에서 완전히 제거되어야 할 대상이다. 좀 더 온건히 표현하면, 변혁되어야 할 문화다. 그러나 창조적 문화신학의 전제는 기존의 모든 문화는 삶의 모체(matrix)라는 것이며, 그 목표는 이 매트릭스 안에서 하나님 나라의 능력과 영광을 드러내는 것이다. 그러므로 조상제사 문화 그 자체가 기독교 교리나 문화에 부합되는 것이냐, 아니면 대치되는 것이냐는 등의 물음을 던지기 전에, 조상제사가 개인과 공동체를 자유케 하고 생명력 있는 문화를 창조해 나가는지, 아니면 인간의 자유를 억압하고 불의에로 이끌어 가고 있는 것은 아닌지를 묻는다. 즉, 예수 하가다의 정신에 부합하는지의 여부를 확인한다.

창조적 문화신학은 기존 문화에 대한 종교 비판과 문화 비판을 시도한다. 이러한 비판의 목적은 종교의 마성화와 문화의 세속화를 폭로함으로써 하나님 나라의 실재—궁극적 관심—를 드러내고자 함이다. 두 가지 면에서 이 문제를 살펴본다.

첫째로, 조상제사가 타율적 문화가 됨으로써 궁극 이전의 문화를 궁극적이며 절대적인 것으로 올려놓는 마성화의 현실이 된 점을 창조적 문화신학은 비판한다. 모든 진리는 개개인의 자율을 전제로 한다. 하나님 나라는 개인의 자율을 극대화 한다. 조상제사의 내용이 선한 여부를 떠나서 과연 조상제사는 그 참여자들의 자율에 의해 이루어지는 것인지, 아니면 타율적 억압의 요소들이 작용하고

새파, 에세네파, 젤롯파와 같이 할라카 실천의 방법을 서로 달리하는 대표적인 공동체들이 있었다. 그러면 예수 하가다는 기존의 이러한 운동들과 어떤 점에서 구별되는가? 유대 민족은 외세의 침입에 대하여 오랫동안 저항을 해 오다가 예수 사건 당시는 철저히 로마의 지배를 받고 있는 상황이었다. 이교도들의 혹독한 핍박과 멸시 가운데서도 이스라엘 고유의 야훼 신앙을 어떻게 계속 지켜 나가느냐는 것이 그들이 직면한 가장 어려운 과제였다. 다시 말해서, 문화 창조의 제1원리인 하나님 외에 다른 신을 섬기지 않고 다만 하나님께만 순종하는 것을 어떻게 가능케 할 것인 지에 대한 문제였다. 여기에서 다양한 입장들이 표명되었던 것이다.

에세네파는 기존의 모든 문화와 단절을 선언하고 사회로부터 떠나 광야에 은둔하면서 금욕 생활을 실천했다. 이들에게 있어서 세상에서 산다는 자체는 곧 악과 타협하는 것 이외의 다른 것이 아니었기 때문이다. 그리고 이와 같은 맥락에 서 있지만 현실을 떠나지 않고 그 안에서 외부의 도전에 대항하는 중 많은 피를 흘리면서도 하나님의 율법을 지키려 했던 바리새파가 있다. 이러한 태도로 말미암아 바리새인들은 당시 유대 백성들에게 존경을 받을 수 있었다. 이와 반면에 사두개파는 당시의 새로운 시대적 상황에 따라 율법을 자유롭게 해석함으로써 변화에 적응하려는 모습을 보였다. 매우 지성적이고 합리적인 입장을 취했다. 그리고 젤롯파는 열심당이라고도 하는데, 특히 정치적으로 억압당하고 있는 현실을 수동적으로 감내하기 보다는 적극적으로 대처해 나가려는 태도로 무장했다.

그와 반면에, 예수의 태도는 이들과 근본적으로 다른 면을 보였다. 그것은 리처드 니버가 이해했던 것처럼, 예수는 "하나님을 향하여 사는 사람, 사람으로 더불어 사는 하나님"이란 점이었다. 예수 사건은 "사람으로 하여금 세상으로부터 하나님께로, 하나님으로부터 세상으로 이중적 운동을 하게" 했다.[70] 이와 같은 이중적 운동은 또한 현세로부터 타계로 향하고, 타계로부터 현세로, 행위로부터 은혜로, 은혜로부터 행위로, 시간으로부터 영원에, 영원에서부터 시간적인 것으로 향하게 했다.[71] 그러나 당시 문화 창조 운동들의 모든 흐름은 예수의 이와 같은 양방향적 운동 가운데 어느 한편에도 철저할 수 없었다.

예수의 영혼과 육체에는 온통 하나님만이 주관자요, 그분만이 구원자로 계실 뿐이었다. 하나님 한 분 뿐 그 외의 어떠한 사랑의 대상도, 순종의 대상도, 희망의 대상도, 충성의 대상도 없었다. 하나님에 대하여 예수가 "아바, 아버지"라고 부를 때, 이는 아들에게는 아버지 외에는 아무 것도 없으며, 아무 의미도, 어떤 기쁨도 없으며, 어떠한 구원도 없음을 의미했다. 이는 역으로, 하나님 아버지만 계시면 어떠한 핍박도, 멸시도, 외로움도, 두려움도 문제가 될 수 없음을 뜻하는 것이었다. 그러므로 예수가 이룩한 하나님 나라의 문화 창조는 시작부터 마지막까지 하나님에 의하여, 하나님과 함께, 그리고 하나님을 위하여 한 일이었다. 이러한 사실들이야말로 예수 사건이 우리에게 주는 문화적-신학적인 충격이며 도전인 것이다.

예수와 유대 · 로마 문화

유대인으로서의 나사렛 예수 자신은 당시 유대 문화 또는 로마 문화에 대하여 어떠한 입장을 취했는지를 알아본다.

첫째, 예수는 유대인에 대한 로마 문화의 지배에 대하여 매우 냉철한 태도를 유지하였다. 황제에게 바칠 세금은 바쳐야 한다고 가르쳤다. 이러한 태도를 가지고 예수를 문화 순응주의자로 보는 것은 성급한 결론이다. 쓸데없이 문화와 마찰을 일으킬 필요가 없다는 판단 하에 세금을 바쳐야 할 것을 말한 것이라 볼 수 있기 때문이다.

둘째, 율법주의로 대표되는 유대 문화에 대해서 볼 때, 예수는 율법의 형식을 깨는 매우 반(反)율법주의적 인물이었다. 안식일에 활동하는 일, 이방인들과 접촉하는 일, 부정 탄 사람들과 함께 하는 일, 시신을 만지는 일, 문둥병자나 기타의 환자들과 가까이 하는 일, 사회적으로 정죄당한 사람들과 식탁 교제를 나누는 일 등 반율법적인 행위를 거리낌 없이 했다.

셋째, 당시의 전반적 사조에 대하여 "악하고 음란한 세대"(마 12: 39, 16:4) 또는 "회칠한 무덤"(마 23:27), "이리"(마 10:16)라고 비판한 것을 통해서 알 수 있는 것은, 화려하게 보이는 유대의 종교적 문화 이면에 숨어 그 문화를 지배하고 있는 마성적인 것들을 고발했다. 그렇다고 이리와 같은 악한 무리나 외식하는 자들이나 음란한 자들을 몰아내거나, 혹은 그와 반대로 이들을 떠나 은둔하지 않았다. 오히려 그 한 가운데 거하면서 활동하였다.

넷째, 예수의 죽음은 철저히 유대의 종교적 타율의 문화와 로마의 정치적 지배 문화가 결합하여 이루어진 결과다. 그러므로 예수를 문화 변혁자로 이해했다면, 예수는 완전한 실패자로 볼 수밖에 없다. 예수는 당시 세속화된 그레코-로마 문화, 마성화된 유대문화에 의해 죽임을 당했다.

예수와 하나님 나라의 복음

이상 몇 가지 문화에 대한 예수의 다양한 태도를 볼 때, 당시 문화에 대한 그의 자세가 어떻다고 한 마디로 이야기하는 것은 어려운 일임을 알 수 있다. 자신의 생애를 바쳐서 기존의 문화를 변혁해 보겠다는 적극적인 모습을 예수에게서 찾기는 어렵다. 그렇다고 두 세계 사이에 선을 그어 놓고 조화를 추구하거나 배타적으로 문화로부터 퇴각한 삶도 아니었다. 예수 그리스도는 문화에 대해서 변혁시킬 것도, 추방할 것도, 다른 것으로 대체할 것도 없었다. 그의 관심은 기존의 문화 그 자체가 아니었기 때문이다. 문화와 관계해도 그것은 문화 때문이 아니었다. 이는 결국 무엇을 말하는가? 사도 바울의 말을 들어보자.

"이와 같이 우리도 어렸을 때에 이 세상 초등 학문 아래 있어서 종 노릇 하였더니 때가 차매 하나님이 그 아들을 보내사 여자에게 나게 하시고 율법 아래 나게 하신 것은 율법 아래 있는 자들을 속량하시고 우리로 아들의 명분을 얻게 하려 하심이라"(갈 4:3-5).

하나님이 그 아들을 보낼 '때가 찼다' 는 말은 무엇을 의미하는 것인가? 이는 달리 말하여, 아들을 아들로 대접하지 않고 종으로 부리는 문화에 종속하여 사는 것에서부터 나와야 할 때를 말한다고 이해할 수 있다. 바울은 당시 문화를 구축하고 있는 율법 자체를 어떻게 하겠다는 생각을 가지고 있지 않았다. 다만 그 율법 문화가 지니고 있는 한계를 정확히 파악하고, 그 문화를 넘어서는 일에 초점을 맞추고 있었다. 당시 문화를 지배하고 있었던 것이 율법주의였다면, 예수의 관심은 율법 아래 있는 사람들을 속량하여, 그들로 하여금 하나님의 자녀의 자리에 가게 하는 것이었다. 물론, 이와 같은 문화 이해는 바울에게 해당하는 것이다. 그러나 예수에게 있어서도 이러한 입장을 찾아보는 것은 결코 어려운 일이 아니다. 예수가 관심을 갖고 있는 나라는 이 땅에 속한 나라가 아니다. 그러나 그는 이 땅위의 진정한 왕이기 때문에 이 땅에 와야 했던 자이다. 빌라도 앞에서의 법정 진술을 들어보자:

"예수께서 대답하시되 내 나라는 이 세상에 속한 것이 아니라 만일 내 나라가 이 세상에 속한 것이었더면 내 종들이 싸워 나로 유대인들에게 넘기우지 않게 하였으리라 이제 내 나라는 여기에 속한 것이 아니니라"(요 18:36).

하나님의 나라는 이 세상에 속한 나라가 아니지만 예수는 그 나라의 왕으로서 이 세상의 문화 한가운데 구원의 역사와 구원의 문화를 창조하기 위해 보내심을 받았다. 이로써 예수는 하나님이 누구신지를 증거하였다. 그가 하나님을 증거하는 것이 진리를 알리는 것이다. 곧 하나님이 어떠한 분인지를 세상으로 하여금 알도록 계시하는 것이다. 그것이 구원의 복음이다. 그리고 이 복음이 전파되는 곳마다 하나님의 통치와 하나님의 구원하시는 역사가 나타난다. 이와 같이 하여 하나님 나라의 문화는 눈에 보이게 이곳저곳에 임하는 것이 아니라 예수 하가다 복음을 받아들인 자들 사이에서 이루어지는 것이니(눅 17:20), 복음전파는 문화 창조적 삶의 출발이다.

3. 하나님 생명의 문화 창조

땅의 문화와 하늘의 문화

예수 사건은 기존 문화의 부패나 결함을 수정하고, 변혁시키려는 입장과는 거리가 있다. 예수에게 문화적 관심이 있다고 하면, 그것은 그 문화 가운데 거하는 '사람들' 때문이다. 제자들을 불러내어서 기존의 부패한 문화를 변혁케 하는 것이 아니라, 새로운 문화인 하나님 나라의 문화를 창조케 하는데 궁극적인 관심이 있었다. 땅의 문화가 지극히 선하게 변혁된다고 하더라도 그것은 여전히 땅의 문화일 뿐이다. 하늘의 문화와 땅의 문화! 이 둘의 분리도 아니오, 통합도 아니다. 땅의 문화 가운데 하늘의 문화가 빛으로 뚫고 들어오는 것이다. 하늘의 문화는 기존 문화를 변혁함으로 이룰 수 있는 나라가 아니다. 그것은 전적으로 새로운 예루살렘이다. 그것은 산 자에 의한 문화다. 그러므로 죽은 자는 죽은 자에게 장사지내게 하라고 맡겨 놓고 자기를 따르라는 것이 예수의 문화 선교적 부름이다.

예수의 온갖 행위는 단 하나에 집중될 뿐이다. 하나님의 형상을 잃은 영혼들을 본래의 상태로 회복시킴으로써 피조세계를 본래대로 하나님의 다스림 아래 두는 것이다. 그리하여 영적으로 무감각한 세대 가운데 있는 자를 심령으로 가난한 자로, 불의가 판치는 세상 가운데 있는 자를 의에 주리고 목마른 자로, 전쟁과 더러움이 가득한 시대에 있는 자를 청결하고 화평케 하는 자로, 죄악 가운데 있는 자를 구원의 은총을 입는 자로 부르신다. 예수는 다시 그들을 세상으로 보내어 빛이요, 소금으로 살기를 명하신다. 소금과 빛이 된 그들의 사명은 세상 문화를 존재론적 차원의 변혁을 이룩하는 것이 아니라, 예수 하가다를 들음으로써 구원하시는 하나님의 사랑과 능력을 기존의 문화 가운데 드러내는 것이며, 모든 문화가 하나님 나라의 종말론적 심판 아래에 놓여 있음을 선포하는 것이다.

생명 문화 : 공의와 생명

그렇다면 예수는 세상의 부패한 문화를 그대로 방치해 두고, 그 가운데 사는 사람들의 구원에만 관심을 둔 것인가? 문화 변혁의 의지는 전혀 없었는가? 이러한 물음에 대하여 우선 무엇보다도 확실하게 전제할 수 있는 것은, 예수는 당시의 정치 문화적 상황을 변혁시키기 위하여 로마로부터 완전히 독립된 메시아적 왕국을 실현시키고자 하지 않았다는 점이다. 이스라엘 민족이면 누구든지 가지고 있었던 묵시 문화적 희망을 선언하지도 않았다. 오히려 예수는 단순하게 자신의 사역을 "양(羊)으로 생명을 얻게 하고 더 풍성히 얻게 하려는 것"이라고 제한한다. 이와 동시에, 예수는 결국 자신을 십자가에 처형시킨 문화를 죽임의 문화로 규정하고, 도적이 하는 일은 "도적질하고 죽이고 멸망시키려는 것 뿐"임을 폭로한다(요 10:10). 예수의 일은 바로 이러한 죽임의 문화에 대항하여 "양들을 위하여 목숨을 버리는 것"이었다.

이러한 맥락에서 볼 때, 예수 그리스도는 부패한 문화를 변혁시키는 일보다는 그 가운데서 죽임과 약탈에 노출되어 있는 하나님의 백성들을 구원하기 위하여 목숨을 버리기까지 악의 세력과 싸우는 일에 집중하였다. 바로 이러한 점이 그의 문화 창조적 사역의 특징이다. 달리 말하여, 도적을 변화시켜 선한 사람으로 만드는 일이 아니라, 도적과 싸워 그로부터 양을 구하는 한에 있어서만 문화는 예수와 관계될 뿐이라는 의미다. 그렇다면 하나님 나라의 문화란 생명 구원과 연결되는 때 비로소 그 문화적 의의가 이야기될 수 있다. 이를 보다 포괄적으로 말하자면, 예수의 삶과 가르침을 원형으로 하는 하나님 나라의 문화란 예수 그리스도의 부르심에 응답한 자들이 세상 문화 가운데서, 생명으로 체험한 하나님 나라의 역사적 현존에 대한 삶의 표현이라 할 수 있다.

이와 같은 근본 원리에서 파생되는 실천 명령, 즉 '문화 창조의 실천적 원리' 는 무엇이겠는가? 다시 말해서, 하나님은 하나님의 말씀에 순종하고자 하는 자기 백성들에게 무엇을 실천하기를 원하는 것인가? 한 마디로, 모든 피조물들을 '공의(公義)' 로써 대하는 것이다. 공의 실천이다. 생명을 가진 모든 피조물에 대해서 그렇되, 특히 이웃에 대해서 그렇다. 공의의 기준은 하나님이 나 자신에게 행하는 것과 같은 수준이다. 그러므로 이웃에 대해서 공의로운 관계를 유지할 수 있는 자는 오직 하나님이 무엇을 의로 여기는지를 아는 사람들뿐이다. 피조물과의 공의로운 수평적 관계를 유지하고 확대해 나가는지의 여부를 통해서 하나님의 말씀에 순종하는지 불순종하는지를 알게 된다. 이웃과의 공의로운 관계 유지는 결국 하나님의 창조 질서를 회복하는 것으로 연결된다. 창조 질서의 내용은 무엇인가? 그것은 한 마디로 생명의 존엄이다. 그래서 '창조적 문화신학' 은 곧바로 '생명신학' 이 된다. '모든 생명의 근원은 하나님' 이라는 것이 생명신학의 출발점이다. 그러므로 만유에 충만한 생명체들은 공히 존엄한 존재들이다. 생명은 그 자체가 목적이다. 따라서 생명체를 도구화하는 것이야말로 창조의 원리에 정면으로 대적하는 것이다. 모든 생명의 근원은 하나님 한 분에게 있기 때문이다. 이러한 사상이 하나님의 백성에게 분부한 하나님의 모든 율례와 법도에 깊이 깔려 있음을 발견할 수 있다. "너희나 너희 후손이 잘 살려거든 생명을 택하여라. 그것은 너희 하느님 야훼를 사랑하는 것이요 그의 말씀을 듣고 그에게만 충성을 다하는 것이다."(신 30:20). 그러므로 하나님의 말씀에 순종하고 그에게만 충성하고, 야훼를 사랑하고 있는 동안에는 온 우주의 생명체들이 어느 것 하나도 소외됨이 없이 하나의 생명으로, 어느 물리학자가 말하듯이 "온 생명"으로 신적 조화를 이루는 것이다.

그리스도인에게 주어진 두 가지의 커다란 계명이 있다. '하나님을 사랑하라'는 것과 '이웃을 자신의 몸과 같이 사랑하라'는 것이다. 이 두 계명은 본질상 분리해서 실천될 수 없는 것이다. 하나님에 대한 사랑 없이 진정한 이웃 사랑이 가능하지 못하며, 이웃 사랑 없는 하나님 사랑이란 공허한 것이기 때문이다. 어쨌든, 그리스도인은 이웃 사랑이란 착한 행실을 실천해야 하는 존재로 부름을 받았다. 세상은 그리스도인이 행하는 이웃 사랑의 착한 행실을 봄으로써 마침내 하나님께 영광을 돌리게 된다는 것이다.

그러나 이러한 결과를 가지고 그리스도인의 이웃 사랑을 문화 변혁의 차원으로 이해하는 것에는 문제가 많다. 우리가 그 문제를 분명히 하기 위해서 알아야 할 점이 있다. 이웃 사랑은 하나님이 먼저 우리를 사랑하신 그 사랑에 응답한 하나님에 대한 사랑의 결실이라는 점이다. 이웃 사랑은 하나님 사랑의 결과라는 사실을 명확히 해야 한다. 이처럼 이웃 사랑의 결과인 그 착한 행실을 보고 사람들이 하나님께 영광을 돌릴 수 있는 것이다. 이러한 결과적 사실은 문화 변혁주의 입장과 같을지 모른다. 그러나 이것은 문화 변혁의 결과가 아니라, 하나님의 문화 창조 명령에 순종한 결과로 이해해야 옳다. 왜냐하면, 그리스도인의 공의롭고 착한 행실을 보았다고 사람들이 반드시 하나님께 영광을 돌리는 것만은 아니기 때문이다. 다시 말해서, 문화 창조의 결과에는 호의적 반응도 있지만, 적의적 반응 역시 가능한 것이기 때문이다. 예수는, "나를 인하여 너희를 욕하고 핍박하고 거짓으로 너희를 거슬려 모든 악한 말을 할 때"(마 5:11)가 있다고 가르쳤다. "의를 위하여 핍박을 받은 자"(마 5:10)를 복되다고 말씀하신 것을 볼 때에도 세상의 문화가 단순히 그리스도인의 착한 행실을 통해 변혁될 수 있다고 볼 수 없다. 그리스도인의 기대와 소원은 하나님께 영광을 돌리는 것이지만, 현실은 "빛"에 비추임을 받고 회개하고 빛으로 돌아오기보다는 빛을 피하거나 없애려고 하는 것이다. 그 뚜렷한 증거가 예수의 십자가 죽음이다!

우리는 여기에서 예수의 문화 창조가 마침내 예수의 십자가를 불렀다는 사실을 인식하는 데까지 도달한다. 그렇다면 예수의 문화 창조는 세상의 문화에 어떻게 비추어졌는가? 그것은 이미 앞에서 밝혔듯이, 대체로 충격과 긴장으로 경험될 수밖에 없었다. 이러한 사실은 유대인과 헬라인에게 그리스도 예수의 십자가를 전했던 바울에게 매우 분명하게 나타났다: "유대인은 표적을 구하고 헬라인은 지혜를 찾으나 우리는 십자가에 못 박힌 그리스도를 전하니 유대인에게는 거리끼는 것이요 이방인에게는 미련한 것이로되 오직 부르심을 입은 자들에게는 유대인이나 헬라인이나 그리스도는 하나님의 능력이요 하나님의 지혜니라"(고전 1:22-24).

그러므로 문화 창조를 향한 창조적 문화신학은 결국 '십자가의 신학'으로 귀착된다. 하나님이 창조한 문화로서의 하나님 나라는 이 땅의 문화적 입장에서 볼 때, 하나의 걸림돌이요, 소화할 수 없는 스캔들(skandalon)로 여겨져 왔다. 그러기에 하나님의 문화 창조에 부름을 받은 백성들은 이 땅위에서 언제나 "나그네"의 세월을 보내었다고 성서는 증언하고 있는 것이다.[72] 하나님 나라의 문화 창조는 이 세상의 문화에 대해서 나그네로 자처하지 않고서는 감당할 수 없는 일이다. 이 땅에 발을 딛고 있되, 본향은 아니라는 말이다. 하나님의 문화 창조를 이야기하는 우리의 창조적 문화신학은 곧 나그네 신학이다! 이제 창조적 문화신학에 대한 우리의 생각을 소박하게 정리하면 이렇게 말할 수 있을 것이다. 창조적 문화신학이란 문화 그 자체를 이야기하는 신학이 아니라, 문화라는 "질그릇"에 담긴 "예수 그리스도"를 이야기하는 신학이다. 우리가 질그릇을 이야기하는 것은 그곳에 그리스도가 계셔야 하기 때문이며, 그리스도가 존재하는 한, 그 질그릇은 의미를 지니기 때문이다.

현대 교회와
창조적 문화신학의 과제

제5절

1. 창조적 문화신학의 과제

창조적 문화신학은 '복음의 문화
적 차원 규명'과 '문화의 종교적 차원 규명'이라는 본질적 문화신
학의 과제와 '문화비판'과 '종교비판'이라는 규범적 문화신학이
추구한 과제를 통합적으로 성취하고자 한다. 이는 본질적 문화신학
과 규범적 문화신학이 서로 대립된 신학 방법이 아니라 오히려 보
완적 관계로 보기 때문이다. 즉, 종교와 문화의 관계성을 전자는 본
질의 차원에서 관념적으로, 후자는 실존의 차원에서 실제적으로 봄
으로 양자는 서로 보완될 수 있으며, 또한 보완되어야 하는 것이다.
이와 같은 근거에 입각하여 창조적 문화신학은 방법론적으로 '종
교와 문화'의 관계를 먼저 '본질적' 차원에서 이해함으로써 문화의
종교적 실체를 규명하고, 이를 근거로 '현실적' 차원에서 '복음과
문화'의 관계를 규범적으로 정립한다.

복음의 문화적 차원 규명

창조적 문화신학은 계시와 문화가 불가피하게 동시에 이야기
되는 지점에서 출발한다. 그러므로 '계시'와 '문화'의 개념이 어
떻게 이해되느냐에 따라 창조적 문화신학에 대한 정의는 다양하게

진술될 수 있다. 이로 볼 때 계시와 문화를 동시에 아우르는 가운데 문화신학에 대하여 통전적으로 말하는 것은 결코 쉬운 일이 아니다. 전통적으로 신학은 계시, 곧 '하나님 말씀'의 신학이다. 그것은 신학의 소재에서 그렇고, 방법적인 면에서도 계시의 차원이 우선적으로 중요성을 가지고 있기 때문이다. 이 말이 의미하는 보다 적극적인 측면은, 계시 없이 신학 또한 없다는 것이다. 신학의 본질은 계시의 유무(有無)에 의하여 결정됨을 뜻한다. 그것이 예수 그리스도를 통한 특별계시든, 아니면 자연을 통한 일반계시든, 기독교 신학을 결정하는 핵심은 계시다. 신학으로서의 창조적 문화신학은 이러한 계시 신학적 틀을 견지한다. 그 중에서도 기독교의 신학적 정체성을 고유하게 결정해 주는 것은 그리스도를 통하여 계시된 '복음', 곧 예수 하가다이기 때문에, 하나님의 말씀으로서의 예수 하가다 복음은 계시의 차원에서 창조적 문화신학의 근본을 이루는 실체다.

그러나 창조적 문화신학이 그리스도의 복음만을 이야기하는 것이라면, 굳이 전통신학과 창조적 문화신학 사이에 다른 점이 없을 것이다. 전통신학에 속한 모든 신학들은 계시 수여자의 초자연적인 신성과 특수성을 강조하는 점에서 일치하기 때문이다. 그렇다면, 창조적 문화신학에는 어떤 다른 관점이 있는가? 그것은 계시의 본질적 차원보다는 계시의 현상적 차원, 즉 계시의 매개체인 문화에 탐구의 우선성을 두는 것이다. 우리는 그것을 계시의 문화적 차원이라고 말한다.

하나님이 드러내어 우리에게 알리고자 하는 것들은 비록 초자연적이기는 하지만, 우리가 그것들을 파악할 수 있도록 전달되어야 계시가 계시로서 밝혀지는 것이다. 그 다음에 우리가 그 계시를 불신하거나 우리의 무지로 깨닫지 못하는 것은 우리의 문제가 된다. 그러므로 우리가 하나님의 계시 행위에 접하게 되는 곳은 일차적으로 인간의 문화이며, 또한 그래야 된다. 왜냐하면, 어느 누구에게도 바른 인식 행위는 문화의 현실을 떠나 불가능하기 때문이다. 문화로부터 고립된 삶 가운데서는 인간으로서의 자기 정체성을 확인할 수 없으며, 문화적 연대 없이 자신과 그의 공동체에 대한 자기 이해가 가능할 수 없다! 문화적인 자기이해 없이 계시 인식 또한 없기 때문에, 계시의 전달은 문화 안에서 이루어지는 것이다. 따라서 창조적 문화신학은 그리스도를 통한 계시의 현실인 복음을 주제로 다루되, 복음의 '계시적 차원'만이 아니라 복음의 '문화적 차원'을 탐구하는 학문적 노력이라 정의된다. 혹, 복음을 문화와 직접 비교하여 서로의 관계를 규명하게도 되지만, 실상은 복음과 문화란 서로 비교할 수 있는 상대적인 실재들이 아니라는 것이 창조적 문화신학의 전제다. 오히려 창조적 문화신학은 복음의 궁극성에 대한 믿음을 기반으로 하면서, 복음의 초자연적인 계시의 차원과 자연적인 문화의 차원을 상관적으로 이해하여 두 차원을 통전적으로 보고자 한다. 그리고 복음의 문화적 차원이 인류의 문화유산이나 문화 창조와 어떠한 관련을 갖고 있는지 밝히는 일 역시 창조적 문화신학에게 주어진 중요한 과제다.

문화의 종교적 차원 규명

창조적 문화신학을 보다 깊이 이야기하기 위해서는 종교 개념과 문화 개념이 폭넓게 다루어져야 한다. 여기에서는 다만 문화에 종교적 차원이 있음을 밝히며, 문화의 종교적 실재가 무엇인지를 탐구하는 것이 창조적 문화신학의 중요한 과제다. 종교 개념은 앞에서 이미 광의와 협의의 차원으로 나누어 사용한 대로, '종교' 란 광의적 차원에서의 "인간의 궁극적 관심사(Ultimate Concern)" 라는 의미다. 이에 비하여 인간의 궁극적 관심으로서의 종교에 대한 절대적 신뢰를 기반으로 같은 믿음으로 모인 자들의 제의(祭儀) 공동체적 실제는 '좁은 의미' 로서의 종교 문화 개념으로서 기독교, 불교 등이다. 모든 문화에 종교적 차원이 있다면 이는 무엇을 두고 말하는 것인가? 그것은 다시 말해서, 문화에는 인간의 궁극적 관심사에 대한 물음이나 대답이 어떠한 모양으로든지 표현되어 있다는 것이다. 창조적 문화신학의 또 다른 과제는 바로 그러한 제 문화로부터 인간의 궁극적 관심의 구체적인 양상을 밝혀내는 것이다.

문화에 종교적 차원이 있기 때문에 문화는 문화로서의 가치를 잃지 않는다. 그러나 문화가 지니는 종교적 수준은 개별 문화마다 차이가 난다. 어느 문화에 종교성이 떨어질 때, 그 문화는 대중적으로 호응을 받을 수 있어도, 윤리적으로는 저급한 것이 되어 버린다. 반면, 종교성이 강한 문화는 소수에 의하여 알려지게 되지만, 개인이나 공동체에 대하여 커다란 영향력을 미칠 수 있다. 전자의 경우는 문화의 세속화 현상이, 후자의 경우는 문화의 마성화 현상이 나타날 수 있는 위험성을 언제나 가지고 있다. 창조적 문화신학은 이처럼 문화가 지니는 종교적 차원을 명확히 진단해 줌으로써 문화가 지니는 고유한 가치와 기능을 유지하도록 돕는다. 그것이 때로는 문화비판으로 때로는 문화운동으로 나타나지만, 보다 중요한 것은 문화가 지니는 고유한 종교적 차원을 정확히 드러내면서도 문화의

세타상조적문화신학

독자적인 위치를 계속 확보하는 일이다.

문화 비판

창조적 문화신학은 기독교적 문화학(文化學, Kulturwissenschaft)
과는 다르다. 물론 불교문화나 유교문화를 구분하여 이야기하는 것
같이 창조적 문화신학이 기독교 문화를 특성화하여 말하는 것은 가
능하다. 이 때 창조적 문화신학은 기독교 문화가 어떠한 것인지를
규정하고 판단하는 규범적 학문이 된다. 그러나 이러한 규범성은
창조적 문화신학이 지닐 수 있는 한 가지 특징이 될 수는 있어도 창
조적 문화신학 자체가 규범적 이론이 되어서는 창조적 문화신학의
문화 비판적 기능을 발휘하기 어렵게 된다. 왜냐하면 창조적 문화
신학이 자신의 규범에 따라 기독교 문화라고 규정한 문화에 대하여
또 다시 신학적으로 비판하는 것은 스스로 모순을 드러내는 것이
되고 말기 때문이다.

창조적 문화신학은 문화의 본래성을 드러내기 위하여 신학적
지평에서 문화를 비판한다. 이때의 비판이란 문화를 부정하거나 긍
정하는 차원의 규범적 행위를 의미하지 않는다. 물론 일상의 생활
속에서 문화에 대한 윤리적 결단은 의식적이든 무의식적이든 이루
어지지만, 창조적 문화신학은 문화의 내적 구조에 대한 이해를 추
구함으로써 가능한 본래적 상태를 밝히는 것을 목적으로 삼는다.
일반적으로 제 학문은 독자적인 방식으로 소위 "문명비판"을 시도
한다. 이것이 불가피한 것은, 자신의 학문적 시각에서 문명비판을
시도하지 않고서는 새로운 문명창조의 전망을 바르게 제시할 수 없
기 때문이다. 그 문명비판은 각각의 학문적 동기와 방법에 입각함

문화 비판력 상실한 지우개 없는 연필

창조적 문화신학이 규범화되면,
문화의 세속화 · 마성화를 비판할 수 없다.

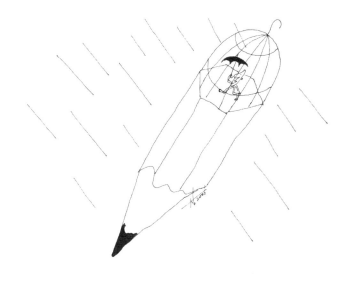

으로써 학문의 체계내적 성격을 띤다. 즉, 그 비판은 특정 체계가 받아들여지는 곳에 한해서 효력을 나타내는 한계성을 지닐 수밖에 없다는 것이다. 그럼에도 불구하고 창조적 문화신학의 문화비판은 문화에 대한 총체적 현실 이해를 추구하기 위하여 여러 지적 영역의 문명비판을 적극적으로 수용하여 문화비판의 통전성을 확보하려는 자세를 갖는다.

무엇보다도 창조적 문화신학이 수행하는 문화비판의 특징은 '반(反)문화'로 가는 문화의 세속화와 마성화에 대한 고발이다. 이들은 문화의 본질을 해체해버리기 때문이다. 문화가 세속화될 때, 문화는 더 이상 생명을 부양하는 일을 하지 못한다. 문화의 종교적 차원이 파괴되어버리기 때문이다. 문화가 마성화될 때, 문화는 생명을 억압함으로써 문화 창조는 더 이상 일어날 수 없게 된다. 종교성을 매개하는 특정 문화를 절대화함으로써 문화의 자율성이 거부되기 때문이다. 창조적 문화신학은 이처럼 문화가 세속화와 마성화되는 원인과 그 과정을 문화내적 연관에 따라 분석해내어 문화의 이탈을 방지하는 이론적 원리를 제공한다.

종교 비판

인간은 현실의 삶에 참여하고 향유하는 것으로 만족하지 못하고, 보다 궁극적인 현실, 보다 절대적인 가치나 의미와 관계할 때 비로소 현실을 긍정하는 존재다. 이를 가리켜 넓은 의미에서 종교적 인간(homo religiosus)이라 일컫는다. 그렇다면 특정한 제의적 종교를 가진 자들만이 종교적인 것이 아니라, 인간의 삶 자체가 종교적이라 말할 수 있다. 그것은 그가 특정한 신에 귀의하거나 신앙고백을 하는 등의 제의적 행위의 유무와 관계없이 인간은 종교적 존재임을 의미한다. 인간에게 있어서 종교란 곧 궁극적 관심사와의 만남 이외의 다른 것이 아니기 때문이다. 그것은 굳이 기독교나 불교처럼 특정의 제의적 양식이나 제도가 필요한 것이 아니다. 교의체계가 있어야지 종교가 성립되고, 그렇지 않으면 종교가 아닌 것이 아니다.

여기에서 우리가 말하고 있는 종교는 '인간의 궁극적 관심', 즉 '우리에게 무조건적으로 다가오는 그 무엇'이다. 그 무조건적인 무엇은 개인과 민족과 삶의 상황에 따라 다양할 수밖에 없으나, 분명한 것은 어느 누구에게든지 그 무엇은 존재한다는 것이다. 그 무조건적인 무엇을 일반적으로 "신(神)"이라고 부른다. 그 존재는 초자연적이며, 인격적이기도 하지만, 현실적이며, 비인격적인 무엇일 수도 있다. 그리고 그 무엇을 신, 하나님 등으로 부르기도 하지만, 특정한 이름을 갖지 않을 수도 있는 것이다. 중요한 것은 그 존재가 그 개인이나 공동체의 삶을 지탱하는 궁극적 관심의 대상이라는 점이다.

창조적 문화신학은 바로 모든 인간이 관여하고자 하는 그 궁극적 관심의 존재에 대하여 비판적으로 사유한다. 그러나 창조적 문화신학은 제의종교의 신앙 대상인 야훼, 불타, 알라 등의 신들을 탐구하여 어떠한 신이 참된 신인지를 가려내고자 하지 않는다. 물론 이들은 그 나름대로 종교 문화를 이야기할 때 결정적인 역할을 할 것이다. 종교 비판을 과제로 삼는 창조적 문화신학은 제의 종교들을 직접적으로 연구의 대상으로 삼지 않는다. 이러한 제의적 신들은 오히려 종파별로 이루어지는 교의학이나 종교학에서 중요한 탐구의 대상이 된다. 특히 종교학은 이들에 대한 객관적 이해를 증진코자 한다. 그러므로 창조적 문화신학의 관심사는 비제의적이면서도 제의종교 못지않게 종교적인 것들에 집중된다. 이것은 대부분 인류의 보편적인 문화로 인식되고 있는 것들 가운데 감추어졌기 때문에 비제의적일 뿐이지, 사실은 그 영향력에 있어서는 제의 종교 이상일 수도 있다. 일반적인 차원에서의 문명 비평에서는 문화 가운데 자리 잡고 있는 종교적 차원에 대한 비판까지 이루어내기가 쉽지 않다.

오늘날 이러한 면에서 창조적 문화신학이 실제적으로 직면하고 있는 많은 것들이 있다. 예를 들어, 특정 공동체나 민족을 하나로 결속시키는 문화적 이데올로기들은 이미 문화 내의 종교적 차원이 아예 가시화되어 준제의적 수준에까지 온 경우다. 북한의 공산주의나 이스라엘의 시오니즘(Zionism) 등이 그렇다. 또한, 뉴 에이지(New Age) 운동이 확산시키고 있는 문화에서는 특정한 제의적 행태를 볼 수 없지만, 그 어떠한 제의종교가 보여주고 있는 것보다도 현대 인류에게 종교적 감성과 의지를 불러일으키고 있는 것으로 보인다. 창조적 문화신학은 문화적 단위의 크고 작음을 떠나 그 안에는 언제든지 인간의 궁극적 관심이 표출되어 있음을 밝히는 것이 중요한 신학적 과제라 했다. 여기에서 한 걸음 더 나아가 그 궁극적 관심사가 과연 얼마나 '궁극적' 인지를 묻는 종교비판이 창조적 문화신학의 중요한 과제다. 궁극적이지 않은 것을 궁극적인 것으로 여기는 것은 결국 문화의 종교적 차원을 파괴하여 마성화의 길을 걷는 것이기 때문에, 창조적 문화신학의 종교비판이 시급히 요청되는 것이다.

문화 창조

창조적 문화신학의 과제는 문화비판과 종교비판이라는 소극적 차원에서만 찾을 수 있는 것이 아니다. 오히려 창조적 문화신학에는 보다 더 적극적인 과제가 있다. 그것은 문화 창조에 대한 신학적 작업이다. 그러나 이것은 소위 '기독교 문화'를 이야기하기 위한 신학적 규범을 만들고자 하는 것과는 거리가 멀다. 오히려 기독교 문화는 창조적 문화신학의 비판적 관점에 따라 문화 비판과 종교 비판의 영역 아래 놓여있다.

문화 창조를 위한 신학적 탐구는 문화 비판과 종교 비판 위에서 보다 창조적인 의의를 드러낼 수 있다. 종교와 문화에 대한 비판적 검토 없는 문화 창조란 여전히 많은 문화 중의 하나를 만들어내는 것에 불과하기 때문이다. 창조적 문화신학이 이야기하고자 하는 문화 창조는 철저히 하나님의 말씀, 곧 복음의 힘을 드러내는 문화를 가리킨다. 그것은 하나님 주도적인 문화이어야 한다. 이 문화는 인류의 모든 문화가 대면해야 하는 문화다. 이는 앞에서 고찰한 바와 같이 오늘의 문화 창조 행위 가운데서 문화 창조의 목적, 내용, 방법 모든 것이 하나님 중심적으로 이루어져야 함을 천명하는 예수 하가다적 문화다.

이 창조적 문화는 문화 비판과 종교 비판을 넘어서 모든 문화와 종교가 추구하는 그 궁극적 실재의 세계를 체험케 하는 문화를 말한다. 이 문화는 결국 '신율(神律, theonomy)의 문화'다. 곧 "하나님 나라"의 문화다. 성서적 복음의 핵심은 그리스도의 오심이오, 동시에 그것은 하나님 나라의 도래다. 그 오심과 도래의 장소는 바로 "이 땅"이다. 인류가 살고 있는 이 땅의 문화 한 가운데로 임한다.

그러므로 "하나님 나라"의 "문화"다.

이 땅의 문화 한 가운데서 하나님의 나라가 이루어져야 하는 이상, 그 문화는 "나"의 문화와 연관되지 않을 수 없다. 성서는 먼저 유대인을 위하여 유대 문화 가운데서 하나님 나라의 문화를 이루어 놓은 모습을 보여주고 있다. 그 다음은 헬라인을 비롯한 이방인을 위하여 헬라나 이방 문화 가운데서 하나님 나라의 문화가 창조되었던 모습을 보여준다. 그러므로 창조적 문화신학은 문화 창조에 대한 원리를 성서에서 찾아서, 그 원리를 신학 하는 자의 문화 가운데서 적용할 수 있도록 하여 마침내 하나님 나라의 문화를 현실에서 경험토록 하는 것이다. 이처럼 문화 창조적 문화신학을 수행하기 위해서는 무엇보다도 우리의 삶이 뿌리내리고 있는 현실 문화의 깊이를 경험하는 것이 필요하다. 이를 위해서 각자가 소속한 크고 작은 공동체들의 서로 다른 문화에 다 참여할 필요는 없다. 다만 문화 간의 유기적 연관성이 존재한다는 사실을 인정함으로써 문화적 배타성을 극복하는 것이 무엇보다 중요한 일이다. 예를 들어, 자본주의적 문화생활을 하는 자가 공산주의적 문화를 대할 때 반사적으로 자신을 보호하기 위한 공격적 태도를 보이기 쉽다. 이보다 더 어려운 예 가운데 하나는 우리와 다른 종교 문화에 우리가 접하게 되었을 때일 것이다.

그런데 창조적 문화신학이 문화 창조적 과제를 예수 그리스도의 삶에 기초하여 전개하고자 할 때 당면한 어려움이 따르게 된다. 문화 창조의 우선적 과제는 기독교 문화에 한정된 것이 아니기 때문에, 기독교 문화의 울타리를 넘어서 자신의 문화적 체험과 생소하거나, 혹은 전혀 알지도 못한 문화로 다가서야 한다는 것이다. 이것은 당연한 요청이지만, 문화 창조적 과제를 수행하는 자가 몸담고 있는 일차적 문화인 기독교 문화의 경계선을 넘어 사고하면서 나간다는 것이 결코 쉬운 일이 아니기 때문이다. 이를 극복하지 못하면 기독교 밖의 제 문화 가운데서 그리스도인으로서 하나님 나라의 문화를 창조하는 일은 어려워지는 것이다. 그러므로 하나님 나라 문화의 창조는 세계의 종교문화, 정신문화, 그리고 대중문화 한 가운데서 그 문화의 깊이를 체험하는 중에 위로부터 들려오는 하나님의 말씀을 듣는 일부터 시작되어야 할 것이다.

2. 문화신학적 적용 : 조상제사 문제

이제 우리는 마지막으로 그동안 고찰해 온 문화신학의 제반 원리들을 기초로 하여 문화 현실의 한 구체적인 경우를 택하여 창조적 문화신학의 한 과제로서 적용해 보고자 한다. 무엇보다 특히 조상제사 문화는 한국 교회에 가장 어려운 신학적 문제들 가운데 하나로 대두되어 왔던 것으로서, 이를 우리가 제시한 문화신학의 틀 안에서 분석하여 창조적 문화신학의 관점에서 재조명한다. 이러한 시도는 현대 교회가 직면하고 있는 문화신학적 문제들을 같은 원리로써 풀어 나가는 하나의 예가 될 것이다.

조상제사란 무엇인가?

기독교가 우리나라에 전래되었을 때, 그것은 진공 속에 들어온 것이 아니다. 이 땅에는 이미 여러 가지 종교들이 있었고, 그 영향 속에서 문화가 형성되어 있었다. 기독교는 그러한 환경 속에서 전파되고 성장하면서 그 중에서 조상제사와의 대립은 불가피했다. 이로 인하여 초창기 천주교인들은 심한 핍박을 받았고, 순교자들도 적지 않았다. 개신교의 경우도 많은 신자들이 이 문제로 어려움을 당해왔다.[73] 조상제사란 일반적으로 사자(死者)에 대한 신앙을 말한다. 그러나 좁은 의미에서는 사자를 전부 조상이라고는 않는다. 조상은 후손을 필수 조건으로 하기 때문에 후손이 없는 조상은 조상이 아니고 다만 잡신(雜神)이다. 그러므로 조상제사는 후손에 대한 강한 집념과 사회생활에도 많은 관련을 가졌으며, 때로는 사회적 기능이 강화되기도 했다.[74]

조상제사의 핵심은 죽은 자의 계속적인 현존에 대한 믿음에 기초하면서 산 자의 생활사에 계속적으로 영향을 미치고 있는 죽은 자와 산자 사이의 밀접한 관계에서 야기된 신앙이다. 죽은 자들의 영에 대한 태도는 사랑, 존경, 신뢰로부터 각별한 경외심, 공포심 등 다양하지만 종종 반대의 감정이 병존하기도 한다. 일반적으로 조상제사에 임하는 동기에는 죽은 조상을 잘 섬기면 복을 받고, 비위를 거스르면 큰 해를 입는다는 길흉화복(吉凶禍福)의 신심(信心)이 내포되어 있다.[75] 죽은 조상들을 숭배하는 행위는 해마다 혹은 일정 기간 마다 열리는 기념행사나 무덤이나 묘비들과 같은 상징을 보호하는 일이다. 여기에는 기도와 축문, 제물이나 헌물이 수반되는 종교 행위와 도덕적 표준을 보존하거나 각종 예술 형식을 통한 경의의 향연이 포함된다.

대개 조상제사를 우리나라의 고유한 전통인 줄 알지만 실상은 외래에서 수입된 것이다. 고려조 말기 이전까지는 제사 흔적을 찾

을 수 없다가 고려 말기에 나타났다고 한다.[76] 고대 중국인의 세계
관에는 천(天)의 개념이 있다. 이들은 천명(天命)을 받들어서 정치를
하였고 역사를 이해하였다. 물론 어느 정도는 애니미즘이나 샤머니
즘, 그리고 정치적 독재의 정당성을 확보하고자 하는 의도가 깔려
있었겠지만, 이들은 하늘을 숭배했고 그 숭배와 제사의 정당성은
'하늘의 아들(天子)'에게 내려진 독점적인 특권이었다. 이들은 산
에 올라 정규적으로 차(茶)로 천신에게 예(禮)를 올렸다. 중국에서
는 원래 제사지낼 때 차를 드렸고 이것이 차차로 귀족들과 평민들
에게까지 조상제사가 허용되면서 차 대신 술로 제사하도록 했다.
그래서 우리는 술을 사용하지만, 그 예식은 여전히 차례(茶禮)라고
부른다.

천자는 독점적으로 하늘 신에게 제사했고 일종의 제사장적인
역할을 수행하였으며, 그런 과정을 통하여 천자로서의 적통성(適統
性)을 유지할 수 있었다. 그래서 쿠데타를 일으키는 자마다 자신들
이 오히려 하늘의 뜻을 따라 행한다(順天)는 정당성을 제시해야 했
다. 이러한 제사는 서서히 귀족들에게, 그리고 평민들에게까지 허
용되었는데, 각각의 계층은 자신들에게 걸 맞는 수준의 조상신들을
섬기게 된 것이다. 살아있는 부모보다도 죽은 조상이 더 나은 이유
는 그들이 귀신으로서 자신들의 길흉화복을 주관할 수 있다고 믿었
기 때문이다. 죽은 조상이라고 해서 다 같은 조상신이 아니었다. 이
러한 천신 사상에서 비롯된 조상제사는 소위 애니미즘적, 토테미즘
적, 샤머니즘적인 민중 종교로 자리를 잡았다. 그들이 지극 정성으
로 조상에게 예를 올리면, 그에 감복한 조상들이 자손들에게 복을
주고 화를 몰아내는 역할을 하게 되었다. 이러한 체제 이데올로기

361

적 요소와 민중 종교적 요소는 조선시대의 건국이념이 송나라 시대의 주자유교(朱子儒敎)로 확정되면서 우리나라에 본격적으로 도입되기 시작하였다.[77]

본질적, 규범적 문화신학의 관점

중국에 들어온 천주교회 선교 단체들의 조상제사에 대한 태도들을 살펴보면, 본질적 문화신학의 입장에서 조상제사의 문제를 보다 포용적으로 대한 단체가 있고, 이와 반면에 규범적 문화신학의 입장에서 배타적으로 거부한 단체들이 있었음을 볼 수 있다. 16세기 말 중국 선교에 임한 마태오 리치(Matteo Ricci, 1552-1610)와 그의 동료인 예수회 회원들은 가능한 한 유교 문화를 수용하는 적응주의적 선교 방침을 취했다. 이러한 태도는 "교회 밖에서는 일체 구원이 없다"라는 확고한 신념과 함께 문화적 우월주의 속에서 선교지 문화를 경시하는 서구 교회의 분위기와는 대조적이었다. 그래서 이질적인 조상제사에 대해서 '자녀가 선조에게 드리는 효성의 행위'로 이해하여 허용했다. 그러나 프란치스코회와 도미니코회 선교사들은 이들의 선교 방침을 비난하면서 규범적 문화신학의 관점에서 조상제사를 미신적 행위로 간주하여 금했다.

이 문제는 공자 숭배의식 및 절대자 호칭 문제와 더불어 약 백년간 교회내의 치열한 쟁론의 대상이 되었다.[78] 마침내 교황청은 1715년 클레멘스 11세와 1742년 베네딕토 14세의 칙서를 통해서 조상제사를 엄하게 금하면서 모든 선교사들이 이 칙서 준수에 서약하도록 명하고, 이에 불복하는 자는 파문 받을 것을 경고하면서 일체의 논란을 금했다. 이어서 계속적인 훈령을 통해서 조금이라도 미신적 기미가 있어 보이는 일체의 행위를 금했다. 그 구체적인 금지 사항은 다음과 같다. 첫째, 조상에게 드리는 제사나 봉헌 의식은 어떤 이유나 모양으로든지 행할 수 없고 참여할 수도 없으며, 또한 집이나 무덤에서 신주(神柱)를 모시고 행하는 일체의 의례 역시 행하거나 참여할 수 없다. 둘째, 신주 또는 신위(神位)라는 말이 쓰인 죽은 자의 위패(位牌)를 집에 모실 수 없다. 다만 단순히 죽은 자의 이름만 쓰인 명패(名牌)는 사용할 수 있다. 셋째, 시신(屍身) 앞에서 절을 할 수 없다. 넷째, 제사 음식을 준비해 주거나 제사에 필요한 물건을 빌려줄 수 없으며, 더 나아가 제사에 관한 책을 집에 보관하거나 제전(祭典)을 가지고 농사를 지을 수도 없다.[79]

이렇게 교황청이 조상제사를 단죄하고 엄금한 이유는 비록 제사 의식이 전적으로 악하지는 않다 하더라도 당시 중국인의 심성으로 보아 이 의식들이 미신과 혼합되어 있어서 미신적 요소를 분리해 내기가 불가능했기 때문이다. 당시의 서구 교회는 조상제사가 이단 행위라 하여 다음과 같이 제사를 반대하는 논리를 폈다. 첫째, 물질적 음식물은 혼의 양식이 될 수 없으며, 생시에 잠자는 분에게 음식물을 드리지 않듯이 영면한 자에게 음식물을 드리는 것은 허례요 가식이다. 둘째, 신주는 목수가 나무로 만든 것이므로 나의 골육이나 생명과 아무 관계가 없어 부모라 할 수 없으며, 또한 사람이 죽으면 그 영혼이 어떤 물건에 깃들어 있을 수 없다. 셋째, 사람이 죽으면 착한 사람은 천당에 가고 악한 사람은 지옥에 가게 마련인데 비록 제사를 지낸다 하더라도 천당에 있는 사람은 흠향하려고 하지 않을 것이요, 지옥에 간 사람은 흠향하러 올 수도 없기 때문에 제사는 쓸 데 없는 짓이다. 넷째, 제사는 천주께만 드려야 할 가장 존귀

한 것이므로 천주 외의 다른 존재에게 드리는 것은 잘못된 것이며, 더구나 미사만이 유일한 제사이므로 다른 제사는 없애야 한다. 이러한 교황청의 제사 금령과 제사 폐지 논리의 이면에는 천주교의 순수성과 통일성에 치중한 선교 정책과 유럽인의 우월 의식 및 동양 문화에 대한 경시 등이 크게 작용했다. 그 외에도 수도회간의 경쟁의식과 국가 간의 알력, 언어의 장벽 등 많은 요인이 작용했으나, 문화신학적인 관점에서는 조상제사에 대한 본질적 문화신학적 통찰이 근본적으로 배격되었던 점을 들 수 있다.

이와 같은 상황이 근 200년 간 지속되어 오다가 로마 교황청은 그동안 엄격하게 금지해 오던 조상제사에 대해 1939년 새로운 태도를 취하였다. 토착화에 대한 교회의 재인식, 동양에서 민족주의의 등장과 함께 세계무대에서 이들의 비중이 커짐에 따라 동방 민족의 문화유산에 대한 서양인들의 보다 깊은 이해와 통찰, 그리고 동양인의 미신적 종교 심성의 감소와 국가에서 명하는 공경 의식은 단지 사회적, 국민적 의식에 불과하다는 정부 당국의 발표와 같은 일련의 상황이 조상제사에 대한 과거의 부정적인 입장을 긍정적인 태도로 완전히 바꾸게 하는 원인이 되었다.[80] 그러나 우리의 관점은 이러한 외적인 원인의 작용 이전에 로마 교황청의 신학에 일대 변화가 있었다고 보는 것이다. 곧, 규범적 문화신학의 태도에서 본질적 문화신학의 입장을 새롭게 취했다는 것이다. 그러나 이러한 신학적 입장의 변화는 당시의 국제 정치의 기류에 크게 영향을 받은 것으로 볼 때 천주교회의 문화신학적 태도의 변화는 여러 모로 비판의 대상이 될 수 있다.

당시 이탈리아와 일본은 동맹을 맺고 있었는데 일본의 압력에 의해서 교황청이 신사참배나 조상제사 의식은 종교적 의미가 없는 하나의 시민적인 행사라고 발표하게 한 것으로 알려지고 있다. 1939년 12월 18일 로마 교황 피우스 12세는 교서를 통해 "현대에 와서는 과거의 전통적인 습관의 의미가 많이 바뀌었기 때문에 유교에서 조상제사 하는 것은 하나의 시민적 의식일 뿐 종교적인 의식은 아니다"라고 선언하였다. 조상에 대한 효의 표시로 간주해야 한다는 것이었다. 로마 교황청이 이런 발표를 하자마자 일본 통치하에 있던 한국 천주교는 그 이듬해인 1940년에 신사참배는 말할 것도 없고 조상제사는 하나의 시민적 의식에 불과하다고 표명했다. 이것은 교황이 한 번 안 된다고 하면 철저히 배격하다가도, 교황이 괜찮다고 하면 순교도 불사하면서 반대했던 것이라도 허용하는 이율배반적인 모습을 보여주고 있는 것이다. 그래서 전통적인 조상제사를 허용하게 되었고 시체 앞에서나 무덤 앞에서, 그리고 죽은 사람의 사진 앞에서 절하는 것을 허용하였다. 제사지낼 때 향을 피우는 것과 음식을 차려 놓는 것도 정당한 것으로 허용하게 되었다.

1965년부터 열렸던 제2차 바티칸공회에서도 변천하는 세계의 시대성에 따라 보존하여온 미풍양속의 좋은 점을 살려 종교 의식에 반영시킬 수 있게 함으로써 전통적인 의식을 용납하는 태도를 취했다. 성례전에 대한 규칙 제37조는 다음과 같다. "예전에 있어서 교회는 엄격한 획일성을 강요하기를 원치 않는다. 교회는 여러 종류의 인종과 국민들의 영적인 의식과 표현들을 존중하고 선양한다. 교회는 미신이나 오류와 관련되지 않은 생활양식을 동정적으로 취급하고 가능한 한 그대로 유지한다. 교회는 그와 같은 의식들을 성례전 안에 포함시킨다."[81] 또한 천주교에서는 연옥 사상과 더불어 조상을 공경하며 기도하는 것이 퍽 적극적인 것으로서 천당에도 지옥에도 가지 못한 조상의 영이 천국으로 가도록 남아 있는 가족들과 친지들이 끊임없이 기도하라고 가르친다. 그러므로 어떤 의미에서 죽은 사람을 위해서 기도하라고 가르치는 이 연옥 사상은 유교의 죽은 조상을 위해서 제사지내는 것을 합리화하고 정당화하는 결과를 가져오게 되었다.

한국 천주교 주교단은 교황 피우스 12세의 교서를 받아들여 이듬해부터 신사참배는 물론 전통적인 조상제사를 전면적으로 허용하였다. 다만 한국 고유의 상제법에서 미신적인 것과 그렇지 않은 것을 구별해서 가르쳤는데, 향을 피우거나 죽은 사람 앞 또는 무덤이나 사진에 절하는 것과 음식을 차리는 것은 무방하다고 하였다.[82] 오늘날 천주교회는 시체나 사진 앞에서 절하는 것과 향을 피우는 것, 그리고 죽은 사람을 위해서 기도하는 것을 다 허용한다. 그래서 부모 임종시부터 발상제(發喪祭)에 이르기까지 3일, 7일, 30일에는 부모를 위한 제사를 드린다. 그 후 3년 간 대소상은 물론 매년 부모의 기일에 제사를 드리도록 규정되어 있다. 뿐만 아니라 매일 아침과 저녁으로 부모를 위한 기도문이 있고, 11월 2일은 모든 죽은 자를 기념하는 날로 정하고 그 날에는 조상의 산소에 성묘를 하도록 되어 있다.

반면에, 조상제사에 대한 한국 개신교의 일반적 태도는 거의가 규범적 문화신학의 관점에서 접근하고 있는 것으로 보인다. 죽은 자를 숭배한다는 것은 예배 의식과 연관이 있고, 신적인 요소가 있으므로 기독교적 입장에서 단호히 우상 숭배로 인정된다. 이유는 십계명 중 제1, 2 계명에 어긋난 종교 행위이기 때문이다. 그러므로 조상을 제사의 대상인 하나의 신으로 여기며, 신에게 제사하듯이 절하고 제사하는 것과 지방을 쓰고, 제상(祭床)을 차려 올리고, 향을 피우고, 절을 하는 것 등을 기독교는 규범적 문화신학의 차원에서 받아들일 수 없다.

또한, 기독교는 성서적 규범에 입각하여 조상의 신령이 복과 화를 내린다는 것을 받아들일 수 없다. 인간의 삶의 모든 것은 하나님의 섭리에 달렸다고 믿으며, 조상신이 주관한다고 믿지 않기 때문이다(사 45:5-7). 기독교는 조상을 천신과 우리 사이의 중보자 격으로 생각하는 것을 받아들일 수 없다. 하나님과 우리 사이의 중보자는 오직 유일하신 독생자 예수 그리스도라고 믿기 때문이다(빌 2:5-11, 행 4:12). 그리고 죽은 조상의 혼령과 교통하는 것을 받아들이는 것도 허용하지 않는다. 살아 있는 인간이 하나님의 성령과 지시를 따르는 천사가 아닌 어떤 존재와도 영적 교류를 가질 수 없으며, 또 가지는 것을 금하고 있다고 믿기 때문이다(레 19:31, 20:27. 신 18:10-12). 조상제사에 대한 이와 같은 기독교의 태도는 분명히 성서적 규범에 입각한 규범적 문화신학의 관점을 철저히 반영하고 있는 것이다.

창조적 문화신학의 관점

예수의 관점에서 조상제사의 문제를 창조적 문화신학적으로 접근하는 것은 가능한가? 조상제사의 문화 안에서 발견되는 효(孝) 사상과 같은 인류 보편적 가치를 드러내면서도, 그 안에 잠재해 있는 마성화 된 실재들을 거부하는 것은 가능한가? 그러한 가능성을 전제하고 하나님 나라의 문화를 창조할 수 있는 길을 찾는 것이 창

367

조적 문화신학의 과제다. 이러한 길은 결국 본질적 문화신학이 드러내려는 보편성과 규범적 문화신학이 드러내려는 윤리성이 대치되지 않게 하면서 통전적인 해결책을 찾아나가는 일이다.

극단의 규범적 문화신학의 태도에 입각할 때, 조상제사 문화는 이 땅에서 완전히 제거되어야 할 대상이다. 좀 더 온건히 표현하면, 변혁되어야 할 문화다. 그러나 창조적 문화신학의 전제는 기존의 모든 문화는 삶의 모체(matrix)라는 것이며, 그 목표는 이 매트릭스 안에서 하나님 나라의 능력과 영광을 드러내는 것이다. 그러므로 조상제사 문화 그 자체가 기독교 교리나 문화에 부합되는 것이냐, 아니면 대치되는 것이냐는 등의 물음을 던지기 전에, 조상제사가 개인과 공동체를 자유케 하고 생명력 있는 문화를 창조해 나가는지, 아니면 인간의 자유를 억압하고 불의에로 이끌어 가고 있는 것은 아닌지를 묻는다. 즉, 예수 하가다의 정신에 부합하는지의 여부를 확인한다.

창조적 문화신학은 기존 문화에 대한 종교 비판과 문화 비판을 시도한다. 이러한 비판의 목적은 종교의 마성화와 문화의 세속화를 폭로함으로써 하나님 나라의 실재—궁극적 관심—를 드러내고자 함이다. 두 가지 면에서 이 문제를 살펴본다.

첫째로, 조상제사가 타율적 문화가 됨으로써 궁극 이전의 문화를 궁극적이며 절대적인 것으로 올려놓는 마성화의 현실이 된 점을 창조적 문화신학은 비판한다. 모든 진리는 개개인의 자율을 전제로 한다. 하나님 나라는 개인의 자율을 극대화 한다. 조상제사의 내용이 선한 여부를 떠나서 과연 조상제사는 그 참여자들의 자율에 의해 이루어지는 것인지, 아니면 타율적 억압의 요소들이 작용하고

368
예수와문화

있는지 살펴야 한다. 오늘날 조상제사의 현실은 과거 복음이 처음 전파되기 시작했을 무렵과는 사뭇 다른 형편이기는 하지만, 일반인들에게는 여전히 조상제사란 자신의 자율적 선택이기 이전에 문화적 혹은 종교적 타율로 작용하고 있다는 것이다.

절대의 진리로 오신 예수라 할지라도 그에 대한 신앙은 개개인의 자율에 의하도록 하지, 타율적으로 신앙을 강요하지 않는 것이 기독교의 복음 전도다. 예수께서는 안식일을 제대로 지키지 않으면 죄인으로 몰아세우는 타율적 율법주의 문화에 대해, 율법이 혹은 안식일이 그것을 지키고자 하는 사람을 위해 있는 것이지, 그것을 지키지 않는 자를 죄인으로 심판하기 위해 존재하는 것이 아님을 분명히 했다. 조상제사가 개인의 자율을 억압하는 지배의 문화인 경우는 예외 없이 종교 비판의 대상이 된다.

조상에 대한 제사는 사자(死者)숭배, 가신(家神)숭배가 결합된 조상신에 대한 제사로서 조상은 신적 존재이면서도 후손과 연결되어 있으며 초월적인 신의 세계를 내왕한다고 본다. 그러므로 조상신과의 관계를 맺음으로써 신성한 실재와 접촉할 수 있다고 믿는 종교적 행위가 제사이다. 조상제사가 이러한 종교 행위로서 개인과 공동체의 궁극적 관심이 될 때, 문제는 진정한 궁극적 관심이어야 할 창조주 하나님의 자리가 없어지게 되는 것이다. 따라서 창조적 문화신학의 관점에서도 규범적 문화신학에서와 같이 조상제사는 우상숭배로 비판된다.

둘째로, 창조적 문화신학의 원리에 입각하여 조상제사 이면에 감추어져 있는 정치적 타율에 의한 억압적 현실은 문명 비판의 차원에서 폭로되고 거부되어야 할 내용이다. 조상제사는 이미 중국의 공자 이전, 하(夏)나라 때부터라고 하며, 시황제는 천제(天帝)에게 제사를 드렸는데, 그것이 왕의 조상제사로 발전되다가 유교사상이 정립되면서 그 기틀이 잡히고, 주(周) 나라 때에 와서 성행하게 되었다고 한다. 그 조상제사는 지금처럼 죽은 자를 위한 제사가 아니고, 종손(宗孫)을 높이는 의미로 부모를 높은 곳에 앉히고 제사 형식의 예를 올렸다고 하는 것이다. 그것도 모든 백성이 아닌 황제에게만 적용되던 제사가 후손의 번영을 위하여 일반 제후들도 따라 하기에 이르렀다. 또한, 춘추전국 시대에 무너지는 사회 질서 속에서 평민들도 자기의 신분을 높이기 위하여 다투어 실시하게 되었다. 조상제사의 풍속은 그러다가 후에 죽은 부모에게까지 그 대상으로 삼게 된 것으로서, 제사 관습과 계급 제도가 서로 불가불리의 관계로 이어져 오고 있는 것이다.

그러나 제사에 대한 이론적 뒷받침이 만들어진 것은 송(宋) 나라의 주자학(朱子學)을 창안한 주희(朱熹, 1130-1200) 이후부터였다고 한다. 주자학은 조상제사 문화와 함께 우리나라에 도입되어 퇴계(退溪, 1501-1570)에 의하여 '성리학'으로 정립되고 아울러 제사법이 성행하게 되었다. 그런데 조상제사가 문명 비판의 차원에서 문제가 된 것은 이성계가 유교를 국교로 정하여 전 백성들에게 장려한 데서부터 시작된다. 왜냐하면 그 동기가 부모에게 효행을 장려하려는 것보다 정치적 안정을 노린 정치적 술수였기 때문이다. 고려 말의 왕 씨 정권을 무력으로 탈취한 이성계(1335-1408)가 도덕성이 문제되어 민심이 이반(離反)되자 정권의 유지를 위한 묘안으로 내 놓은 것이 바로 조상제사인데, 이성계의 자문이며 국부의 역할을 했던 무학대사(無學大師, 自超, 1327-1405)가 이반 된 민심을 다시 얻을 수 있는 길로서 백성들에게 조상에 대한 효를 강조하는 차원에서 제안한 것이다. 이런 목적을 위해서 백성들이 제사를 지낼 때마다, "홀로 하나이신 왕이시여! 삼정승, 육판서를 거느리시고 왕의 나라가 태평성대하소서" 하고 기원하는 예가 되도록 했다.

신분계급제도가 비교적 엄격했던 전통사회에서 조상제사는 신분의 정체(正體)를 상징하는 것이었고, 학문적 연줄을 같이 하는 집단끼리의 연계를 위한 보완 장치로 동원되었다고 볼 수 있다. 그러므로 초기 천주교도들의 조상제사 거부는 조선조 정권이나 사대부들의 입장에서 보면, 단순히 종교적 이견(異見)이 아니라, 체제 전복의 강력한 위협적 행위였기 때문에 그로 인해서 수차례의 피비린내 나는 박해의 원인이 되었다고 평가할 수 있다. 결국 이러한 역사적 흐름 가운데 나타난 것을 보면, 조상제사는 유교라는 종교의 대중적 실천으로서, 집권 계급의 왕권을 강화하는 정치적인 수단으로 오남용 되어 오는 가운데 아예 전 민중을 포섭해 버린 전통적인 문화로 자리를 잡은 것이다. 조상제사의 이러한 면은 전형적인 종교 문화의 세속화 현상이다. 이때 조상제사의 본질적이며 종교적인 실체는 종교적 및 정치적인 지배자에 의해 수탈당하고, 민중을 이용하는 도구로 전락해 버리기 때문에 근본적으로 비판되어야 한다.

이제는 이상의 종교 비판과 문화 비판 위에서 조상제사가 지니는 문화의 종교성과 문화적 차원을 문화 창조적으로 수렴할 수 있을 지를 살펴본다. 이에는 두 가지 길로 접근이 가능할 것이다. 하나는 인간적 차원이고, 다른 하나는 종교적 차원이다.

먼저 인간적 차원에서의 조상제사는 주지하다시피 부모 공경의 효(孝) 윤리의 실천으로 긍정적이다. 세상을 떠난 조상에 대한

제4장 상장조직문화신학

추모(追慕)의 문제는 이미 세상을 떠난 조상에 대한 공경인데, 그들을 신령으로 여겨 제사할 수는 없지만, 하나님께서 그들을 통해 우리를 세상에 내시고, 양육해 주신 것에 대하여 감사하고, 그들의 생전의 삶에 대하여 추모할 수 있다. 특별히 조상이 남긴 신앙의 모범과 교훈을 되새기는 것은 매우 중요한 일이다. 조상의 무덤을 찾아 성묘하며, 부활의 소망을 일깨움도 유익하다.

그리고 조상제사 문화의 종교적 측면에서 창조적 문화신학의 관점으로 새롭게 바라보게 하는 것은 그리스도 안에서 선조들과 교통하는 문제다. 선조들의 영혼과 직접적으로 교류함은 허락되지 않는다. 그러나 세상을 떠난 선조들도 그리스도 안에 있고, 우리도 이 세상에서 그리스도 안에 있다면, 우리는 이미 그리스도 안에서 하나인 것이다. 그러므로 우리는 직접 선조들의 영혼과 교류할 수는 없지만, 그리스도 안에서 간접적으로 선조들의 얼과 하나의 영적 지체에 속해 있음을 경험할 수 있을 것이다.

유교적 조상제사가 창조적 문화신학에 긍정적인 새로운 신학적 사유의 계기를 주는 점이 바로 죽은 자와의 연합에 대한 관심이다. 성도간의 교제가 보다 본질적으로 현재 우리와 함께 하고 있는 자 뿐만 아니라 우리와 함께 했던 자들과도 지속적으로 이루어져야 하고 또한 이루어질 수 있다는 것이다. 그리스도인들은 성만찬 의식을 통해서 예수의 죽음을 기억하면서 예수 그리스도의 영과 하나 되는 경험을 한다. 이 연합의 경험은 영과 영의 상호적 관계요, 그러기에 육의 존재 여부와는 관계없이 자유로운 연합이다. 이와 마찬 가지로 우리는 성도의 신분으로 하나님께 돌아간 자들과도 그리스도 신앙 안에서 그 몸에 속한 지체로, 육체 안에 있든 아니면 육체의 생명을 떠나 있든 지속적인 영적 교류를 나눌 수 있는 것이다. 부모님이 일찍 타계하셨지만, 그 분들의 삶은 우리의 기억 속에 남아 있으며, 더욱 본질적으로는 그리스도 안에서 그 사랑의 관계가 지속되고 있는 경험을 우리는 부정할 수 없다. 성서는 우리가 죽은 자의 영혼과 '실체적인' 대화와 교류를 할 수 있는지의 문제에 대해서는 침묵한다. 오히려 사령(死靈)과 접신(接神)하는 행위는 마성적인 것으로서 단죄의 원인이 된다. 그러나 죽은 자를 기억하거나 기념함으로써─이때 사령은 나타나지 않는다─죽은 자가 생전에 끼쳤던 감화력을 영적으로 새롭게 받을 수 있다.

창조적 문화신학은 유교식 조상제사의 마성적인 요소와 세속적 요소들을 비판하면서도 '조상(祖上)'에 대한 '제사(祭祀)'를 좀 더 성서적인 관점에서 창조적으로 보려고 한다. 부모와 자식, 창조주 하나님과 피조물 인간과의 관계를 표현하는 바른 개념으로서 '효(孝)'라고 본 것은 유교의 탁월함이다. 그러나 문제가 되는 것은 효행의 표현이 제사가 될 때다. 효와는 달리 제사의 본래적 의미는 창조와 구원의 신에게 드리는 예배이기 때문이다. 효행의 한 의식으로 조상에게 제사를 드린다는 것은 결국 인간적 관계의 선을 넘어서 조상을 신적 차원으로 올려놓고 예배하는 것이 되는 것이다. 이 때 이러한 문제의 본질을 근본적으로 넘어설 수 있는 길은 한 가지 뿐이다. 우리가 효행하고자 하는 조상의 근원이 하나님이라는 점과 그들을 세상에 보내고 다시 데리고 가신 하나님의 주권을 인정하는 것이다. 이와 같이 '창조주' 이시며 '아버지' 되신 하나님에 대한 바른 태도가 있을 때, 조상제사는 마성화 되고 세속화 된 왜곡의 현실로부터 벗어나서 가족 혹은 민족 공동체가 모든 피조물의 참된 조상인 하나님께 예배를 드리는 올바른 제사가 될 수 있다.

한편, 예수께서 아브라함과 이삭과 야곱의 하나님은 "죽은 자의 하나님이 아니라, 산 자의 하나님"(마 22:32)이라고 하셨듯이, 하나님께로 부름을 받은 자들은 더 이상 죽은 생명들이 아니고 산 생명들이라는 점이다. 생명을 달리한 자들이 그리스도 안에 있는 자였다면, 그들은 결코 죽은 자들이 아니라 단지 육체를 벗고 하나님 안에서 영원히 생명을 누리고 있는 것이다. 따라서 우리들의 조상에는 아브라함, 이삭, 야곱과 같이 살아계신 하나님에게 속한 조상도 있겠고, 하나님과 관계없이 허무한 죽음에 이른 조상도 있다고 볼 수 있다. 그러나 어떤 경우가 되었든지 모두 생사를 주관하는 하나님의 주권 하에 있다는 것이 우리의 신앙이다.

이처럼 하나님은 현세만을 주관하시는 분이 아니라, 내세까지도 섭리하는 분이라는 것을 믿는다면, 우리는 하나님을 예배하는 가운데 죽음을 넘어선 참된 자유를 경험하게 된다. 비록 유교의 조상제사가 마성화 되어 그 본질적 기능을 발휘하지 못하는 것이 문제이기는 하지만, 제사가 모든 조상의 근원이며 창조자 되신 하나님을 예배하는 것으로 그 본질을 회복하는 한, 산 자와 죽은 자가 창조자 하나님의 임재 안에서 포괄적인 영적 공동체를 이루는 일이 될 것이다.

조상제사는 그 역사나 개념에 있어서 이미 마성화와 세속화 가운데 심한 왜곡의 과정을 겪었기 때문에, 그 자체를 정화하고 변혁하여 새롭게 수용하기는 현실적으로 불가능하다. 그러나 조상제사의 원래 기원이 하(夏)나라 때 시황제가 천제(天帝)에게 예(禮)를 갖추어 드렸던 것임을 기억할 때, 시간이 지나감에 따라 마성화 되

조상제사의 벼루

마성화된 조상숭배의 제사 대신
성만찬적 효(孝) 공동체문화 창조하자.

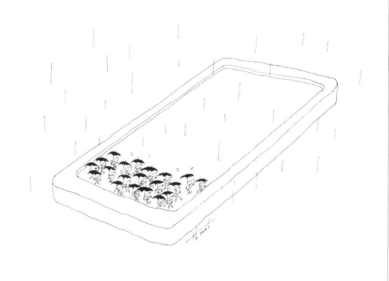

고, 세속화 된 조상제사의 왜곡은 거부해야 하는 반면, 천제이신 하나님께 가족과 민족 공동체가 예배하는 그 원래의 뜻은 분명히 살려야 할 것이다. 이 지점에서 문제는 이미 조상제사가 종교적으로 마성화 되었거나 문화적으로 세속화 되어 더 이상 새로운 '형식'을 그 안에서 찾아내기 어렵게 되었다는 점이다.

그렇다면 조상제사의 종교적·문화적 왜곡을 거부하면서 모든 가족 공동체가 선조의 죽음을 기억하면서 조상의 조상 되시는 하나님께 올바로 예배드릴 수 있는 가능성은 무엇이겠는가? 전통적으로 한국의 기독교는 '추도(追悼)예배' 혹은 '추도식'이란 새로운 형식을 도입하여 그 가능성을 현실화 하고자 했다. 돌아가신 조상을 기억하고[追] 그들의 삶을 기념하면서[悼] 하나님께 예배한다는 것이다. 이는 매우 탁월한 길이다. 조상을 신으로 받들어 마성화 시키지 않으면서도 그들과의 영적 연대를 갖고 이를 기념하면서 예배는 하나님께만 올려드리는 형식이기 때문이다. 그러나 이러한 형식을 신학적으로 뒷받침해 줄 수 있는 근거가 명확치 않다는 점이 문제다. 만일 우리가 추도예배에 대한 신학적 근거를 명확히 설정할 수 있다면, 이야말로 조상제사에 대한 가장 적절한 창조적 문화신학의 접근이 될 것이다. 우리는 창조적 문화신학의 관점에서 예수의 성만찬이 추도예배를 위한 신학적 근거가 될 수 있음을 제시해 보고자 한다.

예수 하가다와 조상제사

성만찬 예전은 예수께서 십자가의 죽음을 앞두고 가족 같은 제자들에게 행하시고 또한 주께서 다시 오실 때까지 주의 죽음을 기념하도록 명하신 것이다. 그러므로 이 성만찬에 참여하는 행위는 예수를 믿고 따르는 자들의 공동체를 전제한다. 성만찬은 십자가에 처형되신 예수를 예배하는 것이 아니라 그의 삶과 죽음의 의미를 생각하며 그 십자가의 고난에 연대하라는 결단을 촉구한다. 즉, 예수로 인하여 하나님의 자녀 된 자들의 공동체적 연대를 지속 가능하게 해 주는, 그리스도인들의 새로운 예수 하가다(Jesus-Haggadah)이다.

하가다의 원형은 출애굽 하가다이다. 이는 하나님이 애굽의 지배로부터 이스라엘 백성을 구출해 내어 홍해를 건너게 한 유월절 사건을 기념하는 것이다. 이것은 민족 공동체적인 사건인 동시에, 가족 공동체적인 사건이다. 모든 사람들은 각자의 가정에 모여 문설주에 어린양의 피를 바르고 그 안에서 하나님이 명하신 것들을 행했다. 하나님이 이스라엘 조상들에게 행하셨던 구원의 일들을 후손들이 잊지 않고 계속 기억하도록 기념하는 '할라카(halachah)'를 제정하여 지키게 한 것이 곧 유월절인 바, 그리스도인들에게는 새로운 유월절 이야기인 '예수 하가다'인 것이다.

조상제사의 기독교적 이해에 기초한 추도예배의 공동체적 혹은 문화적 특징은 예수 하가다의 유월절 성만찬 신학에 근거해서 새로운 문화로 재창조 될 수 있다. 우리는 몇 가지 측면에서 추도예배의 성만찬적 문화신학을 생각해 본다.

첫째, 추도예배는 성만찬과 같이 공동체적 행사다. 오늘날 성만찬은 개 교회 중심으로 이루어지고 있지만, 초대교회 당시는 믿는 집안의 가족─가정교회─단위로 이루어졌다. 이때 성만찬은 하나님께 예배드리는 행위 중 가장 핵심적인 영역이었다. 마찬 가지로, 추도예배도 종갓집을 중심으로 온 가족들 및 친지들이 한 자리에 모여 이루어지는 종교적 행사다.

둘째, 추도예배는 성만찬과 같이 종교 문화의 중추적 역할을 한다. 오늘날 기독교의 성만찬은 예배 행위 가운데 필수적인 것으로 이해되지 않고 있지만, 가톨릭교회에서는 예배 즉 미사에서 결코 빠져서는 안 될 내용이다. 영성체(領聖體)를 위한 성만찬 없는 미사는 생각할 수 없다. 이것은 적어도 종교개혁 이전까지 초대교회로부터 이어져 왔던 예배의 핵심으로서 그 힘을 잃어버린 적이 없다. 이와 마찬가지로, 추도예배도 모든 명절과 정기적 가족 모임을 가능케 하는 종교적 원동력으로 작용한다. 특히 한국의 전통 문화에 따르면, 조상제사는 조상들의 기일(忌日)뿐만 아니라, 설날이나 추석과 같은 민족 명절에도 빠지지 않고 차례(茶禮)라는 이름으로 드려지고 있다. 가족 단위의 명절 모임이나 기타 행사에서 차례가 빠지게 되면 모임의 구심력을 잃게 된다. 다시 말해서, 조상제사는 가족 공동체가 이루는 문화의 종교적 실체로서 한국 문화의 원동력이 되고 있는 것이다.

셋째, 추도예배는 성만찬과 같이 돌아간 자의 죽음을 기념하면서 그의 삶과 죽음이 주는 의미를 나눈다. 성만찬의 핵심은 예수의 죽음을 기억하며, 그의 죽음이 단순한 개인의 차원으로 머무르는 것이 아니라 그를 믿고 따르는 공동체의 구원을 위한 것으로까지 나간다. 이와 마찬가지로 추도예배에서도 돌아가신 조상들의 죽음 그 자체를 애도하며 기념하는 것뿐만 아니라, 그들이 살아 있는 후손들의 축복을 위해 모범과 희생을 보여 주신 점을 밝히 드러내 준다. 그래서 그들의 육체는 비록 흙으로 돌아갔지만, 그들의 정신은 현재도 살아 있어 영향력을 미치고 있음을 강조한다.

넷째, 추도예배는 성만찬과 같이 죽은 자와의 영적 교통을 가능케 한다. 여기서의 영적 교통이란 초혼(招魂)을 통한 접신(接神)을 의미하는 것이 아니라, 마치 우리가 아브라함이나 다윗의 생애를 생각하면서 그들의 영성적 임재를 느끼며 내 안에서의 대화를 시도하는 것과 같은 것이다.

다섯째, 추도예배는 성만찬과 같이 죽은 자를 중심으로 공동체적 연대와 나눔의 삶을 강화한다. 성만찬은 예배와 애찬(愛餐)이 함께 어우러지면서 자연스럽게 교회의 공동체 문화로 발전되어 왔다. 추도예배는 가족 구성원들과 친척들의 모임에 구심점인 바, 추도예배를 위한 모임을 통해 구성원들 간의 연대와 나눔이 이루어진다.

여섯째, 추도예배는 성만찬과 같이 아가다(aggadah) 문화를 전승한다. 성만찬은 예수로 인하여 시작된 온 인류의 영적 출애굽의 아가다로서 우리는 이를 '예수 하가다'라 부른다. 왜냐하면 예수를 구원의 주로 부르는 모든 예수 공동체에 기리기리 기념하면서, 예수에 의한 유월절 구원의 사건을 이야기로 들려주기 때문이다. 이처럼 추도예배에서도 조상들의 삶과 유훈(遺訓)과 같은 것들을 이야기로 전승한다. 돌아가신 분의 업적이나 생애에 기억될 만한 일들을 자손들에게 알려주는 것이다.

유월절 성만찬이 담고 있는 '예수 하가다'의 궁극적 메시지는 인류를 위한 하나님의 구원이다. 추도예배의 아가다 문화가 예수의 성만찬 신학에 기초한 창조적 문화가 되도록 하기 위해서는 조상을 신격화 한다든지, 제사를 정치적 목적을 위해서 도구화 하는 등 그

간 조상제사 문화 안팎으로 이루어져 왔던 왜곡 현상을 철저히 거부하지 않으면 안 된다. 그 때 비로소 추도예배가 지니는 위와 같은 성만찬적 문화론이 가능해 질 수 있는 매트릭스가 준비되는 것이기 때문이다.

이상과 같이 조상제사라는 전통적 문화 현실과 기독교의 관계를 본질적, 규범적, 및 창조적 문화신학의 관점에서 고찰하였다. 조상제사의 문제처럼 예수 신앙 제자 공동체인 교회가 자리하고 있는 각 개의 문화 현실에서 직면하고 있는 제 문화에 대한 문화신학적 통찰이 그 어느 때보다도 절실히 요구되는 시대를 맞이하고 있다. 조상제사의 문제에 대한 우리의 문화신학적인 대답은 하나의 예에 불과하다. 교회는 복음과 문화의 바른 관계를 매 문화적 이슈 때마다 정당히 제시함으로써 이 땅의 문화 가운데 하나님 나라의 문화를 지속적으로 창조해 나가야 할 것이다.

주

1) Chr. Gestrich, *Peccatum - Studien zur Südenlehre*(Tübingen: Mohr Siebeck, 2003).

2) H. F. von Soden, "Kirchentheologie und Kulturtheologie", in: *Zeitschrift für Theologie und Kirche* 29(1921): 468-77.

3) P. Tillich, "Theologie der Kultur", *Gesammelte Werke* I, 297ff.

4) Ibid., 320.

5) Fr. Brunstäd, *Die Idee der Religion. Prinzpien der Religion-sphilosophie*(Halle, 1922), 192.

6) Ibid., 193.

7) P. Althaus, "Christentum und Kultur", in: *Allgemeine evangelisch-lutherische Kirchenzeitung* [Leipzig 1868ff = AELKZ] 61(1928): 952-57, 977-83, 980.

8) Ibid., 982.

9) Fr. Gogarten, *Illusionen. Eine Auseinandersetzung mit dem Kulturidealismus*(Jena, 1926), 20.

10) Ibid., 54.

11) A. Bonus, *Zur Germansierung des Christentums*(Jena, 1911), 134; Gogarten, "Die Krise unserer Kultur. Vortrag, am 1. Okt. auf Wartburg gehalten", in: *Die Christliche Welt* 34(1920), 770-77, 786-91: 788 = J. Moltmann(Hg.), *Anfänge der dialektischen Theologie*, Teil 2(München, 1967, 2. Aufl.), 101-121.

12) K. Barth, *Das Wort Gottes und die Theologie: gesammelte Vorträge*(München: Che. Kaiser, 1924), 9.

13) D. Andresen, "Karl Barth und die Kultur", in: *Pastoraltheologie* 77(1988): 210-40; R. J. Palma, *Karl Barth's Theology of Culture: The Freedom of Culture for the Praise of God*, (Allison Park/Pens.: Pickwick Pub. 1983) [Pittsburgh Theological Monographs, NS 2].

14) Ibid., 220.

15) K. Barth, *Kirchliche Dogmatik III/4*, 599.

16) K. Barth, "Die Kirche und Kultur. Vortrag, gehalten am Kongress des kontinentalen Verbandes für innere Mission zu Amsterdam, 1. Juni 1926", in: *Zwischen den Zeiten* 4(1926), 365-84.

17) K. Barth, KD III/4, 599.

18) 하나님의 말씀이 무제한적으로 경험적 교회를 지배하는 이러한 기능이 바르트의 의도에 부합되는지의 여부는 Dalferth, Graf, Jüngel, Rendtorff와 같은 학자들에 의해서 이루어지고 있는 새로운 바르트 논쟁에서도 아직 밝혀지지 않고 있다.

19) A. Schweitzer, *Verfall und Wiederaufbau der Kultur.*

Kulturphilosophie, 1. Teil(München, 1923), 2.

20) Ibid., 40.

21) Ibid., 21.

22) Ibid., 39.

23) Ibid., 53.

24) A. Schweitzer, *Kultur und Ethik. Kulturphilosophie*, 2. Teil(München, 1923), 273.

25) R. Bultmann, "Religion und Kultur", in: *Die Christliche Welt* 34(1920): 417-21, 418.

26) Ibid., 421.

27) Ibid., 436.

28) Ibid., 452.

29) R. Bultmann, *Glauben und Verstehen II*, 274.

30) R. Bultmann, *Glauben und Verstehen III*, 284.

31) D. Bonhoeffer, *Widerstand und Ergebung. Briefe und Aufzeichnungen aus der Haft*(Gütersloh, 1998), 239.

32) O. Hammelsbeck, *Die Kulturpolitische Verantwortung der Kirche*(München, 1946).

33) H. Thielicke, *Kirche und Öffentlichkeit. Zur Grundlegung einer lutherischen Kulturethik*(Tübingen, 1947).

34) A. Müller-Armack, *Diagnose unserer Gegenwart*(Bern, 1949; 2. Aufl., 1981), 49.

35) H. Noormann, *Protestantismus und politisches Mandat 1945-1949*, Bd. 2(Gütersloh, 1985), 260.

36) Ibid., 55.

37) Ibid., 164.

38) Harry A. Cohen, A Basic Jewish Encyclopedia(Hartford:Hartmore House, 1965), 104-105.

39) Martin S. Jaffe, *Early Judaism*(Upper Saddle River, N.J.: Simon & Schuster, 1997), 87.

40) 아가다 연구에 대해서는 다음을 참고하라. Joseph M. Davis, "Luterart Studies of Aggadic Narrative. A Bibliography," *New*

Perspectives on Ancient Judaism, vol 3: Judaic and Christian Interpretation of Texts: Contents and Contexts. ed. Jacob Neusner and Ernst S. Frerichs(Lanham, New York, London: University Press of America, 1987), 185-218.

41) D. Ben-Amos, Narrative Forms in the Haggadah: Structural Analysis(Ann Arbor: Indiana University Ph. D. University Microfilm, 1967), 2-3.

42) Wilhelm Bacher, "Origin of the Word Haggadah (Aggadah)," Jewish Quarterly Review 4(1892): 406-29. D. Ben-Amos, op. cit., 2.

43) L. Zunz, Die Gottesdienstlichen Vorträge der Juden Historish Entwickelt. trans. M. A. Jack, ed. H. Albeck (Jerusalem, 1954), 250. note 1.

44) H. N. Bialik and Y. H. Ravnitzky(ed), The Book of Legends Sefer Ha-Aggadah: Legends from the Talmud and Midrash(New York: Schocken, 1992).

45) H. N. Bialik, "Halacha and Aggada," Modern Jewish Thought: A Source Reader, ed. N. N. Glatzer(New York: Schocken, 1977), 56-61.

46) Ibid., 61.

47) Ibid., 62.

48) Samuel Umen, Pharisaism and Jesus(New York: Philosophical Library, 1963), 28-29.

49) Ibid., 30.

50) Ibid., 32.

51) D. Ben-Amos, op. cit., 3.

52) Bernard J. Bamberger, "The Dating of Aggadic Materials," Journal of Biblical Literature, vol. LXVIII(1949), 115-124. K. Kohler, "The Pre-Talmudic Haggada I", The Jewish Quarterly Review, vol. 5(1893), "The Pre-Talmudic Haggada II", The Jewish Quarterly Review, vol. 7(1895), The Jewish Quarterly Review: The Original Series as Published in England, ed. I Abraham and C. G.

Montefiore(New York: KTAV, 1966), 399-419, 580-606. Geza Vermes, *Scripture and Tradition in Judaism: Haggadic Studies*(Leiden: E. J. Brill, 1973), 1-10. Bernard J. Bamberger, "Philo and Aggadah," *Hebrew Union College Annual*, vol. XLVIII(1977), 153-185.

53) James H. Charlesworth, "Hillel and Jesus: Why Comparisons Are Important," *Hillel and Jesus: Comparative Studies of Two Major Religious Leaders*, ed. J. H. Charlesworth, and Loren L. Johns (Minneapolis: Fortress, 1997), 12.

54) James H. Charlesworth, "Hillel and Jesus," 16. James H. Charlesworth, "Greek, Persian, Roman, Syrian, and Egyptian Influences in Early Jewish Theology: A Study of the History of the Rechabites," Hellenica et Judaica: Hommage a Valentin Nikiprowetzky, ed. A. Caquot, et al.(euven-Paris, 1986), 219-43.

55) James H. Charlesworth, "Hillel and Jesus," 16.

56) Flavius Josephus, *The Jewish War* 2, 119-166. *Ant* 18, 12-22. B. Pixner, "Jesus and His Community: Between Essenes and Pharisees," *Hillel and Jesus: Compartive Studies of Two Major Religious Leaders*, 193-224, ed. H. Charlesworth and Loren L. Johns (Minneapolis: Fortress, 1997), 193.

57) B. Pixner, op. cit., 194. "The heart of their differences lay in the halakhah: how the Law should be observed in practical life."

58) M. Gellman, "Law and Story in Judaism and Christianity," *Fireball & the Lotus* (Santa Fe, NM: Bear & Co, 1987), 65-72, 65.

59) Thomas Kazen, *Jesus and Purity Halakhah: Was Jesus Indifferent to Impurity?*(Stockholm: Amqvist & Wiksell, 2002), 338. Kazen에 따르면, 부정(impurity)에 대한 할라카 실천에 대해서 예수는 하나님의 능력행사(exorcism)를 통해 오히려 부정의 원인으로서의 부정한 영들을 추방함으로써 할라카의 실천을 근본적인 면에서 실천하고 있다고 정당히 보고 있다.

60) B. Pixner, op. cit., 213. 픽스너에 따르면, 예수는 메시아 운동에 깊이 관여하고 있는 가문 출신이다. 그러나 예수는 가버나움에 머물

러 있는 동안에 바리새파인들과 가까이 지내면서 에세네파 운동
과 거리를 두었으며, '자신만의' 할라카를 발전시켰다.(필자의 강
조)

61) Samuel Umen, op. cit., 68. "The ethics of the Haggadah(aggadah) conditions the heart of the Halacha. It sheds light on the reasoning behind the Halacha. The Halacha becomes understandable through the Haggadah."

62) 일반적으로 Haggadah(ha-aggadah)는 고유하게 유월절 아가다를 칭한다. Judah Goldin, "The Freedom and Restraint of Haggadah," *Midrash and Literature*(New Haven: Yale University Press, 1986), 56-76.

63) John Corbett, "The Pharisaic Revolution and Jesus as Embodied Torah," *Studies in Religion/Sciences Religieuses* 15(1986): 375-391.

64) J. Duncan Derrett, "Haggadah and the Account of the Passion," *Downside Review* 97(1979): 308-315.

65) Dale Miller and Patricia Miller, *The Gospel of Mark as Midrash on Earlier Jewish and New Testament Literature*(Lewiston: Edwin Mellen, 1990). J. Duncan Derrett, "Good Shepherd: St. John's Use of Jewish Halakah and Haggadah," *Studia Theologica* 27(1973): 25-50.

66) John Bowman, *The Gospel of Mark: The New Christian Jewish Passover Haggadah*(Leiden: Brill, 1965), xiv.

67) Ibid., 91.

68) Ibid., 102.

69) Gregory J. Riley, *The River of God: A New History of Christian Origins*(San Francisco: Harper, 2001), 10.

70) 리처드 니버, 『그리스도와 문화』 김재준 역 (서울: 대한기독교서회, 1958), 37.

71) Ibid., 36.

72) 창 23:4, 출 23:9, 레 25:23, 마 27:7, 히 11:13.

73) 백락준, 『한국개신교사』(서울: 연세대학교 출판부, 1973), 231.

74) 최유환, 『목회와 가정의례』(서울: 소망사, 1995), 227.

75) 『기독교 대백과사전』, 제13권, 1302.

76) 김경일, 『갑골문이야기』(서울: 바다,1999); 김경일, 『공자가 죽어야 나라가 산다』(서울: 바다, 2000). 이 글은 '월간 선교사 파송연구소'에서 발행한 《여호수아와 갈렙》, 2001년 5월 1일, 제3호, 8-9쪽에서 인용한 것임

77) 김광억 외, "조상숭배와 사회조직의 원리 - 한국과 중국의 비교", 『민족과 문화: I. 민속과 종교』(서울: 정음사, 1988), 17-41

78) 최기복, 『한국교회사논총』(서울: 한국교회사연구소, 1982), 62-72.

79) 최기복, "제사에 대한 그리스도교적 재조명", 《사목》107 (1986. 9), 21-22.

80) 최기복, "제사에 대한 그리스도교적 재조명", 23.

81) 김명혁, "제사에 대한 역사적 이해", 『한국교회와 제사문제』, 67-68.

82) 강연희, "조선 후기사회에 있어서의 서학의 조상숭배문제", 《사목》(1975. 1), 96-101.

나가는 말

기독교 신학은 교회 곧 예수 신앙 제자 공동체의 필요에 의하여 항상 새로운 과제를 부여받는다. 따라서 신학은 교회가 직면하고 있거나 맞이하게 될 문제를 항상 파악하고 있어야 하며, 그에 대한 바른 신학적 대답을 준비하고 제시해야 한다. 탈현대에 이르기까지 교회에 신학적으로 중요했던 대부분의 문제들은 '문화'와 관계되지 않은 것들이 없다 할 것이다. 주요 교리의 논쟁으로부터 이단시비, 교파간의 갈등, 교회의 정체성 문제, 기독교인의 윤리와 사회참여, 해외 선교, 지역 교회 목회, 상담, 기독교 교육과 예술, 설교와 전도 등 기독교 안팎에서 거론할 수 있는 모든 경우들을 심층적으로 분석하면, 그 가운데 '종교와 문화' 혹은 '복음과 문화'라는 커다란 해석학적 틀이 놓여 있는 것을 발견하게 된다. 문화신학은 바로 이 종교와 문화간의 상호 관계를 신학적으로 규명하려는 이론적 작업이다.

우리는 '문화신학'이 무엇인지를 본질적, 규범적, 및 창조적 문화신학의 관점에서 정의하고자 시도했다. 그러나 이것은 내용상 결코 새로운 것을 제시한 것이 아니다. 이미 이루어져 오고 있는 기존의 문화신학적 흐름들을 가능한 한 가장 단순하게 원론적으로 체계화하고자 한 것뿐이다. 단지 새롭게 주장하고 싶었던 것이라면, 문화 창조의 주체는 본래적으로 인간이 아니라 창조주 하나님이라는 사실을 드러내는 것이었다. 오늘날 종교와 문화간의 제 문제는 문화 창조의 주체가 하나님으로부터 인간으로 전도(顚倒)되어버린데 그 원인이 있다고 보았다. 그러므로 문화신학의 가장 커다란 과제는 뒤바뀐 문화 창조의 주체를 다시 원래의 자리로 회복시키는 것이다. 즉, 이 책을 통해서 문화 창조의 주체는 인간이 아니라 하나님이라는 점을 새롭게 인식시키고자 하였다. 우리는 이 과제를 소위 '창조적 문화신학'이라는 이름으로 수행하고자 했다. 그리고 그 신학적 전거(典據)를 예수 하가다 신학에서 찾았다. 이에 대한 심화 작업은 앞으로 계속되어야 할 과제이다.

우리가 새로운 용어를 가지고 전개코자 한 예수 하가다 신학은 제 그리스도론이 기초해야 하는 복음의 원사건 자체가 무엇인지를 묻고, 그 정신을 신학적 관점에서 찾아내고자 하는 것이다. 그러므로 우리의 문화신학 이론을 지탱하고 있는 것은 특정한 그리스도론이 아니라, 예수 하가다(Jesus-Haggadah)의 보편적 정신이다. 그것은 한 마디로 구원하시는 분은 하나님뿐이라는 것이다. 이 땅위에 창조되어야 할 참된 문화가 있다면 그것은 하나님에 의해 이루어지는 하나님 통치의 문화다. 곧 하나님 나라다. 이 하나님 나라의 문화 창조에 동참하도록 부름 받은 자들이 하나님의 백성들이며, 교회는 그 사명을 세상에 명시적으로 고백하는 예수 신앙 제자 공동체다.

복음으로서의 예수 하가다는 예수께서 제정한 성만찬과 함께 온 인류에게 들려져야 할 하나님의 구원 이야기다. 이 예수 하가다 복음의 내용은 궁극적으로 온 피조물을 구원하시는 분은 하나님이라는 것이다. 따라서 교회는 예수 하가다를 주의 재림시까지 전승하며, 세상을 향하여는 널리 알려서 하나님의 구원 역사를 들려줌으로써 이를 믿어 온 인류가 구원에 참여케 하고, 그로 인하여 이 세상 가운데 하나님 나라의 문화 창조에 동참토록 한다.

창조적 문화신학은 예수 하가다의 복음과 그 정신을 문화 창조, 문화 비판, 종교 비판에 적용하여 문화 속에 존재하는 신앙 공동체가 하나님의 통치를 받는 문화를 창조하도록 해야 한다. 그리고 문화 창조의 목적, 내용, 방법 등은 예수 하가다에서 확인할 수 있어야 한다. 이를 위해 종교와 문화 간에 새롭게 발생하는 구체적인 문제들을 예수 하가다의 관점에서 이해하는 통찰력이 요구된다. 이를 위해 요청되는 것이 바로 문화신학적 훈련이다. 이 책의 일차적인 의도는 문화신학의 원리를 이론적으로 체계화시키는 것이었기 때문에 실천에 필요한 매뉴얼까지 제시하지 않았다. 그 대신에 한 사례로서 '조상제사'의 문제를 문화신학적으로 분석하고 문화 창조적 대안을 제시해 보는 것으로 실천 요령을 파악토록 했다.

예수 하가다는 아직 그리스도 신앙 고백 이전 예수 사건의 핵심을 일컫는 말이다. 따라서 예수 하가다는 하나의 사실이지만, 이에 대한 그리스도 신앙 고백은 다양할 수 있다. 예수 신앙 공동체들은 각기 그가 뿌리내리고 있는 제 문화 안에서 예수 하가다를 고백하는 가운데 자연스럽게 그들만의 고유한 그리스도 이해를 갖게 된다. 그러므로 시대와 지역의 차이에 따라 형성되는 다양한 문화에 의해 서로 색깔이 다른 그리스도론들(Christologies)이 태어날 수 있고, 이들을 '종교와 문화'의 틀로써 재조명할 때 각개의 다양한 그리스도론이 지니는 신학적 의의를 바로 파악할 수 있다. 달리 표현하여, 예수 하가다가 특정 문화와 만날 때 특정 신앙 공동체의 그리스도 고백이 태어나며, 그곳에서 유형무형의 하나님 나라의 문화가 창조되는 것이다.

문화신학을 이처럼 이론적으로 체계화한다는 것은 결국 문화신학을 특정한 관점과 범위로 축소하는 것과 다름이 아닐 것이다. 그러므로 이 책에서 문화신학 이론의 보편적 기준을 찾는 것은 무리다. 우리는 종교와 문화라는 거대한 두 개념을 일정한 틀 안에 두어 그 관계 내에서 발생하는 다양한 주제들을 일괄적으로 다루는 일은 글을 마감하면서도 아직 시작에 불과함을 느낀다. 특히, 문화신학적 담론이 치열했던 유럽 근대의 제 신학 운동에 문화신학사적 관점을 맞추어 대화하다 보니 한국문화신학계와 아시아 교회에서의 논의들을 다루지 못한 것이 가장 아쉬운 부분으로 남는다. 이는 필히 다음의 과제로 독립적으로 취급해야 할 중요한 내용일 것이다.

모든 신학은 각자 나름대로 특정 신앙공동체의 정황 가운데서 종교와 문화의 관계에 대한 자신의 태도를 정하기 마련이다. 우리가 제시한 문화신학 이론은 제 신학이 종교와 문화에 대해 취한 다양한 입장들을 체계적으로 분별하여 신학적 판단을 할 수 있도록 돕는 데 그 의의를 갖는다. 또한, 앞으로 우리들의 문화신학적 과제는 교회가 만나고 있는 기존의 제 문화들을 창조적 문화신학의 관점에서, 즉 예수 하가다의 정신에서 그들이 얼마나 마성화 혹은 세속화 되었는지를 비판적으로 묻는 것이다. 그리고 그 마성화된 혹은 세속화된 문화 가운데 하나님이 통치하는 문화를 창조하는 일의 주체는 여전히 창조주 하나님임을 교회로 하여금 다시 받아들이도록 하여 예수 하가다의 정신을 가지고 문화 창조의 청지기적 참여자가 되게 하는 것이다.

참고문헌

김경재. 『문화신학담론』. 서울: 대한기독교서회, 1997.

김영한. 『한국기독교문화신학』. 서울: 성광문화사, 1992.

김흡영. 『현대과학과 그리스도교』. 서울: 대한기독교서회, 2006.

이신형. 『리츨 신학의 개요』. 서울: 한국장로교출판사, 2004.

이정배. 『한국적 생명신학』. 서울: 감신, 1996.

전경수. 『문화의 이해』. 서울: 일지사, ²1994.

최인식. 『다원주의 시대의 교회와 신학』. 천안: 한국신학연구소, 2¹998.

_____. 『미래교회와 미래신학』. 서울: 대한기독교서회, ⁴1998.

_____. 『예수, 그리고 사이버세계』. 서울: 대한기독교서회, 2000.

한국기독교학회(편). 『복음과 문화』 신앙과 신학 제8집. 서울: 대한기독교서회, 1991.

한국문화신학회(편). 『종교문화와 그리스도』 제1집. 서울: 한들출판사, 1996.

***

Barth, K. 『휴머니즘과 문화: 하나님의 인간성』 전경연 편. 서울: 향린사, 5¹983.

Benedict, R. 『문화의 패턴』 김열규 역, 서울: 까치, 1993.

Dawson, Ch. 『기독교 문화와 현대문명: 기독교 문화의 역사적 실재』 홍치모 역, 서울: 성광문화사, 2¹989.

Eliade, M. 『성과 속』 이은봉 역. 파주: 한길사, 1998.

Gibbon, E. 『로마제국 쇠망사』 황건 역. 서울: 까치글방, 1991.

Härle, W / Wagner, H. 『신학자 사전』 남정우 역. 서울: 한들출판사, 2001.

Luzbetak, L. J. 『교회와 문화: 문화인류학』 채은수 역. 서울: 한국로고스연구원, 1993.

Nichols, B. J. 『상황화: 복음과 문화의 신학』 김성웅 역. 서울: 생명의 말씀사, 1992.

Niebuhr, R. 『그리스도와 문화』 김재준 역. 서울: 대한기독교서회, 18, 1993.

Rubenstein, R. 『예수는 어떻게 하나님이 되셨는가: 로마제국 말기의 참된 기독교를 정의하기 위한 투쟁』 한인철 역. 서울: 한국기독교연구소, 2004.

Story, J. 『문화연구와 문화이론』 박모 역. 서울: 현실문화연구, 1994.

Tater, J. A. 『문명의 붕괴』 이희재 역. 서울: 대원사, 1998.

Tillich, P. 『19-20세기 프로테스탄트 사상사』, 송기득 역, 서울: 대한기독교서회, 2004.

_____. 『문화의 신학』 김경수 역. 서울: 대한기독교서회, 9, 1991.

_____. 『종교란 무엇인가?』 황필호 역. 서울: 전망사, 1990, 『문화와 종교』 이계준 역. 서울: 전망사, 1984.

Weber, R. 『기독교 문화관』 이승구 역. 서울: 엠마오, 1984.

White, L. A. 『문화의 개념: 문화결정론과 문화진화론의 입장』 이문웅 역. 서울: 일지사, 1993.

***

Adams, J. L. *Paul Tillich's Philosophy of Culture, Science, and Religion.* Washington: University Press of America, 1982.

Ariarajah, S. W. *Gospel and Culture: An Ongoing Discussion with the Ecumenical Movement.* Geneva: WCC Publications, 1994.

Ballon, R. F. *A Blueprint for Humanity: Paul Tillich's Theology of Culture.* Bucknell University Press, 1981.

Braaten, C. E. *Christ and Counter-Christ: Apocalyptic Themes in Theology and Culture.* Minneapolis: Fortress Press, 1971.

Cobb, K. *Blackwell Guide to Theology and Popular Culture.* Malden, MA: Blackwell Pub., 2005.

Drilling, P. *Postmodern Faith in a Postmodern Culture: A Contemporary Theology of the Trinity.* Rowman & Littlefield Publishers, 2006.

George, S. *Religion and Technology in the 21st Century: Faith in the E-World.* Hershey, PA: Information Science Pub., 2006.

Gorringe, T. J. *Furthering Humanity: A Theology of Culture.* Aldershot: Ashgate, 2004.

Harrisville, Roy. *The Bible in Modern Culture: Theology and Historical-Critical Method from Spinoza to Käsemann.* Michigan: William B. Eerdmans, 1995.

Horsley, R. *Jesus and Empire: The Kingdom of God and the New World Disorder.* Minneapolis: Fortress Press, 2003.

Hunsberger, G. R. *The Church between Gospel and Culture: The Emerging Mission in North America.* Michigan: William Eerdmans, 1996.

Ihuoma, S. *Paul Tillich's Theology of Culture in Dialogue with African Culture: A Contextual Analysis.* Contextual Analysis Tillich Studies, 2005.

Klausner, J. *Jesus of Nazareth: His Life, Times, and Teaching.* trans. by H. Danby. New York: The Macmillan Co., 1925.

Lynch, G. *Understanding Theology and Popular Culture.* Oxford: Blackwell, 2005.

Maloney, E. C. *Jesus' Urgent Message for Today: The Kingdom of God in Mark's Gospel.* New York: Continuum, 2004.

Manning, R. R. *Theology at the End of Culture: Paul Tillich's Theology of Culture and Art.* Leuven: Peeters, 2006.

Metzger, P. L. *The Word of Christ and the World of Culture: Sacred and Secular through the Theology of Karl Barth.* Grand Rapids: W. B. Eerdmans, 2003.

Multnomah Theological Seminary. *Cultural Encounters: A Journal of Theology of Culture.* Eugene, OR: Wipf and Stock Publishers, 2004.

Oduyoye, M. A. / Vroom, H. M.(ed.). *One Gospel - Many Cultures: Case Studies and Reflections on Cross-Cultural Theology.* New York: Rodopi, 2003.

Palma, R. J. *Karl Barth's Theology of Culture: The Freedom of Culture for the Praise of God*. Allison Park, Pa.: Pickwick Publications, 1983.

Pelikan, J. *Christianity and Classical Culture: The Metamorphosis of Natural Theology in the Christian Encounter with Hellenism*(Gifford Lecture Series). New Haven: Yale University Press, 1993.

_____. *Jesus through the Centuries: His Place in the History of Culture*. New Haven: Yale University Press, 1999.

_____. *The Illustrated Jesus through the Centuries*. New Haven: Yale University Press, 1997.

Snow, C. P. *The Two Cultures and the Scientific Revolution*. New York, 1959.

Tanner, K. *Theories of Culture : A New Agenda for Theology*. Minneapolis: Fortress Press, 1997.

Tracy, J / Horsley, R.(ed.). *Christmas Unwrapped: Consumerism, Christ, and Culture*. Harrisburg, Pa.: Trinity Press International, 2001.

Vico, G. *New Science: Principles of the New Science concerning the Common Nature of Nations*. [Original: Principi di una scienza nouva]. London: Penguin, 1999.

Ward, G. *Christ and Culture*. Oxford: Blackwell, 2005.

***

Althaus, P. "Christentum und Kultur", in: *AELKZ* 61(1928): 952-983.

Andresen, D.Karl Barth und die Kultur, in: *PTh* 77(1988): 210-240.

Barth, K. "Die Kirche und Kultur. Vortrag, gehalten am Kongress des kontinentalen Verbandes für innere Mission zu Amsterdam, 1. Juni 1926", in: *Zwischen den Zeiten* 4(1926), 365-84.

Barth, K. *Die Kirchliche Dogmatik*, Bd. III/4.

Birkner, H.-J. *Schleiermachers christlichen Sittenlehre im Zusammenhang seines philosophisch-theologischen Systems*, 1964[TBT 8].

Blackbourn, D. *Volksfrommigkeit und Fortschrittsglaube im*

Kulturkampf. Wiesbaden/Stuttgart, 1988.

Bonhoeffer, D. *Widerstand und Ergebung: Briefe und Aufzeichnungen aus der Haft.* Hg. von E. Bethge. München, 1951.

Bonus, A. *Zur Germanisierung des Christentums.* Jena, 1911.

Bretschneider, K. *Kirchlich-politische Zeitfragen behandelt im zerstrenten Aufsatz.* Leipzig, 1847.

Brunstad, Fr. *Die Idee der Religion. Prinzpien der Religionsphilosophie.* Halle, 1922.

Bultmann, R. "Religion und Kultur", in: *Die Christliche Welt* 34(1920): 417-421.

Bultmann, R. *Glauben und Verstehen.* Tübingen: Mohr, 1933.

Dilthey, Wm. *Gesammelte Schriften,* Bd. 8. Stuttgart: Teubner, 1960.

Elias, N. *Über den Prozess der Zivilisation,: soziogenetische und psychogenetische Untersuchungen.* Frankfurt am Main: Suhrkamp, 1997.

Fichte, J. G. *Sammelte Werke,* Bd. 6. Berlin: de Gruyter, 1965[1845].

Gehlen, A. *Der Mensch. Seine Natur und seine Stellung in der Welt.* Wiesbaden, [12]1978.

Gestrich, Chr. *Peccatum-Studien zur Sudenlehre.* Tübingen: Mohr Siebeck, 2003.

Gogarten, Fr. "Die Krise unserer Kultur. Vortrag, am 1. Okt. auf Wartburg gehalten", in: *Die Christliche Welt* 34(1920), 770-77, 786-91: 788 = J. Moltmann(Hg.), *Anfänge der dialektischen Theologie,* Teil 2. München, 1967(2. Aufl.), 101-121.

Gogarten, Fr. *Illusionen. Eine Auseinandersetzung mit dem Kulturidealismus.* Jena, 1926.

Hammelsbeck, O. *Die Kulturpolitische Verantwortung der Kirche.* München, 1946.

Herder, J. G. *Sammtliche Werke,* Bd. 8. Stuttgart: Cotta, 1827-83.

Holl, K. "Die Kulturbedeuung der Reformation", in: *Gesammelte Aufsätze zur Kirchengeschichte* I. Tübingen, [4]1927.

Kant, I. *Critik der Urteilskraft.* Berlin/Liban: Bey Lagarde, 1790.

Krause, G.(Hg.) *Theologische Realenzyklopädie.* Berlin/New York: de Gruyter, 1977.

Krezschmar, G.(hg.). *Kirche, Macht, Kultur.* Guetersloh: Gueterloher

Verlagshaus, 2006.

Landmann, M. *Der Mensch als Schöpfer und Geschöpf der Kultur.*
München/Basel 1961.

Moltmann, J.(hg.). *Anfänge der dialektischen Theologie, Teil 2.*
München, ²1967.

Moxter, M. *Kultur als Lebenswelt: Studien zum Problem einer
Kulturtheologie.* Tuebingen: Mohr Siebeg, 2000.

Noormann, H. *Protestantismus und politisches Mandat 1945-1949,* Bd.
2. Gütersloh, 1985.

Overbeck, F. *Christentum und Kultur. Gedanken und Anmerkung zu
modernen Theologie. Aus dem Nachlass.* Basel 1919 /
Darmstadt, 1963.

_____. *Über die Christlichkeit unserer heutigen Theologie.* Leipzig,
1873 / Darmstadt, 1963.

Plessner, H. *Gesammelte Schriften.* Frankfurt a. M.: Suhrkamp, 1980.

Reble, A. *Schleiermachers Kulturphilosophie.* Erfurt, 1935.

Ritschl, A. *Die christliche Lehre von der Rechtfertigung und
Versöhnung,* Bonn 1870=41903, Bd. III.

Rothe, R. *Gesamte Vorträge und Abhandlungen aus seinem letzten
Lebensjahren.* Eingel. v. Fr. Nippold. Elberfeld, 1886.

Schleiermacher, F. *Ethik(1812/13). Auf der Grundlage der Ausgabe
von Otto Braun,* hg. u. eingel. v. H.-J. Birkner, 1981[PhB 335].

_____. *Der Christliche Glaube,* Bd. 2. Berlin, ⁷1960.

Scholz, G. *Schleiermachers Theorie der modernen Kultur mit
vergleichen dem Blick auf Hegel* : Kunsterfahrung und
Kunstpolitik im Berlin Hegels, hg. v. Otto Pöggeler /
Annemarie Gethmann-Siefert. Hegelstudien. Beihefte 22
(Bonn 1983), 131-151.

Schraeder, E. *Die Kirche, die zentrale Geistesmacht auch im
Kulturleben der Gegenwart,* AELKZ 4 (1908).

Schweitzer, A. *Kultur und Ethik. Kulturphilosophie,* 2. Teil. München,
1923.

_____. *Verfall und Wiederaufbau der Kultur. Kulturphilosophie,* 1.
Teil. München, 1923.

Seeberg, R. *Die Moderne und die Prinzipien der Theologie,* AELKZ

40(1907).

Spengler, O. *Der Untergang des Abendlandes. Umrisse einer Morphologie der Weltgeschichte*, 2Bde. München, 1923.

Strauss, D. F. *Der alte und der neue Glaube. Ein Bekenntnis.* Leipzig, 1872.

Tegow, H. *Die moderne Bildung und die christliche Kirche. Ein Sendschreiben auf den Geheimen Kirchenrath Dr. Rothe in Heidelberg.* Hamburg, 1865.

Thielicke, H. *Kirche und Offentlichkeit. Zur Grundlegung einer lutherischen Kulturethik.* Tübingen, 1947.

Tillich, P. *Gesammelte Werke*, Bd. I: Frühe Hauptwerke. Stuttgart: Evangelisches Verlagswerk. 1952.

Troeltsch, E. *Gesammelte Schriften* II. Tübingen, 1922.

_____. *Die Soziallehren der christlichen Kirchen und Gruppen.* Tübingen: J.C.B Mohr, 1912.

vom Bruch, R.(hg.) *Kultur und Kulturwissenschaft um 1900. Krise der Moderne und Glaube an die Wissenschaft.* Stuttgart, 1989.

von Campe, R. *Evangelisches Christentum und Kulturfortschritt.* Vortrag, gehalten auf der ersten Hauptversammlung des Evangelischen Bundes der Provinz Hannover zu Hildesheim am 22. Mai 1905, FEB 236.

von Soden, H. F. "Kirchentheologie und Kulturtheologie", in: *ZThK* 29(1921): 468-77.

Wagner, R. *Gesammelte Schriften und Dichtungen.* Leipzig: Fritzch, 1871-1883.

예수 하가다 연구문헌

Alexander, P. S. "Rabbinic Biography and the Biography of Jesus: A Survey of the Evidence." *Synoptic Studies: Ampleforth Conferences of 1982 and 1983.* ed. C. M. Tuckett. Sheffield: JSOT, 1984: 19-50

Davis, J. M. "Luterart Studies of Aggadic Narrative. A Bibliography," *New Perspectives on Ancient Judaism*, vol 3: Judaic and Christian Interpretation of Texts: Contents and Contexts. ed. Jacob Neusner and Ernst S. Frerichs. Lanham, New York, London: University Press of America, 1987, 185-218.

Bacher, W. "Origin of the Word Haggadah(Aggadah)." *Jewish Quarterly Review* 4(1892): 406-29.

Baeck, Leo. "Haggadah and Christian Doctrine." *Hebrew Union College Annual* 23(1950-51): 549-560.

Ben-Amos, D. *Narrative Forms in the Haggadah: Structural Analysis.* Ann Arbor: Indiana University Ph. D. University Microfilm, 1967.

Bialik, H. N. "Halacha and Aggada." *Modern Jewish Thought: A Source Reader.* ed. N.N. Glatzer. New York: Schocken, 1977: 55-64.

Bialik, H. N. and Ravnitzky, Y. H.(ed). *The Book of Legends Sefer Ha-Aggadah: Legends from the Talmud and Midrash.* New York: Schocken, 1992.

Bockmuehl, M. N. A. *Revelation and Mystery in Ancient Judaism and*

Pauline Christianity. Tübingen: J.C.B. Mohr, 1990.

Bowman, J. *The Gospel of Mark: The New Christian Jewish Passover Haggadah.* Leiden: Brill, 1965.

Broer, I.(ed). *Jesus und das jüdische Gesetz.* Stuttgart: Kohlhammer, 1992.

Charlesworth, J. H. *Jesus' Jewishness: Exploring the Place of Jesus within Early Judaism.* New York: Crossroad, 1991.

Charlesworth, H. and Johns, J. J.(ed.). *Hillel and Jesus: Comparative Studies of Two Major Religious Leaders.* Minneapolis: Fortress, 1997: 193-224.

Chilton, B./Evans, C. A./Neusner, J. *The Missing Jesus: Rabbinic Judaism and the New Testament.* Boston/Leiden: Brill, 2002.

Cohen, A. A. and Mendes-Flohr, P.(ed). *Contemporary Jewish Religious Thought: Original Essays in Critical Concepts, Movements, and Beliefs.* New York: Scribner's Sons, 1972.

Corbett, J. "The Pharisaic Revolution and Jesus as Embodied Torah." *Studies in Religion/Sciences Religieuses* 15(1986): 375-391.

Derrett, J. D. "Good Shepherd: St. John's Use of Jewish Halakah and Haggadah." *Studia Theologica* 27(1973): 25-50.

Derrett, J. D. "Haggadah and the Account of the Passion." *Downside Review* 97(1979): 308-315.

Flusser, D. *Judaism and the Origins of Christianity.* Jerusalem: The Magnes Press, 1988.

Gellman, M. "Law and Story in Judaism and Christianity". *Fireball & the Lotus.* Santa Fe, NM: Bear & Co, 1987: 65-72.

Goldin, J. "The Freedom and Restraint of Haggadah." *Midrash and Literature.* New Haven: Yale University Press, 1986: 56-76.

Greenspahn, F. E. *The Human Condition in the Jewish and Christian Traditions.* Hoboken: Ktav, 1986.

Kamesar, A. "The Evaluation of the Narrative Aggada in Greek and Latin Patristic Literature." *Journal of Theological Studies* 45(1994): 37-71.

Karff, S. E. "Aggadah: The Language of Jewish 'God-Talk'." *Judaism* 19(1970): 158-173.

Kazen, T. *Jesus and Purity Halakhah: Was Jesus Indifferent to*

Impurity? Stockholm: Amqvist & Wiksell, 2002.

Kepnes, S. D. "A Narrative Jewish Theology." *Judaism* 37(1988): 210-217.

Koch, G. A. "Jesus' Baptism and Temptation Accounts in Mark's Gospel." *Multiform Heritage: Studies on Early Judaism and Christianity in Honor of Robert A. Kraft.* Ed. Benjamin G. Wright. Atlanta: Scholars, 1999.

Maccoby, H. "Towards an Aggadic Theology." *Problems in Contemporary Jewish Theology.* Lewiston, NY: Edwin Mellen, 1991: 211-223.

Narkiss, B. *The Golden Haggadah.* Rohnert Park, CA: Pomegranate Artbooks, 1997.

Neusner, J. "Hillel." *The Rabbinic Traditions about the Pharisees before 70.* Part I. Leiden, 1971: 212-302.

_____. *Handbook of Rabbinic Theology: Language, System, Structure.* Boston/Leiden: Brill Academic Publishers, 2002.

_____. *The Idea of Purity in Ancient Judaism. The Haskell Lectures 1972-1973.* Leiden: Brill, 1973.

Riggan, G. A. *Messianic Theology and Christian Faith.* Philadelphia: Westminster, 1967.

Riley, G. J. *The River of God: A New History of Christian Origins.* San Francisco: Harper, 2001.

Sanders, J. A. "Torah and Christ." *Interpretation* 29(1975): 372-390.

_____. *From Sacred Story to Sacred Text: Canon as Paradigm.* Philadelphia: Fortress, 1987.

Schwartz, H. "The Aggadic Tradition." *Judaism* 32(1983): 84-101.

Tigay, J. H. "An Early Technique of Aggadic Exegesis." *History, Historiography and Interpretation.* Jerusalem: Magnes, 1983: 169-189

Umen, S. *Pharisaism and Jesus.* New York: Philosophical Library, 1963.

Young, B. H. Jesus: *The Jewish Theologian.* Peabody, MA: Hendrickson, 1995.

찾아보기

용어